서울대학교 추천 도서 100권에 대한 기독교 인문학적 해석

인간, 신(神)이 만든 수수께끼

상(존재)

인간, 신(神)이 만든 수수께끼 (상)

·**초판 1쇄 발행** 2021년 5월 20일

·**지은이** 고시영
·**펴낸이** 민상기
·**편집장** 이숙희
·**펴낸곳** 도서출판 드림북
·**인쇄소** 예림인쇄 **제책** 예림바운딩
·**총판** 하늘유통(031-947-7777)

·**등록번호** 제 65 호 **등록일자** 2002. 11. 25.
·경기도 양주시 광적면 부흥로 847, 양주테크노시티 422호
·Tel (031)829-7722, Fax(031)829-7723

서울대학교 추천 도서
100권에 대한
기독교 인문학적 해석

인간, 신(神)이 만든
수수께끼

상
존재

고시영 지음

드림북

왜 기독교 인문학을 해야 하는가?

단테의 《신곡》을 읽어보면 하나님을 만나는 길은 세 단계가 있다. 첫째 단계는 인문학을 배우는 것이고, 그다음 단계는 신학을 배우는 것이며, 마지막 단계는 깊은 기도 생활을 하는 것이다. 단테는 자신을 하나님께로 인도하는 세 명의 안내자를 통해 이를 강조하고 있다. 시인 베르길리우스, 단테의 영원한 연인 베아트리체, 그리고 고매한 수도사 베르나르스가 그것을 상징하고 있다. 신앙생활의 궁극적 목표는 행복이나 성공도, 명성이나 기복도 아니다. 주님은 영생이라고 했다. 하나님의 나라라고 표현할 수도 있다. 그런데 한국교회는 인문학도, 신학도, 명상적 기도도 그 기반이 취약하다. 특히 인문학적 기반은 전무하다고 볼 수 있다. 그러기에 나는 언젠가 한국교회의 신앙은 큰 시련에 직면할 것으로 생각한다.

나는 54세에 교회를 개척했다. 전도가 쉽지 않았다. 새로운 전도방법을 모색하다가 인문학 강의를 교회에서 하기로 결심했다. 마침 서울대학교에서 '세계 인문학 고전 100권'을 국민에게 추천했다. 나는 지금까지

7년 동안 매월 1회씩 부활교회에서 인문학 강의를 해 왔다. 이 일은 쉽지 않은 과제였지만 허진원 담임목사님과 많은 교인이 후원해 주었고, 특히 전북대학교 명예교수인 윤세억 안수집사의 도움으로 상당한 열매를 맺었다. 그분은 재정적인 지원은 물론 작품 내용까지 세세한 조언을 해 주어서 나에게 많은 도움이 되었다. 사실 목회자의 시각과 평신도의 시각이 같을 수도 있지만 다를 수도 있기 때문이다. 지면을 통해 후원해 주신 모든 분에게 감사를 드린다.

100권 중에서 일단 50권을 선정해서 그동안 했던 강의를 중심으로 이 책을 발간한다. 나머지 50권은 내년에 출판할 계획이다. 강의는 3부분으로 나누어서 했다. 첫 부분은 작품 해설이고, 둘째 부분은 그 작품에 대한 해석과 평가, 셋째 부분은 작품에 대한 기독교적 이해이다. 이 책은 문학평론이 아니다. 단지 작품에 대한 상식적인 접근, 기독교 인문학적 이해를 통해 자신의 삶을 즐겁게, 가치 있게 살아가는 데 도움이 되었으면 좋겠다는 소박한 소망을 담고 있을 뿐이다.

이 책을 통해 목회자들에게는 인문학에 대해 친숙해지는 계기가 되고, 평신도들에게는 각자의 신앙을 좀 더 깊이 있게 다듬는데 필요한 자극을 주며, 불신자들에게는 고전에 대한 상식을 가질 기회를 제공해 줄 수 있다면 더 이상 바랄 것이 없다. 한국 사회는 앞으로 혼란기가 올 것이다. 경제적 충격, 이념 대립에서 오는 갈등의 확산, 기존 종교에 대한 회의, 지나친 개인주의로 인한 냉소주의의 영향 등으로 국민의 정신 상태는 더 황폐해질 것이다. 왜 살아야 하는지를 알지 못해 방황할 것이고 어떻게 살아야 할지를 몰라 허무감과 고독감에 빠져 스스로 삶을 포기하려는 충동을 가지게 될 것이다. 이런 문제는 정치나 경제, 이념이 해결해 주지 못한다. 오직 인문학과 기독교만이 그 치유의 길을 안내해 줄 수 있을 것이다.

특히 한국기독교가 재도약을 하려면 국민의 이런 정서를 해결해 줄 수 있어야 한다. 진지하고 깊이 있는 설교, 교회 갈등의 복음적 해결, 젊은 세대들의 적극적 참여, 미래를 예측하며 준비하는 현실적 처방, 민주적 절차를 존중하는 행정 등이 있어야 하고, 이를 위해서 인문학에 대한 폭넓은 이해가 절대 필요하다. 인문학은 인간을 아는 지름길이고, 신학은 하나님을 아는 지름길이며, 명상적 기도는 인간과 하나님의 일체감을 체험하는 지름길이다. 인문학이란 문학, 역사, 철학 등을 중심으로 인간과 그 삶을 연구하는 학문이다. 그러나, 나는 기독교 인문학이라는 용어를 쓰고 싶다. 기독교 인문학이란 인문학을 기독교 입장에서 비판, 수용, 적용하는 인문학이다.

인문학을 하면 목사는 기복주의 설교에서 벗어날 수 있으며, 교인들은 삶의 문제를 다양하게 보는 지혜를 얻을 것이고, 일반 사람들은 교양과 상식의 깊이를 더 할 수 있을 것이다. 특히 청년들은 미래를 준비하는 참된 길을 찾을 수 있을 것이다. 인문학에 관심을 갖자. 인문학적 사고를 통해 세상과 인간을 다시 살펴보자. 인간부터 알아야 한다. 그래야 하나님과 세상, 그리고 인생을 바로 알 수 있고 바로 살 수 있다.

2021. 1.

서울장신대 연구실에서

| 차 례 |

[1]
한국

01

최인훈

광 장

〈작가와 작품 해설〉 이 소설을 쓴 최인훈(崔仁勳, 1936~2018)은 용기 있는 작가이다. 4. 19 직후에 남북의 이념문제를 정조준해서 이 소설을 썼기 때문이다. 이 소설이 나오자 독자들의 반응은 열광적이었다. 그때까지 그 누구도 남북 이념을 비판적으로 쓴 작가가 없었기 때문이다. 이념소설이 없었던 것은 아니지만 편향적인 이념소설이 대부분이었다. 남북 어느 한 편을 일방적으로 선전, 선호, 계몽, 강조하는 소설들이 많았던 것이다.

이 소설의 주인공 이명준은 철학도이다. 당연히 이념을 추구하는 청년이다. 그의 아버지는 공산주의자로서 월북했고, 그는 친구 변태식의 집에서 기숙하며 살고 있었다. 그는 친구인 변태식의 누이 영미를 통해 윤애라는 국문학을 전공하는 여성과 사귀게 되었다. 이명준은 아버지의 월북으로 인해 남의 집에서 가난하게 살면서 외로운 생활을 하고 있었는데, 윤애를 사귀면서 청춘의 즐거움을 누리고 있었다. 그러던 어느 날, 이명준은 파출소로 소환을 당하고, 경찰은 그에게 월북한 아버지에 대한 각종 정보를 요구했다. 사실 월북한 아버지와 이명준은 왕래가 끊어진 상태였기에 이명준은 아버지에 대해서 경찰에게 말해 줄 어떤 정보도 갖고 있지 않았다. 이명준이 아버지에 대한 정보를 말해 주지 못하자 경찰은 심한 고문을 가하면서 이명준에게 아버지에 대한 정보를 토설하라고 강요했다. 고문을 당하면서 이명준은 남한 사회의 반공 이데올로기에 대해 반감을 갖게 되었다. 이념을 핑계로 인권을 유린하는 사회는 정당한 사회가 아니라고 생각했다. 남한 사회는 자유는 있으나 부패했다고 판단했다. 그가 생각하기를 남한 사회는 돈이 있어야 이런저런 문제가 해결되며, 이른바 빽이 있어야 소규모 장사라도 할 수 있는 부패한 사회라고 단정을 지었다. 이명준의 이런 생각은 해방 이후 남한 사회를 아주 정확하게 통찰한 바른 판단이었다. 이명준은 이런 남한 사회에 대해 환멸을 느끼고 결국 월북하고 만다. 이명준은 사랑하는 연인 윤애가 마음에 걸렸지만 그녀 역시 자본주의 사상에 물들여진 여자이기에 그가 월북하는 데 큰 장애가 되지는 못했다.

이북으로 넘어간 이명준은 순탄한 길을 걷게 된다. 먼저 월북한 아버지는 방송을 통해서 남한 사회를 비판하는 선전원 노릇을 하고 있었고, 재혼하여 나름대로 안정된 생활을 하고 있었다. 그는 아버지 덕분에 인민일보 기자로 일하게 되었다. 그러나 이명준은 아버지에 대한 존경심을 갖지는 못했다. 아버지는 자신이 옳다고 판단한 공산주의 사상에 대한 투철한 인식을 갖고 남한을 비난하는 방송을 하는 것이 아니라 호구지책으로, 자신의 안정된 생활을 유지하기 위한 도구로 대남 방송을 하고 있었기 때문이다. 이명준은 기자로서 충실히 일했다. 그는 늘 사실을 바탕으로 한 해설기사를 썼다. 이런 그의 태도에 대해 공산당 간부들은 아주 못

마땅하게 생각했다. 공산당 간부들은 신문이란 사실을 보도하는 것이 아니고 비판과 대안을 제시하는 것도 아닌 공산주의를 선전하는 매체라고 생각하고 있었기 때문이다. 이명준은 당 간부들에게 자아비판을 강요당함으로 이북에 대해서 실망하게 되었다. 그가 경험한 이북 사회는 자유도 없고, 그렇다고 공산주의가 자랑하는 평등도 없는, 오직 당의 명령에 복종만 하는 전체주의 사회였다.

남과 북에 모두 실망한 이명준은 무용수 은혜를 만나게 되면서 그녀를 사랑하게 된다. 이념에 실망하게 되면서 사랑을 통해 새로운 삶을 살아보려고 한 것이다. 어느 날, 은혜는 모스크바로 가서 공연하라는 당의 명령을 받게 된다. 은혜도 가기 싫어했고 이명준도 반대했지만 은혜는 어쩔수 없이 모스크바로 떠난다. 여기서 이명준은 북한 사회는 개인의 자유가 없다는 것을 다시 절감하게 된다. 이념과 사랑에 모두 실패한 이명준에게 새로운 탈출구가 생겼다. 6.25 사변이 터진 것이다. 이명준은 정치보위부 간부가 되어 서울에 나타난다.

어느 날, 옛 친구 변태식이 간첩 혐의로 체포되어 그 앞에 나타난다. 변태식은 피난을 가지 않고 서울에 남아 북한 군부의 활동을 탐지하여 정부 당국에 보고하는 일을 하다가 체포된 것이다. 이명준은 변태식을 심문했으나 변태식은 입을 다문다. 이제 변태식의 삶과 죽음은 이명준 손에 달리게 되었다. 이명준이 변태식에 대한 처리방안에 골머리를 앓고 있던 어느 날, 변태식의 아내가 그를 찾아왔다. 변태식의 아내는 뜻밖에도 월북하기 전 그가 사랑했던 윤애였다. 이명준은 아주 묘한 감정의 기복을 경험하게 된다. 윤애를 다시 만났다는 기쁨도 있지만 하필이면 변태식의 아내가 되었다는 점에 대해 기분이 썩 좋지도 않았고 배신감도 느끼게 되었다. 더욱이 윤애는 이명준에게 무심한 태도를 취한다. 이명준은 변해 버린 옛 애인의 그러한 모습을 보면서 분노를 느낀다. 착잡해진 이명준은 변태식을 고문 한다. 윤애는 이명준에게 몸을 허락하는 한이 있더라도 남편을 구명하려고 한다. 이명준은 윤애의 옷을 찢으면서 겁탈을 하려고 하다가 중단하고 만다. 그에게는 아직 인간으로서의 양심이 남아 있었던 것이다. 이명준은 변태식을 풀어준다.

전쟁은 더욱 치열해 졌다. 이명준도 전투요원이 되어 전쟁에 참여하였고 부상 당해 후송되었는데 그곳에서 은혜를 만난다. 은혜 역시 무용수지만 이제는 간호원으로 차출되어 야전병원에서 일하고 있었던 것이다. 두 사람은 다시 사랑하게 된다. 전쟁이라는 상황에서 그들의 사랑은 치열했다. 은혜는 임신했으나 전사하고 말았고 이명준도 포로가 되어 거제도 수용소에 수감되었다. 휴전이 되었다. 포로들은 각자 자기가 원하는 곳으로 가게 되었는데, 대부분은 반공포로들이라 이남에 남기를 원했고 극소수 공산주의자들은 이북으로 가기를 원했다. 이명준은 이미 남한과 북한 모두에 실망했던 터라 중립국 인도로 가기로 결심했다. 그는 남한의 자본주의도, 북한의 공산주의도 인간을 인간답게 살게 하는 이념이 아니라고 판단했기 때문이다. 이념에 실망한 그는 이념을 초월하는 길을 선택한 것이다. 인도로 가는 배를 탄 그는 푸른 바다를 보면서 깊은 상념에 빠진다. 그러자 이명준은 아까부터 자기를 따라오는 큰 갈매기 작은 갈매기를 보면서 죽은 은혜와 자식을 생각하고 자기가 선택한 제3의 땅에 대한 회의, 두려움을 느낀다. 그리고 무슨 생각을 했는지 푸른 바다에 몸을 던져 자살하고 만다.

〈해석과 평가〉 이런 줄거리를 가진 이 작품에 대해 다양한 해석을 할 수 있다. 우선 작가는 이 소설을 통해 이념의 한계를 보여주면서 이념은 인간을 인간답게 살 수 있는 현실을 만들 수 없다고 주장하고 있다. 그 다음, 작가는 이 작품을 통해 인간에게는 이념의 문제보다 더 중요한 실존의 문제가 있음을 암시하고 있다. 그것은 사랑이다. 이명준과 은혜, 은혜의 사랑을 통해서 느끼는 즐거움, 회의, 친구 변태식과 그의 아내가 된 옛 애인 윤애에게 느끼는 스스로도 잘 이해가 되지 않는 질투, 분노, 정욕, 관용, 이런 인간 실존 문제를 작가는 비중 있게 다루고 있다. 작가는 이념보다는 실존을 더 중시하고 있다. 정치보위부 부원인 그가 국군의 간첩이었던 변태식을 풀어주는 행위가 이를 증명한다. 또 하나, 작가는 이 작품을 통해 전쟁의 참상을 고발하고 있다. 사실 이념이란 인간을 위한 것이다. 이념에 취한 인간은 그 이념을 실현하기 위해 전쟁이라는 극단의 방법을 선택한다. 인간을 위한 이념이 전쟁을 통해서 인간을 무참하게 짓밟아 버린다. 이 얼마나 큰 모순인가? 이명준과 무용수 은혜와의 사랑, 그 전쟁 중에 피어난 그들의 아름다운 가정은 결국 산산조각이 되고 말았다.

그런데 이 작품에서 침묵하는 두 개의 미스터리가 있다. 하나는 《광장》이라는 제목이 갖고 있는 의미이다. 다양한 해석들이 있다. 광장의 반대는 밀실이다. 이념은 밀실에서 만들어지고 이념주의자들은 밀실에서 어떤 계획을 수립하고 대중 앞에 나타난다. 밀실에서 만들어진 이념은 대중을 선동하고 미혹시키고 이용한다. 모든 혜택은 이념을 만든 자들에게 돌아간다. 자본주의든 공산주의든 그 이념이 밀실에서 만들어진 이념이라고 작가는 비판하고 있는 것이 아닐까?

그러면 진정한 이념은 어디서 만들어져야 하는가? 작가는 광장에서 만들어져야 한다고 암시하고 있다. 광장은 대중들이 모이는 개방된 공간이다. 대중들은 광장에 모여 축제도 하고 토론도 한다. 광장은 모든 부류의 사람들이 모일 수 있는 곳이다. 이념은 이런 곳에서 만들어져야 한다. 다양한 사람들이 다양한 의견들을 토해내고 그것들을 종합하여 최선의 대안을 제시하는 것이 이념이라야 한다. 그러나 우리는 해방 이후 이념에 대한 올바른 지식도, 토론도 없이, 좌우로 갈라져 지금까지 치열하게 싸움만 하고 있다. 어떤 사람들은 이런 현상을 편 가르기식으로 해석하기도 하고 심지어 좌에 경도된 사람들은 대한민국 정부는 세워져서는 안 될 정부라고 혹평하기도 하는데, 그렇다면 북한은 마땅히 세워져야 할 정부란 말인가? 이제 이런 논쟁은 끝내야 한다. 낡은 이념논쟁에서 벗어나 우리 모두를 위한 통합적인 이념을 광장에서 만들어내야 한다. 과거 조선에 불교나 주자학이 중국을 통해서 들어왔지만 우리는 불교나 주자학을 우리의 것으로 변형시켜 우리 고유의 것으로 만들었다. 자본주의, 공산주의, 사회주의도 다 외국에서 온 이념이다. 이제 우리를 위한 우리의 이념으로 만들어내야 한다.

또 하나의 미스터리는 이명준이 인도로 가다가 왜 자살했느냐 하는 것이다. 작가는 이에 대해 침묵하고 있다. 작가가 침묵하는 것은 그 해석을 독자에게 위임했기 때문이다. 두 개의 갈매기, 이명준은 그 갈매기를 보면서 죽은 아내와 자식을 생각한다. 이명준은 부서진 인간이다. 이념에 의해 부서졌고, 그 이념 전쟁을 통해 가정이 부서졌다. 인도로 가는 길은 이념에서 벗어나는 길이긴 하지만 새로운 가정을 꾸미는 길은 아니다. 그에게 있어서 가정은 이념에서 벗어난 삶의 현장이다. 그가 인도로 가 새로운 가정을 꾸민다는 것은 거의 불가능한 일이다. 왜냐하면 그의 가정은 전쟁을 통해 너무나 끔찍하게 무너졌기 때문에 그 내상으로 인해 다시 가정을 꾸민다는 것은 상상할 수도 없는 일이었기 때문이다. 이명준은 그것을 이미 알고 있었다. 그래서 그 역시 갈매기가 되기 위해 바다로 빠진 것이 아닐까? 인간은 이념을 실현하기 위해 정치를 한다. 이념이 대립되면 정치도 대립된다. 그런데 이 대립이 전쟁이 되어서는 안 된다.

〈기독교적 이해〉 작가가 《광장》이라는 소설에서 강조했듯이 전쟁은 모든 것을 부서지게 한다. 정치가 전쟁이 되면 사회는 불안하고, 정치는 잔인해지며, 수단 방법을 가리지 않고 그 전쟁에서 이기기 위해 각종 더럽고 비열한 방법들이 동원된다. 한국 현대정치도 그와 비슷하다. 이제 정치가 인격화되어야 한다. 로마 시대 율리우스 카이사르는 정적, 카토가 자살하자 그 가족을 끝까지 보살펴 주었다. 이념이 다르다고 해도 같은 인간으로서 서로 이해하고 인간적으로 도와주어야 하며 정치의 방법도 인격적이어야 한다. 그래야 정치는 인간을 살리는 정치가 될 수 있다. 여기에 기독교 정치인들이 앞장서야 한다. 기독교인들도 정치 이념이 서로 다를 수 있다. 그러나 기독교 정치인들은 그 이념을 실현시키는 방법이 기독교적이라야 한다. 즉 인격적이라야 한다는 것이다. 오늘 한국 국회의원들

중에는 좌우를 막론하고 기독교인들이 많다. 그들이 각자 옳다고 생각하는 그 이념을 인격적으로 기독교적으로 실현하는데 함께 간다면 우리 정치는 선진화될 것이다.

구약성경을 보면 여호수아는 가나안 땅을 정복한 다음 그 땅을 백성들에게 분배해 주었다. 분명 분배는 성경적인 가치이다. 그러나 그 분배는 공산주의적, 사회주의적 분배가 아니다. 여호수아는 인구 비례로 분배해 주었다. 합리적 분배이다. 그리고 여호수아에게는 별도로 그 공은 인정하여 개인 땅을 분배해 주었다. 이는 성과급이라고 할 수 있다. 오늘날 자본주의나 공산주의는 분배에 대한 서로 다른 견해 때문에 첨예하게 대립하고 있으나 충분히 광장에서 대화와 토론을 통해 합리적인 분배를 할 수 있다. 그러기 위해서는 정치의 인격화가 우선되어야 한다.

또한 전쟁의 비극은 가정을 파괴하는 것임을 알아야 한다. 가정은 하나님께서 교회와 더불어 친히 세운 유일한 공동체이다. 신앙적 입장에서 보면 교회와 가정을 파괴하는 것은 가장 큰 죄이다. 이명준의 자살은 이념의 좌절에서 오는 것이 아니라 가정이 파괴되고 다시 가정을 꾸밀 수 없다는 절망에서 온 것이다. 이념 때문에 가정을 무너지게 하는 것은 어리석은 짓이다. 하나님께서는 가정은 만드셨지만 이념을 만들지는 않으셨다. 이념은 인간이 그 욕심에 의해 만든 일종의 선악과이다. 한국교회는 가정의 소중함을 더 열심히 깨우쳐야 한다.

구운몽

〈작가와 작품 해설〉《구운몽(九雲夢)》은 서포 김만중(金萬重, 1637~1692)의 작품이다. 《춘향전》, 《홍길동전》과 함께 조선 3대 고대소설이라고 평가 받는다. 서울대학교가 이 소설을 추천한 이유는 아마 우리 고대소설이라 는 점과 청년에게 산다는 것이 무엇인지를 가르치기 위함일 것이다. 서포 는 귀향살이 하는 도중, 어머니를 위로하기 위해 이 소설을 썼다고 했다. 이 소설은 환몽소설이다. 꿈과 현실을 오고 가는 소설이라는 뜻이다.

중국 형산 연화봉에서 육관대사가 수제자 성진을 비롯해서 여러 중생 을 교화시키는데, 성진이 위부인 수하에 있는 팔선녀를 만난 후, 불가에 위탁하여 수련하는 것에 대해 회의를 품자 육관대사가 성진을 깨우치기 위해 그를 사람으로 환생시켜 양소유가 되게 하고, 여자가 된 팔선녀를 만나게 한다. 성진은 두 명의 아내, 정경패, 난양공주, 6명의 첩, 진채봉, 계섬월, 적경홍, 가춘운, 심요연, 백능파를 거느리면서 인간으로서 누릴 수 있는 모든 부귀영화를 누린다. 그러나 나이가 들면서 그 모든 것이 허 무하다는 것을 깨닫고 그 자신은 물론 아내들과 첩들, 모두 불문에 귀의 한다. 양소유에서 성진으로 돌아온 그는 꿈을 통해 자신이 누린 세상의 그 모든 영광이 덧없음을 깨닫고 불도를 열심히 닦아 결국 스승인 육관 대사의 뒤를 이어 연화봉 주인이 된다.

〈해석과 평가〉 이 소설은 조선 양반들의 환상을 비판한 소설이라고 할 수 있다. 당시 서포는 귀양살이를 하고 있었다. 그는 그 고단한 생활을 하면서 결국 양반들의 당쟁은 나라를 위한 것이 아니라 양반들의 부귀영화를 위한 것임을 깨닫게 되면서, 이 부귀영화가 허무하다는 것을 보여주고 당시 양반들의 꿈이 허황되다고 암시한다. 이 소설을 읽으면서 우리가 깊이 생각해 보아야 할 것들이 있다.

하나는 팔선녀들이 인간으로 환생해서 양소유의 처첩들이 되었는데, 그녀들은 전혀 질투하지 않는다는 점이다. 따라서 독자들은 현실감이 없다고 혹평할 것이다. 그러나 깊이 생각해 보면 그녀들이 서로 질투하지 않는 이유를 알 수 있다. 첫째, 그녀들은 모두 자기 세계를 가졌다. 팔선녀 모두 절세미인이다. 미색으로 보아 서로 시기하거나 질투할 이유가 없다. 모두 개성이 있다. 진채봉은 자유 분망하고, 계섬월은 기생인 데다가 매우 이지적이고 섬세하다. 적경홍도 기생이지만 명랑하고 낭만적이다. 정경패는 양반 규수인데 정숙하고 노래를 잘한다. 가춘운은 온순하고 나약하지만 글을 잘 쓴다. 심요연은 무예를 잘해서 남성적이다. 백능파는 용왕의 딸인데 신비하다. 난양공주는 관대하고 상냥하다. 이처럼 팔선녀 모두 개성이 있고 자기 긍정의 당당한 삶을 살아온 여자들이다. 서로 질투할 이유가 없다.

그리고 팔선녀는 서로 좋은 관계를 맺고 있었다. 정경패와 가춘운, 난양공주와 진채봉은 주종관계였고, 정경패와 난양공주는 의자매이며, 적경홍과 계섬월은 친구 사이였다. 당시 사대부 사이에서 질투는 죄악이었다. 서포는 팔선녀를 통해 당시 양반 사회의 여성관을 이 소설에서 보여주고 있다. 팔선녀들이 서로 질투하지 않는 것은 공존의 지혜를 깨닫고 있기 때문이기도 하다. 당시 양반들은 처첩들이 질투하면 엄히 다스렸다. 만약, 팔선녀들이 질투했다면 양소유 역시 질투한 여자들을 추방했을 것이다. 질투하면 손해라는 자각이 그녀들에게 있었다. 각자 자기 세계를 가지고 남과 자신을 비교하지 않으며 인격적으로 서로 좋은 관계를 맺으면 굳이 질투 할 필요성을 느끼지 않는다는 것을 서포는 강조하고 있다. 물론 이는 당시 양반 사회에서나 가능한 일이고 오늘의 현실과는 맞지 않는다고 말할 수도 있지만 적어도 이론적으로는 가능한 일이다. 오늘 우리 사회는 여성들의 지위가 향상되었을 뿐 아니라 각자의 주체의식이 고등교육을 통해 확립되어 여자들끼리의 질투는 예전 같지 않다. 질투를 안 하는 것이 아니라 질투할 필요성을 느끼지 못하고 있고, 이기적인 생각들을 더 철저하게 하기 때문에 질투해서 손해 볼 필요가 없다는 판단을 여성들은 하고 있는지도 모른다. 쉽게 만나 쉽게 헤어지는 인간관계 속에 사실상 질투는 의미가 없는 소모적인 감정이다.

또한 이 소설에서 우리는 서포가 당시 여성상을 뛰어넘어 새로운 여성의 출현을 예언하고 있다고도 볼 수 있다. 언젠가는 새로운 여성들이 등장할 수 있다는 것을 암시하고 있다는 것이다. 예를 들어 보자. 팔선녀는 대부분 적극적인 여자들이다. 질투도 하지 않는다. 소위 쿨한 여자들이다. 그녀들은 자식을 아들, 또는 딸 하나로 단산하고 만다. 당시 여자들에게 다산은 덕목이었다. 아이들을 많이 낳는 것이 여자로서의 책임이요, 권리였다. 양반들은 다산을 원했다. 그래야 가문이 번창한다고 생각했기 때문이다. 그러나 서포는 팔선녀에게 다산의 가치를 부여하지 않았다. 여자도 아이를 낳고 기르는 그런 존재를 넘어 한 인간으로서 자신들이 삶을 살 수 있는 권리가 있다고 주장하고 있는 것이다.

이런 서포의 주장은 적경홍이라는 기생을 통해 암시되고 있다. 적경홍은 계섬월과 함께 기녀였다. 계섬월은 가세가 곤궁하여 팔려 와서 기녀가 된 여자지만 적경홍은 스스로 기녀가 된 여자이다. 적경홍은 천하의 영웅을 만나려면 자신은 기녀가 되어 기방에 찾아오는 다양한 남자들을 살펴보아야 한다고 주장한다. 당시 윤리관으로는 충격적인 발상이다. 이 두 여자가 난양공주와 같은 황족, 정경패와 같은 양반 규수와 나란히 비록 첩이긴 하나 양소유를 공유한다는 이 소설의 내용은 여자들은 그 과거, 또는 그 귀천을 초월하여 동등하다는 새로운 가치관을 암시하고 있다는 점에서 파격이다.

이 소설의 주인공은 양소유다. 그는 좋게 말하면 풍류남아지만 사실상 바람둥이다. 그런데 왜 양소유는 팔선녀를 모두 사랑하게 되었는가? 이 점에 대해 서포는 남성들은 다양한 개성을 지닌 여자들을 모두 좋아하는 동물적 존재임을 암시하고 있다. 일차적으로 양소유는 여성을 성적 대상을 생각하고 있다. 적경홍과 계섬월이 기녀 출신이라는 것이 이를 증명한다. 백능파는 용왕의 딸이다. 신비한 여자이다. 양소유는 용왕의 딸이 인간 여자가 되면서 직전에 성관계를 강제적으로 한다. 특히 심요연은 무예를 잘하는 남성적인 여자이다. 양소유가 그녀를 사랑한 것은 그에게 동성애적인 기질이 있음을 보여주고 있다. 양소유는 신분 상승을 노린 흙수저이기도 하다. 그는 가난한 집 자손이다. 신분 상승을 위해서 과거 시험을 보긴 했지만 이 소설에서 과거는 큰 비중을 차지하지 못한다. 그 보다는 황족인 난양공주와 결혼하는 부분이 강조되고 있다. 황제의 처 남이 되면 부귀영화는 저절로 따라온다. 양소유는 예술적인 여자를 좋 아하는 남자이다. 그래서 노래를 잘하는 정경패, 글을 잘 쓰는 가춘운을 사랑한 것이다. 양소유는 여자의 다양성을 즐긴 남자이다. 그의 처첩들 은 그 성격이나 취미, 재능, 출신성분이 다 다르다. 그는 이렇게 각기 다 른 여자들을 통해 남자로서의 권력, 명예, 부, 성적 만족을 누린 사람이 다. 남자로서 그는 완벽한 삶을 살았다고 생각할 수 있다.

그런데 서포는 바로 이런 양소유가 노년에 허무를 느끼고 삶이 일장춘 몽과 같다고 고백하게 만든다. 왜 그럴까? 무엇이 그를 그렇게 만들었을 까? 바로 여기에 서포의 인생관이 녹아있다. 첫째, 양소유는 죽음을 생각 했기에 그런 생각을 하게 되었다. 인간은 결국 죽는다. 죽음은 모든 것 을 놓아버리는 것이고, 모든 것과 이별하는 것이다. 그렇다. 인간은 죽음 을 생각할 때, 소유의 한계, 무의미를 깨닫게 된다. 죽음은 위대한 스승이 다. 둘째, 양소유는 세월이 무심함, 세월이 갖는 잔인함, 세월이 흐르면서 모든 것은 사람의 기억 속에서 멀어진다는 것을 깨닫게 되면서 인생무상 을 느낀다. 양소유는 취미궁에서 생일잔치를 끝내고 산 위에 올라 사방 을 바라본다. 진시황의 아방궁, 한무제의 무릉, 당현종의 화천궁은 다 폐 허가 되었고, 지금 그 누구도 그들을 기억하는 사람들이 없다는 것을 알 면서 자신도 결국 지워지는 존재가 될 것임을 깨닫는다. 제아무리 부귀영화를 누린다 해도 결국은 지워지는 존재일 뿐, 그래서 양소유는 인생이 무상하다는 것을 깨닫는다. 그렇다. 모든 것은 다 흐르면서 세월을 통해 지워진다. 그래서 삶은 허무한 것이다.

〈기독교적 이해〉 서포는 이 소설에서 당시 조선 사회의 종교들, 불교, 도교, 유교를 종합하고 있다. 부귀영화는 유교적 가치관이요, 불로장생은 도교적 가치이다. 인생이 무상하니 헛된 욕심을 부리지 말고 자기 극복을 하라는 것은 불교의 가르침이다. 그러면서도 서포는 불교에 가장 큰 점수를 주고 있다. 육관대사, 연화봉에 있는 수제자 성진이 결국 득도를 한다는 점, 양소유와 그의 처첩들이 불교에 귀의한다는 점을 보면 이를 알 수 있다. 귀양살이하는 서포의 입장에서, 아들과 떨어져 사는 늙은 어머니를 위로해야 하기 때문에 인생무상을 강조하는 것은 당연하다.

자 결론을 내리자. 인생은 허무한 것이다. 성경 전도서도 그렇게 선언한다. 괴테의 《파우스트》도 같은 맥락이다. 파우스트는 술, 학문, 쾌락, 미인, 결혼, 자식 등등 인간이 원하는 것을 다 누렸지만 결국 허무를 느낀다. 그나마 그가 가치를 부여한 것은 자유, 노동, 선행 등이었다. 그렇다면 그런 인생을 왜 살아야 하는가? 우리는 이 문제의 해답을 스스로 찾아야 한다. 역설적이지만 인간은 허무하기 때문에 더 열심히 살아야 한다. 이 점에서 한국기독교는 기복주의를 지나치게 강조함으로 오히려 인간을 비인간화시키고 있다.

성경을 보면 예수님은 가난한 자, 병든 자, 소외된 자들에게 기복적인 면을 분명 보여주셨다. 기적으로 그들을 먹이시고 고쳐주시고 위로해 주셨다. 그러나 당시 사람들이 예수님의 말씀보다 그런 기적을 통해 자신들에게 주어지는 유익을 지나치게 동경함으로써 기복주의에 빠져가는 것을 보고 주님은 더 이상 기적을 행하지 않고, 이를 불평하는 자들에게 십자가의 기적 외에는 보여 줄 것이 없다고 단호하게 말씀하셨다. 예수님은 기복주의를 부정하지 않으셨고 적절하게 이용하셨지만 기복주의에 빠지거나 편향되지는 않으셨다. 성경은 복보다는 진리를 더 강조한다. 인간은 복으로 허무를 극복할 수 없다.

오늘 한국기독교는 기울어지고 있다. 심하게 표현한다면 몰락하고 있다. 이런 현상은 단순히 외적 요인 때문만은 아니다. 인구감소, 경제성장, 과학기술의 발달, 대중문화의 번창, 개인주의의 심화, 교회 구조의 전근대성, 교역자들의 불성실성, 종교다원주의 등등이 그 원인이 되는 것은 사실이지만, 그보다는 진리보다는 복을 더 강조하는 기복주의 설교에 더 큰 원인이 있다. 인간은 행복한 삶을 추구하는데 정말 오늘날 사람들이 원하는 그런 행복이 평생을 통해 가능한가? 사실상 불가능하다. 진리가 중요하다. 기독교는 진리를 선포하는 종교이지 행복을 가르쳐 주는 종교가 아니다.

성경에 등장하는 위인들, 그들 중에 오늘날 사람들이 원하는 그런 세속적 행복을 누린 사람은 단 한 사람도 없다. 예수님의 제자들은 물론이고, 사도 바울, 스데반도 행복한 삶을 산 사람들이 아니다. 오히려 순교를 당한 불행한 사람들이다. 복의 근원인 아브라함은 어떤가? 큰아들 이스마엘을 집에서 추방해야 하는 불행한 아버지였고, 작은아들 이삭을 죽이려고 한 비정한 아버지였다. 인류의 조상 아담과 하와는 행복했던가? 아담은 최초의 배신자였고, 하와는 살인자의 어미였고, 그 아들 가인은 유랑하는 외로운 자였다. 다윗은 어떤가? 13년 동안 사울 왕을 피해 도망 다니는 삶을 살았고, 그가 사랑했던 아내 미갈의 사랑을 얻지 못한 남편이었다. 심지어 아들에게 왕위를 빼앗기는 수모를 당하기도 했다. 거듭 말하지만 기독교는 복을 가르치는 것보다 진리를 가르치는 것이 더 중요하다. 예수 그리스도가 진리인 것처럼, 인생 허무도 진리이다. 이제 더 이상 복의 노예가 되는 설교만을 해서는 안 된다. 진리를 선포해야 한다. 복은 상황적인 것이고, 일시적인 것이다. 모든 사람에게 적용되는, 모든 사람을 자유롭게 하는 진리는 아니다.

그렇다면 무엇이 진리인가? 당연히 예수 그리스도가 진리이다. 그 존재가 진리이고, 그 본질이 진리이며, 그 실존이 진리이다. 그런데 한국교회는 예수의 존재만을 강조했고, 그의 가르침만 강조했다. 이제는 그분의 본질, 예를 들면 온유와 겸손, 사랑과 헌신, 희생과 봉사를 진리로 가르쳐야 하고, 그분의 실존, 예를 들면, 그분의 가난, 고독, 인내, 죽음 등이 진리임을 외쳐야 한다. 사실을 말하는 것이 아니라 그 사실이 진리라고 외쳐야 한다. 그래야 모든 사람에게 예수 그리스도는 복음이 된다. 예수 그리스도는 단순히 죄를 사해 주시는 분이 아니라 허무한 삶을 총체적으로 살리시는 분이심을 전해야 한다. 그래야 복음이 된다.

일 연

삼국유사

〈작가와 작품 해설〉《삼국유사(三國遺事)》는 고려 충렬왕 때, 스님 일연(一然. 1206~1289)이 지은 역사책이다. 김부식의 《삼국사기(三國史記)》와 더불어 삼국의 역사를 아는 데 귀중한 자료를 제공해 주고 있다. 그러나 《삼국사기》와 《삼국유사》는 그 형태와 내용이 다르다. 《삼국사기》는 중국의 사마천이 지은 《사기》의 형태를 본받은 정사다. 왕의 명령을 받은 김부식이 8명의 사관의 도움을 받아 문헌 중심으로 펴낸 역사책이지만, 《삼국유사》는 일연이 펴낸 일종의 개인 역사책이다. 그러므로 《삼국사기》는 정치 중심이고, 당시의 외교를 중심으로 기록했기에 사대주의적이고, 보수적이며, 유교적인 사관이 깔려 있다. 그에 비해 《삼국유사》는 스님이 지은 책이기에 불교적이며, 민족적이고, 자주적인 사관이 깔려 있다. 몽고의 지배를 받고 있던 고려 민중에게 희망을 주려는 저자의 의도가 엿보인다.

《삼국유사》는 기사본말체로 기술되어 있다. 중요한 사건을 처음부터 끝까지 기록해 놓았다는 것이다. 긴 역사를 쓰기에는 불편하지만 자세하게 알기에는 유용한 방법이다. 특히 《삼국유사》에는 《삼국사기》에 빠진

고조선 건국신화, 발해에 대한 기록이 들어 있다. 가야에 대한 가락국기는 《삼국유사》에만 기록되어 있어 귀중한 자료로 사용되고 있다.

〈해석과 평가〉 일연이 《삼국유사》를 기록한 의도에 대해 몇 가지 추측이 가능하다. 첫째, 《삼국사기》를 보완하려는 의도가 있었다는 것이다. 그래서 《삼국사기》에 빠진 것들, 고조선, 발해, 가락국 등을 첨가했다. 역사는 사관에 의해 기록된다. 사관은 의도적으로 또는 실수로 중요한 역사적 사실을 빠트릴 수 있다. 일연은 이를 보완한 것이다.

둘째, 나라의 정체성을 심어 주기 위한 의도가 있었다. 인종 때, 서경 천도를 주장하고 황제 칭호를 제창한 묘청의 난이 김부식에 의해 진압되고, 몽고의 속국이 된 고려의 민중에게 나라의 자주성, 독립성을 심어주기 위해 이 책을 썼다는 것이다. 그래서 단군신화로부터 역사를 기술한 것이다. 자주성과 독립성을 강조하기 위해 그는 고승들, 불상, 석탑들을 기술하면서 우리나라에는 인물도 많고 문화도 뛰어나다는 것을 강조하고 있다. 그래서 신라시대에 유행하던 향가 14수도 기록해 놓은 것이다. 그는 우리나라야말로 자주국가요, 문화대국임을 암시하고 있다.

셋째, 절망적인 시대를 사는 당시 백성들에게 희망을 주려고 시도했다. 당시는 고려 역사상 가장 절망적인 시대였다. 묘청의 난 이후, 문신들의 독선에 분노한 무신들이 정변을 일으켜 정중부, 이의방, 최충헌 등을 걸쳐 오면서 백성들의 삶은 비참해졌고 설상가상으로 몽고의 침입에 의해 강화도로 천도하면서 본토에 사는 백성들은 잔인한 수탈의 대상이 되고 말았다. 화친을 했지만 몽고의 속국이 되었고, 몽고에 충성한다는 뜻으로 왕의 칭호에 충자를 붙여야 하는 수모를 당했다. 이런 상황에서 누군가는 백성들에게 희망을 주는 일을 해야 했다. 이미 정치인들은 그 역할을 포기한 상태이고 오히려 정치인들이 백성들을 괴롭혀 자신들의 안일만 도모하는 슬픈 시대에 일연은 백성들에게 희망을 주려고 했다. 그는 백성들에게 희망을 주려면 꿈, 이야기, 신화가 필요하다고 생각했다. 신화는 무의식의 세계를 표출하는 수단이고, 무의식의 세계를 만들어 주는 방법이다. 이야기는 인간을 즐겁게 하고 감동시키며 생의 의지를 강화시켜 준다. 꿈은 현실의 고통을 잊게 해주고 내일에 대한 기대를 갖게 해준다. 일연은 《삼국유사》를 통해 이런 방법으로 백성들에게 희망을 주려고 했던 것이다. 실로 일연은 백성을 사랑한 사람이다.

《삼국유사》에 기록된 많은 이야기 중에 역사적 사실성에 대해 논란을 가중시키는 이야기가 있다. 선화공주와 서동에 대한 이야기이다. 《삼국유사》에는 신라시대에 유행한 향가 14수가 기록되어 있는데, 이 중에 〈서동요〉가 있다. 백제의 왕자인 서동이 신라 진평왕의 3녀 선화공주가 미인임을 알고 그를 아내로 맞이하기 위해 몰래 신라로 잠입해서 아이들을 통해 노래를 퍼트리게 했는데, 그 내용은 선화공주가 몰래 밤마다 서동이라는 마늘 파는 남자를 만난다는 것이다. 이 노래는 급속도로 번져 진평왕의 귀에 들어가고 진노한 왕은 선화를 추방했으며, 결국 서동은 공주를 데리고 백제로 돌아와 무왕이 되었다는 것이다. 거창에 가면 취우재 또는 영재라는 고개가 있는데, 영송이라고도 불린다. 이는 서동이 선화를 데리고 귀국할 때, 사람들이 서동을 영접한 고개라서 그리 불린다는 속설도 있다. 낭만적인 이야기이다. 선화공주는 후일 의자왕의 어머니가 되었다. 일설에 의하면 서동이 백제로 돌아간 후 선화는 서동을 찾아 백제로 가던 중 간첩으로 오인되어 죽임을 당했다는 설도 있다. 낭만은 슬픔을 간직하기도 한다.

익산에 가면 미륵사 절터가 있다. 선화공주의 원에 의해 무왕이 지었다는 이야기가 있고 미륵사를 지을 때 신라도 도와주었다는 기록이 남아있다. 《삼국사기》에는 무왕은 법왕 아들이라고 기록되었는데 《삼국유사》에는 용의 아들이라고 했다. 일연이 무왕을 높이기 위해 그런 표현을 사용하였을 것이다. 문제는 이런 내용들 때문에 무왕과 선화공주의 이야기는 하나의 소설 같은 것으로 생각하는 학자들이 많다는 것이다. 그런데 익산에는 대릉과 소릉이 있는데 사람들은 대릉은 무왕의 무덤이고 소릉은 선화의 무덤이라고 추정하여 발굴을 했는데, 소릉에서 신라 여인들이 잘 쓰는 장식품들이 발굴되면서 이 이야기가 단순한 소설은 아니라는 생각을 갖게 되었다. 역사적 사실 논쟁은 앞으로 계속될 것 같지만 중요한 것은 이런 이야기들이 당시 사람들에게 즐거움을 주고, 낭만을 체험하여 삶에 대한 의욕을 갖도록 해주었다는 점에서 일연의 의도는 성공했다고 보아야 할 것이다. 일연의 생각은 옳다. 절망의 시대에 희망을 주는 것은 신화, 꿈, 그리고 이야기이다.

여기서 밝혀야 할 사실이 하나 있다. 역사를 기록하는 사람들은 분명 어떤 의도를 갖고 역사를 쓴다. 역사는 사실을 해석한 기록이다. 어떤 역사가도 사실 그 자체만을 기록하지 않는다. 역사는 사실의 나열이 아니고 사실의 해석이다. 어떤 사실을 선택할 것이냐, 그리고 그 사실을 어떻게 기록할 것이냐는 순전히 역사가의 몫이다. 그러므로 정확한 역사는 아무도 모른다. 역사가가 선택한 사실도 정확하지 못한 경우가 비일비재하다. 만들어진 사실도 있고, 거짓된 사실도 있다.

또 하나의 사실은 그 사실이 만들어지기까지 다양한 과정을 겪는다는 점이다. 역사가가 그 과정을 온전히 이해하기는 불가능하다. 그러므로 역사책은 오류투성이다. 그럼에도 불구하고 인간은 역사를 배워야 한다. 불충분한 사실이라도 인간은 역사를 통해 인생을 배우며, 인간은 평가받는 존재임을 알고 자신의 삶을 보다 진중하게 살아야겠다는 교훈을 얻기 때문이다. 그리고 인간은 해석하는 존재임을 알게 되면서 어떤 사실을 보다 신중하게 객관적으로 공익을 위해서 해석해야 되겠구나 하는 것을 배우게 된다.

역사는 흥망성쇠에 대한 기록이기도 하다. 개인이건 공동체건 흥이 있으면 망이 있고, 성이 있으면 쇠가 있게 마련이다. 흥할 때 망함을 준비하고, 망할 때 흥할 때가 있음을 알고 낙심하지 말 것이며, 성할 때 쇠하는 날이 올 것임을 알아 겸손을 배우고, 쇠할 때 성할 날이 있음을 알고 열심히 노력하는 지혜를 역사를 통해 배워야 한다. 어떤 역사도 완전하지 않다. 《삼국사기》도 신라 중심으로 기록했기에 고구려나 백제보다는 신라가 먼저 건국했다는 오기를 했고 《삼국유사》도 마찬가지이다. 그러므로 인간은 여러 역사책을 읽어야 한다. 그래야 진실에 근접할 수 있다. 인간 이야기도 마찬가지이다. 한 사람의 이야기만 들어서는 안 된다. 인간은 자기가 하고 싶은 이야기만 하려는 본성이 있고, 자기가 듣고 싶어 하는 이야기만 들으려고 한다. 《삼국유사》를 기록한 일연은 비록 믿기 어려운 이야기들을 기록하고, 불교 중심의 이야기들을 기록한 단점이 있음에도 불구하고 그의 의도는 분명 애국적이고 백성들을 위한 것이었으며 희망 지향적인 것이었다. 그래서 역사를 읽는 현대인은 갈등을 겪는다. 사실이 중요하냐, 공공성이 있는 의도가 중요하냐? 실로 어려운 문제이다.

〈기독교적 이해〉 우리는 《삼국사기》와 《삼국유사》를 비교하면서 역사 논쟁을 할 수 있다는 것을 이해할 수 있다. 역사논쟁은 두 가지로 진행 된다. 하나는 사실에 대한 논쟁이다. 역사는 일단 사실을 근거로 역사가 의 주장을 기록해 놓은 것이기에 사실 여부에 대한 논쟁은 대단히 중요하 다. 그런데 사실 여부를 확인하는 길은 당시 문헌 기록을 살펴보는 것인 데, 이 문헌이 《삼국사기》와 《삼국유사》에서 보듯이 오류가 많기 때문에 오래전의 기록된 문헌의 사실 여부를 정확하게 확인할 길이 없다. 역사는 승자의 기록이라는 말이 있는데, 이는 역사가가 어떤 사실을 승자의 입맛 에 적합하도록 각색한다는 뜻이다. 정확하게 표현한다면 지나간 일에 대 한 진실은 알기 어렵다.

그다음 해석의 차이이다. 비록 사실이 정확하다고 해도, 심지어 그 사 실이 각색된 사실이라고 해도 그 사실을 해석하는 역사학자의 사관에 따 라 해석은 정반대로 나올 수 있다. 특히 역사학자가 이념에 충실한 자 라면 그 해석은 더욱 이념적일 수밖에 없다. 예를 들면 한국 현대사, 특 히 해방 전후의 역사를 해석함에 있어서 좌우 이념에 편향된 사람들은 자 기주장을 이념화하여 해석하는 경향이 매우 농후하다. 이승만에 대한 평 가, 6.25 전쟁에 대한 해석, 건국절에 대한 좌우의 대립, 상해 임시정부의 지위에 대한 해석, 남한 단독정부 설립에 대한 해석, 박정희에 대한 평가

등에 대해 정치적으로 이념적으로 그 간극이 너무 크다. 그 이유는 역사가의 정치 성향, 이념 성향에 따라 사실을 해석하는 방법이 정반대이기 때문이다. 이런 이유로 해서 역사 무용론이 나오게 된다.

이런 현상을 극복하기 위해서는 해석을 빼고 사실만 기록하여 그 해석을 독자들에게 맡기는 경우도 있겠지만 사실 배열 그 자체가 이념화되고 정치화되는 것을 막을 수 없다. 이념이나 정치 성향을 초월한 중립적이고 양심적인 역사학자가 객관적으로 사실을 근거로 해석하는 방법이 가장 좋은 방법이지만 현대사회에 과연 그런 역사학자가 있겠는가? 정치화, 이념화된 역사학자들은 시류에 편승하기도 하고, 자기 이익을 우선하여 역사를 해석하기도 하며, 자기와 반대되는 해석을 하는 역사학자에 대해서 잔인할 정도로 비난하고, 여론을 등에 업어 집단적 린치를 가하기 때문에 중립적인 입장에서 역사를 기술하기란 참으로 어렵다. 시대의 비극이다. 이런 참담함을 극복하는 길은 국민이 역사학자가 되는 수밖에 없다. 지나간 시대는 어쩔 수 없지만 눈앞에서 벌어지는 사실에 대해서 국민 스스로가 역사적 해석을 하는 것이다. 그러기 위해서는 국민의 역사의식이 높아져야 한다. 비록 정치성도 있고 이념적 성향도 있지만 사실에 대해서는 객관적으로 평가하는 안목이 국민에게 있어야 한다는 것이다.

그렇다면 현대사회에 있어서 국민에게 사실을 정확하게 전달해 주는 매체는 무엇인가? 신문이고 방송이다. 결국 언론의 자유가 역사 기록에 필수적인 요소이다. 그래서 신문 방송에 대한 국가의 간섭을 최소화해야 한다. 신문사와 방송국 설립을 신고제로 해야 하며, 그 존폐는 국가가 아닌 국민이 해야 한다. 국민이 신문, 방송을 외면하면 그 신문사와 방송국은 자연히 문 닫을 수밖에 없을 것이다. 결국 국가나 역사의 운명은 국민이 갖고 있다. 우리 기독교인들은 성경의 역사는 믿어야 한다. 성경 역사를 기록한 분은 성령이시기 때문이다. 성령은 정치성도 이념성도 초월하신 분이다. 그분은 사실을 근거로 하나님의 섭리를 기록하신 분이다. 역사는 인간의 성향을 기록한 것이기에 다양한 해석을 하지만 성경 역사는 성령이 기록한 것이기에 단일한 해석을 한다.

한국에 기독교 역사학자는 없는가? 한국교회사를 연구하는 학자들은 있으나 기독교적 사관으로 한국역사를, 특히 한국현대사를 기록한 역사학자는 본 적이 없다. 한국현대사를 이념적으로 쓰는 것이 아니라 이념을 극복하고 성경적 역사의식을 갖고 한국현대사를 희망적으로 쓰는 사람이 나와야 한다. 함석헌이 이를 시도했지만 부분적이었다. 일연은 절망하는 고려 사람들에게 희망을 주기 위해《삼국유사》를 기록했다. 사실이 아닌 것들을 근거로 쓴 것도 있지만 그의 사관(史觀)은 희망이었다. 희망은 사실을 해석할 때 희망으로 해석하는 것이다. 이념을 초월하여 한국현대사를 희망으로 쓸 수는 없을까? 흔히 역사를 바로 세운다는 미명하에 역사를 이념의 종이로 도배하려는 사람들이 있다. 그렇다면 정권이 바뀌면 다시 역사 바로 세우기 운동을 해야 하는가? 언제까지 한국현대사를 이념의 도구로 색칠해야 하는가? 이념보다 중요한 것은 희망이다. 사실보다도 중요한 것은 희망이다. 사실로 희망을 죽인다면 그것은 살인이다. 과거의 사실에 대해 옳고 그름을 판단하는 것도 좋지만 지금 국민에게는 희망이 절대 필요하다.

04
염상섭

삼대

〈작가와 작품 해설〉 염상섭(廉想涉, 1897~1963)은 한국 사실주의 문학의
선구자이다. 호는 횡보, 서울 출생이고, 일본 게이오기주쿠대학 문학부에
서 수학했다. 오사카 텐노지 공원에서 자신이 쓴 독립선언서를 낭독하다
가 체포되어 옥살이했다. 귀국 후에는 동아일보 정치부 기자가 되었다.
일제 말에는 절필하여 만주로 가서 사업을 하기도 했다. 해방 이후 경향
신문 편집국장으로 했으면, 6.25 전쟁 당시에는 해군 소령으로 복무했
다. 서라벌 대학 학장을 역임하다가 1963년 직장암으로 사망했다. 광화
문에 있는 교보문고 주변에 그의 등신대가 세워져 있다. 그의 대표작《삼
대(三代)》는 조선일보에 연재된 소설인데, 신문 연재소설로서 대성공을 했
다. 그의 소설은 사실주의이기 때문에 전반적으로 분위기가 어둡다.

《삼대》는 우리나라 최초의 가정소설이다. 할아버지 조의관, 아버지 조
상훈, 아들 조덕기, 이 삼대의 가족사를 중심으로 당시 사회상을 밀도 있
게 그려낸 이 소설은 인간본능과 그 본능에서 나오는 다양한 갈등을 그
려내고 있다. 조의관은 구한말 유교적 권위주의를 대표하는 인물로서 배
금주의 사상을 지니면서 온갖 방법으로 돈을 모아 큰 부자가 되었다. 그

는 돈으로 의관이라는 벼슬을 사서 양반 행세를 하였고, 족보를 새로 만들었으며, 지위와 돈을 아들에게 물려주려고 했다.

그러나 그의 아들 조상훈은 조의관의 기대를 저버리는 불효자였다. 그는 미국 유학을 한 사람으로 개화기 지식인을 상징하는 인물이다. 미국에서 공부했기에 기독교인이 되었고, 귀국 후에도 사회사업을 하면서 교회 생활을 했다. 그러나 그는 위선적인 인물이다. 특히 성적인 면에서 위선적이었다. 아들 덕기의 동창인 독립운동가의 딸, 홍경애라는 여인을 능욕해서 첩으로 삼았다가 버리고, 자신의 딸도 양육하지 않는다. 도박을 하면서 빚쟁이가 되었고 매당 집 딸을 다시 첩으로 삼기도 한다. 아버지 조의관이 자신을 외면하고 재산을 자기 아들 덕기에게 물려주려고 하자 이를 방해하고 급기야 유언장을 위조해서 그 재산을 가로채려고 한다.

그의 아들 즉 조의관의 손자인 조덕기는 일본 유학을 다녀온 젊은이로서 근대적인 지식인을 상징한다. 그는 절충적이다. 할아버지의 유교적 사고와 아버지의 기독교적 사고를 유연하게 조화시키려고 노력한다. 김병화는 조덕기의 죽마고우인데 목사의 아들이다. 사회주의 운동을 하기 위해 가출했고, 홍경애와도 인간적 교류를 한다. 홍경애는 조상훈에게 버림을 받았지만 그의 아들이자 자기의 소학교 동창인 덕기의 도움을 받아 박카스라는 술집을 경영하면서 독립운동자금을 마련하는 적극적인 여인이다. 이 소설은 위에 언급한 5명의 인물을 중심으로 그 줄거리를 이어가고 있다.

〈해석과 평가〉 이 소설은 당시 사회를 밀도 있게 반영하는 소설이면서도 인간 본질에 대한 통찰, 인간본능과 거기에서 나오는 갈등에 대해서 예리한 분석을 하고 있다. 그렇다면 이 소설에서 작가가 강조하는 인간의 본능, 욕망은 무엇일까? 첫째는 돈에 대한 욕심이다. 조의관, 조상훈은 물론이고 대부분 인물이 다 돈에 욕심을 품고 있다. 돈을 갖기 위해 아버지의 유서도 조작하고 일본 형사를 매수하는 조상훈의 행동이 그 대표 격이다. 심지어 홍경애의 어머니는 딸이 조상훈에게 능욕을 당해 버림받았지만 그녀는 오직 조상훈에게 돈만을 요구하는 잔인한 모습을 보이기도 했다. 수원 집도 돈에 욕심이 나서 늙은 조의관의 후처로 들어간다.

둘째는 성적인 욕망이다. 조상훈은 결혼했지만 홍경애를 농락하고 김의경을 첩으로 삼는다. 심지어 사회주의 운동을 하는 김병화와 홍경애도 사상적 동지애를 느끼면서도 서로 연정을 품는다.

셋째는 이념적 욕망이다. 인간은 인간이기에 이념을 갖고 산다. 자본주의도 이념이고, 사회주의도 이념이다. 조의관, 조상훈을 비롯해서 돈을 탐내는 사람들은 자본주의 이념을 지닌 자들이고, 김병화, 홍경애, 필순 아버지는 사회주의 이념을 지닌 자이다. 당시 1931년 사회는 이 두 이념이 대립되고 있었음을 보여준다. 유교적 생각과 기독교적 생각도 마찬가지이다.

이 소설은 당시의 갈등상도 보여준다. 첫째는 세대 간의 갈등이다. 조의관과 그의 아들 조상훈, 손자 조덕기는 삶의 방식에 상당한 차이점이 있다. 유교적, 기독교적, 그리고 절충적 대립이 도처에 숨어 있다. 둘째는 남녀 간의 갈등이다. 조상훈과 홍경애, 조상훈과 그의 아내, 김병화와 필순 등등이 갈등 구조를 지니고 있다. 예전에 남녀는 갈등하는 대립구조가 아니라 여자가 남자에게 일방적으로 순응하는 구조인데, 이 시점에 와서 대립구조로 바뀌는 것을 볼 수 있다. 이는 교육받은 여성들이 많이 생기면서 생기는 현상이다. 홍경애, 김의경 등이 다 교사 출신들이고 전문적인 교육을 받은 사람들이었음이 이를 증명한다. 셋째는 변화에 대한 갈등이다. 이 소설에는 사회주의자들이 비중 있게 다루어지고 있다. 김병화, 홍경애, 필순 아버지, 이우삼 등이 다 사회주의자들이다. 작가는 사회주의자들을 통해 다루면서 시대의 변화를 예견하고 있다. 즉 자본주의에서 사회주의 사회로, 유교에서 기독교로 변화하려는 당시 상황속에서 내면화된 갈등을 묘사하고 있는 것이다.

이 소설은 조의관이 낙상사고로 죽는 것으로 내리막길을 걷는다. 다양하게 벌어지는 갈등 그리고 인간 본성의 어두움으로 인해 벌어지는 추악한 행동들을 있는 그대로 보여주면서 전체적인 분위기는 어둡지만 이 소설은 그래도 희망을 노래하는 소설이라고 할 수 있다. 첫째, 필순이의 앞날을 긍정적으로 묘사하고 있다. 필순은 사회주의 운동을 하는 김병화의 하숙집 딸이다. 그녀는 여직공이다. 그러나 성정이 순수하고 진실하다. 그는 덕기를 사모하나 그 사랑을 표현하지 못한다. 덕기도 그녀를 사랑하나 김병화의 반대로 소극적인 자세를 취한다. 서로 지위나 입장이 너무나 차이가 있기 때문이다. 그런데 필순 아버지가 죽으면서 필순의 모녀를 덕기에게 부탁하자 덕기가 이를 수락한다. 이는 두 사람이 결국 맺어질 것이라는 암시이다. 필순과 덕기는 등장인물 중에 가장 순수한 사람들이다.

둘째, 홍경애의 적극적인 삶의 방식이다. 그녀는 조상훈에게 유린을 당해 그의 첩이 되었고 버림받았지만, 딸과 함께 능동적으로 살아간다. 술집을 운영하면서도 자기관리를 잘했고, 이념과 사랑을 공유했던 김병화가 체포되어 감옥에 갔지만 낙심하지 않고 보다 적극적으로 독립운동을 하려는 결심을 한다. 쉬운 일이 아니지만 그녀는 이를 잘해 나간다.

셋째, 조덕기의 삶의 자세이다. 그는 할아버지와 아버지 사이에서 생기는 대립을 보면서 어쩔 수 없이 절충적인 인간이 되고 우유부단한 인물이 되었지만, 필순을 사랑하고 받아들이는 용기를 보인다. 부자요, 일본 유학까지 했던 그가 여직공인 필순을 받아들이는 것은 쉬운 일이 아니다. 특히 그는 할아버지의 재산을 잘 지켜나가겠다는 다짐을 간절히 한다. 선대의 유산을 지켜나가겠다는 의지, 그 자체가 희망이다. 이 소설은 이처럼 전체적인 분위기는 어둡지만 그 속에서도 희망의 불빛은 아름답게 빛나고 있다. 그래서 희망의 소설이라고 할 수 있다.

그렇다면 작가는 이 희망의 출발점이 어디라고 생각하고 있는 것일까? 필자가 보기에 그것은 조의관의 죽음과 연결되어 있다. 조의관은 배금주의자요, 권위주의자이다. 구시대의 상징이다. 희망은 배금주의, 권위주의 구시대를 청산하는 데서부터 시작된다. 즉 희망은 그 무엇인가 죽어야 시작되는 새로운 탄생인 것이다. 그리스도의 죽음이 희망이 시작인 것과 같다. 그러기에 우리는 희망을 체험하기 위해서는 그 무엇인가를 죽여야 한다. 내 마음속에 있는 그 무엇인가를 죽이지 못하면 나에게 희망은 없다.

〈기독교적 이해〉 작가는 기독교에 대해 두 가지 시선을 갖고 있다. 하나는 기독교 형식주의, 즉 위선에 대한 고발이다. 조상훈은 미국유학을 하면서 신자가 되었고, 귀국 후에 자선사업을 하면서 교회 일도 열심히 했다. 그러나 그는 도박, 축첩 등을 통해 위선자가 되었다. 다른 하나는 홍경애 아버지를 보는 시각이다. 그는 전도사(?)로서 3.1운동에 적극적으로 가담하여 체포되었고 초지일관 신앙과 애국심을 지키다가 죽었다. 이 두 사람은 기독교인의 두 모습을 극명하게 보여주고 있다.

이 작품은 당시 매우 선풍적인 인기를 누렸다. 소설 구성이나 등장인물의 성격 묘사, 줄거리의 파격, 시대 상황에 대한 예리한 사실주의적 묘사 등이 잘 교합된 소설이었기 때문이다. 조의관과 그 아들 조덕기의 싸움은 돈에서부터 시작되었다. 이는 도스토예프스키의 《카라마조프가의 형제들》 중 아버지와 큰아들 드미트리의 대립에서 그 원형을 찾아볼 수 있다. 또 작품의 내용상 작가는 사회주의적 경향이 있다고 보아야 할 것이다. 긍정적으로 묘사된 인물들이 모두 사회주의 이념을 대변하고 있기 때문이다. 김병화, 홍경애, 필순 아버지, 심지어 조덕기조차 그런 경향이 있다. 작가는 일본 유학을 한 사람이고, 당시 일본은 사회주의 운동이 치열했던 나라이며, 작가 자신이 자기가 쓴 독립선언서에 자신을 조선 노동자 대표라고 밝히는 것을 보면 청년 염상섭은 사회주의 이념에 나름대로 동조한 인물이라고 보아야 할 것이다. 그런 그가 해방 이후 좌우의 충돌을 경험하고, 6.25를 거치면서 그 이념적 좌표가 달라져 결국 해군 소령으로 전쟁에 참여하게 된다.

해방 이후 그의 작품을 보면 이념적인 경향에서 벗어나 인간 본성을 탐색하는 자연주의 작가로 자리매김이 되었다. 이런 그의 변화는 러시아의 문호 도스토예프스키의 변화와 매우 유사하다. 도스토예프스키는 사회주의 운동을 하다가 체포되어 근 4년간의 수형 생활을 마치고 기독교로 개종하면서 사회주의를 버리고 오히려 사회주의를 강하게 비판하는 작가로 등장했다. 작가는 역사의 진보를 믿는 사람이었다. 구시대가 망하고 새시대가 도래하고 있음을 삼대에 걸쳐 보여주고 있다.

그렇다면 작가가 보여주는 새 시대의 모습은 어떤 것이었을까? 첫째, 돈에 대한 인식의 변화이다. 구시대를 대표하는 조의관이나 그 아들 조상훈은 돈을 쾌락의 도구로 이용하고 있으나 새 시대의 상징인 홍경애는 독립운동 자금으로 사용하고 있다. 돈의 가치는 그 돈으로 무엇을 하느냐에 달렸다는 것이다. 돈의 필요성을 인정하면서 동시에 그 돈의 사용에 도덕성을 부여하고 있는 것이다.

둘째, 새 시대의 징표는 인간관계에 있어서 평등의 가치를 존중하는 것이다. 구시대는 인간관계를 수직적으로 받아들인다. 축첩이 가장 대표적인 현상이다. 상하 관계야말로 구시대의 특징이다. 그러나 새시대는 인간관계가 수평적이다. 부자인 조덕기와 여직공인 필순이의 사랑이 그 대표적 예이다. 이런 사랑은 구시대에서는 이루어질 수 없다. 돈과 상관없이 인간은 평등하다는 주장을 작가는 하고 있다.

셋째, 새시대는 어두운 과거를 정리하는 인간의 모습을 긍정적으로 보는 시대이다. 구시대는 상처받은 인간에 대한 편견이 심했다. 한 번 무너지면 재기하기가 어려웠다. 그러나 새시대는 노력하면 얼마든지 재기하고 과거보다 더 행복하게 살 수 있다. 그 대표적 예가 홍경애이다. 그는 조상훈에 의해 철저하게 유린당해 그의 첩이 되는 수모를 당했지만 재기하여 독립운동을 하는 여성으로 거듭났고 김병화와 사랑도 나누는 사이가 되었다. 구시대는 여자의 과거를 묻는 시대지만 새시대는 여자의 과거를 묻지 않는 시대라는 것을 암시하고 있는 것이다.

마지막으로, 구시대는 여성의 활동이 가정 안에서 주로 이루어졌지만 새시대는 여성도 밖에서 얼마든지 사회활동이나 경제 활동을 할 수 있다. 홍경애나 필순은 경제 활동도 하고 심지어 독립운동도 한다. 이제 여성도 밖에서 활동하는 시대가 된 것이다. 시대는 진보한다. 문제는 그 진보의 방향이다. 빨리 진보하자는 구호보다는 바른 방향으로 진보하자는 구호가 절실한 시대에 지금 우리는 살고 있다.

　〈기독교적 이해〉 기독교는 속도를 강조하는 종교가 아니라 방향을 강조하는 종교이다. 빠르게 성장하는 것보다 바르게 성장하는 것을 가르치는 종교이다. 돈도 지위도 행복도 바르게 얻어야 한다고 가르치는 종교이다. 바르지 못하면 언젠가는 무너진다. 주님은 반석 위에 세운 집은 홍수가 나도 무너지지 않는다고 했다. 반석이란 그리스도를 지칭하기도 하지만 바르다는 뜻이기도 하다. 그리스도는 바르게 사신 분이기 때문이다.

사람의 아들

〈작가와 작품 해설〉 이 소설은 이문열(李文烈, 1948~)이 쓴 최초의 장편소설이다. 그는 이 소설을 문학적으로, 상업적으로 성공시킴으로 오늘의 이문열을 존재케 했다. 그는 굴곡이 심한 삶을 살아왔다. 검정고시를 통해 서울대학교 사범대학에 입학했지만 중도에 포기했고, 여러 번 신춘문예에 도전했으나 실패했다. 가정환경을 보면 좌파적 진보주의자가 될 수 있는 사람이었지만 그는 보수주의자이다. 한나라당 공천심사위원을 지냈고, 보수적 가치를 강조하는 강연도 많이 해서 좌파의 비판을 받았다. 작가가 문학적으로, 상업적으로 성공한다는 것은 쉬운 일이 아니다. 어쩌면 그는 한국문학사에서 문학적으로, 상업적으로 두루 성공한 최초의 인물일 것이다.

1970년대 말, 우리나라에는 두 개의 문학사조가 있었다. 하나는 민중문학으로 사람들의 슬픈 삶을 사실적으로 조명하면서 이들을 외면하는 정부에 대해 강한 반발을 하는 사조이고, 다른 하나는 감성문학으로 남녀 간의 사랑을 심도 있게 다루는 문학이 그것이다. 이문열은 이 중간에 서서 주제는 민중문학 쪽이면서도 그쪽으로 완전히 기울지 않았고, 언어는 감성적인 문체를 이용하여 소설을 유려하게 끌고 나갔다. 이런 그를 긍정적으로 보는 사람들은 그의 문학을 통합적이라고 생각했고, 부정적으로 보는 사람들은 기회주의적이라고 보았다. 그는 보수주의자지만 수구적 보수주의자는 아니다. 이 작품이 그것을 증명한다. 그는 이 작품의 주인공 민요섭을 통해 기존 기독교의 영혼 구원, 즉 개인 구원에 대해 비판적이고 기독교인들에게 기존의 신관에 대해 새롭게 고민해 보아야 한다는 메시지를 전하고 있다. 그는 맹목적으로 신을 믿기보다는 자신이 믿는 신에 대해 고민해 보아야 하며, 그 고민을 통해 참된 신앙이 무엇인지를 탐색하면서 신앙생활을 해야 한다는 것을 이 소설을 통해 보여주고 있다.

〈해석과 평가〉 이 작품은 액자소설의 형태를 취하고 있다. 액자소설이란 외부 이야기 속에 내부 이야기가 또 있어 한 소설 속에 두 개의 소설이 있는 것처럼 보이는 소설 형태이다. 남경호 형사는 영생기도원에서 생긴 민요섭 살인사건을 담당하게 된다. 그는 수사하다가 민요섭이 남긴 노트를 읽게 되면서 살인사건을 풀어나간다. 민요섭은 착실한 학생이었다. 그는 전쟁고아였고, 선교사의 양자로 살았다. 선교사의 권고로 신학교에 우수한 성적으로 입학하였지만 상급반에 올라가면서 신앙에 대해 회의적인 생각을 갖게 되고 결국 신앙에 대해 논쟁적이고 반항적이어서 교수와 자주 충돌하면서 자퇴를 하게 된다. 민요섭은 기존 기독교에 대해 비판적이었다. 기존 기독교는 천국 지향적 종교로서 인간의 고통과 불행에 대해 무관심하다고 생각했다. 그는 영혼 구원을 넘어 인간의 삶 전체를 구원의 대상으로 삼아야 한다고 생각했다. 인간의 고통, 즉 가난, 질병, 불안, 공포, 상처 등등에 대해 구체적인 대안을 제시하면서 사회구성원 전체를 보다 행복하게 만드는 종교가 필요하다고 생각했다. 사실 이런 그의 주장은 당시 민중문학을 강조하는 좌파 지식인들의 주장을 그가 대변하고 있다고 할 것이다. 민요섭은 결국 새로운 기독교를 만들어야 한다고 결심하고 기존의 기독교적 가치를 타파하는 일을 하기 시작한다. 건설을 위한 파괴이다. 목사의 뺨을 치고 경건한 장로의 아내를 유혹하기도 한다.

그는 자신의 생각을 아하스페르츠라는 외경에 등장하는 전설적 이단아를 통해 구체화하려고 했다. 아하스페르츠는 예수와 같은 날, 같은 시간에 태어난 사람이다. 그는 진정한 종교를 만들기 위해 19살 때, 가출하여 전국을 유랑하면서 수많은 현자를 만나 신앙에 대해 토론을 한다. 결국 그는 예수를 만나게 되고 예수가 오병이어의 기적을 베풀어 가난한 사람들을 구제하는 모습을 보면서 예수야말로 진정한 사람의 아들이라고 생각했다. 그러나 예수는 기적을 통해 빵을 얻은 백성들이 자신의 가르침보다 빵을 더 좋아하는 모습을 보면서 기적을 행한 것을 후회한다. 이제 인간이 하나님의 진리보다는 육신의 욕구를 해결하기 위해 자신을 따를 것임을 예감했기 때문이다. 이런 예수를 보자 아하스페르츠는 예수에 대해 실망하게 된다. 그 후 아하스페르츠는 늘 예수와 대척점에 서서 예수가 하는 일들을 비판하고 방해하다가 결국 아하스페르츠는 예수의 제자 가룟 유다를 충동질하여 예수를 죽이는 일까지 한다. 예수가 가르치는 신앙을 참 신앙이 아니라고 생각했기 때문이다.

민요섭은 아하스페르츠의 분신이다. 그는 인간의 고통과 불행을 해결해 주는 종교가 참 종교라고 생각했다. 그는 나병환자 촌을 방문한 후 그런 불행한 사람들에게 용기를 주는 것은 빵이라는 지극히 현실적인 생각을 하게 된다. 이런 그의 주장에 적극적으로 동조한 사람이 조동팔이다. 조동팔은 민요섭의 사상을 실천하기 위해 자기 집을 털어 돈을 가난한 사람들에게 나누어주면서 좋은 목적을 위해서라면 수단 방법을 가릴 필요가 없다는 과격한 생각을 하게 된다. 그는 자신의 범죄를 은폐하고 더 많은 범죄를 하기 위해 김동욱이라는 가명을 사용하기도 했다. 이런 조동팔의 광적인 신념과 과격한 행동을 보는 민요섭은 조동팔에 대해 두려움을 느끼게 되고 자신이 만들려고 한 종교가 과연 참 종교일까 하는 회의를 하게 된다. 그는 가난한 사람들에게 빵을 주는 것은 한계가 있는 것임을 알게 되었고, 인간의 불행과 고통은 단순히 빵으로만 해결될 수 없는 것임을 깨닫게 된다.

민요섭은 결국 자신이 만들고자 한 기독교보다는 불완전하지만 자신이 비판해 온 기독교의 가르침, 즉 빵보다는 진리, 인간의 말씀보다는 하나님 말씀이 더 중요하다는 것을 조동팔에게 고백하고 만다. 이런 민요섭의 회심은 조동팔에게 큰 충격이었다. 그는 민요섭이 자기를 기만하고 이용했다고 생각했다. 그러면서도 민요섭이 만든 기독교, 즉 자신이 실천해 온 그 기독교가 기존의 기독교보다 참된 기독교라고 확신했다. 그는 민요섭을 변절자, 배신자라고 단정 지어 결국 민요섭을 죽이고 만다. 민요섭을 죽인 후, 조동팔은 도피생활을 하다가 결국 자신도 자살하고 만다. 민요섭을 죽인 것에 대한 가책과 그 역시 자기가 확신한 자기의 신념에 회의를 품게 되었기 때문이다.

〈기독교적 이해〉 이 소설은 당시 독자에게 상당한 충격을 주었다. 우선

기성 기독교를 아주 논리적으로, 그 행태들을 문제 삼아 비판했고, 인간은 신에 대해 진지한 명상을 하면서 신앙생활을 해야 한다는 단초를 제공했기 때문이다. 그는 참된 신앙은 구원이냐 축복이냐가 아니라 신에 대한 고민이 우선되어야 한다는 것을 암시하고 있다. 그는 신을 맹목적으로 믿는 것보다는 신에 대한 명상, 회의, 결단 등을 통해서 믿는 것이 우선되어야 한다는 도전적인 명제를 제시하고 있다.

또한 작가는 기존 기독교를 비판하면서도 역으로 옹호하고 있다. 빵 문제가 중요하다고 강조하면서도 인간은 그 이전에 영혼 문제가 우선되어야 한다는 것을 강조하고 있다. 민요섭의 분신인 아하스페르츠의 신은 이중성이 통합되어 있는 신이다. 자비하면서도 무자비하다. 탈가치적이다. 민요섭의 신, 역시 선악의 가치에 관여하지 않는 신이요, 말씀으로 인간을 속박하지 않는 신이다. 복종과 경배를 원하지 않으며 희생과 헌신을 강요하지 않는 신이다. 민요섭의 신은 인간을 위한 신이다. 인간에게 봉사하는 신이다. 민요섭의 신은 새로운 신이다. 그런데 그의 신은 비윤리적이고 반사회적이며 반지성적이다. 인간에게 필요한 신처럼 보이지만 결국 인간을 더 불행하게 하고 고통스럽게 하며 혼란으로 몰고 가는 신이다. 민요섭의 신은 실패할 수밖에 없는 신이다. 실패했다. 민요섭의 회심이 그것을 증명하고, 조동팔의 자살이 또한 그것을 입증한다. 신을 위한 인간도, 인간을 위한 신도 완전한 해석은 아니다. 신과 인간은 사랑의 관계이다.

작가는 기독교를 비판하면서도 기독교를 옹호하고 있다. 민요섭이나 조동팔의 죽음은 작가가 보수주의자임을 보여주는 사건 배열이지만 그럼에도 불구하고 기독교의 부족한 점을 비판했다는 점은 그가 개혁적 보수주의자임을 보여주는 근거가 된다. 작가는 도스토예프스키의 영향을 받은 것 같다. 민요섭의 주장은 도스토예프스키의 《카라마조프가의 형제들》 중 대심문관의 주장과 상통하기 때문이다. 대심문관은 예수가 비록 여러 가지 시험을 이기기는 했지만 대부분 사람은 그런 시험을 이길 수 없다고 하면서 예수처럼 살라고 하는 것은 인간을 더 고통스럽게 하는 것이라고 강조한다. 민요섭은 하나님의 말씀에 순종하는 삶을 가르치는 종교보다는 인간에게 빵을 공급해 주는 종교가 인간을 행복하게 만드는 종교라고 주장한다. 과연 그럴까?

작가는 작품의 제목을 《사람의 아들》이라고 했는데 사람의 아들, 즉 '인자'는 고대 메소포타미아 지방에서 사용하던 관용구이다. '사람으로' 또는 '나 자신으로'라는 뜻이다. 그런데 성경에서는 인간을 이끄는 신적 존재라는 뜻으로 사용하고 있고, 그래서 예수는 자신을 인자라고 표현하기도 했다. 작가는 아하스페르츠가 사람의 아들이 아니라 예수가 사람의 아들임을 암시하고 있다. 작가는 인간으로 하여금 참인간으로 살게 만드는 길, 또는 인간으로 하여금 '나 자신'으로 살게 하는 진리를 가르치는 종교가 참 종교라고 주장하고 있다.

이 작품은 당시에 기독교인에게 신선한 고민을 하게 만들었다. 개인 구원도 중요하지만 사회 구원도 외면해서는 안 된다는 깨우침을 주었다. 그러나 아쉬움은 있다. 기독교는 인간의 불행과 고통을 해결해 주어야만 하는 종교인가? 고통이나 불행은 반드시 극복되어야 하는 삶의 상황인가? 고통과 불행 속에도 행복은 존재할 수 없는가? 이문열은 이 작품에서 이 문제에 대해 침묵하고 있기 때문이다.

06

율곡 이이

이율곡 문선

〈작가와 작품해설〉 율곡 이이(栗谷 李珥, 1536~1584)는 퇴계 이황과 더불어 조선조 최고의 유학자이다. 23세 때, 58세 된 퇴계를 만나 사제의 예를 갖추었고, 퇴계는 이이의 탁월한 재능을 높이 평가했지만, 두 사람의 사상이나 정치적 식견은 달랐다. 이이는 이(理)와 기(氣)가 하나라는 일원론을 주장했으며, 이(理)를 인정했지만 기(氣)를 더 강조하는 현실주의자였기에 현실정치에도 깊이 관여하였다. 그러나 이황은 이(理)와 기(氣)는 서로 독립되어 상호작용한다는 이원론을 주장하였고, 불변의 원리, 도덕적 규범, 당위성을 상징하는 이(理)를 강조하여 이상주의적 사상을 주장하였기에 정치에 참여하기보다는 학문 연구를 더 열심히 하였다.

이이는 경기도 파주가 본관이다. 강릉에서 태어나서 아직도 그가 태어난 산실을 몽룡실이라고 부르고 있다. 어머니 신사임당의 영향을 강하게 받았으나 16세에 어머니가 죽자 3년간 묘를 지켜 효성을 다 했으며, 계모의 학대를 받았으나 계모도 잘 모셨다. 신사임당의 아버지 신명화는 유명한 조광조의 친구였다. 이이는 어머니 신사임당이 죽고 난 후 염세적 생각을 하다가 금강산으로 들어가 승려가 되었으나 후일 불교가 세상을 구원할 종교가 아님을 깨닫고 하산하여 주자학을 깊이 연구하였다. 한 때 승려가 된 이 경력이 후일 그를 비판하는 사람들에게 이용되어 사후까지 그를 괴롭혔다. 성주 목사 노경린의 딸과 결혼하였고, 우계 성혼은 그의 평생 친구였으며, 그들은 '살아도 같이 살고 죽어도 같이 죽자'라는 다짐을 하기도 했다. 선조가 이이에게 우계와 비교하여 누가 더 나으냐 묻자, 그는 "재주는 우계보다 제가 좀 낫고, 학문 깊이는 우계가 저보다 좀 높습니다."라고 답했다. 그는 당시 서인과 동인으로 분당된 당파를 조정하느라고 애를 쓰다가 49세에 죽었다. 사후 조정은 그를 영의정으로 추증하였다.

그가 죽은 후, 임진왜란이 터졌으나 그의 부인은 하녀 한 사람을 데리고 그의 묘를 지키다가 왜군에 의해 겁탈을 당하게 되자 두 사람 모두 자결하였다. 왜란이 끝난 후, 조정이 이를 알고 부인의 시신을 수습하여 묻어 주려고 했으나 뼈만 남았기에 누가 부인인지 알 수가 없어 결국 두 시신을 모두 하나로 수습하여 이이의 묘 앞에 묻어 주었다. 가슴 아픈 일이요 비장한 최후였다. 인조 8년, 왕은 그의 아내와 하녀의 신도비를 세워주었다.

이이는 서인에 속했다. 그러나 서인의 지도자인 심의겸은 그를 존경하여 그를 서인의 영수로 모셨다. 그는 선조 시절, 동인, 서인 하는 당파에 대해 이준경이 부정적 견해를 자주 피력했으나 그는 긍정적인 생각을 가지고 있었다. 동인이건 서인이건 선비인 사람들이 모였기에 양쪽 다 잘못을 범할 수 있으나 서로 부족한 것을 보완하여 협력하면 더 나라를 잘 이끌 수 있다고 본 것이다. 현대적 용어로 표현한다면 정당정치를 인정한 것이다. 그러나 당시 당쟁은 그의 견해와는 다르게 상호비방, 배타적 토론, 상호비타협만 해서 국사는 난맥상이 되었다. 왜란을 염려하여 일본에 파견된 당파가 다른 황윤길과 김성일이 완전히 서로 다르게 일본 정세를 보고함으로 왜란을 사전에 방지하지 못해 국가는 존망의 위기를 당했다.

〈해석과 평가〉 그는 정치를 하면서 탁월한 식견을 발휘하였다. 그는 '만언봉사(萬言封事)'라는 상소문을 통해 왕은 "때에 맞게 정치를 해야 하며, 일은 실질적인 것에 힘써야 한다."라고 주장했다. 그의 정치철학을 요약하면 그야말로 통합적이다. 그는 문벌이나 출신성분보다는 능력 중심으로 인재를 발굴해야 하며, 양반뿐만 아니라 평민들도 교육을 통해 인재로 키워야 한다고 강조했다. 외척을 배제하고, 지방 수령의 자질을 강화해야 하며, 붕당을 막고, 사림, 즉 지방에서 공부하는 유학자들을 존중해야 한다고 했다. 왕실의 사유재산을 억제해야 하고, 빈민구제를 효율적으로 해야 하며, 특히 공노비의 처우를 개선해야 한다고 강조했다. 서얼제도를 폐지하여 서자도 능력에 따라 등용해야 하고, 양반에게도 군역즉 병역의 의무를 부과해야 한다고 주장했다. 실로 대단한 개혁이고 당시로써는 백성들의 인권을 존중하는 혁명적 주장이었다. 왕이 절대군주가되어야 가능한 정치이다.

그의 주장 중에 역사적 평가를 높이 받아야 할 것이 두 가지가 더 있다. 하나는 10만 양병설이다. 그는 일본이 반드시 쳐들어올 것을 예견하고 사전에 10만 명의 군인을 미리 양성해야 한다고 주장했다. 그러나 이런 그의 주장은 동인, 그중에서 서해 유성룡의 반대로 인해 무산되었다. 후일 왜란이 끝난 후, 서해 유성룡은 이이의 10만 양병을 거부한 자신의 잘못을 뉘우치며 자신을 징계한다는 《징비록》을 집필하였다. 다른 하나는 그의 여성관이다. 그는 남녀 차별을 금지할 것을 주장하였다. 여성교육도 강조했다. 이는 당시 사회에서 놀라운 주장이었다. 그의 이러한 주장은 어머니 신사임당의 영향이었을 것이다.

그의 주장 중에 '경장론'이라는 것이 있다. 일종의 그의 역사 철학이다. 그는 국가나 사회는 창업, 수성, 멸망의 단계를 거친다고 생각했다. 놀라운 것은 그가 국가의 멸망을 예견하고 있다는 것이다. 그러나 그는 국가의 멸망을 최대한 미룰 수 있는 방법이 있다고 생각했다. 창업을 한 후에도 국가에는 다양한 위기가 주어지며 그 위기는 창업할 때의 지배 계급의 열정이나 백성들의 합의에 의해 극복되면서 국가는 수성할 수 있다고 생각했다. 그러나 창업 후 세월이 흐르고, 수성 후 다시 시간이 지나면서 국가는 멸망으로 가는 데 이때 필요한 것이 '경장(更張)'이다. 경장이란 다양한 문제들을 합리적으로 해결해주며, 수정하고, 각종 제도를 현실에 맞게 재정비를 하는 것인데 경장을 하고 나면 멸망을 더 미룰 수 있다고 주장했다. 이런 그의 주장은 오늘날에도 유용하다. 어떤 국가 사회단체도 언젠가는 망한다. 멸망의 때를 미루는 지혜가 필요하다.

이이는 40대에 죽었으나 많은 책을 남겼다. 《격몽요결》은 아동 교육서이고, 《학교모범》은 학생 계몽서이다. 《김시습전》도 썼다. 유명한 《성학집요》는 성리학의 핵심 내용을 요약한 책이고, 《동호문답》은 왕도정치의 이상을 문답체로 지어 선조에게 올린 책이다.

이이는 어린 시절에 스스로 자신을 경계하는 자경문을 써서 인생지침서로 삼았다. 지금도 숙고해볼 만한 인생지침서이다. 간단하지만 실질적이다. 열거하면 다음과 같다. 뜻을 크게 가지자. 말을 적게 하자. 마음을 안정시키자. 게으름을 이기자. 책을 읽자. 욕심을 버리자. 일할 때는 성심을 다하자. 정의로운 마음을 가지자. 반성하는 마음을 가지자. 밤이 아니면 눕지 말자. 죽을 때까지 공부하자. 이런 자경문은 그가 어린 시절에 적은 것이라 겹치는 것도 있고, 너무 일상적이어서 진부한 감도 있지만 실천 가능한 것들이고 큰 인물이 되는 데 기초가 되는 것들이어서 재삼 음미해 볼 만한 내용이다. 큰 인물은 단숨에 만들어지지 않는다. 기본이 충실하고 든든해야 큰 인물이 된다.

〈기독교적 이해〉 기독교적 입장에서 보면 이이의 일원론은 삼위일체론과 유사하다. 이이는 일원론을 주장했다. 즉 이(理)와 기(氣)는 하나라는 주장이다. 이 둘은 시간적으로, 공간적으로 분리도 아니고, 선후가 있는 것도 아니다. 동시에 존재하고 영원히 분리되지 않는다. 이(理)는 변하지 않는 하늘 이치이고, 기(氣)는 변화의 근원이다. 이(理)가 움직여 사단(四端)을 만들 수 없고, 칠정(七情)도 기(氣)에서 나오는 것이기에 사단칠정은 실질적으로 모두 기(氣)에서 나온다. 논리적이기는 하나 실제적으로 이해하기는 어렵다. 삼위일체론도 마찬가지이다. 하나님은 오직 한 분이시다. 그러나 하나님은 성부, 성자, 성령 삼위이시다. 이 삼위는 일체시다. 하나이면서 셋이고, 셋이면서 하나이시다. 논리적이긴 하나 실제적 이해는 어렵다. 오직 신비일 뿐이다.

사단이란 인의예지(仁義禮智)요, 칠정은 희노애구애오욕(喜怒哀懼愛惡慾)을 말한다. 주자학에서 사용하는 용어들이다. 그런데 사단칠정은 넓게 보면 인간 감정을 의미한다. 이황은 타고난 좋은 감정을 더 우선했고, 이이는 외부의 작용에 의해 인간이 느끼면서 수시로 변하는 감정, 칠정을 더 우선했다. 이황은 인간을 도덕적으로 이해했고, 이이는 인간을 변하는 존재로 이해했다. 이황은 인간이 도덕적 존재가 되기를 원했고, 이이는 인간이 바람직한 인간으로 변하기를 원했다. 이황은 깨달음을 강조했고, 이이는 교육을 강조했다. 이 두 가지가 상호보완적이라고 생각하는 것이 중요하다.

오늘날 이이를 논함에 있어서 가장 주목해야 할 것은 그의 경장론(更張論)이다. 이이는 어떤 국가든 일정 기간이 되면 망한다고 보았다. 일종의 멸망결정론이다. 사실 이런 그의 주장은 역사적으로 증명이 된 주장이다. 문제는 그 멸망을 더 뒤로 미룰 수 있다는 그의 주장이고 그 방법을 그가 구체적으로 제시했다는 점이 놀랍다. 창업이 이루어지면 그다음 수성으로 가는 것은 당연한 이치이다. 문제는 어느 시점에서 경장이 이루어져야 하는가에 대한 논의가 논란거리가 된다는 것이다. 경장이란 당시의 문제점들을 고친다는 뜻이다. 사실 창업과 수성 과정에서 시행착오 된 각종 제도, 습속, 인사 등을 고쳐나가야 멸망을 미룰 수 있다는 그의 주장은 옳은 주장이다.

조선조를 중심으로 생각해 보면 태조 이성계로부터 세종대왕까지는 창업기라고 할 수 있다. 그 이후 성종 때까지는 수성기라고 할 수 있다. 문제는 연산군을 지나 중종반정이 이루어지는 그 시기는 이율곡의 주장대로 한다면 경장기 즉 개혁기라고 할 수 있다. 중종은 조광조라는 젊은 성리학자를 등용하여 개혁을 시도했다. 그러나 조광조의 개혁은 성급했고, 나이든 당시 지도층과 공감하지 못한 사림파 일변의 개혁이어서 결국 실패했다. 아마 이율곡은 조광조의 실패를 거울삼아 선조 초기가 경장을 해야 하는 시기라고 생각했던 것 같다.

그가 주장한 각종 정책은 실로 놀라운 개혁정책이었다. 그러나 그의 개혁정책은 당파라는 벽에 부딪혀 산화되고 말았다. 당시 조정은 조선 역사상 최고의 인재들이 모여 있었다. 정철, 이준경, 유성룡, 이원익, 이항복, 이덕형, 이산해 등등 기라성 같은 인물들이 포진해 있었다. 그러나 이율곡은 파직을 당해 파주로 가서 49세에 죽었다. 경장이 이루어지지 못한 것이다. 그 후 조선 역사에 경장은 정조를 통해 다시 이루어질 기회를 맞이했으나, 정조가 일찍 승하함으로 무산되고 말았다. 중종 때 조광조의 경장은 혼자 힘으로 하려고 했기에 실패했고, 이율곡의 경장은 선조라는 무능한 왕 때문에 무산되었으며, 정조의 경장은 왕을 보필하는 뛰어난 인물이 적었기 때문에 실패했다.

지금 우리나라 정치집단은 보수든, 진보든 개혁 즉 경장을 주장하고 있다. 역사의 흐름으로 보아 경장의 때가 된 것은 분명하다. 3.1운동을 기점으로 해도 백 년이 넘었고, 해방이나 정부 수립을 기점으로 해도 80년을 바라보고 있다. 경제적으로 부강한 나라가 되었고, 국민의식도 높아졌다. 국민의 욕구가 다양해지면서 다양한 갈등들을 조절해야만 하는 시기가 도래했고, 통일이라는 지상 과제를 풀어야 할 시기도 되었다. 이런 모든 것들은 지금 이 시기가 경장의 시기라는 것을 반증하는 것이다. 그렇다면 누가, 어떤 집단이 어떤 방법으로 경장을 할 것인가? 과연 지금 경장을 할 중심 세력들이 있는가? 그들이 개혁을 할 식견과 능력이 있는가? 이 문제에 대해 지식인들은 대부분 부정적이다. 이념에 치우친 자들은 이념으로 경장을 하려고 한다. 그러나 이념으로 하는 경장은 이념의 반대로 인해 실패한다. 경장은 국민통합으로 이루어진다. 통합이 경장이다. 그러므로 정치가들은 최우선적으로 국민통합을 목표로 정치를 해야 한다. 이념으로 경장하려는 것은 자기도취에 빠진 교만이다.

한국 기독교도 이제 경장을 해야 한다. 낡은 제도를 고쳐야 하며 설교의 핵심도 변해야 한다. 기복에서 삶으로 그 주제가 달라져야 한다. 교회 행정도 전문화되어야 하고, 교회 행사도 문화적이라야 한다. 목회자들의 의식도 인문학적이어야 한다. 교회 경장이 이루어지지 않으면 한국교회도 멸망의 길로 갈 수밖에 없다. 이제 목사와 장로들이 조광조, 이율곡, 정조대왕이 되어야 한다. 그래야 한국교회가 다시 부흥할 수 있다.

한국기독교의 경장에 가장 중요한 것은 제도를 개혁하는 것이다. 헌법을 개정해서 위임제도와 원로제도를 폐지하고 장로 단임제를 시행해야 한다. 목사의 임기를 10년으로 하고 신임투표제를 실행해야 한다. 목사 사례금 상한선을 정해야 하고 하한제도 정해야 한다. 출석교인 5,000명 이상인 교회에는 재정적 부담을 더 부과해야 한다. 물론 이런 개혁은 소급 적용하지는 말아야 한다. 혼란이 생기기 때문이다.

강경애

인간문제

〈저자와 작품 해설〉 이 작품을 쓴 강경애(姜敬愛. 1906~1943)는 한국현대 문학사에 특이한 존재이다. 그녀는 황해도 장연 출신으로 평양 숭의여학교를 다니면서 동맹휴학 사건을 주동하다가 퇴학당해 서울로 와 동덕여학교에 입학했으나 졸업은 하지 못했다. 24세 때, 양주동의 추천으로 〈어머니와 딸〉이라는 장편소설을 통해 등단했다. 1930년대, 박화성, 최정희 등과 함께 여류작가로서 명성을 날렸다. 간도 지방에서 주로 살았기에 조선일보 간도지국장을 역임했다.

《인간문제》는 1934년 동아일보에 연재된 소설인데, 그녀는 이 소설을 연재하면서 "어느 시대나 인간문제는 있었는데 인류는 그 인간문제를 해결하기 위해 투쟁해야 하고, 그 과정에서 역사는 발전한다는 취지의 글을 쓰려고 한다."라고 말했다. 그녀는 36세로 요절했는데, 그녀의 남편인 장하일은 사회주의 사상을 갖고 있었기 때문에 해방 이후 월북하였고, 1949년 그녀의 작품은 북한 노동신문사에서 단행본으로 출판되었다. 한국 문단에서는 1980년 이후에 자유롭게 그 문학적 업적을 평가하기 시작했다. 평론가 김윤식은 인간문제를 언급하면서, 이 작품은 공장노동자의 삶을 묘사한 최초의 작품이라고 주장하면서 문학 소재의 지평을 넓힌 작품이라고 평가했다.

그녀는 식민지 현실을 사실주의보다 더 강한 자연주의적 묘사를 통해 냉정하고 세밀하게 당시의 상황을 묘사하고 있다. 간도에는 그녀를 기리는 문학비가 세워져 있다. 강경애는 《인간문제》라는 작품에서 인간이 지닌 진정한 문제는 무엇인가? 그 문제를 해결할 수 있는 사람은 어떤 사람인가? 그리고 그 문제를 풀어가는 방법은 무엇인가에 대해서 쓰고 있다. 그녀는 인간에게 주어지는 가장 큰 문제는 가난이고, 그 문제를 해결하기 위해서는 계급투쟁을 해야 하며, 그 투쟁을 선도해야 할 사람은 의식화된 농민 출신 노동자들이다. 그렇게 생각하고 있다.

이 소설은 그 출발점부터 심상치 않다. 황해도 용연마을에는 원소라는 못이 있는데 그 못이 만들어진 전설을 쓰고 있기 때문이다. 오래전 이 마을에 장자라는 첨지가 살고 있었는데 큰 부자였다. 흉년이 들어 마을 사람들이 죽게 되자 마을 사람들은 장자라는 부자를 찾아와 곡식을 달라고 애원을 했다. 부자가 거절하자 마을 사람 중에 일부가 집으로 들어가 강제로 곡식을 갖고 나왔는데, 그 부자가 관아에 고발해서 결국 사람들은 잡혀가 죽기도 하고, 감옥에 가기도 했다. 가족들은 부잣집 앞에 와서 방성통곡했는데 그 눈물이 넘쳐나 집을 덮어 못이 되었고, 마을 사람들은 고향을 떠났다는 이야기이다.

이 전설에 등장하는 사람들, 예를 들면 잔인한 부자, 가난한 마을 사람들, 고향을 떠나는 사람들은 이 소설의 핵심을 이루는 사람들로 재현된다. '정덕호'는 마을 대지주이다. 돈만 아는 사람이고, 출세욕도 있어 면장이 된다. 아들이 없어 소작인의 딸을 씨받이로 삼고, 소작인들을 괴롭히며 살아간다. '선비'는 여주인공인데 덕호 집에서 소작인들의 소작료를 받아오는 일을 하는 자의 딸이다. 순진, 순수한 여자이고, 아버지가 불쌍한 소작인의 소작료를 받아오지 못하자 덕호에게 맞아 죽었음에도 불구하고 아버지가 죽은 후 덕호 집에 들어가 식모살이 비슷한 처지로 살아가다가 덕호에게 강간당하고 결국 덕호의 첩이 된다. 선비는 첩이 된 후에 특별한 불만을 갖지 않고 순응적인 삶을 살면서 덕호의 사랑에 기생하는 삶을 살아간다.

덕호에게 옥점이라는 딸이 있는데 그녀는 서울에서 공부하고 있다가 '유신철'이라는 경성제국대학 다니는 학생을 데리고 고향으로 잠시 내려온다. 유신철은 선비의 순수하고 순진한 인간성에 감동받아 선비를 사랑하게 되면서 서울로 오게 하여 학교에 다닐 수 있도록 돕고자 한다. 한편 옥점은 유신철을 사랑하면서 그와 결혼하려고 하지만 유신철은 쉽게 응하지 않는다. 옥점은 유신철이 선비를 사랑하고 있다는 것을 알고 선비를 모함하여 결국 덕호 집에서 나오게 만든다. 덕호 집에서 쫓겨난 선비는 수소문 끝에 갓난이를 찾아 서울로 간다. 갓난이는 선비의 친구지만 일찍 덕호의 첩이 되어 살다가 아들을 낳지 못한다는 이유로 구박을 받다 결국 덕호의 집을 나와 서울로 간 여자이다. 갓난이는 선비를 불쌍히 여겨 함께 살게 되고, 선비는 그녀가 노동운동을 하고 있음을 알게 되면서 그녀를 통해 선비 역시 서서히 계급의식에 눈을 뜨게 된다. 갓난이는 노동운동을 적극적으로 하기 위해 인천에 세워진 대동방직회사에 위장 취업을 하고 선비도 함께 따라간다.

한편 유신철은 아버지로부터 상당한 압력을 받는다. 유신철의 아버지는 아들에게 옥점이와 결혼할 것과 고등고시에 합격하여 출세의 길을 걸으라고 강요한다. 유신철은 아버지와 심히 다투고 결국 자신의 길을 가겠다고 결심하여 집을 나온다. 유신철은 평소에 관심 있던 노동운동에 참여하게 되면서 인천으로 와서 항만노동자들과 동거동락 하며 그들을 의식화시키는 일을 한다.

이 소설의 또한 사람의 주인공 '첫째'는 용연마을 소작인으로서 몸을 팔아 생계를 유지하는 어머니와 함께 사는데, 추수 때 덕호가 소작인들을 너무 착취하는 것을 보고 분노하여 덕호에게 덤벼들었다가 체포되어 경찰서에서 고문을 당한다. 그는 덕호의 위선적인 탄원으로 석방되었지만 결국 고향을 등져 유랑하다가 인천에 와서 항만노동자가 된다. 그는 인천에서 유신철을 만나 그에게 의식화 교육을 받으면서 유신철을 존경하게 되고, 그와 함께 노동운동에 가담하게 된다. 그는 고향에 있을 때, 선비를 짝사랑했는데 인천에서 선비가 방직 공장에 다닌다는 것을 알게 된다.

인천에서 노동운동을 하는 사람 중에 선비, 갓난이, 첫째는 농민 출신 노동자들이고, 유신철은 지식인으로서 서울 출신이지만 그 역시 용연마을과 연관된 사람이다. 이 네 사람 중에 변절자가 생긴다. 유신철은 노동운동을 하다가 체포되어 감옥에 가게 되었는데 판사가 된 친구의 권고로 결국 도중하차 하고 만다. 판사의 권고는 매우 현실적인 것이었다. 판사는 노동운동의 가치를 인정하지만 그 운동이 열매를 맺으려면 상당한 시일이 흘러야 한다는 점, 유신철이 아니더라도 그 운동을 하는 사람은 많아진다는 점, 지금 가세가 기울어져 부모가 매우 어려운 처지에 놓여 있고 유신철이 감옥에 가게 되면 집안은 풍지박산이 된다는 점 등등을 들어가며 회유를 하는데 끝내 그는 설득을 당한다. 바로 이 점에서 강경애는 노동운동은 지식인을 중심으로는 열매 맺을 수 없다는 것을 암시한다.

강경애는 《파금》이라는 작품에서 이미 지식인의 한계를 강조했고, 《소금》이라는 작품에서는 농민을 노동운동의 주체로 설정했으나, 이 작품에서는 노동자가 노동운동의 핵심임을 새롭게 제시하고 있다. 강경애는 원래 동아일보에 연재할 때는 농민을 핵심으로 설정했으나 후에 노동자를 핵심 세력으로 제시했다. 유신철의 변심은 노동운동을 하는 사람들에게 큰 타격이었고 결정적인 사건도 터진다. 회사는 직공들을 모집할 때, 감언이설로 여공들을 속였고, 공장 환경은 열악했다. 착취와 중노동이 이루어지면서 선비는 결국 폐결핵에 걸려 죽고 만다. 유신철의 배신에 타격을 받은 첫째는 선비의 시체를 보면서 더 절망한다. 그러나 첫째는 절망 속에서 깨닫는다. 이제는 자신이 노동운동의 핵심이 되어야 하겠다는 다짐을 하게 된 것이다. 어린 시절부터 고향에서 짝사랑해 왔던 선비, 인천에서 다시 만나 그녀와 새로운 꿈을 꾸면서 희망으로 살던 첫째는 선비의 시체 앞에서 울부짖으며 새로운 세계로 나아간다.

〈해석과 평가〉 강경애는 이 작품을 통해서 계급투쟁으로 나아가는 의식화 과정을 두 가지로 보여주고 있다. 하나는 선비의 각성이고, 다른 하나는 첫째의 각성이다. 선비는 순수하고 착한 여자이다. 그런데 선비는 덕호의 강간, 억압, 착취를 통해 의식화되어 간다. 즉, 선비는 육체의 고통을 통해, 갓난이를 통해 그 의식화 과정을 밟아 간다. 선비는 개인적인 의식화 과정을 밟아 가는 것이다. 그런데 첫째는 먹는 문제, 즉 가난과 법의 문제를 통해 의식화 과정이 시작된다. 첫째는 부자 덕호의 농민 수탈에 분노해서 덕호에게 덤벼들었다가 고발당해 법으로 고통을 받는다. 첫째는 법의 공정성에 대해서 의문을 갖는다. 법이라는 것이 부자들 편이라고 생각하면서 절망한다. 첫째는 지식인 유신철을 만나 노동운동에 대해 논리적으로 배우고 깨달으면서 의식화되어 간다. 작가가 노동운동의 상징으로 첫째를 선택한 것은 그가 사회적 모순을 통해 노동운동의 정당성에 눈을 뜬 사람이고, 두 가지 상처, 즉 자기를 가르쳐 준 유신철의 배신과 평생을 사랑했던 선비의 죽음을 통해 분노와 절망을 배운 사람이기 때문이다.

작가는 노동운동은 지식과 한, 이 두 가지가 있어야 끝까지 할 수 있다는 암시를 하고 있다. 그 당시 여학교 출신 여류작가로서는 실로 무섭고 탁월한 식견이다. 강경애는 당시 노동자들의 삶을 예리하게 주시했기에 이런 작품을 쓸 수 있었다. 우리나라에서 노동자가 처음 등장한 것은 인천이다. 1883년 개항과 함께 각종 물건을 하역, 운반하는 사람들이 필요했다. 부두 노동자가 그 효시인 것이다. 그다음은 방직 공장에서 일하는 여공들이었다. 1934년 인천에 동양방적이 세워졌다. 이제 부두와 방적 공장을 중심으로 노동자들이 등장했고, 그들은 자신들의 권익을 도모하기 위해 다양한 음성적 조직을 만들어 활동했다. 1923년 10월 22일 동아일보는 인천부두 하역인부 400명이 데모를 했다는 기사를 실었다. 이처럼 노동운동은 당시 활발하게 이루어지고 있었다. 강경애는 이런 당시 사회현상을 주시하면서 이 작품을 쓴 것이다. 이 작품에서 강경애가 하는 주장은 역사적으로 보면 틀렸다. 강경애의 주장과 유사한 소련 공산당은 계급투쟁을 통해 노동자 농민 정권을 세웠으나 가난 문제를 해결하지 못해 붕괴되었다. 동유럽의 공산당도 마찬가지이다.

〈기독교적 이해〉 이 소설은 분명 예언자적인 소설이다. 그러나 문제점이 많다. 우선 부자와 가난한 자, 자본가와 노동자, 이런 이분법은 세상을 지나치게 단순화시키고 있다. 부자는 다 악하고, 노동자, 농민은 다 착취당하고 있다는 설정도 무리이다. 설령 그렇다 하더라도 계급투쟁만이 그 해결 방법이라는 주장도 지나치게 일방적이다. 기독교적 입장에서 보면 인간 문제의 핵심은 가난이 아니라 이기심이라는 인간 본성이다. 이기심은 그 자체는 선도, 악도 아니다. 이기심이 있어야 인간은 생존할 수 있다는 점에서 선이고, 이기심 때문에 타인을 괴롭히고 보편타당성 있는 법을 악용한다는 점에서 악이다. 아담이 선악과를 먹은 것은 그 자신을 위한 행위이다. 하나님과 동등한 존재가 되겠다는 생각의 바탕에는 이기심이 있었다. 이기심을 조절, 통제, 선용을 한다면 이 작품 속에 등장하는 덕호의 악덕 행동은 나타나지 않는다. 악덕 부자의 수탈도 강간도 추방도 있을 수 없다. 이기심을 통제하지 못한 상태의 농민, 노동자의 모습을 상상해 보라. 덕호와 무엇이 다르겠는가?

모든 사람이 행복하게 살 수 있는 길은 계급투쟁이 아니라 각자의 이기심을 조절, 통제하면서 서로 사랑하는 것이다. 이 세상의 어떤 이념도 이기심을 조절, 통제, 균형을 잡지 못하면 실패한다. 그러므로 인간은 이념 대신 각자의 이기심을 어떻게 조절, 통제, 균형을 잡을 것인가를 연구해서 실천해야 한다. 정치, 경제, 문화, 사회 전반에 걸쳐 이런 노력이 필요하다.

기독교가 이 시대에 왜 필요한가? 구원과 축복을 선포하기 위해서도 필요하지만 그보다는 인간이 지닌 이기심을 어떻게 조절, 통제, 균형을 잡을 것인가에 대한 해답을 선언하기 위해 필요하다. 구원과 축복은 하나님께서 하시는 일이지만 이기심과 싸우는 것은 각자의 몫이기 때문이다. 이 일을 하지 못하면 언젠가 기독교는 이념의 시녀가 될 것이다. 지금 이념이 잔인해지고 있다. 사회주의도, 자본주의도 악마의 얼굴로 변하고 있다. 기독교가 이념의 시녀가 될 것인가, 아니면 이기심을 치료하는 의사가 될 것인가? 실로 중요한 과제이다.

강경애는 가난이야말로 인간문제라고 강조한다. 어느 정도 맞는 말이다. 생존이야말로 인간에게 주어진 가장 큰 과제이기 때문이다. 그런데 가난 문제를 해결하는 방법이 정말 계급투쟁 외에는 없는 것일까? 성경은 가난 문제를 해결하는데 그 어디에도 계급투쟁을 강조하는 구절은 없다. 가난은 해결되어야 한다. 가난 문제를 해결하는 근본 요소는 세 가지이다. 첫째는 본인의 노력, 둘째는 가난한 자를 위한 제도 확립, 마지막은 하나님의 축복이 그것이다. 가난한 사람들을 위한 제도 중에 안식년, 희년 제도도 있고, 십일조를 통한 구제 활동도 있으며, 추수할 때, 가난한 자들을 위해 십 분지 일은 그냥 남겨두는 제도도 있다. 성경은 투쟁적 방법으로 가난을 해결할 수 없다고 강조한다. 투쟁은 투쟁을 낳는다. 오직 서로 사랑하는 것만이 가난을 해결하는 따뜻한 방법이다. 국가는 가난을 해결하는 방법으로 사랑에 근거한 제도 개선을 해야 한다. 투쟁은 국민을 더 가난하게 만들 뿐이다.

08

황순원

카인의 후예

〈작가와 작품 해설〉《카인의 후예》는 황순원(黃順元. 1915~2000)의 장편소설이다. 황순원은 평안도 출신으로 일본 와세다대학 영문과를 졸업하고 경희대학 국문학과 교수를 지냈다. 부친 황찬영은 독립선언서를 배포하다가 체포되어 옥살이했고, 그는 오산학교를 다녔기에 기독교적인 인도주의 색채가 작품 속에 녹아있다. 《카인의 후예》라는 소설 제목도 성경에 등장하는 인류 최초의 살인자 카인에게서 나왔다. 1970년 이형표 감독의 작품, 영화 〈시집은 가야지요〉에 조연으로 출연한 이색적인 경력도 있다. 그의 대표작, 단편소설 〈소나기〉는 중학교 국어 교과서에 기재될 만큼 유명하고, 일제 치하에서 많은 작가가 일본어로 작품 활동을 했는데 그는 한글로만 작품 활동을 했다.

작가는 이 작품을 통해 사실주의적 기법으로 해방 후, 북한에서 실시된 토지개혁 사건 속에서 벌어진 다양한 인간상을 묘사했다. 주인공 박훈은 지주의 아들이자 지식인이고, 성격이 온순하며 정직하다. 그는 공부를 마치고 귀향하여 야학을 하면서 나름대로 지식인으로서 의미 있는 삶을 살고 있다. 그는 우유부단한 성격의 사람이면서 의존적인 사람이다. 스스로 자기 문제를 적극적으로 해결하기보다는 누군가가, 또는 시간이 흘러가면서 저절로 그 문제가 해결되기를 기다리는 사람이다. 자기 집 머슴인

66 기독교 인문학적 인생 순례(상)

도섭 영감의 딸 오작녀를 사랑하지만 그 마음을 드러내지 못한다.

여자 주인공인 오작녀는 박훈을 돌보는 머슴의 딸이다. 결혼했지만 남편이 가출한 후 소식이 없자, 집으로 돌아와 아버지 도섭 영감의 권유로 박훈 집에서 살면서 몸종 같은 삶을 산다. 그러나 그녀는 사랑하는 박훈과 함께 지내는 것에 만족하고 행복해한다. 그녀 역시 박훈을 사랑하지만 신분의 차이, 그리고 결혼한 여인이라는 사회적 한계 때문에 그의 마음을 적극적으로 박훈에게 드러내지 못한다. 물론 두 사람은 서로 상대의 마음을 알고 있었다.

도섭 영감은 지주 박훈의 집에서 머슴살이를 하는 사람이다. 본래 부잣집 아들이었지만 아버지가 사업에 실패함으로 유랑하다가 박훈의 아버지가 머슴으로 거둬들여 살게 되면서 박훈 아버지에게 헌신한다.

그런데 해방이 되면서 새로운 상황이 이 양짓골 사람들에게 주어졌다. 북한이 공산화되면서 공산당이 지주들의 땅을 몰수하여 소작인들에게 무상으로 분배해 주는 일종의 토지개혁을 시작했기 때문이다. 공산당들은 똑똑하면서 머슴살이하는 도섭 영감을 이용하기 위해 그를 농민위원장으로 선임을 한다. 도섭 영감은 세상이 바뀐 것을 알고 이참에 공산당에게 아첨하여 많은 토지를 분양받으려고 한다. 그래서 얼마 전까지만 해도 주인으로 잘 모시던 박훈을 핍박하기 시작한다. 오작녀를 불러 박훈 집에서 나오라고 질책을 하고, 만나지도 못하게 한다. 토지개혁을 위해 인민재판을 하게 될 것이고, 그러면 박훈도 토지를 수탈당하게 될 것인데, 그런 지주 계급의 대표격인 박훈과 가까이하거나 딸과 박훈 사이를 사람들이 알게 되면 여러 가지 불이익을 당할 것이라고 생각했기 때문이다. 결국 박훈은 인민재판정에 서게 되어 곤욕을 치르게 되고, 잘못하면 탄광으로 끌려갈 수 있는 처지가 되었다. 인민재판은 공산당이 계획적으로 하는 공산당 마음대로의 재판이다.

그러나 공산당들은 박훈을 징벌하려고 했으나 실패하고 만다. 그것은 재판 도중 오작녀가 담대하게 나서 박훈과 자신은 결혼한 사이라고 선언했기 때문이다. 놀라운 반전이 이루어졌다. 지주의 아들이 머슴의 딸과 결혼했다는 것은 신분을 초월한 결혼이고, 그로 인해 박훈은 노동자, 농민을 핍박한 악덕 지주가 아니라 정반대로 노동자, 농민 편에 선 사람이라는 것을 증명하는 사건이어서 공산당들은 박훈을 징벌할 수 없었다. 결국 박훈은 오작녀 때문에 살아남는다. 그 후 공산당은 더 이상 도섭 영감을 이용할 가치가 없다고 판단해서 그를 해임하고 기회주의자 홍수를 새 위원장으로 발탁을 한다. 이에 충격은 받은 도섭 영감은 더욱 박훈을 핍박하게 되고 오작녀도 고통을 받는다. 박훈은 더 이상 이곳에서 살 수 없을 것임을 알고 월남하기로 작심을 하고 가능하면 오작녀도 데려가야 한다고 생각한다.

한편 박훈의 삼촌인 용제 영감 역시 도섭 영감에게 피해를 봐 인민재판을 받았고 결국 탄광으로 끌려갔다. 그런데 용제 영감은 자기가 만든 저수지를 완공시키지 못한 것을 한스럽게 생각하다가 탈출하여 고향으로 돌아온다. 그는 몰래몰래 저수지 문을 만드는 작업을 하다가 도섭 영감이 파괴해 버린 박훈 아버지 공덕비의 잔재에 걸려 죽게 된다. 아버지의 죽음에 분노한 용제 영감의 아들 박혁은 도섭 영감을 죽이고 말겠다고 다짐을 한다. 그러자 박훈은 사촌이 도섭 영감을 죽이기보다는 자신이 도섭 영감을 죽이는 것이 옳다고 판단한다. 왜냐하면 해방 이전에 도섭 영감은 죽게 된 혁이를 살려낸 공이 있기 때문이다. 박훈은 도섭 영감을 뒷산으로 부른다. 그러나 익숙지 못한 칼질에 오히려 도섭 영감의 반격을 받아 그의 낫에 찔려 죽게 되는 위기에 처한다.

그때, 도섭 영감의 아들 삼득이가 나타나서 아버지를 말렸으나 도섭 영감은 자신을 말리는 아들까지 죽이려고 한다. 오작녀는 박훈을 보호하기 위해 남동생 삼득이에게 매일 낮밤을 가리지 않고 뒤따라다니면서 박훈을 보호해 달라는 청을 하고, 삼득이는 박훈을 사랑하는 누나의 청을 거절하지 못해 그 어려운 일을 잘 감당하다가 마침 아버지가 박훈을 죽이려고 하는 순간에 뛰어들어 아버지를 제압하고 박훈을 살려낸 것이다. 천신만고 끝에 살아난 박훈에게 삼득이는 불쌍한 누나 오작녀를 데리고 월남하라고 간곡히 부탁하자 그동안 월남을 생각하다가도 주저주저했던 박훈은 오작녀를 데리고 월남을 결행한다.

〈해석과 평가〉 작가는 이 작품에서 다양한 인간상을 제시한다. 우선 의존적 인간상이다. 박훈이 대표격이다. 사랑 지상형도 있다. 오작녀가 그런 여자이다. 그녀는 결혼 전에도 결혼 후에도 오직 박훈만을 사랑한다. 박훈을 위해 모든 것을 버릴 수 있는 여자이다. 모성적 사랑이라고 말할 수 있다. 몰입형 인간도 있다. 용제 영감이 그 대표격이다. 그는 저수지 건설에 몰입한다. 그 일을 하기 위해 탄광에서 탈출하기도 한다. 그 일을 하다가 그 일 때문에 죽는다. 충성형 인간도 있다. 삼득이가 그 대표격이다. 삼득이는 누나의 부탁을 충실하게 수행한다. 누나를 위해 우유부단한 박훈에게 누나를 데리고 월남하라고 소리친다. 심하게 말하면 생존형, 부드럽게 말하면 현실형 인간도 있다. 도섭 영감이 대표격이고 당시 농민들이 이 부류에 속한다. 살아남기 위해, 자신의 이익을 위해 순식간에 공산당을 지지하는 사람들, 소작인들이 이 작품에 많이 등장한다. 낭만적인 인간도 등장한다. 오작녀의 남편이 그 대표격이다. 그는 아내인 오작녀가 자신을 사랑하지 않는다는 것을 알게 되면서 오작녀와의 결혼 생활은 무의미하다고 판단한다. 그는 아내를 괴롭히지 않고 스스로 가출해 버린다. 한참 후, 그는 아내가 박훈을 사랑한다는 것을 알게 되면서 스스로 박훈을 찾아와 오작녀와 결혼하라고 충고를 한다.

작가는 이 작품에서 다양한 인간상을 제시하면서 그 인간상에 대해 윤리적 판단을 하지 않는다. 사실 어떤 인간상이 이상적인가에 대한 정답은 없다. 그런 인간상들은 인간 본성과 상황, 살아온 과정을 통해 개개인이 대부분 무의식적으로 형성되는 것이기에 윤리적 판단을 하기가 어렵기 때문이다. 단지 이 작품을 읽는 사람들은 자신이 어떤 유형의 인간인가를 점검해 보고, 그 인간상이 갖는 장단점을 점검하면서 더 좋은 인간으로 자신을 발전시키려고 노력하는 것이 중요할 것이다.

그런데 특이하게도 이 작품 속에 저항적인 인간상은 등장하지 않는다. 박훈, 오작녀, 도섭 영감, 오작녀의 남편, 그 누구도 불의나 억울함에 대해 저항하지 않는다. 대부분 사람은 현실에 순응하거나 도피를 통해 삶의 문제를 해결하려고 한다. 왜 이런 현상이 생기는가? 작가가 기독교인이라서 그런가? 아니면 작가가 비교적 여유 있는 집안에서 자라서 그런가? 그것도 아니면 그 당시 사회현상 속에서 저항이라는 것은 문학적 주제로 중하게 자리매김이 되지 않아서 그런가? 물론 박훈과 오작녀가 월남하는 것은 공산당에 대한 저항이라고 생각할 수 있다. 그러나 그 저항은 식물적 저항이고, 도피로서의 저항인 것이다. 진정한 저항은 변화시키기 위해, 변화하기 위해 저항하는 것이다. 예수 그리스도처럼.

〈기독교적 이해〉 예수 그리스도는 당시 바리새인들이 세운 기존 질서에 저항하여 새로운 세계를 만들려고 했다. 결과적으로 세상을 변화시켰다. 한국기독교는 일제 강점기 시대, 해방 직후, 유신 시대에 저항적인 역할을 감당했다. 단순히 정치적인 저항이 아니라 복음을 위한 저항이었다. 그런데 지금은 어떤가? 건방진 정치인들이 긴급명령을 발동하여 예배를 중단시키려고 할 때도 기독교인들은 그 부당성에 저항하지 못했다. 한국기독교의 몰락은 그 원인이 다양하겠지만 저항정신을 상실한 것도 그 하나의 원인이라고 말할 수 있을 것이다.

이 작품에는 변하는 사람들이 많이 등장한다. 박훈, 오작녀, 도섭 영감, 오작녀의 남편, 많은 농민은 토지개혁 이후 많이 변했다. 인간은 변하는 존재이다. 그렇다면 그 무엇이 인간을 변하게 만드는가? 작가는 주어지는 상황, 이기심, 그리고 사랑이 인간을 변화시키는 동력이라고 암시하고 있다. 그런데 누가 카인인가?. 카인은 동생 아벨을 죽이고, 하나님의 은총을 입어 유랑하지만 죽지는 않았던 사람이다. 박훈과 도섭은 서로 죽이려고 했고, 오작녀는 남편을 슬프게 했으며, 도섭과 그 아들 삼득이는 부자지간이지만 죽일 정도로 서로 싸웠다. 당시 소작인들은 지주들을 배신했으며 지주들은 소작인들을 착취했다. 그렇다면 작가는 인간 모두가 카인의 후예라고 암시하고 있는 것이 아닐까?

09
채만식

탁 류

〈작가와 작품 해설〉《탁류(濁流)》는 일제 강점기, 조선일보에 연재된 채만식(蔡萬植. 1902~1950)의 작품이다. 채만식은 20세기 군산이 배출한 인물 50인 중의 한 사람으로 선정된 작가이고, 풍자적 기법의 대가이다. 그는 희곡도 28편이나 썼다. 특히 일제 강점기 시대임에도 불구하고 창씨개명이나 단발령에 반대한 작가였다. 그는 문단 안에 어느 조직에도 가담하지 않고 독자 노선을 걸었고, 자유로운 삶을 즐긴 낭만주의자였다. 특히 꽃을 무척 좋아했다. 그는 풍자적 사실주의 기법을 통해 그 시대의 현실을 고발했다. 《탁류》는 이런 그의 문학적 특징을 잘 표현한 소설이다.

탁류라고 제목을 정한 것은 그 시대의 세태를 상징하기 위함이었다. 작가는 소설 첫 장부터 그 의도를 드러내고 있다. 금강에서 발원한 강물은 부여를 걸쳐 강경에 이르게 된다. 강경은 젓갈 도시이다. 지금의 강경보다 그때 강경은 그 규모가 대단했다. 강경은 자본이 모였다 흩어지는 상업도시였다. 금강의 물은 강경에 이르러 혼탁해지고 다시 흘러 군산에 이르면 탁류가 되어 서해로 빠져나간다. 작가는 한국의 자본주의가 이런 유형으로 탁해지고 있으며 더욱 그리되리라는 것을 암시하고 있다. 당시 군산은 일제의 수탈기지였다. 조선의 쌀이 군산을 통해 일본으로 반출되고 있었다. 돈이 흐르는 곳에서 인간은 타락한다. 이 작품에는 온갖 범죄형 사건들이 등장한다. 도박, 간통, 강간, 살인, 투기, 축첩, 사기, 폭행, 수탈, 고자질, 이간질, 횡령 등 가난에서 벗어나려는 사람들의 몸부림이 판을 치는 도시가 군산이었다. 군산은 비극의 땅이었다.

당시 사람들은 주체적으로 삶을 살기가 어려웠다. 믿었던 나라, 조선은 일제에 의해 망해버렸고, 당시 지배 계급들은 나라는 망했지만 일제에 협력해서 여전히 더 잘 사는 후안무치한 생활을 하고 있었다. 일부 애국적 인물들은 만주로 떠나버렸고, 일제는 조선을 급속도로 자본을 수탈하는 식민지로 만들려고 했다. 가난한 사람들은 물론 중산층, 상류층도 이제 믿을 수 있는 것은 돈뿐이었다. 나라도 없고, 존경할 인물도 없는 그 동토의 땅에 당시 백성들은 돈을 모으는 것 외에 살 수 있는 길이 없었다. 돈은 백성들에게 희망이었고 동시에 절망이었다.

이 작품은 돈 때문에 불행해진 사람, 돈을 극복함으로 행복해진 사람, 돈은 없으나 행복해진 사람, 이 세 유형으로 등장인물들을 나눌 수 있다. 정주사는 주인공 '초봉'의 아버지이다. 군청에서 13년간 생활하다가 퇴직했다. 지식인이기는 하지만 봉건적 사고를 떨쳐 버리지 못한 사람이기에 노동의 가치를 모른다. 그는 당시 유행하던 도박을 하다가 가산을 탕진하여 쌀장사 여주인 김씨의 권고를 받아 돈 많은 사위를 얻어 기생하려고 한다.

초봉은 제중당 약방에서 점원으로 일하는데 같이 일하는 남승재를 사랑하지만 아버지의 강권으로 돈 많은 은행원 고태수와 결혼한다. 약방

주인 박제호는 결혼한 사람이지만 초봉의 미모에 혹해 초봉을 유혹해서 서울로 도망가려고 하다가 실패한다.

형보는 고태수의 친구로서 꼽추인데 그 열등감을 극복하지 못해 잔인한 사람이 되었다. 태수는 은행 돈을 횡령해서 형보와 같이 도박을 하다가 모두 탕진하게 된다. 형보는 초봉을 얻기 위해 친구인 태수가 쌀장사 부인 김씨와 간통한 사실을 쌀장사 주인에게 고자질하자 쌀집 주인은 아내 김씨와 태수를 죽인다. 형보는 초봉을 겁탈하고 어쩔 수 없이 초봉은 남편 장례를 마치고 서울로 상경한다. 초봉은 딸 송희를 낳는다.

그런데 송희가 누구의 딸인가? 초봉은 태수, 제호, 형보 중 누구의 딸인지를 밝히지 않지만 형보는 자기 딸이라고 주장한다. 형보는 부자가 되었고 초봉은 형보의 돈으로 가족들의 생계를 돕고 동생 계봉을 서울로 불러들여 신식교육을 받게 한다. 부자가 되면서 더욱 잔인해진 형보는 초봉과 송희를 자주 구박하게 되는데 초봉은 자기가 구박당하는 것은 참을 수가 있지만 딸 송희가 구박당하는 것은 참을 수 없어 형보를 죽인다. 살인을 한 초봉이 스스로 자결하려고 하자 동생 계봉이 말리고 승재 역시 자수를 권하자 초봉은 송희를 계봉에게 맡기고 자수한다. 남승재는 고학을 통해 의사가 되고 가난한 자들을 무료로 치료해 주는 선행을 하면서 초봉에게 희망을 가져야 한다고 격려한다.

이 작품에서 정주사, 고태수, 형보, 김씨, 제호 등은 돈 때문에 불행해진 사람들이다. 그들은 돈의 노예가 된 사람이고, 정당한 방법으로 돈을 벌려는 사람들이 아니다. 일확천금을 노리는 사람들이다. 남승재는 돈을 극복한 사람이다. 그는 고학으로 의사가 되었다. 의사가 된 후 가난한 자들을 무료로 치료해 주고 구제하는 일을 한다. 작가는 돈을 극복한 사람은 스스로 돈을 정당하게 벌고, 돈에 노예가 되지 않고 그 돈으로 선한 일, 즉 나누어주는 일을 하는 사람이라고 강조한다. 계봉은 어떤가? 그녀는 돈이 없는 사람이다. 돈을 벌려는 욕심이 없는 사람이다. 가난하게 살아온 경험을 바탕으로 현실을 직시하면서 가난에서 함께 벗어나는 길을 찾고자 백성들을 교화시키려는 여자이다. 남승재와 다른 것은 승재는 자신의 가진 것을 나누어 주는 사람이고, 계봉은 돈을 나누어 주는 것이 아니라 가난에서 벗어나는 길을 가르쳐 주는 여자이다. 남승재보다 계봉이 더 이상적인 인물이다. 계봉은 신여성이다. 그녀는 현실체험을 통해 자기 또는 인간 내면을 성찰한 후, 현실을 직시하고 마지막으로 미래 지향적인 행동 가치를 정하는 여성이다.

〈해석과 평가〉 이 작품에 등장하는 인물들의 배열을 살펴보면 처음에는 부정적인 인물들이 많이 등장하고, 긍정적인 인물들은 나중에 등장한다. 이는 절망을 이야기하면서 희망을 이야기하는 작가의 구도이다. 탁류라는 제목의 상징성도 그렇다. 부여를 지나 강경에 오면서 금강 물은 점점 탁해지다가 군산에 이르러 그 탁함의 정도가 정점에 이른다. 그리고는 서해 바다로 흘러 들어간다. 이 작품 속에서 바다의 이미지는 그리 강조되지 않지만 군산이 항구라는 점에서 바다는 작가의 사상적 귀결점이다. 바다는 정화의 공간이다. 어떤 탁류도 바다에서는 결국 정화된다. 작가는 식민지 시대의 그 암울함이 언젠가는 정화될 것이라는 희망을 노래하고 있다.

그렇다면 작가는 그 희망을 무엇으로 노래하고 있는가? 우선 초봉과 계봉의 차이를 살펴볼 필요가 있다. 두 자매는 한 부모 밑에서 태어났지만 정반대의 모습으로 등장하고 있다. 초봉은 가부장적인 시대에 부모를 위해 희생하고 부모에게 순종하는 여성이다. 주체성이 부족하고 자기 결정권도 없다. 얼굴은 미인이지만 정신 상태는 백치에 가깝다. 태수, 제호, 형보가 초봉을 탐낸 것은 그녀의 미모뿐 아니라 주체성 없이 맹종하는 성격, 즉 부려먹기 좋은 여자이기 때문이다. 그러나 계봉은 다르다. 그녀는 주체성이 강하다. 자기 결정권을 통해 자기 인생을 주도적으로 사는 여자이다. 이 두 여자의 차이는 교육에 있다. 교육을 받고 못 받고가 희망과 절망을 가르는 경계선이 된다.

다른 하나는 남승재의 역할이다. 그는 고학으로 의사가 된 입지적인 인물이다. 그는 가난한 자들에게 무료로 의술을 베풀고 구제하는 일도 열심히 하는 사람이다. 그는 일종의 사회주의자인 것이다. 여기서 잠시 사회주의에 대해 생각해 보자. 사회주의는 분배를 강조하는 이념이다. 분배는 성경적 가치이다. 이스라엘 백성들이 출애굽을 하게 된 동기는 자유를 얻기 위함이었다. 그러나 가나안 땅에 들어간 이스라엘 백성들은 땅도 분배받았다. 성경은 분명히 자유가 먼저이고 분배는 나중이라고 가르친다. 분배도 일률적으로 분배한 것이 아니라 인구 비례로 분배했다. 보편적으로 한 것이 아니라 선별적으로 한 것이다. 또한 여호수아에게는 개인적으로 땅을 분배해 주었다. 일종의 성과에 대한 보답이다.

사회주의는 도덕적 사회주의와 징벌적 사회주의가 있다. 도덕적 사회주의는 가진 자가 스스로 자기 것을 나누어주는 인격적인 사회주의이고,

징벌적 사회주의는 법으로 강제해서 나누어 주도록 하고 그렇지 못할 때는 국가가 벌을 주는 사회주의이다. 작가가 강조하는 사회주의는 도덕적 사회주의이다. 남승재가 그런 본을 보이고 있다. 작가가 강조하는 희망은 도덕적 사회주의를 실천하는 데 있다. 강제는 부작용을 낳는다. 강제는 희망보다는 절망을 낳는 길이다. 도덕적 사회주의는 인간 윤리이다. 작가는 윤리가 희망을 만들어낸다고 강조하고 있다. 사회주의를 주장하는 사람들의 맹점은 자유보다는 분배를 우선시하고 분배를 법이라는 강권을 통해서 실현하려는 무지이다. 스스로 본을 보이지 않고 명령으로 실천하려는 그 교만이 공동체를 더 갈등으로 몰아넣고 있다. 사회주의자는 그 이념을 실현하기 위해 먼저 자신들이 가지고 있는 것을 나누어 주는 용기가 있어야 한다. 먼저 나누어주지 않고 나누어 주라고 명령하는 것은 죄악이다. 그러나 가장 중요한 희망의 근거는 개인의 자각이다.

이 작품에 등장하는 인물 중에 자각하는 인물은 주인공 초봉이다. 초봉만이 변화하는 인간이다. 초기에 초봉은 무기력하고 주체성 없는 갈대요, 인형과 같은 존재이다. 그는 내적 성찰도 없고 그냥 상황에 끌려다니는 삶을 살았다. 그런데 후반부에 와서 그녀는 변하기 시작한다. 그녀의 자각은 딸 송희가 형보에게 구타당하는 모습을 보면서 생겨나기 시작한다. 그리고는 송희의 불행한 모습을 보면서 자신의 삶을 돌아보게 된다. 결국 자신의 불행은 형보 때문임을 깨닫게 되면서 형보를 죽인다. 초봉의 살인은 이제 그녀가 자기 삶에 대한 통찰이 이루어졌다는 것을 극명하게 보여주는 행동이다. 살인이라는 극단적인 방법으로 이 일이 이루어졌다는 비극적 상황이 안타깝지만 그녀의 살인은 자기 탈출의 시발점이었다. 그녀가 살인 후 죄책감으로 자살을 시도했다는 점, 첫사랑인 남승재의 설득으로 자수를 했다는 점, 승재의 설득 핵심이 미래의 희망이었다는 점은 이제 초봉은 새로운 인생을 살 수 있는 주체적 인간으로 다시 태어났다는 것을 의미한다. 교육, 윤리적 모범, 개인의 각성, 이 셋이야말로 작가가 제시하는 탁류가 된 돈의 강물을 정화시키는 힘인 것이다.

〈기독교적 이해〉 작가가 분명하게 밝히지 않고 독자의 상상력에 맡겨버리는 내용이 하나 있다. 남승재와 초봉, 계봉과의 관계이다. 초봉과 남승재는 제중당 약방에서 함께 일할 때부터 연인 사이였다. 초봉이 돈 때문에 아버지의 요구로 승재를 버리고 고태수와 결혼함으로 그들의 관계는 단절된다. 성공한 승재는 초봉을 불행한 삶을 지켜보게 된다. 계봉은 상경하여 신식교육을 받으면서 신여성으로 성장하고 승재와 가까워진다. 승재를 중심으로 생각해 보면 초봉은 첫사랑이고, 계봉은 지금 사랑이다. 초봉을 설득하는 데 두 사람은 함께하고, 초봉은 두 사람의 설득으로 자수를 한다. 초봉이 형기를 마치고 출옥하면 이들의 관계는 어떻게 될까? 작가는 이 부분을 언급하지 않는다. 작가는 돈의 탁류를 말하기에 이 작품 속에 진지한 사랑 이야기는 없다. 과연 사랑도 탁류가 되는가? 인생에 탁류는 세 가지이다. 돈의 탁류, 사랑의 탁류, 권력의 탁류가 그것이다.

그런데 작가는 승재, 초봉, 계봉 사이에 사랑의 탁류는 없을 것이라고 암시하고 있다. 세 사람, 이제 그들은 주체적으로 인생을 사는 사람들이 되었고 서로 인간적으로 사랑하는 관계이기 때문이다. 남녀 간의 사랑보다 인간적인 사랑이 더 우월하다. 적어도 주체적으로 인생을 사는 사람들에게는 그렇다. 교육, 자기성찰, 윤리적인 모범 등은 공동체를 맑게 정화시키는 힘이다.

한국기독교는 이런 면에 더 치중해야 한다. 교육을 하되 교리교육에만 치우치지 말고 삶에 대한 교육으로 확대해야 하고, 남을 탓하기 전에 자기성찰을 먼저 하는 지혜를 얻게 하며, 나눔과 섬김의 윤리적 삶을 실천하는 용기를 강조해야 한다. 한국기독교는 이제 구원과 축복에 매달린 좁은 삶에서 탈출하여 돈을 넘어, 남녀 간의 사랑을 넘어, 삶 전체를 통합적으로 살아가는 인생을 강조해야 한다. 돈도 있어야 하고, 남녀 간의 사랑도 있어야 하지만 그것을 넘어 더 큰 인생도 있음을 기독교는 깨우쳐 주어야 한다.

돈은 모든 이념의 원인을 제공하는 칼이다. 자유롭게 돈을 벌자는 생각이 자본주의를 만들었고, 돈을 서로 분배하여 갖자는 생각이 사회주의를 만들었다. 돈이 이념을 만들었기에 이념에서 만들어진 모든 비극은 사실상 돈 때문이다. 돈을 벌든, 돈을 나누든 그 바탕에는 서로 사랑하는 마음이 있어야 한다. 기독교는 돈을 가르치는 종교가 아니라 사랑을 가르치는 종교가 되어야 한다. 그런데 오늘날 기독교는 돈 때문에 싸움이 벌어지고 있다. 기독교가 무너지는 이유가 여기에 있다.

작자미상

춘향전

〈작품 해설〉《춘향전》은 한국 고대소설 중 최고 걸작이다. 한국의 성인 중에 이 소설을 모르는 사람은 없을 것이다. 한국 고대소설 중에 영화, 뮤지컬, 오페라 등으로 가장 많이 만들어진 작품이며, 북한에서도 1948년에 리면상에 의해 가극으로 만들어졌고, 심지어 일본에서도 다카기 로로쿠에 의해 오페라로 공연되었다. 우리나라에서는 1947년, 해방의 감격을 표출하기 위해 우리 음악, 창극을 통해 대춘향전을 공연했고, 현재 명은 오페라로, 장일남, 김희조, 김동진 등은 뮤지컬로 만들어 상연했다. 학문적 연구도 활발하여 조윤제는 춘향전을 세부적으로 해설했고, 김동욱은 춘향전 연구를 통해 춘향전에 대한 통합적 해설을 했다. 신상옥은 납북 이후 북한에서 〈사랑, 사랑, 내 사랑〉이라는 제목으로 춘향전을 영화로 만들었고, 남한에서는 여러 번 영화로 제작되어 국민에게 사랑을 받았다.

이 소설은 영, 정조 시대에 발생하여 개화기를 걸쳐 오늘에 이르렀고, 소설 이본은 120종에 이른다. 그러나 이 춘향전은 '열녀춘향수절가'라는 판소리로 된 것이 가장 유명하다. 춘향전은 당시 민간에서 널리 알려진

성이선과 춘향 설화, 박색 추녀 설화, 암행어사 설화, 열녀 설화 등이 조합되어 만들어졌다. 많은 사람은 춘향전을 연애소설 정도로 이해하고 있다. 그러나 다른 각도로 보면 춘향전은 인간욕망의 집합을 표현한 작품이라고 할 수 있다. 인간은 왜 소설을 읽는가? 일단 재미있어서 읽는다. 그리고 교훈을 얻기 위해 읽는다. 춘향전은 이 두 가지를 다 충족시킨다. 아마 춘향전은 우리나라 고대소설 아니 현대소설까지 포함해서 재미와 교훈을 만족시키는 최고의 소설일 것이다.

〈해석과 평가〉 춘향전을 욕망이론으로 설명해 보자. 인간은 욕망을 지닌 존재이다. 욕망은 생각을 만들어내고, 생각은 행동을 만들어낸다. 우선, 인간은 성적 욕망을 지니고 있다. 춘향전에는 인간의 성적 욕망을 노골적으로 표현하고 있다. 이도령이 춘향에게 반한 것도 춘향이 미인일 뿐 아니라 남자에게 성적인 욕망을 갖게 만드는 화술을 갖고 있었기 때문이다. 이도령과 춘향이가 첫날밤을 지낼 때, 두 사람 사이에 오고 가는 대화는 거의 포르노 수준이다. 춘향이 기생의 딸이라는 설정 그 자체가 성적 암시가 담겨 있다. 당시 양반은 주자학 영향으로 요조숙녀들과 결혼했다. 아내는 가문의 혈통이나 체면을 유지시키는 파트너지 성적 파트너가 아니다. 그래서 당시 양반은 기생들을 통해 성적인 욕망을 채우려고 했다.

둘째, 인간에게는 신분 상승의 욕망이 있다. 일종의 사회적 욕망이라고 할 수 있다. 춘향은 퇴기 월매의 딸이다. 그의 아버지가 양반이기는 해도 춘향은 그 신분이 천할 수밖에 없다. 나름대로 천대받으며 고통스럽게 산 여자이다. 그는 퇴기의 딸이지만 양반의 딸이기에 각종 교양과 기본적인 지식을 습득한 여자이다. 당연히 신분 상승을 꿈꾸면서 살았을 것이다. 이런 그녀에게 이몽룡은 아주 적절한 상대였다. 이몽룡과 정분을 맺으면 퇴기의 딸에서 최소한 양반의 첩이 될 수 있고, 기적적인 일이긴 하지만 정경부인도 될 수 있다. 명종 때 기생 정난정은 윤원형을 통해 정경부인이 된 예도 있다. 이런 신분 상승의 욕망은 춘향뿐 아니라 모든 기생이 갖고 있던 욕망이었다. 이런 신분 상승의 욕망은 예수의 제자들도 갖고 있었다. 그들은 누가 더 높으냐에 대해 언쟁을 했다. 역사상 노예들의 반란도 자유를 얻기 위해, 다른 말로 표현한다면 신분 상승의 욕망 때문에 생겨난 사건들이다.

셋째, 인간에게는 자신들을 억압하는 지배계급들을 비판하려는 욕망이 있다. 인간은 이중적이다. 똑같은 일이라도 자기들이 하면 용납하고, 지배계급들이 하면 비판적인 태도를 취한다. 내가 하면 로맨스고 남이 하면 불륜이라는 이중적인 해석을 한다는 것이다. 춘향전에 등장하는 변학도는 당시 통념상 그리 나쁜 사람은 아니다. 좋은 사람은 물론 아니지만 당시 지방 관리들은 대부분 변학도처럼 관리직을 수행했다. 춘향에게 수청을 들라고 강권한 변학도의 요구도 그리 무리한 요구가 아니었다. 그러나 춘향전에 기록된 암행어사 이몽룡의 시 구절에는 얼마나 변학도를 비난하고 있는지 잘 드러나 있다. "황금 술잔에 담긴 맛 좋은 술은 천만 인의 피요/ 은쟁반에 담긴 맛있는 고기는 만백성의 기름이다/ 촛농이 떨어질 때 백성들의 피눈물이 떨어지고/ 노랫소리 높은 곳에 원망 소리 드높아진다." 실로 절절한 양반에 대한 비판이다.

넷째, 인간은 영원한 사랑을 동경하는 욕망을 갖고 있다. 인간은 이성을 사랑하는 존재이다. 이성에 대한 사랑은 가장 보편적인 삶의 존재 양식이다. 그러나 사랑에는 변수가 많다. 인간은 욕망에 따라 그 행동을 바꾸는 존재이기에 사람들은 영원한 사랑을 동경하지만 실제 그런 사랑을 하기가 어렵다. 인간은 사랑을 동경하지만 서로 배신과 배반을 한다. 또 사랑하면서도 상대가 변심할까 두려워한다. 그런 사랑은 인간을 고통스럽게 하고, 인간을 고독하게 한다.

이도령과 춘향의 사랑은 실로 진실하다. 춘향은 서울로 간 이도령에게 일자 소식도 못 듣지만 변학도의 수청을 거절함으로 모진 고문을 당한다. 그러나 그런 고문 속에서도 이도령에 대한 절개를 지킨다. 월매는 이런 춘향에게 변학도의 수청을 들어 팔자를 고치자고 애걸하면서 설득하지만 춘향은 요지부동, 이도령에 대한 절개를 지킨다.

이도령 역시 춘향과 약속한 것을 잊지 않고 불철주야 공부를 해서 과거에 급제하고 암행어사가 되어 춘향을 찾는다. 그리고 서울로 데리고 가서 결국 정경부인으로 만든다. 실로 모든 남녀가 동경하는 사랑을 그들은 실천한 것이다. 기생이 진실한 사랑을 하는 것보다 양반이 진실한 사랑을 하는 것은 더욱 어렵다. 당시 양반 사회는 축첩이 용인된 사회이고 양반들이 기생에게 약속한 것을 지키는 것은 어리석은 일이며 심지어 비판의 대상이 되는 행위이기도 하다. 실로 그들은 사람들이 원하는 진실한 사랑을 한 사람들이다. 이처럼 춘향전은 인간이 갖고 있는 기본적인 욕망을 실현시킨 작품이다.

이 작품이 지금까지 사람들에게 사랑을 받게 된 이유는 무엇일까? 우선, 독자층이 매우 넓게 분포되도록 구성되어 있다. 이 작품은 양반도 상인계급도 심지어 하류계층, 즉 기생이나 머슴들도 읽을 수 있는 작품이다. 즉 누구든지 이 작품을 읽을 수 있고, 좋아할 수 있는 내용이 들어있다. 누구든 이 작품을 통해서 대리만족을 얻을 수 있다는 것이다. 양반은 양반대로, 중인들은 중인들대로, 하층민들은 그들대로 각자 이 작품을 읽으면서 자신이 주인공이 될 수 있다.

둘째, 이 작품은 양반들에 대한 비판이 그들에 의해 억압받는 서민들을 대리 만족시킨다. 탐관오리에 대한 이도령의 징계는 물론 방자에 의한 양반 계급에 대한 비유적 비판은 서민들을 즐겁게 했다. 이 작품에 등장하는 방자는 이도령과 비슷한 비중을 차지하고 있다. 방자는 이름이 아니다. 관가에서 일하는 심부름꾼이다. 그는 관리들, 즉 양반의 허위의식, 비리, 위선 등에 대해서 잘 알고 있다. 그러나 직접적인 비판은 불이익을 가져오기 때문에 양반에 대한 비판을 비유적으로 한다. 심지어 방자는 이도령의 지시를 순종하면서도 때때로 이도령을 비판한다. 조선 시대 많은 고대소설이 등장하지만, 예를 들면 《구운몽》, 《사씨남정기》, 《숙영낭자전》 등 어디에도 양반들에 대한 노골적인 비판은 없다. 그런 점에서 이 작품은 서민들에게 큰 호응을 얻을 수 있었다.

셋째, 이 작품 속에는 개방성, 파격성, 평등성이 녹아 있다. 이도령과 춘향의 사랑은 일종의 금기일 뿐 아니라 이 두 사람의 사랑에는 성적 개방성이 있다. 당시 양반들은 물론 서민들조차 성은 은밀한 것이고 숨겨져 이야기해야 하는 사적인 것이었다. 그러나 이 작품은 성적 표현을 노골적으로 공개하고 있다. 성을 개방적으로 다루고 있는 것이다. 당시의 성적 표현은 남성들만 할 수 있었고, 여자가 성적 표현을 한다는 것은 천한 것이기에 여자가 성적 표현을 남자에게 직접화법으로 말한다는 것은 일종의 금기였다. 그러나 춘향은 성적 표현을 대담하게 개방시킨다.

이 작품은 동시에 파격적이다. 양반과 기생의 딸이 사랑하고 그 기생의 딸이 정경부인이 된다는 설정은 당시 사회에서는 놀라운 내용이다. 정난정의 예를 보면 불가능한 것은 아니지만 그것은 그의 남편이었던 윤원형이 국왕을 능가하는 절대 권력자였기 때문에 가능했던 일종의 특례이다. 그러니 이 작품에서 춘향이 정경부인이 된다는 내용은 실로 파격이다. 인간은 파격을 좋아한다. 특히 서민계급들은 이 파격을 즐긴다. 당시 기생들은 이 작품에 환호했을 것이다.

또 이 작품에는 인간 평등성이 암시되어 있다. 이도령과 춘향은 거의 대등한 입장에서 사랑을 한다. 춘향은 비록 기생의 딸이지만 이도령에게 일방적으로 끌려만 다니지 않는다. 자기주장을 분명히 한다. 이도령과 방자의 관계도 그렇다. 외견상 그들은 주종관계이다. 그런데 이도령은 순진하고, 방자는 노련하다. 사실상 방자가 이도령을 끌고 가는 형국이다. 겉과 속이 다른 형국이고, 이는 이도령과 방자가 평등하다는 것을 작가는 암시하고 있다. 이 작품은 저자를 알 수 없다. 유동문학이기에 여러 명의 작가가 있을 수도 있고, 그 내용이 파격적이고 개방적이고, 평등성을 암시하고 있으므로 당시 사회에서 작가를 밝힌다면 불온문서를 쓴 사람으로 지목되어 벌을 받을 가능성이 있었기 때문일 것이다.

이런저런 면에서 이 작품은 조선 시대 최고의 작품이라고 할 수 있지만 현대적 시각으로 본다면 치명적인 결점이 있다. 인간 보편적인 욕망이론을 근거로 볼 때, 춘향의 절개는 갈등 없는 절개라는 점에서 수긍하기가 어렵다. 이도령이 비록 약속하고 서울로 떠났지만 수년 동안 춘향에게 소식을 전하지 않는다. 그들의 사랑이 진실한 사랑이었다면 이는 불가능한 일이다. 즉 비논리적이다. 변학도와 월매, 심지어 향단도 이런 이도령을 비난하고 그가 변심했다고 말한다. 그러나 춘향은 이도령을 철저히 믿는다. 변학도는 춘향을 합리적으로 설득한다. 소실로 맞이할 뿐 아니라 상당한 재물을 주어 춘향은 물론 월매도 편히 살 수 있게 해 주겠다고 약속한다. 그러나 춘향의 마음은 변함이 없었다. 결국 변학도는 춘향을 심히 매질한다. 그러나 춘향은 매를 맞을 때마다 노래를 부르면서 그 절개를 드러낸다. 소위 십장가가 그것이다.

우리는 춘향의 절개를 인정하면서도 그런 상황에서 아무런 갈등이 없었다는 점은 인정하기가 어렵다. 인간은 이기적 존재이고. 어려운 상황에서는 갈등하게 마련이다. 갈등을 밖으로 드러내지는 않아도 마음속으로는 갈등할 법도 한데 춘향에게는 그런 것이 없다. 현실적으로 존재하지 않은 인간이다. 이도령도 마찬가지이다. 양반으로서 이도령은 기생의 딸을 부인으로 삼으면서 상당한 압력을 여러 사람에게 받았을 텐데 그런 내용은 물론 갈등도 없다. 결국 두 주인공 모두 살아 있는 인간이라기보다는 죽어 있는 인간이다. 현실 속에서 존재하기 어려운 인간들이다. 이는 그들의 진정한 사랑, 춘향의 절개를 강조하려는 작가의 의도 때문이었을 것이다. 갈등 없는 사랑, 갈등 없는 절개는 인간을 감동시키지 못한다. 그러므로 두 사람의 사랑이나 절개는 인간을 놀라게 할 수는 있을망

정 인간을 감동시키지는 못한다. 바로 이 점이 춘향전의 한계이고 현대 젊은이들이 이 작품을 별로 탐탁하게 생각하지 않는 이유일 것이다.

〈기독교적 이해〉 성경에도 사랑 이야기는 있다. 다윗과 미갈, 야곱과 라헬, 삼손과 들릴라, 보아스와 룻 등이 있다. 그런데 그들의 사랑 이야기는 매우 현실적이고 그래서 공감이 가며 감동적이다. 감동이란 윤리적인 감정이 아니다. 윤리적일 수 있으나 비윤리적일 수도 있다. 감동이란 즐기는 것이고, 고통스러워하는 것이며, 깨닫는 것이다. 감동이란 자신을 아는 것이고 느끼는 것이며, 자신을 뛰어넘으려는 것이다. 우리 기독교인은 성경을 통해서 구원, 축복, 윤리만을 배울 것이 아니라 사랑도 배워야 한다.

사실 기독교는 지금까지 사랑을 가르쳐왔다. 그러나 그 사랑은, 하나님과 이웃 간의 사랑이 대부분이다. 남녀 간의 사랑에 대해서는 진지하게, 구체적으로 가르치지 않는다. 예비신랑, 신부들에게 결혼교육의 한 과정으로 가르치는 일부 교회가 있을 뿐이다. 하나님과 이웃을 사랑하는 것과 남녀 간에 사랑하는 것은 같은 점도 있지만 다른 점이 더 많다. 남녀 간의 사랑은 죽을 때까지 배우고 실천해야 할 덕목이다. 이제 기독교는 구원, 축복, 성화 등등에서 남녀 간의 사랑도 가르쳐야 한다. 교인 중에도 이혼하는 부부들이 많아진 것은 사회적 변화 때문이기도 하지만 교회가 남녀 간의 사랑을 구체적으로 가르치지 않았기 때문에 생기는 현상이다. 우리 사회에서 생겨나는 부정적인 사건들은 본인들의 책임도 있지만 국가의 책임도 있고, 교회의 책임도 있다.

한중록

〈작가와 작품 해설〉《한중록(閑中錄)》은 정조의 모친 혜경궁(惠慶宮) 홍씨 (洪氏. 1735~1816)가 쓴 일종의 자서전이다. 한글로 쓰였다는 것과 당시 당쟁의 모습은 물론 남편인 사도세자의 죽음을 가장 리얼하게 기록했다는 점에서 후대에 문학적으로, 역사적으로, 정치적으로 많은 관심을 받은 책이다. 이 책에는 당시 풍습은 물론 사대부들의 생활상도 사실적으로 기록되어 있어 조선 후기의 왕실과 양반의 삶의 모습을 상세하게 알 수 있다. 그래서 서울대학교 정병설 교수는 《한중록》을 고전 반열에 올려놓아야 한다고 극찬했다.

일반적으로 《한중록》은 남편 사도세자를 잃고 아들 정조를 왕으로 올려놓기 위해 숨죽이며 산 홍씨의 억울하고 슬픈 삶을 기록한 책이라고 생각해 왔으나, 역사학자 이덕일은 재해석을 통해 새로운 논쟁의 불씨를 만들었다. 이덕일은 사도세자를 죽이는 데 앞장선 사람은 홍씨의 아버지인 홍봉한이고, 홍씨는 정조가 즉위한 후, 홍씨 가문이 몰락하자 친정을 변호할 목적으로 이 책을 썼다고 주장했다. 그 후 2010년 정병설 교수는 전혀 다른, 즉 사도세자의 죽음은 당쟁 때문이 아니라 일종의 편집증 증세가 있는 영조가 미친 아들을 죽인 사건을 기록한 책이라고 주장했다.

《한중록》은 한 시대의 기록이긴 하지만 홍씨는 3번이나 수정해서 기록했다. 그래서 내용이 일치되지 않는다. 전반부에는 홍씨 가문과 사도세자는 매우 가까운 사이이고, 홍씨의 아버지이고 당시 영의정인 홍봉한은 사도세자를 아꼈고, 사도세자 역시 홍봉한을 의지했다는 기록들이 나온다. 이는 홍봉한이 사도세자를 죽이는 데 앞장섰다는 세간의 풍설을 비판한 것이다. 정조가 죽자 순조가 즉위했는데 홍씨는 사도세자는 중증인 정신병자, 즉 광증에 앓았고 세자로서 실수를 많이 해서 죽일 수밖에 없었다는 이야기를 적었다. 이는 아버지 홍봉한이 사도세자를 죽이는 일에 어느 정도 관여했다는 것을 인정하면서 이것은 나라를 위해 어쩔 수 없는 처사였다고 가문을 변호하려는 생각이 있었다는 것을 증명한다. 후일에 마지막으로 홍씨는 자신의 가문이 조선왕조의 발전에 기여했다는 것을 밝힘으로 가문에 대한 변호를 끝낸다.

영조 시대에는 숙종과 장희빈 사이에서 태어난 경종을 지지하는 소론과 숙종과 무수리 최씨 사이에서 태어난 영조를 지지하는 노론이 경쟁하고 있었다. 항간에는 영조가 형인 경종을 독살해서 왕이 되었다는 풍설이 있었다. 영조는 이런 풍설에다가 어머니가 궁중에서 가장 천한 무수리였다는 점 때문에 정통성에 대한 시비가 일까 봐 마음고생을 많이 하고 있었다. 그래서 아들 사도세자가 소론을 지지하고 있다는 것을 매우 못마땅하게 생각했다. 그런 상황에서 사도세자가 광증을 앓았다. 사도세자는 경패증 즉 사람을 두려워하는 증세, 의대증 즉 옷 입는 것에 대한 공포, 뇌벽증 즉 천둥과 번개를 무서워하는 증세를 심히 앓았다.

영조는 아들 사도세자가 왕이 될 자질이 없다고 생각하던 중에 사도세자의 친모인 선희궁 영빈 이씨가 영조에게 나라를 위해 아들을 죽여 달라고 청을 하자 아들에게 자결을 명했으나 신하들이 말려 결국 자신의 손으로 사도세자를 뒤주에 넣어 8일 동안 굶겨 죽도록 했다. 사도세자의 죽음은 그를 도와주려고 했던 두 왕비, 즉 숙종의 비, 인원왕후와 영조의 비였던 정성왕후의 죽음이 치명적 악재였다. 두 왕후는 영조에게 막강한 영향력을 행사하던 분이었는데 그들이 승하하자 영조를 통제할 어른이 없었다.

《한중록》에는 이 사건을 아주 자세하게 다루고 있다. 이 뒤주 사건은. 《한중록》의 핵심이다. 인간 세상에서 이 이상 비극적인 일은 아마 없을 것이다. 어머니가 남편에게 자식을 죽이라고 간청하고, 아버지는 그 간청을 빌미 삼아 미운 아들을 죽이고, 뒤주에서는 아버지에게 살려달라고 아들이 비명을 지르고, 멀리서는 뒤주에서 죽는 아버지를 살려 달라고 애원하는 어린 손자의 울음소리가 천하를 슬프게 하고, 세자는 죽어가는데 이를 정치적으로 계산만 하는 당시 신하들의 한심하고 비정한 모습들이 뒤엉켜 있는 이 장면을 어찌 비극이라고 말하지 않을 수 있겠는가? 실로 세계 역사에서도 찾아볼 수 없는 처절한 장면이다.

미친 아버지가 정신을 차린 것일까? 영조는 아들이 뒤주에서 죽자 아들을 사도세자라고 명하라고 하면서 장례식을 주관했다. 며느리 홍씨에게는 손자인 세손, 즉 정조를 잘 보호하라는 특명을 내렸다. 사도세자를 죽이는 데 앞장선 노론들이 혹시 정조가 왕이 되면 복수를 할까 염려하여 정조마저 죽이려고 할 것 같았기 때문이다. 사실 노론은 정조가 왕위를 승계하지 못하도록 방해를 했고 심지어 죽이려고도 했다. 홍씨의 노력, 정조의 지혜, 정조를 영조의 첫아들 효장세자의 양자로 입적시켜 정통성을 확보해 준 영조의 보호 등을 힘입어 결국 정조, 즉 사도세자의 아들은 왕이 되었다. 영조는 그 누구도 뒤주사건을 언급해서는 안 된다는 특명을 내렸지만 정조는 왕이 되자마자 첫 일성으로 "나는 사도세자의 아들이다."라고 선언했다. 이제 새 시대가 온 것이다.

정조는 왕이 되자마자 아버지에 대한 복수와 추모 사업을 대대적으로 벌였다. 그토록 아버지 사도세자를 죽이는 데 앞장섰던 고모 화완옹주의 아들 정후겸, 당시 영의정이었던 어머니의 작은 아버지 홍인한을 사사했다. 그러나 고모인 화완옹주는 죽이지 않고 귀양을 보냈다. 할아버지 영조가 특별히 고모를 사랑해서 용서해 주라고 부탁했기 때문이다. 아울러 어머니 홍씨를 혜경궁이라고 예우했고, 죽은 아버지 사도세자를 장조로 추증을 하면서 수원에 화성을 수축하여 아버지의 궁으로 삼고 그 묘를 현륭원이라고 불렀다. 어머니 회갑 때는 화성으로 그 처소를 옮겨 대연회를 베풀고 친히 어머니를 위해 춤을 추기도 했으며, 그 자신도 도읍을 화성으로 옮기려고 했다.

정조의 복수는 최소한의 복수였다. 실로 정조는 영민한 왕이었다. 당쟁으로 인해 수많은 인재를 사사로운 감정으로 죽여서는 안 된다고 생각했기 때문이다. 그래서 역사가들은 정조를 세종대왕과 같은 반열에 놓아 높이 평가한다. 정쟁이란 권력을 놓고 싸우는 것이기에 죽이려고 하는 자와 죽는 자가 있게 마련이지만 나라를 생각할 때, 필요 이상의 인재들을 반대파라고 해서 다 죽이는 비정함은 없어야 한다. 이는 국론을 분열시켜 국가의 힘을 쇠약하게 만드는 일이다. 한국 정치사에는 필요 이상으로 인재들을 고통스럽게 만드는 일들이 자행되었다. 이제는 극복되어야 한다. 그래야 정치 선진국이 된다.

정조는 어머니 홍씨에 대해서는 미안한 감정을 늘 갖고 있었다. 아버지 사도세자 때문에 곤욕을 당했고, 자신을 왕으로 만들기 위해 고생했으며, 특히 사도세자 사건으로 장인 즉 홍씨의 아버지 홍봉한이 삭탈관직을 당해 죽었고, 작은아버지 홍인한이 처형된 것에 대해서 마음의 빚이 있었다. 그래서 정조는 어머니 홍씨에게 홍씨 칠순 때, 자기 아들에게 양위하고, 홍씨의 아들로 돌아와 어머니에게 효도하겠으며 홍씨 가문을 신원시키겠다고 약속을 했다. 물론 이 약속은 정조가 일찍 사망함으로 이루어지지 않았다. 홍씨 입장에서는 애석한 일이다.

정조 시대에도 당쟁은 계속되었다. 영조의 계비 정순왕후를 중심으로 한 벽파와 정조를 중심으로 한 시파의 갈등이 그것이다. 벽파는 천주교 학살을 주도하면서 홍씨의 동생 홍낙인을 처형했고, 정조의 이복동생 은원군을 추방하였다. 시파 역시 벽파를 공격하여 정조의 뜻대로 시파 김조순의 딸을 순조의 아내로 삼게 했다. 순조시대에 와서 시파는 승리했으나 이제는 당쟁이 아닌 외척이 판치는 시대가 되고 말았다. 안동 김씨 시대가 도래한 것이다.

〈해석과 평가〉《한중록》에 대한 문학적 가치는 이미 정병설 교수가 지적한 대로 대단히 높다. 한글로 쓰이고, 그 내용이 섬세하고 구체적이며 당시의 궁중의 삶을 밀도 있게 표현했기 때문이다. 인물 묘사도 뛰어나다.

역사적으로는 당시의 당쟁의 처절한 모습을 그려 당시 역사를 세밀하게 알 수 있게 했다는 점에서 높이 평가된다. 홍씨는 아들을 왕으로 올려놓았으나 남편, 아버지, 동생들, 작은아버지 등 일족이 몰락하는 것을 눈으로 직접 목격할 수밖에 없었다는 점에서 불행한 여자이다. 하나를 얻고 모든 것을 잃어버린 여자이다. 정치란 무엇인가? 권력을 잡기 위해 남을 죽이는 것이 정치인가? 아니면 나라를 위해 남을 용서하고 함께 힘을 모으는 지혜가 정치인가?

조선 500년 역사를 돌아보면 정치의 비극은 잔인했다. 태조 시대, 소위 왕자의 난으로 형제지간의 살육이 벌어졌고, 단종 시절에는 수양대군이 왕위를 찬탈함으로 단종을 노산군으로 강등시켜 사사했으며, 사육신 사건도 벌어졌고, 연산군 시대에 무오사화, 갑자사화를 통해 억울한 사림 선비들이 도륙되었으며, 중종 시절에는 개혁자 조광조를 억울하게 모함하여 죽였다. 정치의 비정함은 성경에도 기록되어 있다. 다윗은 아들 솔로몬에게 다윗에게 충성한 요압을 죽이라고 명했고, 사울 왕은 다윗을 죽이기 위해 13년 동안 노력했다. 동서고금을 통해 정치는 이처럼 비정하게 움직였다.

〈기독교적 이해〉 이런 비정한 정치를 막으려면 어떻게 해야 하는가? 무엇보다도 정치의 인격화가 필요하다. 정치를 인격적으로 하자는 것이다. 인간의 얼굴을 한 정치를 하자는 것이다. 이를 위해서 정치 보복을 법으로 금지시켜야 한다. 정권이 바뀌면 과거 정권을 정죄하고 잔인한 신상털이를 하지 못하도록 금하고, 과거 정부의 비리는 비정치인들이 중심이 되어 정리, 처벌, 화합하는 제도를 만들어야 한다. 삼권 분립을 보다 확실하게 제도적으로 명기하고 특히 대법관 구성을 균형 잡히도록 법으로 구성원들의 성향을 조화있게 해야 하며, 판사와 검사의 정치 참여는 사직 후 일정 기간이 지난 후에야 할 수 있도록 법제화하여야 한다. 참정권의 제한이라는 문제점이 있기는 하지만 정치의 선진화를 위해 이런 제한을 두는 것이 더 좋을 것이다.

정치의 인격화를 이루기 위해서는 언론의 독립성이 확보되어야 한다. 언론 탄압을 제도적으로 막아야 하고, 언론의 자유가 확실하게 확보되어야 한다. 그러나 정치의 인격화는 국민의 정치 수준이 격상되지 않으면 이런 법적 제도가 있다 해도 불가능하다. 국민의 정치 수준을 높이려면 일정한 시간이 흘러야 한다. 하루아침에 정치 수준이 높아질 수는 없다.

우리나라 정치 수준을 높이는 데 반드시 극복되어야 할 것은 지역감정을 해소하는 것이다. 그러기 위해서는 고위공직자들을 임명할 때, 지역 간의 조화를 이루도록 이를 법제화해야 한다. 법으로 인재 배치를 규정하는 것은 일견 불합리한 것 같으나 지역감정을 해소하는 데는 반드시 필요하다. 일단 정권을 잡은 쪽은 정권을 잃지 않기 위해 온갖 형태의 부적절한 일을 하고, 정권을 잃은 쪽은 정권을 다시 잡기 위해 온갖 부적절한 일을 하기 때문에 정치가들은 동물정치를 하게 되는 것이다. 흔히 정치에 대한 최종 심판은 국민이 하는 것이라고 주장하지만 국민을 오도하고, 침묵하게 만들고, 무관심하게 유도하는 것, 역시 정치가 하는 것이기에 어쩌면 정치의 인격화는 불가능한 것일지도 모른다.

그러나 우리는 정치의 인격화에 대한 희망을 버려서는 안 된다. 시간이 흐르면 언젠가는 국민의 정치 수준이 높아질 것이고 결국 정치인들도 국민의 눈치를 보게 될 것이기 때문이다. 인격적 정치가 국민의 요구가 되고 정치인들은 그런 정치를 완성시키는 사람이 된다면 우리나라 정치는 잔인한 정치가 아니라 부드러운 정치가 될 것이다. 이런 의미에서《한중록》은 잔인한 정치에 대한 고발장이고, 그 잔인한 정치에 대한 변명이기도 하며, 다시는 고발도, 변명도 필요 없는 상식의 정치가 필요하다는 것을 깨닫게 해주는 교훈서이기도 하다. 정치하려는 자는 마키아벨리의《군주론》과 한비자의 책을 읽어야 한다고 흔히 말한다. 그 책들은 정치를 하는 권모술수를 가르치는 책이다. 그러나《한중록》도 읽어야 한다.《한중록》은 정치 속에 얼마나 인간을 동물로 전락시키는 악의 요소가 있는가를 깨우쳐 주는 책이기 때문이다. 정치가는 권모술수도 배워야 하지만 정치의 잔인성도 깨달아 그 늪에 빠지지 않으려는 노력도 해야 한다.

예전에 정치를 하면 가문이 망한다는 이야기가 있었다. 두 가지 이유 때문이다. 하나는 경제적으로 망한다는 것이고, 다른 하나는 정치보복을 당해 망한다는 것이다. 이제 정치자금법이 제정되어 경제적으로 망하는 예는 없다. 그러나 정치보복으로 망하는 경우는 비일비재하다. 정치보복방지법을 만들어야 한다. 그래야 정치의 인격화가 이루어지고 정치 선진국이 될 수 있다.

12

정지용

향 수

〈작가와 작품 해설〉〈향수(鄕愁)〉는 정지용(鄭芝溶. 1902~1950)의 대표적인 시(詩)다. 정지용은 김소월의 시 세계를 발전시켜 한국 현대시의 시발점을 장식한 시인이다. 김소월은 자신의 감정을 직접적으로 표현하는 서정시를 썼으나 정지용은 자연 풍경을 통해 자신의 감정을 간접적으로 표현하는 방법을 주로 사용했다. 일본 유학을 통해 배운 서구적인 것을 한국적인 것과 조화를 이루어 시 창작을 했고, 토속어, 사투리를 시어로 잘 다듬어 사용했다. 아마 그 시대에 있어서 토속어나 사투리를 시적으로 사용한 시인으로서 그를 따를 사람이 없을 것이다. 그는 윤동주, 박목월, 박두진, 조지훈 등을 발굴해서 한국 시단의 전성기를 이루는데 큰 공을 세웠다. 그러나 그 역시 일본강점기의 암울한 환경에서 벗어나지를 못해 이토 히로부미(伊藤博文)를 찬양하는 시를 쓴 후 이를 반성하는 의미로 절필을 했고, 이대 교수, 경향신문사 주간 등을 역임하다가 6.25 사변 때 납북되어 그곳에서 죽었다. 이런 이유로 한동안 그의 시는 남한에서 금서가 되었다가 1988년 해금이 되면서 그의 시는 문학적으로 재조명을 받게 되었다. 시인의 개인사와 그 작품을 별개로 다루어야 한다는 시대적 요구가 있었기 때문이다.

그의 많은 작품 중 특히 22세 때 일본 동지사 대학으로 유학을 떠나면서 조광지를 통해 발표한 〈향수(鄕愁)〉라는 시는 그의 시 중에 가장 문학적으로 높이 평가를 받을 뿐 아니라 대중적인 인기를 얻은 작품이다. 이 시는 대중가요 작곡가인 김희갑이 작곡을 하고 박인수 서울음대 교수와 대중 가수 이동원이 함께 부른 〈향수〉라는 노래로 더욱 유명해졌다.

〈해석과 평가〉 이 시 역시 토속어를 잘 다듬어 시어로 사용된 작품인데, "그곳이 차마 꿈엔들 잊힐래야"라는 후렴구가 5번 등장하여 고향에 대한 그 절절한 그리움이 눈물겹게 표현되고 있다. 후렴구를 제외하면 이 시는 5연으로 구성되어 있다.

1연에는 그의 고향, 농촌의 한가로운 풍경이 잘 그려져 있다. 마치 옛이야기를 작은 목소리로 계속 속삭이는 것 같은 실개천, 하루 노동을 마치고 집으로 돌아오는 황소의 평화로운 울음소리가 해 질 무렵의 넓은 벌판을 색칠하고 있다. 이 연은 신비로운 분위기로 가득 차 있다. '해설 피금빛' 즉 해가 지면서 사라지는 황금색 아름다움이 녹아 있고, 동쪽에 뜬 해가 이제 서쪽으로 기울어 저녁이 되었다는 암시를 통해 농부들의 노동이 힘들면서도 거룩하다는 것으로 묘사되고 있다.

2연은 질화로가 식어간다는 표현을 통해 밤이 되었음을 암시하고 있고, 밤에 부는 바람 소리를 마치 빈 밭에 말들이 요란스럽게 달리는 소리처럼 표현하고 있다. 실로 절묘한 이미지이다. 그런 밤에 그림처럼 아름다운 시각적 이미지가 등장한다. 밭에서 일하다가 지친 몸으로 집에 돌아온 아버지가 피곤한 몸을 짚을 넣어 만든 베개를 세워 기울어지지 않게 한 후, 앉아있는지 누워있는지 모를 자세로 졸리는 듯 지친 몸을 지탱하고 있는 늙은 아버지의 모습이 시각적으로 잘 그려져 있기 때문이다. 가족들을 위해 헌신하는 아버지의 거룩한 모습이다. 고향을 떠나면서 이 시를 썼다는 점에서 작가는 이 부분에서 아버지에 대한 미안함, 그리움, 존경심 등을 표현하고 있다고 보아야 할 것이다. 자식으로서 이런 아버지를 어찌 잊을 수 있겠는가?

　3연은 다시 아침이 되면서 파란 하늘이 그립다고 노래하고 있다. 고향은 단순히 태어난 곳이거나 부모 형제가 있는 곳이 아니다. 꿈을 꾸던 곳이기도 하다. 파란 하늘빛은 꿈을 상징하는 단어이다. 정지용은 12살 때 결혼하여 17세까지 고향 옥천에서 살았다. 그 나이는 미래에 대한 꿈을 꾸는 나이이다. 그는 가을, 푸른 빛 하늘을 바라보며 많은 꿈을 꾸었을 것이다. 식민지 시대에 사는 청년으로서 그 꿈은 처절했고 슬프기도 했을 것이다. 꿈을 꿀 수 없는 시대에 살면서 꿈을 갖고 살아야 한다는 것은 참으로 비감한 일이다. 고향은 놀이하는 공간이기도 하다. 인간은 노는 존재이다. 놀면서 인생을 배우며 꿈을 가꾸는 존재이다. 어린 시절, 자치기도 했고, 제기차기도 했을 것이다.

　그러나 시인이 가장 좋아하는 놀이는 활쏘기였다. 활쏘기는 목표지향적인 행동이다. 활을 쏘려면 과녁이 있어야 한다. 시인의 활쏘기는 능숙하지는 않았다. 그래서 함부로 쏜 화살이라고 표현했다. 식민지 시대에 목표를 갖고 산다는 것은 어려운 일이다. 식민지 청년에게 목표 있는 삶이란 어쩌면 고통이었을 것이다. 함부로 쏜 화살이기에 풀이 무성한 수

풀에 떨어졌고 숨어버린 화살을 찾으려고 이리저리 다니다가 이슬에 흠뻑 젖기도 했다. 인간은 꿈을 꾸던 시절, 꿈을 꾸려고 애쓰던 시절을 잊지 못한다. 그런데 이 구절을 비유적으로 해석할 수도 있을 것이다. 흔히 화살을 세월로 비유하는 경우가 많다. 그러니 꿈을 꾸면서 살았지만 그 시절은 꿈을 이루기 위해 계획적인 삶을 살지 못했다는 아픔을 노래한 것은 아닐까? 꿈을 꾸면서 살기는 했지만 그 꿈을 이루지 못하고 허송세월한 그 시절을 인간은 잊을 수가 없다. 식민지 시절, 가난한 시절, 당시 젊은 이들은 누구를 위해 꿈을 꿔야 했고 누구를 위해 그 꿈을 이루어야 했을까? 그 시절 젊은이들은 화살을 함부로 쏠 수밖에 없었을 것이다. 분노와 좌절이 담겨진 한 청년의 한을 함부로 쏜 화살이라는 표현에 각인되었다고 해석할 수도 있을 것이다.

4연은 가족에 대한 그리움이 알알이 그려져 있다. 핵가족화 된 오늘날에 가족은 상대적 개념으로 강등되었지만 그 시절에 가족은 절대적 개념이었다. 가족은 피가 아니라 운명이었다. 가족을 버린다는 것은 상상도 못 할뿐더러 가족과 이별한다는 것은 너무 큰 고통이었다.

시인은 가족 중에 우선 누이에 대한 그리움을 표현하고 있다. 부모님은 가족이긴 하나 어려운 상대이다. 섬김의 대상이기 때문이다. 그러나 누이는 편한 상대다. 나이 차이도 그리 많지 않고 이런저런 장난도 같이 할 수 있고, 희로애락도 함께 나눌 수 있는 상대이다. 누이는 처녀이기에 신비하다. 처녀의 상징은 머리칼이다. 시인은 누이를 귀밑머리에 휘날리는 긴 머리로 노래했다. 그래서 밤 물결 같다고 표현했다. 참으로 절묘하다.

아내는 현실적으로 표현했다. 사실상 부부는 현실적 관계이다. 시인은 아내가 예쁠 것도 없다 표현했는데, 이는 반어법이다. 시집오기 전에는 예뻤는데 가난한 청년과 함께 살다 보니 그 예쁨은 사라지고 이제는 사철, 발 벗은 여인이 되었다는 의미이다. 고생하는 아내에 대한 미안한 감정, 그리운 감정이 담겨 있다. 매일 일해야 하는 아내에게 이제 버선이나 양말은 의미가 없다. 그러나 사실은 벗은 발이 더 아름답다. 양말이나 버선으로 가려진 아내의 발은 가식적인 아름다움이다.

시인은 정말 아내를 아름답게 표현하고 있다. 아내의 아름다움과 여인의 아름다움은 다르다. 아내의 아름다움은 남편과 자식을 위해 일하는 아름다움이다. 가치의 아름다움이요 영혼의 아름다움이다. 그런데 여인의 아름다움은 육체의 아름다움이요, 가꾸어진 아름다움이고 이기적인 아름다움이다. 현대 여성들은 아내로서의 아름다움보다는 여인으로서의 아름다움을 우선적으로 생각한다. 그러나 그 시절에는 그랬다. 시인은 그런 아내를 사랑하고 감사해하며 아내의 헌신이 큰 힘이 되고 있음을 이 시에서 암시하면서 아내에게 축복이 임하기를 원하고 있다. 이삭 줍고 있는 아내의 등에 따가운 햇살이 비춰고 있다는 표현이 바로 그것이다. 신비한 누이, 헌신적인 아내가 있는 그 고향을 어찌 잊을 수 있단 말인가?

마지막 연은 별에 대한 이야기로 시작된다. 4연은 낮에 그려진 이미지이다. 따가운 햇살이 그것을 증명하고 있다. 이제 밤이 되었다. 하늘에는 듬성듬성 별이 떠 있는데 그 별들은 알 수 없는 모래성으로 발을 옮기고 있다. 시간이 흘러가고 있음을 의인법으로 표현하고 있는 것이다. 시간은 어디로 가는지 모른다. 그래서 알 수 없다고 표현한 것이다. 시간은 모든 것을 흩어지게 만든다. 그래서 모래성으로 발을 옮긴다고 표현한 것이다. 모래성은 파도가 밀려오면 사라진다. 시인은 시간의 흐름과 그 힘을 절묘하게 표현했다. 이 구절에서 인생이 허무하지만, 그러나 이런 허무 속에서도 시인은 행복을 노래하고 있다. 가족들이 호롱불을 중심으로 모여 앉아 도란도란 이야기를 나누는 평화롭고 다정한 모습을 노래하고 있기 때문이다. 호롱불은 축복의 이미지이다. 불은 희망이고 따뜻함이다. 불은 가족을 끌어모으는 힘이다. 호롱불이 없으면 가족은 서로 모여 이야기를 나눌 수 없다.

다른 하나는 까마귀 소리이다. 비록 초라한 지붕 위로 까마귀는 날아가지만 그것은 희망이다. 흔히 까마귀를 흉조라고 하지만 《삼국유사》에 보면 까마귀는 길조이다. 일본에서도 까마귀를 효성이 지극한 길조라고 생각하고 있다. 삶이 허무하다고 사람들은 말하지만 시인의 가정은 평화롭고 희망이 넘치는 행복한 가정이다. 여기서 시인은 일본 유학을 떠나면서 가족의 앞날을 염려하면서도 가족의 미래를 긍정적으로 생각하고 있음을 알 수 있다. 이런 가족들을 어찌 잊을 수 있단 말인가?

이 시는 매우 감각적인 시이다. 특히 시각과 청각이 절묘하게 조화를 이루고 있다. 넓은 벌, 실개천, 해설피, 질화로, 밭, 흙, 화살, 성근별, 까마귀 등은 시각적이고 지즐대는 울음, 밤바람소리 등은 청각적인 이미지이다. 이 시는 늦가을의 풍경을 묘사하고 있다. 서리 까마귀가 그것을 증명하고 있다. 1연은 저녁, 2연은 밤, 3연은 아침, 4연은 낮, 5연은 밤으로 이어지고 있어, 매우 질서정연한 구성을 갖고 있다. 이 시는 통일성이 있는 시이다.

이제 마지막 우리가 생각해야 할 이미지가 있다. 향수란 고향을 그리워하는 마음이라고 해석되는데, 과연 시인의 고향은 무엇을 의미하는 것일까? 일차적으로 고향은 시인이 자란 곳, 부모 형제가 있는 옥천 땅을 의미한다고 보아야 할 것이다. 그러나 비유적으로 해석을 한다면 그 이상의 다른 의미로 그 내용을 확대시킬 수 있을 것이다. 예를 들면, 돌아가고 싶지만 다시 돌아갈 수 없는 그 어떤 곳, 아름다운 추억의 장소, 어떤 면에서는 사랑하는 사람, 그 자신이 가슴속에 묻어두었던 꿈, 그 자체가 고향이라고 생각할 수 있다. 시인이 살던 시대가 일제 강점기 시대라는 점을 염두에 둔다면 고향은 망해버린 나라라고 말할 수도 있다. 물론 이런 해석은 지나친 비약이라고 비난받을 수 있을 것이다.

〈해석과 평가〉 기독교인에게 고향이란 곧 천국을 뜻한다. 천국이란 죽어서 가는 곳일 수도 있지만 주님이 늘 강조했듯이 하나님의 나라이다. 의와 평안과 기쁨이 충만한 삶, 그 삶이 기독교인의 고향이다.

이 시에는 어두운 그늘, 즉 넓은 의미에서 허무 같은 것이 깔려 있다. 가난한 삶, 지친 아버지, 맨발의 아내, 모래성 등등이 그것이다. 그러면서도 그 속에서 평화와 희망을 노래하고 있다. 푸른 하늘, 호롱불, 까마귀 등의 이미지가 그것이다. 인간의 삶은 사실상 허무하다. 그래서 전도서는 인생은 헛되고 헛되다는 탄식으로 시작하고 있는 것이다. 그러나 시인이 이 작품에서 강조했듯이 인간은 그 허무 속에서 평화와 희망을 지니면서 살아야 한다. 그리스도인의 지혜란 현실의 고통을 잊기 위해 미래를 노래하는 것이 아니라 현실의 아픔, 그 허무 속에서 평화와 희망을 찾아내서 그것을 노래하며 사는 것이다. 돌 속에 금이 숨어 있듯이 허무 속에 평화와 희망은 숨어 있다. 그것을 발견하는 지혜가 필요하다. 신앙이란 숨어 있는 것을 찾아내는 힘이고 지혜이다. 우리가 신앙생활을 하는 것은 바로 이런 힘과 지혜를 얻고자 함이다.

향수란 두 개의 단어가 복합된 단어이다. 고향과 슬픈 그리움이 그것이다. 인간은 죽을 때까지 그 어떤 그리움을 가슴에 품고 살아야 한다. 그 어떤 그리움이 없는 사람에게 의미 있는 삶은 존재할 수 없다. 실패한 꿈이라도, 실패한 사랑이라도, 실패한 일이라도 그것을 그리워해야 한다. 그래야 새로운, 그래서 살아 있는 그리움을 가질 수 있다. 인간은 실패한 것들에 대해서 잔인하다. 그러나 실패한 것을 그리워해야 실패한 그리움이 다른 모양으로 부활한다. 지나간 것을 잊으려고 애쓰지 말자. 차라리 그것들을 어찌 잊힐래야, 그리 노래하자. 삶은 잊는 것이 아니라 기억하는 것이다. 작가는 북한으로 납치되어 그곳에서 죽었다. 그는 북한 땅에서 이 시를 목놓아 노래했을 것이다.

몇 년 전 아프리카에서 만난 은퇴목사 한 분이 석양을 등지고 '타향살이'를 구성지게 불렀다. 고향이 그리워서 그런가 보다 생각했는데, 그분은 자신의 고향은 하늘나라라고 하면서 호탕하게 웃었다. 그렇다. 우리 그리스도인들의 고향은 하늘나라이다. 하늘나라를 그리워하며 사는 것이 신앙이 아닐까?

[2] 동양

강상중

나를 지키며 일하는 법

〈작가와 작품 해설〉 이 책은 재일교포 강상중(姜尙中. 1950~) 박사가 썼다. 그는 우리나라 교포로서 최초로 동경대학 교수를 지냈고, 세이가쿠인 대학 총장을 역임했다. 현재는 구마모도 현립극장 관장 겸 이사장으로 활동하고 있다. 그는 일본의 대표적인 지식인이고, 그의 책은 베스트셀러가 되어 일본사람들에게 상당한 영향을 끼치고 있다. 《고민하는 힘》, 《악의 시대를 건너는 힘》, 《마음의 힘》, 《살아야 하는 이유》 등, 그의 저서는 제목 자체가 예언자적 기풍이 있어 특히 청년들에게 큰 교훈을 주고 있다.

이 책은 그가 살아온 과거를 이야기함으로써 미래를 어떻게 준비할 것인가를 말하는 일종의 예언서이다. 그는 21세기의 특징을 먼저 기술하고 있다. 그는 21세기는 불확실성의 시대요, 성장이 둔화되는 시대이고, 급격하게 사회가 변화하는 시대라고 말한다. 자연재해가 자주 일어나고, 그동안 사회 전반을 지탱해 왔던 학력 중시 풍조가 무너지는 시대가 될 것이라고 주장한다. 사실 이러한 그의 주장은 이미 다른 미래학자들도 공통적으로 주장하는 내용이어서 특별한 것은 아니다.

그는 이런 미래 사회는 일을 통해 참여할 수 있다고 주장하면서 일에 대한 톡톡한 견해를 밝히고 있다. 그는 일이란 인생 그 자체라고 말한다. 일은 돈, 즉 생계를 위한 것이 아니라 그 사회의 구성원이 된다는 것을 의미한다고 주장한다. 일이 없으면 그 사회에 구성원이 될 수 없다는 파격적인 논리이다. 그리고 인간은 일을 통해 개인의 인격을 형성하며, 개성을 창조할 수 있다고 말한다. 인간은 일을 통해서 사는 보람을 느낄 수 있으며, 나 자신을 표현할 수 있다고 주장한다. 옳은 말이다. 일은 곧 인생 그 자체이다. 그런데 사람마다 일을 보는 시각이 다르다.

　저자는 일을 보는 시각이 건전해야 한다고 주장한다. 첫째, 일의 의미를 먼저 생각해야 한다고 강조한다. 일은 단순히 생존을 위해 하는 것이 아니라 삶을 느끼고 누리고 창조하기 위해서 하는 것임을 명심해야 한다는 것이다. 둘째, 일을 다양한 시각으로 보아야 한다고 말한다. 자신의 능력, 취미, 상황, 미래의 전망 등을 염두에 두고 일을 바라보아야 한다는 것이다. 셋째, 일을 자아실현의 도구로 삼지 말아야 한다고 강조한다. 지금까지 많은 사람은 일을 통해 자신의 꿈을 실현시킬 수 있다고 가르쳤고, 사람들은 일을 통해 자아실현을 도모해 왔다. 그러나 저자는 이런 생각이 위험하다고 주장한다. 자아실현이란 일종의 욕망 충족인데, 현대 사회는 매우 복잡하고 불확실해서 자아실현을 하기가 어렵기 때문에, 잘못하면 그 욕망 때문에 몰락할 수 있다는 것이다. 넷째, 일을 하되 많은 것을 이루려고 하지 말고 자연스럽게 일을 해야 한다고 주장한다. 그는 사는 것 그 자체가 중요하기에 성공이나 성취욕의 노예가 되지 말아야 한다고 강조하는 것이다. 이는 매우 현실적인 충고이다. 다섯째, 일을 하되 그 일의 내면적 가치를 중시하고 자족하는 마음을 지녀야 한다고 주장한다. 인간은 일 때문에 행복해질 수도 있지만 일 때문에 불행해질 수도 있다. 남이 내 일을 어떻게 보느냐 하는 것보다는 내가 그 일을 통해 얼마나 즐겁고 참된 가치를 창조하느냐가 중요하다는 것이다. 일의 객관적 기준보다는 주관적 기준이 더 중요하다는 것이다.

〈해석과 평가〉 이런 주장은 그가 인지하고 있는 21세기 사회에 적합하다. 일은 준비된 자가 제대로 할 수 있다. 그러기에 그는 일을 준비하면서 염두에 두어야 할 사항들도 기술했다. 일의 현장, 즉 21세기 사회는 불평등이 심화될 것이고, 지역 간의 격차도 심해질 것이며, 성장도 둔화될 것이기 때문에 거기에 적합한 일을 적합하게 준비해야 한다는 것이다. 일에 대해 필요 이상의 기대는 역으로 인간을 실망시킬 수 있음을 명심하라는 뜻이기도 하다. 또한 그는 21세기 사회는 기존의 가치관과는 다른 가치가 사회를 지배할 것이기 때문에 사회 변화에 적응하면서 일을 배우고 해야 한다고 강조한다. 과거에 매이면 일을 할 수가 없다는 뜻이기도 하다. 자본에 대한 이해도 폭이 넓혀야 한다. 돈, 노동, 지식은 물론, 성격, 신앙, 인간관계, 능력, 용모 등도 다 자본이 될 수 있다는 것이다. 그러므로 돈과 지식, 노동으로만 일을 하려고 해서는 안 되며 그것만으로 일을 하면 성공하기가 어렵다고 한다. 특히 그는 다른 영역과의 네트워크 강화를 강조하고 있다. 융합이다. 어느 한 가지 지식만으로 일하는 것이 아니라 여러 지식을 융합하여 통합된 지식으로 일하는 것이 중요하다는 것이다.

이 책에서 가장 중요한 부분은 그가 인문학으로 미래를 준비했다는 자서전적 내용이다. 그는 평범하게 살아왔지만 17살 때부터 인문학을 하기 시작했다고 고백한다. 와세다대학 시절, 극심하게 일어났던 학생운동과 일본사회가 소비사회로 변화해 가는 모습을 통해 '나는 어디로 가고 있는가'를 고민하게 되면서 인문학을 하기 시작했고, 한국 방문 후 한국사회의 발전상을 보면서 한국인으로 살기로 결심했다고 한다.

그는 평생 두 사람과의 만남이 그에게 심대한 영향을 주었다고 쓰고 있다. 한 사람은 독일 유학 때 만난 임마누엘 스타브로스키라는 친구인데, 저자는 그를 통해 즐기는 삶을 살아야 한다는 것을 배웠고 다른 한 사람은 도먼 가즈오 목사로 그를 통해 모든 것은 때가 있다는 것을 배웠다고 했다. 즐기는 인생, 때를 기다리고, 때를 놓치지 않은 인생, 때에 맞는 일을 하는 인생이 중요하다는 것을 배웠다는 것이다.

그는 이 책에서 미래를 준비하려면 독서를 해야 한다고 강조하고 있다. 독서는 자신의 처한 상황을 이해하는 데 유익하고, 새로운 아이디어를 얻는 데도 유익하다. 인간은 독서를 통해 자신이 경험한 실패의 원인을 규명할 수 있으며, 간접 경험을 확대시키고 자기와의 대화를 긴밀하게 솔직하게 할 수 있다고 강조한다. 그는 자기가 읽은 많은 책 중에 몇몇 책들을 소개하고 있다.

우선 빅터 프랭클의 책, 《삶의 문제에 예라고 대답하라》는 책을 소개하고 있다. 빅터 프랭클은 유대인으로서 2차 대전 때, 포로수용소에 수감되었다가 구사일생으로 살아남은 정신과 의사인데, 어떤 어려운 문제, 위기 속에서도 그것을 긍정적으로 받아들이면 좋은 결과를 얻는다고 주장하는 사람이다. 문제와 위기 속에서 창조적이고 긍정적인 의미를 발견해야 한다는 것이다. 사실 주님도 그런 분이셨다.

《로빈슨 크루소》도 읽기를 권하고 있다. 이 책은 자본주의 정신을 이해하는데 유익하다고 주장하고 있다. 자본주의는 현대 중심사조이다. 미래 사회도 더욱 자본주의화 할 것이다. 그에 의하면 자본주의 정신은 두 가지, 하나는 자기 책임하에 산다는 정신, 다른 하나는 자기 주변에 있는 여러 가지 도구를 사용하여 삶을 꾸며나가려는 정신, 이 두 가지이다. 사회주의는 국가의 힘으로 살아가려는 의지가 강한 사람이 갖는 이념이고, 자본주의는 개인의 힘으로 살아가려는 의지가 강한 사람이 갖는 이념이다.

경제학 책으로는 피터 드러커의 《매니지먼트 조직론》을 권하고 있다. 현대 경영학의 대가라는 피터 드러커는 어떤 조직이 힘을 지닌 조직이 되려면 조직의 사명이 분명하고, 생산성을 확대하려는 의지를 지녀야 하고, 기본원칙에 충실해야 하며, 사회에 미치는 영향을 민감하게 생각해야 한다고 주장했다. 현대사회는 조직 사회이다. 일을 한다는 것은 어떤 조직 안에 들어간다는 뜻이기도 하다. 조직을 잘 관리하고, 조직 안에서 적응을 잘하려면 이 책이 좋은 교훈을 줄 것이다.

저자는 칼 폴리니의 《거대한 전환》이라는 책도 권하고 있다. 인간은 미시적으로 환경과 사람, 일을 볼 수 있어야 하지만 동시에 거시적으로 이런 것들을 볼 수 있어야 한다고 그는 주장한다. 이 책은 1815년부터 1914년까지를 거시적으로 즉 멀리, 넓게 세상의 변화를 본 것을 기록한 책이다. 인간은 일을 하면서 그 일의 과거보다는 그 일의 미래를 보면서 준비하고 일해야 한다. 급변하는 사회에서 일을 하고 있기 때문에 거시적인 관점을 갖고 일을 하고 준비하지 못하면 실패한다. 그 외 여러 가지 책을 소개하고 있지만 분명한 것은 인문학적 지식이 부족하면 현대사회에서는 성공할 수 없다는 것이다. 서울대학에서는 이런 이유로 학생들에게 100권의 고전을 선택해서 학생들에게 읽기를 권하고 있다.

〈기독교적 이해〉 그런데 오늘 청년들은 독서를 통해 미래를 준비하려고 하지 않는다. 이미 우리 사회는 잘사는 나라가 되었다. 통계적으로 보아도 세계 12위 정도는 된다. 자본은 어느 정도 축적이 되었고 사회는 소비사회가 되었다. 젊은이들은 아버지 시대가 누리지 못하는 부를 누리고 있다. 물론 빈부의 차이는 점점 심해지고 있고, 상대적 박탈감을 갖는 청년들이 늘어나는 추세이고 사회 분위기도 도전, 모험, 경쟁, 국제화 등등으로 가기보다는 안일주의로 가는 흐름이 뚜렷하다. 현 정부가 사회주의 정책을 강조하다 보니 청년들에게 각종 보조금을 주게 되면서 더욱 편한 것을 선호하는 경향을 띠게 되었다. 공무원이 되는 것을 선호하는 청년들이 많아지는 것도 이런 현상을 증명하는 한 예가 될 것이다.

인문학은 인간을 이해하고 인간과 공존하는 지혜를 얻는 최적의 길이다. 삶은 다양한 상처를 받으면서 걸어가는 도보 여행 같은 것이다. 내상을 입는 것은 필연적이다. 상처 없이 인생을 사는 자가 어디 있는가? 상처를 치유하는 길은 다양하다. 취미활동, 정신과 상담, 술, 쾌락 등등이 어느 정도 내상을 치유하는 데 효과가 있다. 그러나 가장 효과적인 방법은 자기 스스로 자기 상처를 치유하는 것이다. 누군가가 내 상처를 치유해 주기를 바라기보다는 그런 사람도 없지만, 내 상처는 내가 치유한다는 의지가 있어야 하고 그러기 위해서는 인문학적 지혜가 필요하다.

인문학은 자기를 치유하는 최상의 치료약이다. 그런데도 청년들은 인문학을 경시한다. 그래서 자기 치유를 못하기에 자살하는 청년들이 많아지는 것이다. 또한 인생을 멀리 보고 준비하는 것이 아니라 급한 지식을 단기간에 얻으려고 하기에 읽기 어렵고 이해하기 어려운 고전을 읽으려는 청년들이 없는 것이다. 자본주의건 사회주의건 흐르는 방향은 다르지만 목표 지점은 같다. 인간을 경제적으로 잘 살게 하려는 것이다. 경쟁을 통해서든지 분배를 통해서든지 인간이 잘살 수 있다면 좋겠지만 문제는 있다. 어느 기준이 되어야 잘 사는 것인지가 논쟁거리가 되고, 경제적으로 잘 사는 과정에서 잉태되는 다양한 문제를 어떻게 해결할 것인지도 문제가 된다.

역사상 모든 이념은 그 이념이 발전되어 가는 과정에서 스스로 잉태한 모순 때문에 멸망했다. 플라톤이 이상국가를 동경했지만 이상국가란 경제적으로 잘 사는 나라를 말하지 않는다. 경제적 풍요는 물론이지만 그보다는 삶의 과정에 국민이 당하는 각종 상처를 스스로 치유할 수 있도록 국민을 자각시키는 것이 더 중요하고, 남의 것을 부러워하기보다는 자신이 갖고 있는, 능력과 자질을 잘 선용하여 삶의 보람을 느끼고 그것을 오래 지속시키게 도와주려고 애쓰는 정부가 이상 국가이다. 경제적인 풍요만을 목표로 한 정부는 그 자체의 모순 때문에 반드시 망한다. 그래서 역사학의 아버지라고 하는 헤로도토스는 그의 《역사》라는 명저에서 경제적으로 번영한 페르시아 제국이 그리스 도시국가를 이기지 못했다고 강조하고 있는 것이다. 나폴레옹 전쟁 당시 프러시아의 철학자 피히테는 '독일 청년에게 고함'이라는 명연설을 했는데 그는 나라의 흥망을 이야기하려면 그 나라 청년들을 보면 된다고 역설했다. 인문학을 경시하는 청년들이 늘어나는 이 나라의 미래가 염려된다.

다윗은 성군이었다. 사람들은 그가 성군이 된 것은 믿음 때문이라고 하지만 시편을 읽어보라. 그가 얼마나 수준 높은 인문학적 지식이 있었는지를 알 수 있다. 솔로몬을 지혜의 왕이라고 하고 그 지혜는 하나님이 주신 지혜라고 하지만 전도서, 아가, 잠언을 읽어보라. 그가 얼마나 탁월한 인문학적 지혜를 갖고 있었는지를 알 수 있다. 믿음과 지혜는 하나님이 주시는 몸체지만 인문학적 식견은 그들 스스로가 얻은 옷이다. 하나님이 주신 몸에 스스로 노력해서 얻은 옷을 입어서 그들은 명망 있는 왕들이 될 수 있었다.

인문학은 단순히 교양을 쌓기 위해 읽는 책이 아니다. 자신의 미래를 설계하기 위해 그 준비 단계로 읽는 책이다. 또한 인문학은 자신을 지키는 지혜를 얻기 위해 읽는 책이기도 하다. 목사들이 성경 한 권으로 족하다고 주장하는 것은 교만이다. 인문학을 하고 성경을 읽으면 지금까지 발견하지 못한 금맥을 찾게 될 것이다. 목사는 교인에게 금을 나누어 주는 사람이 되어야 한다.

당시선(중국 당나라 시대의 시들)

〈작가와 작품 해설〉 시란 일반적으로 리듬 있는 글자를 통해 인간의 사상이나 감정을 표현하는 문학 유형이다. 시에는 인간의 감정을 중심으로 표현한 서정시, 자연 경치를 중심으로 표현한 서경시, 어떤 역사적 사건을 중심으로 표현한 서사시, 그리고 특히 연극에서 자주 사용되는 극시 등이 있다. 그러나 사실상 이런 구분이 엄격하게 통용되는 것은 아니다. 서정, 서경, 서사 등이 혼재된 경우가 많기 때문이다. 인류 역사상 가장 시들이 유행하고 사람들에게 사랑을 받은 시대는 중국 당나라 시대이다. 당나라 시대에 시가 널리 사람들에게 사랑을 받은 것은 당나라 황제들이 시를 읽거나 짓기를 좋아했기 때문이다. 황제들은 과거 시험에 시를 짓는 것을 넣도록 명령했고, 경제적 번영과 교육의 보급으로 일반인들도 시 짓기를 좋아하게 되었다.

당나라 때 수많은 시인이 등장했지만 가장 유명한 사람은 단연 이백(李白, 701~762)과 두보(杜甫, 712~770)이다. 이백은 낭만파 시인의 대가로 '시선'이라고 후대 사람들이 그를 칭송했다. 두보는 이백과 같은 시대를 산 사람이지만 시풍은 이백과 달랐다. 그는 일종의 사회적인 내용을 많이

표현했다. 그러기에 유교적이면서도 현실주의적인 시풍이 강하다. 두보
는 이백과 다르게 시의 형식을 매우 강조했고 비참한 사회현실을 시로써
고발하려는 저항적인 면모를 지녔다. 후대 사람들은 그를 '시성'이라고
평했다.

　이제 이백의 시를 감상해 보자. 이백의 시에 양귀비를 칭송하는 시가 있
다.

　"구름 같은 옷차림, 꽃다운 모습/ 봄바람 난간을 스치고, 이슬 맺힌 꽃
아리땁다/ 군옥산에서 만나는 선녀 아니면/ 요대 달빛 아래에서나 만날
수 있는 미인이어라"

　당나라 현종은 침향정 정자에 핀 모란꽃을 관상하면서 양귀비를 칭송
하기 위해 이백을 불러 시를 짓게 했다. 이백은 양귀비의 복장과 얼굴을
구름과 꽃으로 비유했다. 복장을 구름으로 비유했으니 그녀의 복장이 어
떠한가를 쉽게 상상할 수 있다. 시의 묘미는 비유에 있다. 양귀비의 복장
이 관능적이었음을 알 수 있다. 용모를 꽃으로 비유한 것은 좀 진부한 느
낌이 든다. 자고로 미인은 꽃이라고 표현하고 있었기 때문이다. 이는 이
백이 즉흥적인 시를 많이 지었다는 후대의 평가와 일치한다. 제아무리 천
재라 해도 즉흥적으로 시를 짓다 보면 이런 진부한 표현을 쓸 수밖에 없
을 것이다.

　그러나 이백은 역시 천재답다. 제1수는 시각적 이미지를 묘사하고 있
고, 제2수는 공간과 시간을 묘사하고 있으며, 제3수는 현실을 묘사하고
있기 때문이다. 구름, 옷차림, 꽃 등은 시각적이고, 군옥산에서 만난 선녀

란 공간속의 시간 묘사이다. 군옥산이란 전설에 나오는 서왕모라는 선녀가 살고 있다는 산이다. 이백은 양귀비의 미모가 군옥산에서 사는 선녀와 필적하다는 표현을 쓰고 있다.

중국 사람들은 '서시, 왕소군, 우희, 양귀비'를 4대 미인이라고 부르는데 본래 양귀비는 당 황제 현종의 며느리였다. 현종은 며느리의 미모에 반해 아들과 이혼시키고 며느리를 산으로 보내 살게 하다가 결국 궁으로 불러 자신의 첩으로 삼았다. 양귀비는 황제의 총애를 받으면서 자신의 세력을 궁 안에 심었고 결국 그녀의 양자인 안록산이 난을 일으켜 당나라는 위기에 처하게 되었다. 안록산 때문에 피난 가야 했던 현종은 양귀비를 죽이라는 군사들의 강권으로 결국 그녀를 포기했고, 이에 양귀비는 자살했다. 일설에는 양귀비가 일본으로 도망갔다는 설이 있는데, 이는 허구일 가능성이 높다. 미인박명이라는 중국 속담처럼 중국 4대 미인의 일생은 참으로 기구했다.

이백은 양귀비의 절색을 강조하는 배경으로 요대와 달빛을 이용했다. 요대란 구슬로 된 누대인데 선녀인 서왕모가 산다는 곳이다. 당 현종 시절에 도교가 매우 성했다. 현종이나 이백도 도교를 숭상했다. 그래서 이백은 양귀비를 선녀라고 표현한 것이다. 그런데 선녀는 달빛 아래서 더욱 아름답게 보인다. 요대라는 인위적인 공간에 달빛이라는 자연적인 배경이 절묘하게 조화를 이루고 있다.

이제 두보의 시, 촉나라 승상을 감상해 보자.

"승상 사당이 어디메뇨/ 금관성 밖 잣나무 우거진 곳/ 섬돌에 비친 푸른 풀 절로 봄빛이고/ 나뭇잎 사이 꾀꼬리 저대로 예쁜 소리일세/ 초려를 세 번이나 찾아 자주 천하를 논했나니/ 두 대에 걸쳐 충성 바친 늙은 신하의 마음 서려 있네/ 군대 이끌고 싸움터에 나가 승리하기 전에 몸이 먼저 죽으니/ 두고두고 영웅들의 심금 울리고 옷깃에 눈물 적시게 하네"

이 시는 삼국지에 나오는 그 유명한 촉나라 재상, 제갈공명의 충절을 노래한 시이다. 우리나라 고등학교 국어 교과서에도 나오는 시이다. 유비는 한나라를 재건하기 위해 고군분투하다가 산속에 숨어 있는 당대 최고의 인재, 공명을 세 번이나 찾아가 결국 그를 자신의 최고 참모로 삼았다. 유비는 공명의 도움을 받아 마침내 사천성 성도를 중심으로 촉한이라는 나라를 건국했다. 공명은 승상이 되어 천하통일을 시도하던 중 유비와 도원에서 형제로 결의한 관우와 장비가 오나라에 의해 죽자 유비는 복수하기 위해 공명의 반대를 물리치고 전쟁을 하다가 오나라에 의해 대패하고 백제성에서 병사한다.

유비는 죽기 전에 공명을 불러 아들 유선을 부탁한다. 그러면서 유비는 공명에게 아들이 황제의 구실을 잘못하면 폐위하고 공명이 황제가 되어 천하를 통일하여 한나라를 재건해 달라고 부탁한다. 참으로 비장한 요구이다. 그러자 공명은 머리를 벽에 찍어 피를 흘리면서 아들 유선을 잘 보필하여 천하를 도모할 것이니 걱정하지 말고 편히 눈을 감으라고 하면서 피와 눈물로 천하통일을 약속했다. 참으로 동서고금을 통해 이런 황제와 신하가 없을 것이다. 현대인들은 감히 꿈도 못 꿀 그런 아름다운 관계이다.

유비가 죽자 공명은 그 아들 유선을 황제로 모시고 진력을 다해 보필하고 51세 되는 해, 유비의 한을 풀기 위해 조조가 세운 위나라를 정벌하려고 떠난다. 이때 유선에게 올린 그 유명한 글이 '출사표'이다. 출사표란 전쟁을 하기 위해 떠나면서 황제에게 올린 글이라는 뜻인데 천하의 명문 이다. 그러나 공명은 전쟁에 실패한다. 그가 아들처럼 사랑했던 마속이 군령을 어기고 자의적으로 싸우다가 보급로가 차단되면서 어쩔 수 없이 퇴각해야 했기 때문이다. 공명은 군법의 지엄함을 보이기 위해 신하들의 간곡한 만류에도 불구하고 마속을 죽인다. 이 사건이 그 유명한 '읍참마 속'이라는 고사이다. 그 후에도 공명은 유비와의 약속을 지키기 위해 수 차례 전쟁을 했지만 유선의 무능으로 승리하지 못하고 결국 오장원에서 병사하고 말았다. 참으로 만고의 충절이다.

두보는 이런 고사를 시로 노래했다. 그의 시는 매우 절도가 있다. 이백 과는 다르다. 앞부분은 제갈 승상의 사당을 찾는 모습이 기록되어 있다. 사당은 잘 가꾸어져 있었다. 세월은 흘렀지만 승상의 충절에 감동받은 사람들이 그 사당을 잘 보존했기 때문이다. 두보는 승상에 대한 사람들 의 공경심을 푸른 풀, 봄빛, 꾀꼬리 소리로 표현하고 있다. 공명의 충절은 푸른 풀로, 공명에 대한 유비의 사랑은 봄빛으로, 두 사람 사이에 대한 칭 송은 꾀꼬리 소리를 표현하고 있다는 것이다. 이 얼마나 절묘한가? 시각 과 청각이 다 동원되고 있다. 두보는 승상의 사당을 구체적으로 알려 준 다. 금관성, 잣나무 우거진 곳이 그것이다. 이는 지나가는 사람들에게 승 상 사당을 찾아가 그의 충절을 칭송하라는 권고이다. 승상에 대한 두보 의 존경심이 잘 표현되어 있다.

두보는 유비와 제갈 승상의 사이를 삼고초려와 천하를 논했다는 말로 표현하고 있다. 삼고초려란 유비가 제갈 승상을 초청하기 위해 그가 사는 초가집을 세 번이나 찾아갔다는 뜻이니, 그에 대한 유비의 존경심과 그를 모시려는 정성을 표현한 것이고, 천하를 논했다는 것은 제갈 승상이 자신을 알아준 유비에 대한 보답으로 자신의 지식을 제공해 주었다는 뜻이기에 두 사람 사이가 얼마나 사랑과 존경으로 뭉쳐진 관계인가를 잘 설명해 준다. 마지막 부분에서 두보는 제갈 승상이 뜻을 이루기 직전에 병사한 것을 통탄하며 이로 인해 두고두고 영웅들은 마음 아파한다는 말로 끝맺는다. 천하의 영웅도 하늘의 뜻을 어길 수는 없었던 것인가? 비록 유비와 공명은 천하를 얻는 꿈은 이루지 못했지만 두 사람의 관계는 나라의 흥망을 넘어 오늘까지 사람의 마음을 울리니 천하를 얻는 것보다 사람을 감동시키는 것이 더 오래 가는 것임을 두보는 이 시에서 노래하고 있다.

흔히 중국 사람들은 이백을 시선, 두보를 시성이라고 부른다. 시선이란 시를 쓰는 신선이라는 뜻이고, 시성이란 인간으로서 시의 성인이라는 뜻이다. 두 사람은 우열을 가릴 수 없다. 시풍이 서로 다르기 때문이다. 이백은 즉흥적으로 시를 짓는 사람이고, 두보는 치밀한 구성을 먼저하고 그 순서에 따라 시를 짓는 사람이다. 그러기에 이백은 다작이고 두보의 시는 이백에 비하면 그 시가 많지 않다. 이백의 시가 자연과 인간이라면 두보의 시는 사회와 인간이 그 중심을 이루고 있다. 특히 두보의 시는 당시 사회현실을 비판적으로 보는 일종의 저항적 분위기가 강하다.

〈기독교적 이해〉 시란 인간의 감정이나 생각을 리듬이 있는 언어로 표현한 것이기 때문에 소설이나 연극에 비해 사람들에게 매우 친화적이다. 사람들에게 사랑을 받을 수 있는 형식이어서 성경에도 시 형식이 많다. 특히 시편은 문자 그대로 시이다. 그런데 인간의 사상이나 감정은 그 환경이나 상황과 깊은 관계를 맺는다. 그러기에 시를 이해하려면 환경과 상황을 먼저 이해해야 한다.

그래서 시편 연구의 대가인 헤르만 궁켈은 시편을 해석하는데 가장 중요한 것은 '삶의 자리'와 '시인의 정직함'이라고 강조했다. 예를 들어보면 시편에는 원수를 저주하는 시들이 상당수 있다. 사랑을 제일 덕목으로 하는 성경의 교훈과는 상반되는 내용이다. 그러나 남을 저주하는 시를 이해하려면 시인이 처한 상황, 즉 원수에 의해 억울한 고난을 당하는 그 아픔, 원수에 의해 위협당하는 그 위기, 그 절박함이 결국 원수에 대한 저주로 나타나고, 시인은 하나님 앞에서는 정직해야 하기 때문에 그런 솔직한 감정 표현이 나올 수밖에 없다는 것을 이해해야 한다. 시편의 저주시를 액면 그대로 받아들여 믿는 자들은 자신을 괴롭히는 자들을 저주해야 한다든가, 저주할 수 있다든가, 이런 식으로 시편을 이해하면 안 된다. 감정은 감정일 뿐이다.

한국기독교는 초창기에 시를 신앙고백의 수단으로 자주 이용했다. 거의 모든 교회가 문학의 밤이라고 해서 시 낭송을 학생들이 해왔다. 자기 신앙을 시 형식으로 표현하여 사람들 앞에서 고백한 것이다. 그런데 최근에 와서 이런 유형의 신앙고백은 교회에서 사라졌다. 이는 문학을 홀대하는 시류 때문이기도 하지만 교회지도자들이 예술을 통한 신앙고백에 대해 무심한 탓이다. 학생 시절, 30, 40대 초까지 특히 여성들은 이런 문학적 신앙 표현에 익숙할 수 있는 심성들을 유지하고 있다. 교회지도자들은 이런 사람들을 잘 훈련시켜 그 신앙을 예술적으로 표현할 수 있도록 한다면 교회문화를 고급스럽게 만들어 갈 수 있으며 사회가 하지 못하는 일을 하기 때문에 전도에도 도움이 될 것이다. 해방 75년이 넘었다. 새로운 시대가 도래했다. 그러나 교회는 여전히 낡은 틀 안에서 활동하고 있으니 교회 성장은 이제 불가능하게 되었다. 교회가 문화적으로 새로워져야 한다. 영적이면서도 고급문화가 살아 숨 쉬는 그런 공동체가 되어야 한다.

성경에 시편의 비중이 매우 크다는 것은 시적 내지 예술적 신앙표현이 중요하다는 것을 반증하는 사례다. 시, 미술, 사진, 연극, 음악 등을 통해 교회문화를 고급화시켜야 하고 그런 것들을 통해 각자의 신앙을 고백할 수 있도록 해야 한다. 목회자들은 이런 것들에 대해서 관심을 갖고 스스로 하든지 아니면 교회 안에 이 방면의 전문가들을 활용하든지, 아니면 이런 방면에 재주가 있는 부교역자들을 초청하여 예술을 통한 교회문화를 고급화시키고, 예술을 통한 전도에 새 지평을 열어야 한다. 성경은 하나님의 말씀이면서 동시에 문학이다. 문학적인 설교, 문학을 통한 신앙고백, 문학을 통한 전도, 문학적인 교제 등등이 활발하게 일어나야 한다. 그래야 한국교회는 다시 일어설 수 있다.

나쓰메 소세키

마 음

《작가와 작품 해설》 이 작품은 일본 메이지 시대 최고의 작가라고 하는 나쓰메 소세키(夏目漱石, 1867~1916)의 대표작이다. 나쓰메 소세키는 일본의 정신적 지주라고 일본 사람들은 칭송한다. 일본 천년을 대표하는 지식인 100명 중, 문학계로는 1위를 차지한 사람이다. 일본의 천원 권 지폐에 그의 초상이 사용되고 있을 정도이다. 동경제국대학 교수로 재직하다가 건강이 나빠져 시골 중학교 교사로서 근무하기도 했다. 그는 메이지 유신 이후 일본의 근대화 과정을 보면서 개인주의가 지나치게 강화되는 것을 걱정하면서 서양 문명에 대해 비판적인 시각을 갖고 있었다. 49세에 병사했는데 그의 뇌와 위장은 동경제국대학 의학부에 보관되어 있다. 우리나라와는 악연이 있다. 그는 일본 정부의 정한론에 찬성했기 때문이다.

이 작품은 1914년 아사히신문에 연재되었다. 중편 소설인데 3부로 되어 있다. 1부는 선생님과 나의 만남, 2부는 부모님과 나의 관계, 3부는 선생님의 유서로, 구성이 아주 치밀하게 짜여있다. 나라는 주인공은 가마꾸라라는 지방 해변에서 처음 선생님을 만난다. 선생님을 보는 순간 주인공은 그 선생님이 범상치 않은 분임을 느꼈다. 주인공은 점차 선생님과 가까워지고 그를 인생의 스승으로 삼는다. 선생님은 늘 과묵하여 좀 처럼 자신의 지난날에 대해서 함구하신다. 어느 날 주인공은 직장을 얻기 위해 동경으로 떠날 때 즈음 선생님의 편지 한 장을 받는다. 주인공은 기차 안에서 그 편지를 읽는데, 실상 그 편지는 선생님의 유서였다. 선생님은 그 유서를 통해 주인공에게 자신의 과거를 고백한다.

선생님은 유복자로서 숙부가 아버지의 재산을 관리하고 있었는데 숙부는 자기 딸과 결혼하기를 원했으나 선생님은 거절한다. 그러자 숙부는 아버지의 유산을 가로채고 선생님은 친척에게 배신당한 아픔을 지니고 동경으로 상경한다. 선생님은 군인 미망인이 하는 하숙집에 기거하다가 그 집 딸과 가까워진다. 선생님에게는 K라는 아주 친한 친구가 있는데, 마침 갈 곳이 마땅치 않자 선생님과 함께 동거하게 된다. 그런데 K 역시 그 하숙집 딸을 사랑하게 된다. 선생님은 이에 불안하기도 하고, 질투심도 생겨 K 몰래 하숙집 미망인을 설득하여 그 딸과 결혼해 버린다. 이에 충격을 받은 K는 간단한 유서를 남기고 자살한다.

선생님은 양심의 가책을 받으며 친구를 묻어주고 해마다 기일이 되거나 특별히 생각날 때는 무덤을 찾아가 속죄를 한다. 선생님은 숙부에게 배신당한 아픔이 있었는데 그가 그토록 미워했던 숙부처럼 자신도 K를 배신했다는 자책 때문에 더 이상 삶에 대한 의욕도 없고, 살아야 할 이유도 없어서 자살한다는 그런 내용이었다. 친구인 K는 우정과 사랑 사이에 갈등을 겪다가 나약하지만 진실한 성격을 지녔기에 자살을 택한 것이다. 특히 선생님은 친구 K가 전혀 자기를 원망하지도 않고 단지 더 이상 살 이유가 없다는 간단한 내용만 유서로 남겼기 때문에 더욱 죄책감을 느꼈다고 고백했다.

주인공은 그 유서를 읽으면서 선생님이 이중적인 자기 마음에 분노하고, 현실에 타협하지 못하는 지식인의 양심, 일본 패망에서 오는 자괴감, 그리고 그 모든 것에서 오는 고독 등을 견디지 못해 자살하게 되었다는 것을 알게 되었다. 줄거리는 비교적 단순하다. 그러나 찬찬히 들여다보면 왜 이 작품이 메이지시대 최고의 소설임을 알 수 있다.

〈해석과 평가〉 작가는 이 작품을 연재하면서 나의 마음을 알고, 인간의 마음을 알려면 이 작품을 읽어보는 것이 유익할 것이라고 말했다. 결국 작가는 인간 마음을 해부해 보려고 한 것이다. 도대체 인간의 마음이란 어떤 것일까? 작가는 한마디로 이기심이라고 주장한다. 인간은 평소에는 선하나 어떤 계기가 생기면 악인이 된다는 것이다. 이 어떤 계기는 바로 자신에게 이익이 되느냐 손해가 되느냐를 정하는 시점이다. 악인이냐 선인이냐를 결정하는 계기로서의 조건은 돈과 사랑이다.

숙부는 선생님을 잘 대해 주신 분이시다. 아버지 유산을 잘 관리하여 학업에 지장이 없도록 후원해 주신 분이다. 그러나 선생님이 딸과 결혼하면 그 재산 관리를 계속할 수 있을 것이라는 속셈이 있었는데 선생님이 자기 딸과의 혼인을 거절하자 숙부는 고민 끝에 아버지 유산을 자기 것으로 만들어 버렸다. 숙부는 돈 때문에 악인이 된 것이다.

선생님과 친구 K와의 관계도 같은 맥락이다. 두 사람은 동시에 하숙집 딸을 사랑했다. 사실 이런 경우는 비일비재하다. 그러나 두 사람은 진지하게 이 문제를 서로 의논하여 해결하지 않았다. 두 사람은 절친한 친구요, 특히 K는 아주 진지하고 진실한 사람이다. 선생님이 하숙집 딸을 사랑한다고 말했다면 충분히 물러설 수 있는 자기 통제의 힘을 지닌 사람이다. 그러나 선생님은 K 몰래 전격적으로 하숙집 딸과 결혼해 버렸다. 사랑, 질투심, 인간에 대한 불신감 등이 뒤섞여 이런 비겁한 방법을 택한 것이다.

하숙집 아주머니와 딸도 같은 맥락에서 이기적이다. 하숙집 아주머니는 K가 자기 딸을 사랑한다는 것을 눈치챘다. 딸도 K의 마음을 읽고 있었다. 그러나 그들은 단호하게 어느 한쪽을 선택하지 못했다. 곤란한 입장이기도 했지만 어느 쪽을 택해야 자기들에게 유리할지 나름대로 계산하고 있었기 때문이다. 딸은 그나마 선생님을 좋아했지만 그 어머니는 딸을 위해서 치밀한 계산을 하고 있었다.

작가는 이런 인간의 흔들리는 마음에 대해 비판적이지는 않다. 그런 마음은 인간의 운명이라고 생각했다. 인간은 존재하는 것만으로도 서로에게 상처를 주면서 살아가는 실존이라고 암시할 뿐이다. 바로 이 점에서 작가는 인도주의자이다. 인간을 불쌍하게 여겨야 한다고 주장하기 때문이다. 인간은 윤리적인 존재가 아니다. 단지 윤리적으로 살아야 할 존재이다. 왜냐하면 인간은 사회적 존재이고 공동체를 구성하여 살아가는 존재이기 때문이다. 윤리적인 존재가 아니면서도 윤리적으로 살아야 하는 존재이기 때문에 인간에게는 갈등이 있고 고독이 따른다. 선생님은 윤리적으로 살기를 원했으나 윤리적으로 살지 못해 결국 자신에 대한 분노를 못 견디어 자살한 것이다.

이 작품은 그 분위기가 어둡다. 주인공, 나와 선생님이 처음 만나는 해변은 결핵요양원이 있는 해변이다. 당시 결핵은 죽을 수밖에 없는 질병이었다. 이 작품에는 죽음에 대한 사건들이 많다. 아버지의 죽음, 선생님의 죽음, K의 죽음, 천황을 따른 노기 장군의 죽음, 어쩌면 죽음을 미화시키는 것이 아닐까 하는 의구심이 들 정도이다. 사실 일본 사람들은 죽음을 두려워하지 않고 자살을 신념의 결과라고 생각하는 경향이 있다. 태평양전쟁 때, 가미카제 자살 특공대도 그렇고, 사무라이 할복도 그렇다. 작가는 영국 유학을 한 동경제국대학 교수로 재직한 당대 최고의 지식인이지만 일본의 서양화에 반대한 사람이다. 그는 서양화란 곧 개인주의화되는 것을 의미한다고 생각했다. 그가 비판하는 개인주의란 자유를 강조하면서도 책임을 회피하는 도피적 개인주의이다. 선생님의 자살이나 K의 자살은 자신의 과오에 대한 책임을 통감하는 데서 오는 자살이다.

이 작품에서 주인공의 인생관에 심대한 영향을 끼친 두 사람은 아버지와 선생님이다. 아버지는 메이지유신 때의 전형적인 일본인이다. 천황을 숭배하는 사람이다. 일본이 패전할 기세가 되자 이 일로 인해 심적인 타격을 받는다. 사실 작가는 정한론을 주장한 사람으로서 제국주의적 사고를 지닌 사람이다. 그런 면에서 아버지는 작가의 모형이라고 할 수 있다.

선생님은 주인공이 흠모하는 사람이다. 주인공은 자신의 삶에 대한 깊은 성찰을 통해 한번 사는 인생을 제대로 살아보려는 의욕을 지닌 인물이다. 일종의 이상주의자이다. 아버지로부터 많은 것을 배우지만 그것만으로는 부족하다고 생각해서 인생의 스승을 찾았는데 결국 선생님을 만난 것이다. 그는 적극적으로 선생님에게 접근해서 결국 선생님을 스승으로 삼았다. 이런 자세는 선생님을 감동시켜 주인공은 선생님을 통해 많은 것을 배운다. 선생님이 자살하면서 주인공에게 유서를 보낸 것은 선생님이 주인공에게 자신의 이중적인 자화상과 자신의 죄를 고백함으로써 주인공에게 인간의 마음이 어떤 것인지를 밝히고, 괴로운 인생을 어찌 살아야 하는지를 가르치려는 애정이 있었기 때문이다.

결국 이 작품은 존재의 불안, 구원 부재에 대한 절망, 에고이즘에 대한 비판이 담긴 작품이라고 할 수 있다. 이 작품은 인간의 마음은 상황에 따라 달라지는 것이기에 결과적으로 이기심으로 인해 빼앗지 않으면 빼앗길 수밖에 없는 비정한 삶을 묘사하고 있다.

〈기독교적 이해〉 그렇다면 이런 인간에게 기독교는 무엇을 가르쳐야 하겠는가? 일반적으로 기독교가 가르치는 핵심 가치는 구원과 축복이다. 그런데 구원과 축복은 개인적인 면이 강하다. 내가 그리스도를 통해 죄를 사함받고 하나님의 자녀가 되어 하나님이 주시는 각종 복을 통해 이 세상에서 행복하게 사는 것을 강조하기에 개인적이라는 것이다. 그런데 하나님께서 믿는 자들에게 복을 주시는 것은 그 복을 통해 이웃과 함께 행복하게 살라는 뜻이 담겨 있다. 창세기 12장에 기록된 아브라함에게 주시는 축복의 말씀은 복의 개인성, 즉 개개인에게 주는 복이 우선 선포되지만, 그 선언의 마지막은 복의 공공성, 즉 복의 근원이 된다는 말로 끝난다. 그런데 지금까지 한국교회는 믿는 자들이 개개인의 복을 강조하여 복을 받아 잘 살라는 쪽으로 가르쳐왔다. 복의 공공성을 외면했다는 것이다. 그 결과 한때는 크게 부흥했으나 세월이 흐르면서 공공성을 외면한 이기주의가 교회 안에 판을 치게 되면서 교인도, 교회도 부패해지는 결과를 낳았다.

그렇다면 복의 공공성이란 무엇일까? 일차적으로 개개인이 하나님으로부터 받은 복을 이웃에게 나누어주는 행위 즉 나눔이고, 다른 하나는 이웃을 한 인간으로서 이해하고, 수용하고, 함께 사랑하는 섬김이다. 이런 나눔과 섬김을 하려면 이웃을 윤리적으로 보면서 비판하고 정죄하는 교만과 독선을 버려야 한다.

나쓰메 소세키가 이 작품에서 주장하듯이 인간 모두가 인간을 불쌍히 여기는 마음이 있어야 하고, 윤리적 존재로서의 인간의 한계를 서로 인정할 수 있어야 한다. 작가의 주장대로 존재하는 것만으로도 서로에게 상처를 주면서 살아야 하는 인간의 처연한 모습을 서로 인정해야 한다는 것이다.

다윗과 사울 왕 사이에 있었던 비정하면서 비참한 일들에 대해서 일부 설교자들은 사울 왕을 비난하지만 두 사람이 처한 상황 속에서 그들은 서로에게 상처를 줄 수밖에 없는 처지였다. 따라서 이 두 사람 사건은 윤리적으로 볼 것이 아니라 인간 삶의 구도가 갖는 슬픔으로 이해하여 우리가 사는 인생이라는 것이 바로 이런 비정한 세계임을 깨닫고 무슨 일이든지 말을 조심해야 한다는 교훈을 강조해야 한다. 사실 이 비극적인 사건의 발단은 철없는 여자들의 노래, "다윗은 만만이고 사울은 천 천이다"라는 이 한 구절 때문이었다. 교회는 윤리적인 설교를 해야 한다. 그러나 인간이 어떤 존재인지를 이해하지 못한 채 윤리적인 설교만 한다면 기독교는 복음적인 기독교가 아니라 단순히 윤리적인 종교로 전락하고 말 것이다. 죄를 지적하되 교만이 아닌 아픔으로 지적해야 하고, 죄를 지적하는 말 속에는 눈물이 담겨 있어야 한다.

오늘날 한국 사회에서 가장 비정한 세계는 정치권이다. 이념이 다르다고 하지만 사는 것은 오십 보 백 보다. 정의를 말하면서 정의롭지 못하고, 공정을 말하면서 공정하지 못하다. 단합을 강조하면서도 분열하고, 국민을 위한다고 하면서 자신을 위한다. 정치인들은 서로가 서로에게 상처를 주고 있다는 것을 인정하고, 남이 잘못하듯이 자신도 잘못하고 있다는 것을 깨달아야 한다. 권력을 누린 만큼 죄도 짓는다는 것, 동시에 그만큼 고통도 따른다는 것을 명심해야 한다. 인간은 가끔가끔 이런 생각을 하면서 살아야 한다. '오늘 나 때문에 눈물짓는 사람은 없는가?'

작가는 인생은 허무하지만 그 허무를 극복하는 방법은 있다고 주장한다. 그것은 인간의 한계를 서로 인정하고 서로 돕는 것이다.

성경은 인간의 마음은 부패했다고 단정 짓는다. 마음에서 나오는 것들이 악하다고 선언하기도 한다. 왜 인간은 서로 사랑해야 하는가? 작가가 고백했듯이 인간은 존재하는 그 자체만으로도 남에게 상처를 주는 실존이다. 인간이 생존하는 방법은 서로 사랑하는 것 외에는 없다.

16

사마천

사 기

〈작가와 작품 해설〉《사기(史記)》는 위대한 역사책이다. 중국의 상고시대로부터 한나라 무제 때까지 약 3,000년 역사를 기술한 130권의 방대한 책이다. 52만 6,500자로 기술된 이 책은 85%가 인간에 대한 기록이다. 이 책에 등장하는 인간은 그 유형이 다양하다. 왕들은 물론이고 제후, 부호, 협객, 심지어 도둑까지 기록되어 있다. 한족 중심으로만 기술하지 않고 주변 민족, 그들이 멸시하는 이민족 나라에 대한 기록도 있다. 물론 우리 조선에 대한 기록도 있다.

사마천(司馬遷, BC 145~약 BC 90)이 이 책을 기술한 데는 두 가지 동기가 있다. 하나는 아버지의 유언이었고, 다른 하나는 이릉사건 이후에 그에게 주어진 개인적 깨달음이었다. 이릉사건이란 대장군 이릉이 흉노족을 정벌하다가 패하자 투항을 했는데, 이릉에 대한 처분을 논할 때 모든 관리는 그를 죄인이라고 정죄하여 일족을 멸하자고 주청했지만 오직 사마천만 이릉을 변호했다. 이에 한 무제가 분노해서 사마천을 궁형에 처했다. 궁형이란 남성의 생식기를 제거하는 치욕적인 벌이다. 사마천은 그 치욕을 감내하면서 역사 속에 억울한 인간들이 많을 것이라고 생각하고

130 기독교 인문학적 인생 순례(상)

그들을 재평가하는 일을 해야 하겠다고 다짐했고, 역대 왕들의 실정을 기록함으로 왕의 전횡을 견제해야 하겠다는 숨은 뜻도 있었다. 열전에 등장하는 인물 배열 중 현실에서 패한 초의 항우를 승자인 한의 유방보다 앞세웠고, 왕이 되지 못한 형 백이를 숙제보다 먼저 기술했던 것으로 보아 이를 알 수 있다.

사마천은 그의 역사책을 5부로 나누어 기술했다. 왕들을 기록한 본기가 있고, 일종의 연대기로서 사건 순서를 정리한 표, 제후들을 기록한 세가, 각종 행정 양식과 제도 등을 기록한 서, 그리고 70명의 당대 호걸들을 기록한 열전이 그것이다.

이 책에는 우리에게 익숙한 고사성어들도 많다. 사실상 중국에서 나온 고사성어 중 대부분은 사마천의 《사기》에 그 출처를 두고 있다. 예를 들면 '와신상담', 즉 쓸개를 혀로 빨고, 장작더미에 누워 치욕을 씻을 날을 기다린다는 말은 월왕 구천과 오왕 부차 사이에 있었던 고사에서 나온 성어이다. 즉 구천이 부차에게 패해 오나라에 끌려가 3년 동안 고생하다고 본국으로 귀국했는데, 구천은 그 원수를 갚기 위해 절치부심하다가 결국 원수를 갚았다는 이야기에서 나온 것이다. '오월동주'라는 말도 여기서 나왔는데 원수끼리 한 배를 탔다는 의미이니 서로 불편한 관계를 표현하는 고사성어이다.

사마천은 이 역사책을 통해 역사의 정의, 역사를 평가하는 기준, 그리고 지도자의 자질 등에 대한 종합적인 자기견해를 밝히고 있다. 그렇다면 사마천이 말하는 역사의 정의는 무엇일까? 현대 역사학자 E. H. 카는 역사란 과거와 현대의 대화라고 했다. 그런데 사마천은 인류 사회발전에 관련된 의미 있는 과거의 사실에 대한 인식, 기록, 평가라고 주장한다. 사실을 강조하고 있으나 모든 사실이 아니라 사회발전에 의미 있는 역할을 한 사실을 중시한다는 것이다. 그러기에 역사가는 사실의 중요성을 인식하는 통찰력이 필요하다. 역사는 사실에 대한 기록이다. 기록되지 않으면 후대에 가서 무슨 일들이 있었는지를 알 수 없다.

사마천은 당시 서고에 있었던 고대문서를 일차적으로 정리했고, 전국을 돌아다니면서 사실들을 채집하여 《사기》를 편찬했다. 《사기》는 사마천의 역사에 대한 평가다. 만약 다른 사람이 사기를 썼다면 지금의 사기와는 다른 사기가 되었을 것이다. 역사는 인류 사회의 발전과 관련된 의미 있는 과거 사실에 대한 인식과 기록, 그리고 평가라는 점에서 역사가에는 사관이라는 것이 있을 수밖에 없다. 사관에 따라서 평가는 다르다. 예를 들면 신채호는 김유신의 삼국통일을 평가 절하했다. 당나라의 힘을 빌려 삼국을 통일한 것은 자주적이지 못하다고 평가했고, 그러기에 고구려 땅을 포기하는 어리석음이 있었으며 결국 우리나라를 소국으로 전락시키고 말았다고 평가한 것이다. 역사에 가정은 있을 수 없지만 김유신이 택한 방법이 아닌 다른 방법으로 통일이 되었다면 지금 한국 역사는 어찌되었을까? 실로 흥미 있는 가정이다. 그런 의미에서 오늘날 남북통일도 깊이 생각해 보아야 할 것이다. 통일 이상론자들의 견해도 중요하고 통일 연기론자들의 주장도 중요하다. 더 가난해지는 통일보다는 더 부유해지는 통일이 가치가 있고, 더 분쟁이 심해지는 통일보다는 더 평화로워지는 통일이 중요하다.

〈작품 해석과 평가〉 그렇다면 사마천의 역사관은 무엇이었을까? 한마디로 요약한다면 인간중심의 역사관이다. 《사기》에 기록된 내용 중에 85%가 인간에 대한 기록이다. 역사는 인간에 의해서 발전된다고 그는 생각했으며 그 인간에 대한 평가는 그가 이룩한 업적보다는 그의 도덕성을 먼저 평가해야 한다고 주장했다. 그는 인간을 고통스럽게 만들면서 위대한 업적을 쌓았다면 그런 사람은 높이 평가받을 수 없다고 판단했다. 즉 도덕성이 먼저이고 능력은 그다음이라는 것이다.

사마천은 도덕적 자질이 부족한 능력 있는 사람의 업적은 결국 무너진다고 보았다. 중국 3,000년 역사를 통찰해 본 결과를 통해 내린 사마천의 결론은 오늘날에도 적용된다고 보아야 할 것이다. 현대는 능력 지상주의 시대이다. 그러나 길게 보면 도덕적 기반이 취약한 자는 결국 무너진다. 지금 그런 일들이 우리 주변에서 일어나고 있다. 한고조 이후, 그를 도와 천하통일을 했던 사람 중 한신, 팽월 등 대부분은 숙청을 당했다. '토사구팽'이라는 말이 생길 정도였지만 면밀히 살펴보면 그들은 도덕적 기반이 허약했다. 욕심이 과대했다. 토사구팽의 구실을 스스로 만든 사람들이다. 그러나 소하, 장량, 진평 같은 사람들은 욕심을 조절했고 욕심을 자제했다. 도덕적 기반이 충실했던 것이다. 그래서 그들은 살아남았다.

그렇다면 사마천이 이상적으로 생각한 지도자상은 무엇이었을까? 첫째, 지혜를 갖춘 말을 하는 사람이다. 지도자의 말은 그 자체가 정치 행위이다. 그러기에 지혜가 담겨야 한다. 결과를 예측하지 못하는 즉흥적인 말, 문제를 정확하게 지적하고 그 해결 방법을 구체적으로 실천적으로 제시하지 못하는 말, 횡설수설하는 말, 감정적인 말, 상대로 하여금 모욕감을 느끼게 하는 말, 책임을 전가시키는 말 등은 지도자의 말이 아니다. 지도자는 말을 통해서 사람들을 설득, 선동, 감동시켜 행동하게 만든다. 말을 어리석게 하는 사람은 결코 도덕적인 사람도 아니며 큰일을 할 수도 없다.

둘째, 영혼을 울리는 개혁을 제시하는 사람이다. 사람들은 더 나은 삶을 원한다. 잘못된 제도들은 폐기되고 더 좋은 제도가 만들어지기를 원한다. 지도자는 새로운 세계의 청사진을 제시하는 사람이다. 사람들은 그런 정책들이 구체적으로 실천되기를 원한다. 그러기에 지도자는 사람들의 삶을 곤고하게 만드는 것이 무엇인지를 알아야 하고, 그것을 어떤 방향으로 고칠 것인지를 구체적으로 제시해야 하며, 경중을 가려 실천해야 한다. 현상을 그대로 유지시키려는 지도자는 참 지도자가 아니다.

사마천이 선정한 열전에 등장하는 70명은 대부분 무엇인가를 개혁해 보려는 사람들이었고, 본기에서도 역시 개혁하려는 왕들에게 후한 평가를 했다. 그는 한 인간이 성공했느냐 실패했느냐보다는 그가 무엇을 개혁하려고 했느냐를 더 중시했다. 알렉산더 대왕을 예로 들어보자. 그는 실로 짧은 기간 동안 대제국을 건설했다. 그러나 오늘날 그에 대한 평가는 대제국이 아니라 그리스 문화를 중심으로 세계를 통일시키려고 했던 그의 의지, 결과적으로 헬레니즘을 만들어 낸 그의 개혁 의지를 더 높게 평가한다. 오늘날 우리 시대는 한 인간이 무엇을 개혁하려고 했느냐에 대한 관심보다는 그가 얼마나 세속적으로 성공했느냐에 더 비중을 두고 있다. 이런 시대에는 참 지도자가 나오기 어렵다.

셋째, 대세를 통찰하는 안목이 있는 지도자이다. 사마천은 나에게서 너로, 너에게서 세상으로, 세상에서 시대로 안목을 넓혀가는 지도자가 이상적 지도자라고 생각했다. 인간은 대세를 거스르기 어렵다. 대세란 거대한 흐름이다. 지도자는 대세의 흐름을 이용하여 자신의 꿈을 이루어야 한다. 대세란 많은 백성이 원하는 심리적이고 행동적인 흐름이다. 그런데 대세의 흐름을 파악하려면 시대 상황과 백성들이 원하는 것이 무엇인지를 알아야 하고 그것을 바탕으로 지도자는 명분을 세워야 한다.

춘추전국 시대의 대세는 통일이었다. 백성들은 오랜 전쟁으로 인해 그 삶이 피폐해지자 통일을 원했다. 통일되면 자신들의 생명과 재산이 보존될 것이라고 생각했다. 누구든지 그 일을 이루어주면 그는 백성들의 영웅이 된다. 진시황은 이런 대세를 읽고 있었다. 통일지상주의자들은 통일이 대세라고 주장한다. 통일이 되면 국민은 더 잘 살 수 있다고 생각하고 있다. 통일이 대세인 것은 맞지만 어떤 방법으로 통일을 이루느냐 하는 문제는 아직 대세가 형성되지 않았다. 조급한 통일은 아직 대세가 아니다.

〈기독교적 이해〉 사마천은 《사기》를 통해 다양한 인간의 삶을 조명하면서 아주 실증적인 명언을 많이 남겼다. 매우 현실적이고 경험적인 명언들이다. 예를 몇 가지 들어보자.

"떠날 때를 아는 자의 뒷 모습은 아름답다." 한고조의 개국공신인 장량은 통일 사업이 완수되자 미련 없이 유방의 곁을 떠나 초야로 돌아갔다. 그래서 살아 남았다. 이순신은 죽을 때가 왔음을 알고 노량해전에서 일부러 적의 총에 맞아 죽었다고 주장하는 이들도 있다. 살아 남았으면 정쟁의 희생물이 되었을 것이다. "미모가 시들자 사랑도 시들더라." 맞는 말이다. 《사기》에는 여인들도 많이 등장하는데 하나같이 미인이었지만 그 미모가 시드니 버림을 받았다. "세상은 아주 사소한 일에 최선을 다하는 이들이 움직인다." 작은 일에 충성하는 자가 큰일에도 충성한다는 뜻이다. "할 일을 다 하고 하늘에 맡긴다." 하늘은 스스로 돕는 자를 돕는다는 격언과 일치한다. 내가 할 일은 내가 해야 한다. "사람을 얻는 자는 흥하고 사람을 잃은 자는 망한다." 인재경영이라는 말이 여기서 나왔다. 돈이나 권력이 재산이 아니라 사람이 재산이다. "성공의 그늘에 오래 머물러서는 안 된다." 성공을 오래 즐기면 부패해지고 교만해지며 안일해져서 결국 더 큰 실패를 하게 된다.

"인생의 길은 생각하는 인간이 반드시 성공하는 것은 아니다." 생각하면서 사는 것은 매우 중요하다. 그러나 그 생각을 행동으로 옮기지 못하면 실패하고 상황에 맞지 않으면 남의 공감을 얻기가 어렵다. 공자나 맹자의 실패가 바로 여기에 있다. 그들은 생각을 많이 해서 좋은 정책들을 개발했으나 당시 지배자들에게는 받아들이기 어려운 비현실적인 것들이었다. 선각자들이 실패하는 이유는 너무 앞섰기 때문이다.

"자신의 죽음에 의미를 부여하라." 정말 중요하지만 실천하기 어려운 명언이다. 인간은 죽음을 두려워한다. 그러기에 자신의 죽음에 의미를 부여하기에는 마음의 여유가 없다. 죽음은 갑자기 오는 경우가 많다. 준비되지 않았기에 의미를 부여하기가 어렵다. 죽음에 의미를 부여하려면 죽음이 인생의 한 과정임을 깨달아야 하고, 죽음에 친숙해야 하며, 죽음은 단 한 번 주어지는 기회임을 알아야 한다. 무엇보다도 인간은 그 죽음으로 마지막 평가를 받는다는 것을 늘 염두에 두어야 한다. 예수 그리스도는 자신의 죽음에 의미를 부여하면서 사신 분이다.

이제 사마천의 기준에 근거해서 예수 그리스도의 지도자로서의 역할을 검증해 보자. 예수 그리스도는 말을 지혜롭게 하셨다. 말의 천재이다. 고시영 목사는 장로회신학대학원 석사논문에서 예수의 언어를 분석해서 그런 결론을 내렸다. 예수 그리스도는 영혼을 울리는 개혁자였다. 당시는 바리새인들이 중심 세력이었고 그들은 율법 중심의 세계관을 통해 인간을 구속했다. 그러나 예수는 율법보다 인간을 더 중시했다. 안식일의 주인은 예수 자신임을 선포했는데, 이는 모든 제도는 인간을 위한 것이어야 한다는 그의 개혁 정신의 표현이다. 예수 그리스도는 대세를 통찰하시는 분이었다. 그러기에 로마와 대결하려 하지 않았고 정치적인 왕이 되려고 하지도 않았다. 세금논쟁 때, "가이사의 것은 가이사에게, 하나님의 것은 하나님에게 드리라"라고 선언한 것도 이런 맥락에서 나온 것이다. 사마천의 기준으로 보아도 예수 그리스도는 참 지도자이시다.

오늘날 정치계는 물론 교계에 지도자들이 없다고 사람들은 탄식한다. 지도자는 현상을 유지하려는 사람이 아니라 현상의 문제를 해결하여 공동체에 유익을 주려고 애쓰는 사람이다. 그런 지도자가 되려면 우선 자기와의 싸움 즉 이기심과의 싸움에서 이겨야 한다. 자기를 이기지 못하는 사람은 남을 이기지도 못하고 남에게 선을 베풀 수도 없다.

아Q정전

〈작가와 작품 해설〉 흔히 루쉰(魯迅, 1881-1936)을 현대 중국문학의 아버지라고 부른다. 그의 소설 내용도, 형식도 그 이전의 소설과는 판이하게 다르기 때문이다. 그는 단순한 소설가가 아니다. 혁명가요 사상가라고 할 수 있다. 그는 중국 사람이면서도 지금까지 그 누구도 비난하지 못했던 공자 사상의 단점을 지적하면서 공자를 극복해야만 중국이 살 수 있다고 주장했다. 그는 공자의 순응주의, 극단적으로 말하면 계급주의를 비판했다. 그가 보기에 공맹사상, 즉 임금에게 충성하고, 부모에게 효도하며, 부부가 유별하여 남편이 위고 아내가 아래라는 생각은 시대에 맞지 않는 사상이라고 생각했다. 현실을 혁신하려는 공자의 생각을 인정하면서도 순응적, 계급적 관계로 혁신하려는 것은 잘못된 것이라고 생각했다.

이러한 그의 사상은 아편전쟁 이후 몰락하는 중국을 보면서 새로운 세상을 만들려면 낡은 것을 타파해야 한다는 일종의 위기감 또는 강박 관념에서 나온 사상이라고 할 수도 있다. 그의 사상은 공산주의 혁명을 일으킨 모택동(마오쩌둥)에게는 매우 고무적인 사상이었다. 모택동은 청나라를 무너트리고 공산사회를 만들려고 했기 때문이다. 그래서 그는 루쉰을 만리장성과도 바꾸지 않는다고 말했다. 영국 사람들이 인도보다 셰익스피어를 더 중요하게 생각했듯이 그도 중국을 상징하는 만리장성보다도 루쉰이 더 중요하다고 말한 것이다.

그는 《아Q정전》을 통해 중국 민족의 무지와 비굴함을 비판했다. 《아Q정전》은 열강의 침략 속에도 정신을 못 차리는 동족들에 대한 분노와 연민, 그러면서 동족의 각성을 촉구하는 작가의 열정이 잘 표현된 소설이다. 그는 Q라는 영어 표기를 통해 '아Q'가 중국인임을 상징적으로 암시하고 있다. 당시 중국 남자들은 앞머리를 삭발하고 뒷머리를 길게 길러 묶었다. 만주족의 머리 모양이 그랬다. 청나라는 한족이 세운 나라가 아니라 만주족이 세운 나라이기에 만주족의 습관이 한족에게도 전해진 것이다.

아Q는 자신의 근본을 모른다. 그러면서도 자존심은 강하고 일하는 데는 유능하다. 신체적 결함도 있다. 별거는 아니지만 탈모 흉터가 있어 그는 이를 아주 예민하게 생각한다. 열등감이 있다는 증거이다. 약자에겐 강하고 강한 자에게는 비굴하다. 지나가는 여승을 희롱하다가 여승에게 욕을 당한다. 여승은 그에게 "아이를 낳지도 못할 놈"이라고 욕을 한다. 그런데 그는 여승의 욕을 들으면서 화를 내는 것이 아니라 아버지가 되어야 하겠다는 생각을 하게 된다. 그는 자신이 자주 일하러 가는 부잣집 하녀인 우마에게 달려들어 성폭행하려고 한다. 이 사건으로 인해 그는 마을에서 추방되어 결국 성내로 거주지를 옮기게 된다.

마을을 떠난 그는 성안에 있는 도둑과 결탁하여 도둑질한 물건을 마을로 들여와 파는 일을 하게 되는데, 그 물건들은 마을 사람에게 귀한 것들이어서 삽시간에 마을 여자들이 그를 귀하게 여기게 되고 그에게 아첨하면서 좋은 물건을 사려고 안달하게 된다. 이제 그는 예전에 천한 사람이 아니라 귀한 사람이 되었다. 그러나 이런 즐거움은 오래 가지 않는다. 내통하던 도둑과의 관계가 단절되면서 그는 다시 천한 존재로 전락한다.

이때 신해혁명이 발발한다. 신해혁명은 손문이 청나라를 타도하고 공화국을 세우려는 혁명인데, 삽시간에 전국은 청 제국 군대와 공화국 군대 간의 싸움터로 변해 버린다. 그는 재빨리 공화국에 편승하여 다시 위세를 부리고 마을 사람에게 두려움의 대상이 된다. 그러나 그는 그 위세를 부려 특별한 악행은 하지 않는다. 어느 날 그는 혁명단원들, 즉 공화국 사람들이 그 마을의 부자인 자오집을 약탈하는 것을 보았다. 그러나 그는 그 모습을 보면서도 방관한다. 그 자신도 혁명단원이 되고 싶었고, 설령 자신이 약탈을 만류한다고 해도 들을 사람들이 아니라고 생각했으며, 잘못하면 자신도 피해를 볼 수 있을 것으로 판단했기 때문이다. 얼마 후 혁명은 실패했다. 마을로 들어온 청나라 관리들은 그를 혁명단원으로 체포했고, 심문했다. 그는 자신이 자오집을 약탈하지 않았다고 항변했으나 소용이 없었다. 글을 모르는 그는 심문관이 지시하는 그대로 조서에 ○표를 하면서 결국 처형당하고 만다.

그가 사형장으로 갈 때 많은 마을 사람이 길에 나와 구경했고, 그 무리 중에 우마도 있었다. 그는 죽었다. 그런데 그의 죽음을 구경하던 마을 사람은 그의 사형이 너무 단조로웠다고 투정을 했다. 목을 쳐 피가 사방으로 튄다든가 해야 볼만한 것이었는데 아쉽다고들 투덜거렸다. 잔인한 군중들이다.

작가는 이 소설을 통해 중국 사람들의 특성을 암시한다. 삶의 근본을 생각하려고 하지도 않고, 자존심만 강하다. 일을 할 때 유능한 점도 있지만 강한 자에게는 비굴하고 약자에게는 잔인하다. 여자들을 하대하고 신분주의에 익숙해 있다. 불의한 것을 보면서도 자신의 안위를 우선 생각한다.

〈해석과 평가〉 이 소설을 통해 작가는 다음 몇 가지를 비판하고 있다. 첫째, 작가는 문맹에서 오는 무식을 비판하고 있다. 중국은 거대한 영토를 지녔고 수천 년 동안 엘리트 중심의 문화를 지니고 있다. 그러다 보니 대부분 국민은 문맹이었다. 문맹은 무식을 낳고, 무식은 반문화적인 생각과 행동을 만들어 낸다. 잔인하고 비굴하며 불의를 보고도 불의라고 판단하지 못한다.

둘째, 작가는 이 소설에 나오는 정신승리법의 허구를 비판하고 있다. 정신승리법이란 자신이 당한 어떤 피해, 불행 등을 합리화하여 마음의 안정을 얻는 일종의 심리치료법이다. 예를 들면 사람들에게 구타당할 때, 철없는 아이들에게 구타당했다고 생각하는 식이다. 이런 유형의 생각은 일정한 효과는 있으나 매우 소극적인 방법이고 자기를 기만하는 것이며 현실적인 환경 변화를 만들어 내지 못한다. 우리 기독교인은 기도하면 다 이루어진다고 생각하고 열심히 기도하지만 그 기도가 이루어지기 위해 자신이 해야 할 행동은 하지 않는 것과 같은 이치이다. 기도는 심리치료로 끝나서는 안 된다. 기도는 치료를 위한 것이기도 하지만 그보다는 하나님과의 대화를 통해 행동하기 위한 것이다.

셋째, 그는 이 소설에서 신해혁명을 비판하고 있다. 혁명은 중국 국민을 구하기 위한 혁명이다. 그러나 혁명으로 구원받아야 할 사람이 혁명으로 죽었다. 그 상징이 아Q의 죽음이다. 작가는 중국 국민이 변하지 않은 한 어떤 혁명도 실패한다고 주장하고 있다. 진정한 혁명은 제도나 권력을 바꾸려고 하는 것이 아니라 국민의 가치관과 의식, 즉 인간과 세상을 보는 국민의 시각을 바꾸는 것이라야 한다는 것이다.

넷째, 이 소설은 당시의 상류층을 비판하고 있다. 자오 가문은 마을에 사는 부자이다. 주인공도 이 집에서 자주 일을 하면서 생계를 유지하고 있다. 자오 가문은 가문의 부를 지키려는 것을 가장 큰 일로 생각한다. 그래서 필요에 따라 청 제국에 붙기도 하고 혁명군에게 추파를 던지기도 한다. 그래서 주인공을 멸시하다가도 주인공이 혁명군이라고 판단이 되면서 그에게 아부하기도 한다. 비굴하고 어리석은 처세법이다. 결국 자오 가문은 부를 지키지 못하고 몰락한다.

마지막으로, 이 소설은 약자에 대한 연민을 가슴 아프게 그리고 있다. 글을 모르기에 자신의 죄를 기록한 조서에 이제 풀려날 것이라고 기뻐하면서 ○표를 하는 모습, 처형장으로 가는 것도 모르고 즐거워하는 모습, 특히 아이를 얻기 위해 그가 성폭행하려 했던 우마가 길에 숨어 그를 보는 모습 등은 약자에 대한 연민을 통해 작가가 중국 동포들을 비판은 하면서도 사랑하고 있음을 암시하고 있다. 그런데 우마는 왜 그곳에 왔을까? 자신을 성폭행하려는 남자의 죽음을 왜 지켜보고 있었을까? 작가는 이 부분에 아무런 해답도 주지 않는다. 하녀인 우마는 유일하게 자신을 여자로 봐 준 남자를 그냥 보낼 수는 없었을 것이다. 미움은 있지만 동시에 그리움(?), 아마 그 답은 그 여자만이 알 것이다.

아Q는 어떤 사람인가? 사명감도 없고, 삶에 대한 목표의식도 없고, 도덕성도 부재하며, 무기력하며, 비겁하고, 무지하기도 하다. 영웅적인 모습이 있기는 하나 공허한 영웅주의요, 패배하기도 하지만 그 패배는 장엄하고 의미가 있는 패배가 아닌 무력한 슬픈 패배였다. 당시 중국 사람들은 이 소설을 읽으면서 혹시 내가 아Q 같은 사람이 아닐까 하면서 탄식했다고 한다.

지금 중국은 미국과 맞서는 세계 초강국이 되었다. 어떻게 후진국이었던 중국이 오늘처럼 초강국이 되었을까? 어떤 사람은 과거 몽고의 칭기즈칸이 대제국을 건설하는 속도만큼이나 빠르게 중국이 성장했다고 찬탄을 했다. 여러 가지 원인이 있지만 많은 사람은 등소평(덩샤오핑)의 등장이 그 동력을 제공했다고 평가한다. 등소평은 모택동에 의해 많은 고통을 당했으나 집권 후, 모택동을 평가함에 있어서 "공은 7이고 과는 3이다"라는 말로 과거를 정리했다. 과거를 파괴하는 대신 과거와 연결시켜 국민을 안정시켰다. 대부분 정치가는 과거의 정적을 처단하려고 하지 화해하려고 하지 않는다. 등소평은 경제 발전을 위해 기존의 공산주의 이념을 변형시키는 용단을 내렸다. '검은 고양이든 흰 고양이든 쥐만 잘 잡으면 된다'는 경제 실용주의를 택했다. 그래서 중국은 정치는 공산주의, 경제는 자본주의라는 세계사에 유례없는 시스템을 운영하고 있고 그 결과는 대성공이었다.

또 하나, 루쉰의 영향이다. 그는 중국 사람임에도 불구하고 중국 민족을 강도 높게 비판했다. 공자는 중국의 정신적 지주이다. 그러나 루쉰은 공자를 넘어서야 중국이 살 수 있다고 주장했고, 중국 사람들이 갖고 있는 이중성, 게으름, 교만, 허풍 등을 여지없이 비판했다. 그 결과 중국 사람들은 자기반성을 하게 되었고 재도약을 위해 단결하게 되었다. 이런 면에서 루신은 등소평을 능가하는 오늘의 중국을 만드는 산파역이라고 평가할 수 있다.

우리나라도 중국 못지않게 2차 대전 이후 장족의 발전을 했다. 그중에 가장 공이 많은 사람은 박정희이다. 그러나 우리나라에는 등소평과 같이 과거와 화해하여 앞으로 함께 나아가려는 정치지도자가 아직 나타나지 않았다. 과거 김대중 대통령이 그 일을 추진하다가 결실을 보지 못했다. 지금 우리나라는 자본주의냐 사회주의냐 하는 이념이 중요한 문제가 되는 것이 아니라 등소평처럼 과거와 화해하고 국민을 안정시켜 앞으로 나아가려는 정치지도자의 등장이 더 중요하다. 자본주의든 사회주의든 그 이념이 성공하려면 국민통합이 이루어져야 한다. 또한 루쉰 같은 소설가가 등장해야 한다. 루쉰은 자기 민족을 비판했다. 국민정신 개조는 비판에서 시작되지 아첨으로 이루어지지 않는다.

자본주의나 사회주의를 비판하면서 이념을 넘어 우리 국민이 갖고 있는 부정적인 의식들을 지적하여 국민으로 하여금 장점을 살리고 단점을 보완하여 통합된 의지를 갖고 앞으로 나아가게 해야 한다. 어려운 일이지만 불가능한 일은 아니다. 민족 지상 과제인 통일은 이념으로 되는 것이 아니라 국민통합으로 이루어지는 것이다. 국민통합은 이념으로 되는 것이 아니라 국민정신으로 되는 것이다. 이념은 밖에서 흘러들어온 것이고, 국민정신은 우리 고유의 것이다.

〈기독교적 이해〉 기독교적 입장에서 보면 루쉰이 본 중국 사람들의 단점은 사실상 인간이 갖는 죄와 동일하다. 인류는 하나같이 중국 사람들이 갖고 있는 단점을 소유하고 있다. 문제는 그런 단점을 인지하고 고치려고 하느냐, 그 여부에 있다. 그래서 모델이 필요하다. 중국 사람의 경우 그 모델은 등소평과 루쉰이었다. 성경은 인간은 죄인이라고 단정하면서도 하나님의 형상을 닮은 존재라고 선언한다. 인간에게는 그래도 희망이 있다는 뜻이다. 예수의 제자들은 예수를 모델로 삼아 결국 의식이 개조되어 신앙적으로 새 시대를 열었다. 이 작품은 어찌 보면 죽을 각오로 쓴 소설이라고 할 수 있다. 그래서 새 시대를 여는 열쇠 같은 역할을 할 수 있었다.

지금 우리나라도 루쉰 같은 소설가가 등장해야 한다. 이념에 편향된 소설이 아니라 우리 국민 전체를 울릴 수 있는 그런 소설을 쓰는 사람이 필요하다. 그런데 국민을 사랑하기에 국민을 비판하는 소설을 쓰는 사람이 언제쯤 나오려는가?

석가모니 제자들

아함경

〈저자와 작품 해설〉 '아함(阿含)'이라는 말은 '전승'이라는 뜻이다. 《아함
경(阿含經)》은 초기불교, 근본불교를 이해하는 데 결정적인 자료이다. 석
가모니의 인간적인 모습, 그의 수행, 그의 설법 등이 요약되어 있다. 이 책
은 아함경 전문을 기록한 책이 아니고 일본의 아함경 연구의 대가라고 할
수 있는 마스터니 후미오의 아함경 해설집을 번역한 것이다. 석가는 45년
동안 설법을 했다. 그가 입적하자 3개월 후, 제자들이 모여 스승의 가르
침을 정리했고, 100년 후 2차 교단 회의 때, 오늘의 모습을 갖추었다. 석
가는 사카족 출신으로 생로병사의 괴로움을 당하는 인간의 모습을 보면
서 왕족의 고귀한 신분을 버리고 29세에 출가했다. 진지한 수행을 하던
중 네란자라 강기슭 보리수나무 아래에서 득도했다. 그가 앉았던 자리
를 금강좌라고 하고, 앉았던 풀을 길상초라고 한다.

〈해석과 평가〉 《아함경》의 핵심은 석가가 깨달은 연기론과 4가지 진리
이다. 4가지 진리를 4성제(四聖諦)라고 부르기도 한다. 연기론은 일종의
존재론이다. 이것이 있으면 저것이 있고, 이것이 생김으로 저것이 생기고,

이것이 없음으로 저것이 없고, 이것을 멸함으로 저것을 멸한다는 주장이다. 이런 그의 존재론은 일종의 관계론이다. 이 세상에 있는 모든 것은 서로 관계되어 있기에 독립적으로 존재하는 것은 없으며 영원한 것도 없다. 따라서 공이다. 그의 사상은 매우 합리적인 생각이다. 그의 존재론은 기독교와는 상반된다. 기독교는 하나님으로부터 시작된다. 하나님은 독립적인 분이시다. 그래서 영원한 분이시다. 인간은 관계적 존재로 이해하는 것은 수긍할 수 있으나 하나님을 관계적 존재로 이해할 수는 없다.

그가 가르치는 4가지 진리, 즉 4성제는 다음과 같다. 첫째는 고(苦, 괴로움)다. 둘째는 고의 발생 원인(集)이다. 셋째는 고의 멸진(滅)이다. 넷째는 고의 멸진의 길(道)이다. 석가는 4가지 진리를 통해 인생을 괴로움으로 보면서 그 괴로움의 원인은 무엇인가, 괴로움은 멸해야 하는데 괴로움을 해결하는 방법은 무엇인가에 대해 깊이 생각해서 이런 주장을 했다. 석가는 인생을 단순하게 보고 있다. 그리고 합리적이다. 원인을 밝히고, 그것을 해결하는 방법을 제시하고 있다. 그런데 인생의 모든 것을 괴로움으로만 이해하는 것은 너무 삶을 단순화시킨 것이 아닌가? 석가는 괴로움의 원인을 간단하게 지적한다. 괴로움은 육욕, 이기심, 명예욕에서 생긴다는 것이다. 그의 지적은 타당하다. 그가 지적한 세 가지를 넓게 이해한다면 그의 지적을 부정할 사람은 없을 것이다. 석가는 괴로움을 해결하는 방법은 수행을 통해 가능하다고 주장한다. 그래서 그 수행 방법을 구체적으로 열거하기도 한다.

소위 팔정도(八正道)가 그것이다. 정견(正見), 이는 모든 것을 바로 보는 것이다. 바른 인식은 수행의 첫 단계이다. 그다음은 정사(正思), 바로 생각하는 것이다. 그런데 바른 생각은 욕망, 분노, 어리석음 등을 극복해야 가능하다고 주장한다. 이어 정어(正語), 말을 바르게 해야 한다는 것이다. 거짓말, 중상, 추악한 말, 불필요한 말, 비웃는 말 등등을 하면 수행에 지장을 초래한다는 뜻이다. 정업(正業)은 바른 행동을 하라는 것이다. 살상 금지, 주어지지 않는 것은 탐내지 않는 것 등이다. 정명(正命)은 올바른 생활을 하는 것을 뜻한다. 바른 방법으로 생계를 유지하고, 점을 치지 말 것이며, 고리대금도 하지 말고, 임금을 착취하는 것도 하지 말아야 하며. 병든 사람은 치유해 주어야 한다는 뜻이다. 정정진(正精進)은 수행을 계속 밀고 나가는 것인데, 여기에 방해가 되는 것은 성욕, 분노, 흥분과 후회, 의심, 졸음, 아둔함 등이다. 이를 극복해야 정정진이 가능하다. 정념(正念)은 일 수행 도중에 관찰해야 할 것 등을 의미하는 것인데, 신체의 변화, 마음 상태, 감각기관은 물론 주변 사물 등의 변화 등도 주의 깊게 살펴보아야 한다는 것이다. 마지막으로 정정(正定)이다. 일종의 삼매지경에 빠지는 것인데 죽음을 생각하고, 부처를 생각하며, 자기에게 보시해 준 고마운 사람들을 생각하면 이 지경에 갈 수가 있다고 했다. 이상이 팔정도인데 나름대로 체계적이고, 합리적이며, 수긍이 가는 방법이다. 물론 어려운 과정이긴 하다. 그래서 석가는 이 수행을 할 때, 함께 수행하는 착한 벗들이 필요하다고 강조한다.

석가는 전도를 위한 설법을 많이 했다. 전도의 목적은 교단을 만들려는 것이 아니라 많은 사람의 유익과 행복을 위해서 그리했다. 당연한 일이다. 이러한 그의 생각을 발전시켜 나간 것이 동남아를 중심으로 한 소승불교이다. 대승과 소승은 사실상 석가의 생각은 아니었다. 중국불교는 포교보다는 개개인의 수행을 통한 열반을 강조했기에 그들 스스로 대승불교라 칭했다. 석가는 설법을 할 때 합리적으로 했다. 이성적으로 접근했다. 그의 연기론이나 4성제는 합리적인 깨달음이다. 흔히 그의 설법을 대기설법이라고 한다. 문제를 제시하고, 청중과 장소와 시간에 따라 자유롭게, 비유적으로 설법을 하는 것이다. 그는 매우 현실적인 설법을 강조했다. 설법을 들으면 바로 열매가 있도록 하라고 강조했다. 그러기 위해서 정신적 깨달음이 있어야 한다고 주장한다. 그런 자각이 있어야 행동하게 되고 행동해야 열매를 맺을 수 있기 때문이다. 그러기에 실천적인 내용 즉 적용의 문제를 가르치라고 강조했다. 이론만 아니라 실천을 강조한 것이다. 설법은 목적론적으로 해야 한다고 주장하기도 했다.

설법의 목적은 무엇인가? 열반이다. 평화와 자유이다. 매우 타당한 목적이다. 기독교에서는 영생을 목적으로 한다. 영생이란 하나님과 함께 하는 삶이고 그 속에 자유와 평화가 있다. 열반과 영생은 그 상태로는 공통점이 있지만 내용은 다르다. 열반은 스스로 깨달아, 즉 팔정도를 통해 괴로움을 멸하고 자유와 평화를 누리는 상태이고, 영생은 하나님의 은총으로 하나님과 함께 있음으로 자유와 평화를 누리는 상태이기 때문이다. 불교는 단순하지만 어렵고, 기독교는 복잡하지만 쉽다. 석가는 설법은 지혜 있는 사람이 들으면 스스로 자각할 수 있도록 해야 한다고 주장한다. 타당한 주장이다. 기독교의 설교도 마찬가지이다. 소위 하나를 알면 열을 알 수 있게 하라는 것이다.

석가의 악마에 대한 생각은 기독교와 사뭇 다르다. 기독교는 악마의 실재를 강조한다. 그러나 석가는 악마를 마음속에 있는 나쁜 생각이라고 주장하고 있다. 나쁜 생각이 악마라는 것이다. 악마에는 색, 즉 물리적 요소들, 수, 즉 감각적인 것들, 상, 즉 각종 형체들, 행, 즉 의지, 마지막으로 식, 즉 이성의 작용이 있다는 것인데 대단한 통찰이다. 인간의 나쁜 생각은 그런 것들을 통해서 생기기 때문이다.

석가는 욕망에 대해서도 말한다. 욕망은 그 자체가 선악 이전의 상태라고 말한다. 맞는 말이다. 문제는 그 욕망이 지나치게 작용해서 인간을 고통스럽게 만드는 것이다. 석가는 초기에는 대중 집회를 하지 않았다. 그러나 나중에는 포살이라는 대중 집회를 일주일에 한 번 했다. 이날에는 계율을 암송하고 참회하는 것을 주로 했다. 자사라는 행사도 했는데 이는 수행자들이 대중들에게 "나의 죄를 지적해 달라, 내가 참회하겠다" 해서 자기 성찰을 하는 것인데 석가가 스스로 본을 보였다. 대단한 일이다. 우리가 본받을 일이기도 하다.

당시 인도에는 상인들이 많았다. 그들은 사막이나 깊은 산 속을 걸어다녀야 했는데 불안과 공포를 느끼는 것은 당연한 일이다. 그래서 상인들이 석가에게 공포를 이기는 방법을 가르쳐 달라고 하자 석가는 불, 법, 승을 가르쳤다. 불이란 석가 자신을, 법은 그 가르침을, 승은 그 가르침을 따르는 집단을 뜻하는데 이 삼 법을 생각하고, 외우고, 암송하면 공포를 이길 수 있다고 가르쳤다.

석가는 열반을 강조했다. 그렇다면 열반에 이른 사람은 어떤 삶을 살아야 하는가?. 열반이 목표이기는 하지만 최종적인 목표는 아니다. 열반은 상태이고 그 상태에 이른 사람이 살아가야 할 삶은 아니다.

석가가 가장 강조하는 행동가치는 자비이다. 그래서 불교는 자비의 종교이다. 자비란 이타적인 사랑이다. 유능하고 솔직하며 단정한 삶, 유연하고 겸손하며 자족하는 삶, 남을 도와주고 위로해 주며 남과 공존하는 삶, 그런 삶이 열반에 이른 사람이 살아가야 하는 삶이다. 이 점은 기독교와 유사하다. 기독교는 구원과 축복을 통해 성화되어 가는 삶을 신앙의 목표로 삼는다.

〈기독교적 이해〉《아함경》은 초기불교의 모습을 보여 주는 거울이다. 《아함경》을 모르고는 불교를 알 수 없다. 오늘 불교는 아함경에서 나타나는 불교와는 상당한 거리가 있다. 역사는 발전하고 인간은 과거를 바탕으로 새것을 만들어내는 존재이기 때문이다. 기독교와 불교를 비교하면 유사한 것도 있고 다른 것도 있다. 사랑과 자비를 실천 덕목으로 제시하는 것, 기독교는 영생을, 불교는 열반을 강조하는데 그 내용은 유사하다. 삶을 연기론적으로 즉 원인과 결과로 이해하는 것도 유사하다. 이것이 있으면 저것이 생겨난다는 불교의 가르침이나, 선악과를 따 먹었으니 에덴동산에서 추방되었다는 기독교적 주장도 유사하다.

그러나 다른 것도 많다. 일단 불교는 신이 없다. 석가는 신이 아니다. 부처, 즉 깨달은 자다. 군이 표현한다면 부처로서 석가는 신적 존재라고 할 수는 있지만 신은 아니다. 그런데 기독교는 유일신 하나님을 믿는다. 불교는 스스로 수행하면 누구든지 부처가 될 수 있다는 일종의 범신론적 주장을 하지만 기독교는 인간 스스로는 구원을 받을 수 없다고 단정한다. 기독교에서도 수행과 같은 용어, 수도라는 말이 있지만 수도는 하나님의 뜻을 깨닫기 위한 고행이지 스스로를 구원하기 위한 수행은 아니다.

그런 의미에서 불교는 인간을 능력 있는 존재로 표현하지만 기독교는 인간을 무능력자로 설명한다. 불교는 득도 즉 관계의 진리를 깨닫는 것을 중시하지만 기독교는 인간은 하나님의 형상을 닮은 귀한 존재이기는 하지만 죄인이 되었다는 것을 깨닫는 것을 중시한다. 불교는 수행을 통해 스스로 구원을 받을 수 있다고 주장하지만 기독교는 예수 그리스도를 통해서만 구원을 얻는다고 선언한다. 불교는 수행한 자는 스스로 선을 행할 수 있다고 강조하지만 기독교는 성령의 도움을 통해서만 진정한 선행을 할 수 있다고 주장한다.

결국 불교와 기독교는 유사한 가르침이 많기는 하지만, 불교는 인본주의요 기독교는 신본주의이다. 또한 불교는 괴로움을 강조하지만 기독교는 죄를 강조한다. 불교는 죄를 지적하기도 하고 경계하지만 죄를 직접적으로 중요하게 강조하지 않는다. 불교는 죄를 괴로움을 극복하는 데 방해가 되는 요소로 소극적으로 가르친다. 불교는 서로 독립적으로 관계하는 것이 없기 때문에 인생을 공이라고 설명한다. 그래서 불교는 비관론적 세계관을 갖고 있다. 그러나 기독교는 이 세상은 하나님의 창조물이기에 본래 선한 것이라고 강조한다. 그래서 낙관론적 세계관을 갖고 있다. 어느 종교를 믿어야 하는가에 대한 대답은 국민 각자가 선택할 사항이다.

그런데 이 점은 분명하다. 불교는 수행을 강조한다. 본인이 노력해야 한다는 것이다. 그러나 기독교는 예수 그리스도를 믿으면 된다고 가르친다. 불교의 길은 어렵고 기독교의 길은 쉽다. 그러나 어려우냐 쉬우냐는 가치의 문제가 아니고 실용성의 문제도 아니다. 어려운 것이 좋을 수도 있고, 쉬운 것이 좋을 수도 있기 때문이다. 석가의 가르침 중에 일부 귀중한 교훈이 있다. 그러므로 기독교인들은 불교 신자들이 선택한 그 길을 일정부분 존중해 주어야 한다. 불교 신자들을 대상으로 복음을 전하는 일은 해야 하지만 그들을 무식하다고 경시하거나 그들을 일방적으로 정죄하는 교만은 버려야 한다. 복음은 사랑으로 전하는 것이어야 하지 교만이나 정죄로 전하는 것은 아니다. 복음 전파는 그 내용도 중요하지만 그 방법도 중요하다.

《아함경》은 석가의 가르침을 중심으로 편찬된 불경이기에 후대에 나온 《금강경》이나 《화엄경》보다 더 가치 있는 불경이라고 할 수 있다. 특히 석가의 설법은 설교하는 목사들에게 좋은 교훈이 된다. 석가의 설법은 탁월한 설교 방법론을 제시하고 있기 때문이다.

석가의 가르침은 세월에 따라 변형되었고, 지역에 따라 달라졌다. 어쩔 수 없는 현상이다. 그런 면에서 《아함경》은 석가의 진면목을 볼 수 있다는 점에서 매우 흥미로운 책이다. 교인들이 불교의 가르침에 관심 갖는 것은 불교를 믿기 위해서가 아니라 성경이 진리임을 확인하기 위해서이다. 너를 알아야 너 앞에 서 있는 나를 더 자세히 알 수 있다.

19

감시와 처벌

〈작가와 작품 해설〉 저자인 미셸 푸코(Michel Foucault, 1926~1984)는 프랑스 현대 철학자이다. 그의 주장은 상당한 영향력을 갖고 있다. 그는 기존의 기준이나 원칙을 새로운 시각으로 바라보는 사람이다. 무엇이 정상이고, 무엇이 비정상인가에 대해 철학적, 정신의학적, 사회학적 고찰을 시도하는 사람이다. 그는 종합적인 접근을 강조하는 사람이다. 그는 타자에 대한 애정이 깊은 사람이다. 여기서 타자란 다른 사람들이라는 뜻이라기보다는 사회적 약자, 즉 여성, 아동, 고령자, 장애인, 외국인 노동자들을 의미한다. 그는 현대는 민주주의가 후퇴하는 시대라고 주장한다. 그 원인은 보수는 효율을, 진보는 노동을 지나치게 강조하고 있기 때문이라고 했다.

그는 이 책에서 감옥은 사람으로 하여금 권력에 순응하도록 만드는 곳이라고 주장하고 있다. 감옥은 인간 영혼을 바꾸는 곳이고, 현대는 거대한 감옥이며, 권력자는 정보 통신 기술을 통해 인간을 감시한다고도 했다. 그는 이 책에서 감옥의 역사를 기술하고 있다. 예전에 권력자는 죄인의 신체에 잔인한 형벌을 가하고 그것을 사람들에게 보여 줌으로 사람들에게 공포심을 갖게 해서 권력에 도전하지 못하도록 했으며, 동시에 신체에 가하는 형벌을 통해 인간이 지닌 잔인성을 자극하여 사람들을 즐겁게 하려는 정치적 의도도 있었다고 했다. 그러나 시간이 지나면서 수형자 특히 사형수들은 사형대에서 군중들에게 자신의 무죄를 주장함으로써 사람들에게서 공감을 얻는 예기치 못한 일들이 발생하는 것을 보고 공개 처형은 사라지게 되고 대신 죄인들을 감옥이라는 공간에 가두게 되었다고 주장한다. 그 당시 권력자는 신체에 형벌을 가하는 판결을 내릴 때, 그 소송 절차를 대중은 물론 당사자들에게도 알리지 않고 비밀에 부쳤다. 결과적으로 판결은 권력자 마음대로 되는 경우가 허다했다.

그런데 1789년경에 프랑스에서 인간성에 위배되는 신체적 처형을 폐지해야 한다는 운동이 일어났다. 인간은 교화되고 교정되는 존재라는 의식이 강해졌기 때문이다. 따라서 처형은 폭력이고, 이제 인간은 처벌을 통해 교정해야 한다는 주장이 힘을 얻게 되었다. 이러한 주장들은 인간에 대한 긍정적 이해와 경제 성장을 통해 흉악한 범죄보다는 소유권에 대한 범죄가 증가하면서 탄력을 얻었다. 또한 사회가 산업화 되면서 민중은 더욱 빈곤해졌고, 풍속은 더욱 타락해졌기 때문이다. 봉건제도가 붕괴되면서 왕의 권력은 약화되었고, 점차적으로 법을 만드는 권력과 법을 판결하는 권력이 분리되었다. 즉 통치와 재판이 분리된 것이다.

처벌의 원칙들이 수립되었다. 분량 최소의 법칙, 즉 처벌은 적절하게 해야 한다. 관념성 충족의 법칙, 즉 육체의 고통보다 마음의 고통을 더 중시한다. 측면성 효과의 법칙, 즉 죄인은 반드시 처벌된다. 확실성의 법칙, 즉 범죄적 행위와 도덕적 행위를 구분한다. 보편적 진실의 법칙, 즉 증거가 있어야 처벌한다. 최상의 특성화 법칙, 즉 범죄 유형을 분류하여 범죄와 처벌이 관계를 확립해야 한다. 이런 등등의 법칙이 확립되어 갔다는 것이다.

권력자들의 힘이 약화되고 백성들의 힘이 강해지면서 형벌은 점점 유순해져 갔고, 형벌이 자의적으로 가하는 것이 아니라 원칙을 정해 가해지는 일들이 보편화 되었다. 멋대로 형벌을 가하지 말라. 범죄의 욕구를 차단하는 예방을 더 강조하라. 죄인이 될 가능성이 있는 자들에게 경종을 울릴 수 있는 벌을 가해라. 권력자의 뜻이 아니라 법에 의해 처벌하라. 범죄자들이 영웅시되는 현상을 제거하라. 이런 등등이 원칙으로 제시되었다.

한 걸음 더 나아가 형벌의 목적은 인간에게 고통을 주는 것이 아니라, 인간 교화에 그 목표를 둬야 한다는 주장이 더 설득력을 얻게 되었다. 이러한 주장은 1596년 개설된 암스테르담의 리스푸이 감옥에서 이미 시범적으로 시행되기 시작했다. 이 감옥에서는 죄인들을 엄격한 일과시간을 정해 규칙적으로 생활하게 하고, 감시하면서도 격려를 했고 특별히 신앙교육을 병행했다. 그리고 각종 금지조항과 의무조항들을 설정해서 모범적으로 감옥생활을 잘하면 형기를 단축시켜 석방하도록 했다.

그 결과는 양호했다. 강(Gang) 형무소는 더 진화하여 독방제도를 실시했고, 규칙적인 노동을 실시했으며, 종교교육을 강화했다. 1790년에는 직업교육을 실시하면서 노동에 대한 급료를 지불하여 석방 후의 삶에 대해 준비하게 하였다. 엄격한 시간표를 정해 삶을 규칙적으로 살아가도록 하는 훈련을 시켰다. 권력자는 인간의 육체는 순종적인 특성을 지니고 있기 때문에 감옥 안에서 개인마다 정해진 공간에서 엄격하고 적합한 지도를 하면 교정은 가능하다고 생각했다. 교정하려는 사람들은 효과적인 훈육방법을 연구했다. 기사 플랜, 즉 조회를 하고 부동자세로 서게 하며, 침묵 훈련을 강조했다. 규율을 위반한 자에게는 처벌하고, 반복되는 훈련을 실시하며, 시험을 치는 제도를 마련하기도 했다.

과학이 발달하면서 감시자가 감시당하는 자를 몰래 감시하도록 일망감시제도를 마련했다. 그런데 정보사회가 발달하면서 국가권력에 의한 국민 통제도 더욱 기승을 부려 이제 모든 국민은 국가권력의 감시를 당하는 처지가 되었다. 권력자는 감시와 처벌을 통해 국민을 불안하게 하고, 범법자를 교정하려고 했다. 그래야 권력은 유지된다고 생각했다. 그러나 이런 권력자들의 생각은 실패했다. 18세기 말에 와서 권력자들은 처벌과 교정을 통해 범법자를 교화시키려는 노력을 집중적으로 했다. 그러나 완전하고 준엄한 제도, 자유 박탈, 평등주의, 교정주의, 격리와 노동, 규칙적인 감시 관찰, 이런 모든 것을 통해 인간을 감옥에 넣어 처벌하면서 교화시키려고 했지만 감옥 안에서 범법자들끼리 교류하면서 새로운 범죄의 기술이 전파되어 교정은 실패하고 재범률은 증가했다.

〈해석과 평가〉 저자는 이 책에서 권력의 속성을 다음과 같이 강조했다. 모든 권력자는 가진 권력을 유지하려고 하며, 그 권력자는 자기가 다스리는 공동체를 유지하는 이념을 통해 모든 일을 하려고 한다. 아울러 그 권력에 대항하는 자들을 감시, 처벌하려고 한다. 저자는 결론적으로 권력자들은 어떤 형태로든지 국민을 감시하고 처벌하면서 그 권력을 유지해 왔다고 강조한다. 이런 현상은 결국 권력을 남용하고, 행정의 독단을 만들어 내며 불평등을 가져 왔다.

현대사회는 진화된 감옥이다. 과연 이런 감옥에서 인간은 인간답게 살 수 있겠는가? 이제 감시당하는 국민은 감시에서 벗어나기 위해 무엇을 주장해야 하는지를 숙고해야 한다. 범법자는 생길 수밖에 없다. 그렇다면 그들을 교화하기 위해 사용하고 있는 종교와 지식, 각종 제도는 그 역할을 바로 하고 있는지를 검증해야 한다. 결국 국민의 의식수준이 중요하다. 국민은 권력을 감시해야 한다. 권력에 의해 감시당하는 수동적인 자세가 아니라 그 권력을 감시하는 적극적이고 지적인 성숙한 국민이 되어야 한다.

그렇다면 국가권력을 감시하는 성숙한 국민이란 어떤 국민인가? 첫째, 국가권력에 의해 감옥으로 끌려가지 않도록 바른 삶을 사는 국민이다. 권력자는 법을 제정하고 그 법을 위반하면 감옥으로 끌고 간다. 그래서 일단은 법을 위반하지 않아야 한다. 권력자는 공동체의 질서를 위한다는 명분으로 감시와 처벌을 하기 때문에 법을 위반하지 말아야 한다는 것이다. 둘째, 국가의 권력을 분립하는, 즉 삼권분립이 확고해지도록 법을 제정하고 재판과 그 재판을 시행하는 사법부와 행정부가 야합하지 못하도록 완전한 격리를 하는 국민이다. 셋째, 국가가 이념을 통해 공동체를 지배하려고 할 때 이념의 한계, 즉 이 세상은 이념으로 모든 문제를 해결할 수 없다는 것을 이해하고 이념보다 더 높은 차원의 삶의 원리를 중요하게 생각하는 국민이다. 넷째, 감옥의 분위기가 감시와 처벌보다는 신앙, 인격, 취업교육을 중시해야 하고, 재범률을 낮추기 위한 다양한 시도를 지속적으로 하도록 지원하는 국민이다. 감시와 처벌은 필요악이다. 그러나 감옥 밖에 있는 국민을 감시하려는 권력의 의도는 중단돼야 한다.

민주주의는 자유를 최우선 가치로 여긴다. 남에게 피해를 주지 않는 국민의 정당한 자유를 감시하는 권력은 부패한 권력일 수밖에 없다. 오늘날, 권력자들이 각종 조직과 장비를 통해 국민을 감시하고 처벌하면서도 그들만은 자유를 만끽하려고 한다면 이는 평등의 원리를 무시하는 처사이다. 자유를 충분히 보장하면서 감시와 처벌은 최소화하는 것, 그것이 민주주의의 권력이다.

이 책은 국민이나 위정자들에게 특히 감옥에서 죄수들을 교화시키는 일을 하는 사람들에게 상당한 충격을 주었다. 동시에 이념 만능주의자들에게 갈등을 갖게 만들었다. 왜냐하면 저자는 감옥의 필요성을 인정했지만, 감옥에서의 인간 교화가 그리 쉽지 않다는 것을 강조하고 있고, 이념 만능주의자들은 자신의 이념에 반하는 사람들을 감옥으로 보내려는 충동을 극복하기가 어렵고, 사실상 독재 정권들은 권력을 통해 국민을 통제하면 쉽게 자신들의 이념을 정착시킬 수 있다는 유혹에서 벗어나기가 어렵다는 것을 암시하고 있기 때문이다.

저자는 정치 권력은 국민을 섬기기보다는 통제하려고 하고 그러기 위해서 정보체계를 통해 국민을 감시하려 하며 범법자들을 감옥으로 보내려는 속성을 지닌다고 주장한다. 저자는 이런 권력자들의 속성 때문에 민주주의는 쇠락하고 있다고 걱정한다. 민주주의의 근본은 자유가 보장되는 것이다. 자유가 억압당한 곳에 진정한 평등은 존재하지 못한다. 만약 자유가 유보된 채 평등이 이루어졌다면 이는 기계적 평등이고, 색칠해진 평등이며, 위장된 평등이다. 자유는 금방 그 자유가 유보된 것을 알 수 있으나, 평등은 시간이 지나야 그 평등이 가짜인 것을 알 수 있다.

저자는 재판의 공정성을 누누이 강조하고 있다. 사실 엄밀한 의미에서 완벽한 재판의 공정성은 불가능하다. 재판관의 선입견, 법 해석의 다양성, 변호사의 능력, 배심원들의 가치관, 권력자의 압박, 국민의 정서, 시대의 분위기, 이념적 편향성 등등 실로 수많은 변수가 있기에 공정한 재판은 불가능하다. 삼심제도가 있다고는 하나 국민의 무지, 빈부의 격차, 복잡한 절차로 인해 생기는 체념 등으로 삼심제도를 활용하지 못하는 국민이 대다수이다. 저자는 죄를 범하는 자는 감옥에 가야 하지만 억울하게 억압에 의해서, 모함으로 인해, 감옥으로 가는 일은 없어야 한다고 주장한다.

〈기독교적 이해〉 저자는 이 책에서 왜 감옥이 생겨났느냐, 감옥의 하는 일들이 어떻게 변해갔느냐, 감옥 같은 시스템을, 권력자들이 왜 전 국민에게 적용하려고 하고 있느냐 등등을 아주 합리적으로 쓰고 있다. 그러면서 우리 사회가 점점 감옥이 되어 가고 있으며, 권력자들에게 감시당하고 있다고 탄식하고 있다.

저자가 이 책을 쓸 때는 CCTV가 없었고, 핸드폰도 없었다. 그런데 지금은 그런 정보 기기가 일반화되었다. 범죄자를 쉽게 검거하기 위해, 범죄를 사전 예방하기 위해 CCTV가 유용하게 이용되는 것은 사실이지만, 독재 권력자는 CCTV를 통해 국민을 감시하려는 유혹을 받고 있으며, 핸드폰은 실로 다양한 유익을 주고 있지만 이 역시 권력자들에 의해 국민의 영혼을 들여다볼 수 있게 하는 위험한 가능성을 만들어냈다. 나다니엘 호손은 《주홍글씨》라는 그의 작품에서 남의 영혼을 들여다보려는 죄가 가장 큰 죄라고 말했는데, 이제 현대인들은 자신의 영혼이 감시당하는 시대에 살고 있다. 왜소한 인간이 되고 만 것이다. 좋은 면이 있으면 반드시 그로 인해 생기는 나쁜 면도 있게 마련이다.

이 모순을 해결하는 방법은 없을까? 민주적 권력은 국민을 감시하는 권력이 아니라 국민을 편하게 살 수 있도록 섬기는 권력이다. 그런데 권력은 국민에서 나온다. 그러므로 국민은 바른 권력, 국민을 섬기는 권력을 선택해야 한다. 결국 민주적 권력은 현명한 국민에 의해 탄생된다. 국민이 감시를 당하느냐, 감시에서 자유롭게 되느냐는 권력자에게 있는 것이 아니라 권력자를 선택하는 국민에게 있다. 국민이 잘못된 권력자를 선택하면 감시당하는 자가 되어 감옥에서 살게 되고, 바른 권력자를 선택하면 감옥이 아닌 자유의 들판에서 살게 될 것이다.

예수 그리스도는 제자들은 물론 그를 따르는 민중들, 심지어 그를 죽이려는 원수들까지 감시한 적이 없다. 왜 그랬을까? 예수 그리스도는 권력을 가지려고도 유지하려고도 하지 않고 오직 사람들을 사랑했기 때문이다. 사랑은 감시도 처벌도 아니다. 사랑은 자유를 주는 것이다. 진정한 사랑을 체험한 자는 남을 감시하고 처벌하기 전에 자신을 감시하고 처벌한다.

20

아우구스티누스

아우구스티누스의 고백록

〈작가와 작품 해설〉 고백록이란 일종의 참회록이다. 이 세상에는 여러 형태의 참회록이 있다. 직접적으로 참회록이라는 용어를 쓰기도 하고, 고백록이라는 표현으로 자신의 죄를 참회하기도 하며, 드물게는 자서전이라는 포괄적인 용어를 통해 자신의 죄를 속죄하기도 한다. 인간은 누구나 죄를 범하지만 자신의 죄를 공개적으로 그것도 책을 통해서 자신의 죄를 참회하는 사람은 드물다. 참회록을 쓰려면 두 가지 조건이 구비되어야 한다. 하나는 유명한 사람이 되어야 하고, 다른 하나는 용기를 지녀야 한다. 인간은 평범한 사람들의 참회에는 관심이 없다. 자신의 죄를 솔직하게 고백하며 용서를 구하는 용기를 갖는 것도 쉽지 않다. 역사상 사람들에게 큰 감동을 준 참회록을 흔히 삼대 참회록이라고 하는데, 아우구스티누스, 루소, 톨스토이의 참회록이 그것이다.

아우구스티누스(어거스틴, Sanctus Aurelius Augustinus, 354~430)가 활동하던 시대는 기독교 역사상 이단 사상들이 어느 정도 정리된 시대이고, 정치적으로는 서로마제국이 몰락하는 때였다. 그는 알제리에서 태어났다. 어머니 모니카는 경건한 기독교인이었기에 아들을 신앙적으로 키우려고 많은 노력을 했다. 그러나 그는 무지한 상태에서 맹종을 강요하는 당시 신앙 교육에 대해 반발했다. 그는 어린 시절부터 진리에 대한 지적 탐구를 즐겼다. 17세 때, 카르타고에 유학을 왔다.

그는 방탕한 삶을 살면서 마니교에 입교했다. 마니교는 페르시아의 마니가 창시한 종교로서 이원론을 가르쳤다. 마니교는 이 세상에는 빛과 어둠이 세력이 있고, 구원이란 빛과 어둠이 분리되어 광명의 영역으로 귀환하는 것이라고 강조했다. 그는 마니교에 열중했으나 마니교는 그가 간절히 알고 싶었던 악에 문제에 대해 명료한 해답을 주지 못했다. 결국 그는 마니교에서 이탈하여 이태리로 이주했고 그곳에서 수사학 학교를 개설했다. 그러나 그의 수사학 학교는 실패했고 그는 밀라노로 건너가 그곳에서 수사학 교수가 되었다.

이때, 그의 일생에 심대한 영향을 준 두 사람을 만났다. 한 사람은 철학자 플로티누스이고, 다른 한 사람은 신학자 암부로시우스이다. 플로티누스는 플라톤의 영향을 크게 받았기에 신플라톤주의자라고 부른다. 그는 발출론을 주장했다. 발출론이란 샘에서 물이 흘러나오듯 일자, 다른 말로 모나드에서 누스(정신)가 나오고, 그 다음 누스에서 혼이, 그 혼에서 물질이 발출되고, 그 물질에서 다른 물질이 다시 발출된다는 일종의 유출론이다. 동시에 발출은 계층적으로 이루어지지만 일자와 멀어질수록 다양화하고 불완전하다고 그는 주장했다. 예를 들면, 한강의 근원인 태백산 어느 샘에서 물이 발원하여 한강까지 내려오는 동안 밑으로 흘러내릴수록 수질은 오염되는 것과 같은 이치이다.

그는 이 플로티누스의 이론을 통해서 악의 문제를 해결했다. 악은 하나님이 창조한 것이 아니라 본질로부터 멀리 떨어져 나온 것이고, 악은 하나님이 만든 것이 아니라 비존재로 나아가려는 경향이며, 악은 선의 타락 또는 결여라고 그는 결론을 내렸다. 예를 들면 설 명절 때 부자가 된 아들이 시골에 계신 어머님께 선물을 드렸는데, 그의 능력으로는 밍크 옷을 선물해야 하는데 인색해서 고무신을 선물했다고 하자. 아우구스티누스의 주장대로라면 이는 선의 결여이고 선의 타락이다. 그래서 악인 것이다. 아담이 선악과를 따 먹으려고 생각한 것, 그 자체가 비존재로 나아가려는 경향이다. 결국 그는 악이란 그 자체로는 존재하지 못하며, 타락한 실체 속에 존재한다고 생각한 것이다.

또한 그는 암부로시우스를 만나 기독교로 전향했다. 그가 정원을 산책할 때, 아이들이 부르는 노래, 즉 "펴서 읽으라"라는 소리를 들었다. 아우구스티누스는 바로 무작위로 성경을 폈는데 그 성경이 로마서 13장 14절이었다. 이 구절은 "방탕한 생활을 중단하고 새 삶을 살라"는 말씀이었다. 그는 이 말씀에 충격을 받아 회개했고 부활절 전날 암부로시우스에게 세례를 받았으며 결국에는 후일 히포의 감독이 되었다. 돌아온 탕자가 된 것이다.

그런데 우리는 그의 방탕한 삶에 대한 재평가를 해 보아야 한다. 그의 《고백록》을 근거로 해 볼 때, 그의 방탕은 모든 남자의 방탕과 비슷한 유형이다. 술과 여자, 낙태, 배신, 무책임, 무절제, 반사회적 행동들, 그리고 목표 없는 삶이다. 남자에게 있어서 방탕의 외형적 모습은 비슷하다. 그러나 방탕의 동기는 다를 수 있다. 육체적 쾌락만을 위한 방탕도 있고, 그 어떤 아픈 기억 또는 책임감에서 벗어나려는 방법으로서의 방탕, 즉 도피성 방탕도 있다. 진리를 찾고자 하는 방황으로서의 방탕도 있다.

아우구스티누스의 방탕은 진리를 찾고자 하는 과정에서 오는 방탕이라고 할 수 있다. 톨스토이나 루소의 방탕과는 그 동기가 다르다. 그들의 방탕은 쾌락으로서의 방탕이었다. 방탕은 죄악이다. 그러나 젊은 날의 방탕은 큰 인물이 되는 자양분이 될 수도 있다는 것을 우리는 인정해야 한다. 문제는 방탕했느냐 안 했느냐가 아니라 그 방탕의 동기, 관리, 그리고 그 방탕에서 벗어나 어떤 삶을 살았느냐가 더 중요한 것이다. 방탕은 나쁘다. 그러나 경우에 따라서 그 방탕은 인간을 위대하게 만들 수도 있다.

〈해석과 평가〉 아우구스티누스는 기독교 신앙과 신플라톤주의 철학을 결합해서 중세 신학의 기반을 든든히 세웠다. 그의 사상 중에 후대에 큰 영향을 준 것은 그의 은총론이다. 은총론은 펠라기우스의 주장에 대한 반대로 그가 주장한 것인데 펠라기우스는 당시 이방인은 물론 기독교인들도 심히 타락한 것을 보고 율법이 구원을 이루게 한다고 주장했다. 그는 원죄를 부인했고, 하나님의 계명을 준수하는 것이 은총의 선행 조건이라고 주장했다. 그러나 아우구스티누스는 인간은 전적으로 타락한 존재이기 때문에 성령의 도움이 없이는 선행을 할 수 없다고 주장했다. 원죄를 인정한 것이다. 하나님의 은총은 불가항력적이기 때문에 인간은 하나님의 은총을 거절할 수 없다. 은총이 먼저이고 선행은 나중이라는 것이다.

또한 아우구스티누스는 예정론을 주장했다. 불가항력적인 하나님의 은총을 강조한 그에게 이는 당연한 주장이다. 하나님의 선택을 받은 자는 언젠가는 반드시 구원을 받는다고 했고, 예정은 인간의 경험 속에서 확신할 수 있는 은총이라고 했다. 여기서 경험이란 체험과 하나님의 말씀에 대한 깨달음이다. 이런 그의 주장은 그의 삶을 통해서 얻어진 즉 방탕한 삶을 청산하고 감독이 된 자신을 돌아보면서 깨달은 주장이기도 하다. 이러한 그의 학설은 논쟁의 여지가 많지만 오늘날 장로교 신학으로 자리매김이 되었다.

그는 《신국론》을 쓰기도 했다. 당시 서고트족이 침공해서 살인과 강간이 무자비하게 이루어졌다. 기독교인들은 이런 참상을 당하면서 하나님을 원망하게 되었다. 심지어는 하나님을 배신, 불신하기까지 했다. 이런 현상을 본 아우구스티누스는 기독교인들을 위로하고, 용기를 갖도록 하기 위한 특단의 조치를 취해야 되겠다고 생각했다. 그래서 《신국론》을 13년에 걸쳐 저술했다. 그는 이 책에서 이 세상에는 하나님의 도성과 인간의 도성이 있는데, 하나님의 도성은 하나님의 법이 지배하고 인간의 도성은 자신의 욕망과 물질에 대한 소유욕이 지배한다고 주장하면서, 인간의 도성에는 이기심, 불순종, 파당, 약육강식이 판을 친다고 강조했다. 그러나 역사가 흐르면서 하나님의 도성은 점점 융성해 가고 인간의 도성은 점점 약해지면서 결국 하나님의 도성이 지배하는 세계가 도래할 것이라고 역설했다. 여기서 아우구스티누스는 목적론적 직선주의 역사관을 피력했다. 역사는 주님의 재림으로 끝나는 종말로 흐른다는 것이다.

여기서 고민해야 할 과제가 생긴다. 현실 역사를 통찰해 볼 때, 과연 역사는 흐르면서 하나님의 도성이 점점 융성해 가고 인간의 도성은 점점 약해졌느냐 하는 것이다. 오히려 인간의 이기심, 욕망에서 생기는 악이 더 기승을 부리고 있지 않느냐, 신앙심은 점점 약해지고 있지 않느냐 하는 반론이 생길 수 있다는 것이다. 이 점에 대해서 어떤 객관적 기준이 없으므로 확답할 수는 없지만, 역사는 발전하면서 그 나름 인간의 악을 조절, 통제하는 제도들을 만들어내고 있다는 점에서 신의 도성이 점점 융성해 가고 있다고 생각할 수도 있다. 무신론자들은 이런 현상은 인간 이성에 의해 이루어지는 것이라고 생각할 수도 있지만 그 인간 이성은 신의 준 선물이라고 한다면 우리 기독교인들의 입장에서는 아우구스티누스의 주장이 타당하다고 주장할 수도 있을 것이다.

그는 로마제국의 멸망 원인도 분명하게 밝히고 있다. 제국의 몰락은 교회가 빛과 소금의 역할을 감당하지 못했기 때문이라고 주장했다. 교회가 제구실을 하지 못하면 하나님께서는 공동체를 흩으시고 개혁하신다는 이런 그의 주장은 후대에 종교개혁의 이론적 토대를 만들어 주었다. 교회는 하나님의 교회이다. 교회가 제 기능을 감당하지 못하면 하나님께서 교회를 흩으시는 것은 당연한 귀결이다. 오늘날 일부 성직자들과 교인들이 교회를 부패시키는 데 하나님께서는 이런 교회를 결국 소멸시키고 말 것이다.

그는 영원과 시간에 대해서도 탁월한 이론을 제시했다. 영원이란 시간의 양적 팽창이 아니라 시간을 초월한 것이며, 영원한 현재로서 항상 머물러 있다고 생각했다. 존재의 본질은 그것이 있음으로 파악된다. 즉 정지된 상태가 되어야 한다는 것이다. 그런데 시간은 흐른다. 그러므로 그는 시간이 무엇이냐 하는 질문은 의미가 없다고 주장한다. 일리가 있다. 과거는 흘러갔기에 지금 없고, 미래는 흘러오는 것이기에 지금 없다. 현재는 흘러가는 것이기에 지금 없다. 결국 인간은 체험으로 시간을 이해한다. 과거는 기억으로, 미래는 기대로, 현재는 직관으로. 그래서 과거, 현재, 미래는 함께 있는 것이다.

〈기독교적 이해〉 흔히 인간은 불안한 존재라고 말한다. 존재 자체도 완전하지 못하니 불안하고, 존재하기는 하지만 흐르는 시간을 잡지 못하고 시간 안에서 모든 것은 소멸되기에 인간은 불안을 느낄 수밖에 없다는 그의 주장은 인간 불안의 원인에 대한 탁월한 주장이라고 할 수 있다. 아우구스티누스는 서방교회의 신학과 동방교회의 전통을 융합하여 중세교회의 신앙적 기초를 다진 사람이다. 신교나 구교 모두 그의 영향권 안에 있다. 그는 젊은 날 방탕했지만 진리에 대한 열망, 회개, 자기성찰을 통해 결국 성자가 되었다.

그의 신앙적 주장을 한마디로 요약한다면 신앙은 찾는 것이고, 이성은 발견하는 것이라는 것이다. 일단 하나님을 믿고 난 후 이성을 통해 진리를 발견하는 과정이 중요하다고 그는 역설한다. 이러한 그의 주장은 오늘 한국교회가 깊이 성찰해야 할 대목이다. 지금 한국교회는 감정적 신앙을 지나치게 강조하고 있다. 신앙에 있어서 이성의 역할을 과소평가하거나 무시하고 있다. 그 결과 기복주의나 미신적 신앙이 성행하고 있어 결국 개인은 물론 교회의 부패를 자초하고 있다. 심히 경계해야 할 일이다.

아우구스티누스의 《고백록》은 죄에 대한 참회록이지만 뒤집어 말하면 죄에 대한 승리의 고백서이다. 죄를 이기는 첫 단계는 죄를 고백하는 것이다. 아우구스티누스는 죄를 고백함으로 죄를 이긴 사람이다. 후일, 톨스토이는 그의 마지막 작품 《부활》에서 이 문제를 다루고 있다. 주인공 네플류도프는 시골 소녀 카추샤에게 범한 자신의 죄를 고백함으로 부활하기 시작하여 부활을 완성시킨다.

또한 아우구스티누스의 《고백록》은 젊은이에게 희망을 주는 책이다. 젊은이들은 방탕하기 쉽다. 방탕의 유형은 각각 다르지만 그들은 나름대로 크고 작은 죄를 범하면서 살고 있다. 그런데 방탕이 방탕으로 끝나면 파멸이다. 심은 대로 거두는 것이 인생 법칙이다. 그러나 방탕이 회개로 이어지고 그 회개가 진리탐구, 즉 삶을 직시하면서 삶을 삶답게 살려는 방향으로 전환이 된다면 그 방탕은 창조적 방탕이 될 수 있다. 방탕의 끝은 허무다. 아우구스티누스는 이 《고백록》에서 그것을 강조하고 있다. 허무를 알아야 허무를 극복할 수 있다. 이 책은 방탕한 삶으로 그 삶을 소진시킨 사람들에게 삶의 방향을 전환시키는 나침판 같은 구실을 할 것이다. 그리고 방탕한 삶을 사는 사람들에게 질책을 하면서도 동시에 희망의 눈빛으로 그들을 긍휼히 여길 수 있는 따뜻한 마음을 갖게 하는 지혜를 줄 것이다.

21

사무엘 베케트

고도를 기다리며

〈작가와 작품 해설〉 1953년 1월 3일, 이날은 연극하는 사람이나 연극 마니아에게는 잊을 수 없는 역사적인 날이다. 아일랜드 작가 사무엘 베케트(Samuel Beckett, 1906~1989)가 쓴 〈고도를 기다리며〉라는 연극이 파리 바벨론 극장에서 첫 공연을 했기 때문이다. 이후로 사실주의 연극보다 부조리 연극이 전 세계를 휩쓸었다. 부조리라는 말은 조리, 논리, 이치에 맞지 않는다는 뜻이다. 이 연극을 보면 부조리라는 말이 실감 난다.

말라 죽어가는 것처럼 보이는 한 그루 나무밖에 없는 시골길에 두 사람, 블라디미르와 에스트라공이 서 있다. 그들은 지금 '고도'라는 사람을 기다리고 있다. 그러나 고도는 좀처럼 나타나지 않는다. 기다림의 무료함을 달래기 위해 두 사람은 이런 저런 대화, 농담, 논쟁, 체조, 놀이, 장난 등을 하지만 그런 말이나 행동에는 어떤 논리도 없다. 지루한 기다림이다. 한참 이런 무의미한 말과 행동을 하는 중, 포초와 럭키가 등장한다. 포초는 밧줄로 럭키의 목을 매어 마치 개를 끌 듯 등장한다. 그러나 럭키는 반항하지 않는다. 그들 역시 별 의미 없는 말과 행동을 한다. 한참 후 양치기 소년이 등장하여 무대에 있는 사람들에게 오늘 고도는 오지 않는다고 전하면서 사라져 버린다.

2막도, 역시 단조롭다. 물론 변화는 있다. 블라디미르는 죽어가는 것 같은 나무에 싹이 돋는 것을 보았고, 포초는 장님으로, 럭키는 농아로 등장한다. 그러나 기본 구조는 변하지 않는다. 그들은 역시 고도를 기다리고 있었고, 양치기 소년은 다시 나타나 오늘도 고도는 오지 않는다는 말을 남기고 사라져 버린다. 블라디미르와 에스트라공은 결국 고도가 오지 않는다는 것을 깨닫는다. 그들은 서로에게 말한다. "고도는 오지 않는다. 떠나자." 그러나 그들은 그 자리를 떠나지 못하고 그 자리에 여전히 그대로 남아 있다. 부조리이다.

〈해석과 평가〉 이런 줄거리를 가진 이 희극은 겉으로 보기에는 단순하고 지루하고 별 의미가 없는 것처럼 보이지만, 내면을 들여다보면 인간 삶의 모습을 다양하게 함축하고 있다. 우선 등장하는 인물들의 상징성을 살펴보자. 저들의 대화 내용은 분석해 보면 블라디미르는 이성적이고 지적인 인물이다. 주변을 세밀하게 관찰하는 사람이다. 그래서 나무에 새싹이 돋는 것을 찾아내기도 한다. 이성적이고 지적이기에 낙관적이지만 행동에는 소극성을 띤다. 사실 지식인들은 나름대로 논리가 있고 주장이 있으나 행동하는 데는 약하다. 흔히 이런 일로 인해 지식인의 허위의식이라는 비판이 생긴다. 많이 알수록 말은 많으나 행동으로 그 이론을 뒷받침하는 데는 약하다. 에스트라공은 감정적이다. 그는 스스로 자주 맞고 다닌다고 투덜댄다. 삶에 대해 비관적이다. 그러나 그는 행동파다. 행동으로 자기감정을 드러낸다. 솔직하고 용감하다.

포초는 남을 지배하는 자를, 럭키는 지배당하는 자를 상징한다. 이들 사이엔 소통은 어렵다. 지배하는 자는 장님이고, 지배당하는 자는 농아이기 때문이다. 지배하는 자는 객관성을 상실하기 쉽고 공격적이지만 내면에는 두려움이 있다. 공격이 최상의 방어라는 의식을 갖고 살아간다. 지배당하는 자는 주변 사람들과 대화하기를 피한다. 관계를 유지하려는 대화보다는 자신의 처지를 한탄하고 과장하는 독백을 자주 한다. 양치기 소년은 오직 고도의 전령사 역할만을 한다. 남의 지시나 뜻을 단지 전하는 역할만을 충실히 한다. 착하기는 하나 주체성을 상실한 인간이다. 이처럼 작가는 등장인물들을 통해 다양한 인간상과 그들의 장점과 단점을 드러내고 있다.

이 연극에서 가장 논쟁이 되는 것은 과연 '고도'는 무엇을 상징하는 것이냐이다. 사람들이 작가에게 고도는 무엇을 뜻하느냐고 물었을 때, 작가는 자신도 모른다고 답했다. 이 말은 고도에 대한 해석은 이 연극을 보는 사람 각자가 자기 처지에 따라 다양하게 해석해야 한다는 뜻이다. 캘리포니아 한 교도소에서 이 연극을 공연하자 관람한 죄수 전원이 기립 박수를 했다. 여자가 등장하지 않은 연극이라서 공연을 허락했지만 그 결과는 매우 감동적이었다. 왜일까? 죄수들은 고도를 자유라고 생각했고 자유를 기다리면서 사는 자신들의 삶을 적절하게 표현했다고 판단했기 때문이다. 그렇다. 고도는 각기 자기 형편에 따라 해석하면 된다. 환자에게는 퇴원하는 날이, 대학생들에게는 취업하는 날이 고도이다. 이렇게 생각하면 고도는 사랑, 죽음, 구원, 신 등등으로 해석할 수도 있다. 심지어는 돈도 될 수 있다.

이 연극은 인간의 삶이란 결국 그 무엇인가를 기다리며 사는 것임을 보여 준다. 물론 그 기다리는 것은 쉽게 오지 않는다. 어쩌면 영원히 오지 않을 수도 있다. 그러나 인간은 그것을 기다리며 살아야 한다. 기다림은 희망이지만 절망이기도 하다. 희망이 삶의 이유가 된다면 절망도 삶의 이유가 된다. 희망이 절망이고 절망이 희망이다. 이 연극은 인간의 하는 무의미한 행위도 사실 중요하다는 것을 강조한다. 겉으로 보기에는 부조리하고 무의미하지만 그런 것들이 없으면 인간은 고도를 기다릴 수가 없다. 그러나 우리는 분명히 알아야 한다. 기다리는 것이 분명 있고 그것을 기다리려는 의지가 분명 있을 때만 그 무의미한 것들이 의미가 있다는 것을.

이 연극에서 포초와 럭키는 밧줄로 연결되어 있다. 지배하는 자와 지배당하는 자를 연결시키는 밧줄의 의미는 무엇일까? 그것은 생존방식의 양식일 것이다. 지배하는 자는 지배당하는 자가 있어야 살고, 지배당하는 자는 지배하는 자가 있어야 산다는 생존 방식을 상징하는 것은 아닐까? 그런 의미에서 지배하는 자와 지배당하는 자는 공존해야 한다. 서로 원수일지라도 서로에게 필요하다. 원수를 죽이는 것은 언젠가 자신을 죽이는 것일 수도 있기 때문이다.

이 연극에서 가장 부조리한 것은 필자가 보기에는 등장인물들이 고도를 기다리면서도 고도가 누구인지 알려고 하지 않는다는 것이다. 저들은 고도를 한 번도 본 적이 없다. 고도의 전령사인 양치기 소년에게 고도가 어떤 사람인지 묻지 않는다. 왜 오늘도 오지 않는지 묻지 않는다. 이런 것들을 통해서 작가는 인간은 그 무엇인가를 기다리면서 살기는 하지만 그 기다림의 대상에 대해서 보다 구체적으로 알려고 하지 않는다는 것을 비판하고 있다. 대상에 대해 질문이 없으면 대상을 알 수 없다. 아브라함은 하나님을 만나 그 말씀에 순종했고 모세도 하나님을 만나 그 말씀에 순종했지만 아브라함은 하나님께 질문하지 않았고, 모세는 하나님께 질문했다. 누가 더 하나님을 잘 알았고 하나님의 뜻에 순종했을까? 모세다. 그는 40년간 하나님과 대화했고, 하나님께 최고의 인물로 평가를 받았다. 무엇인가를 기다리며 산다면 그 대상에 대해 자주 질문해야 한다. 그래야 동기화되며, 구체화되고, 역경을 이겨 그 기다림을 성취시킬 수 있다.

또 하나, 등장인물들은 고도가 오지 않는다고 했을 때. 고도를 찾아 나서지 않는다. 기다리기는 하지만 상대를 찾아 나서지는 않는다는 것이다. 인간은 행동한다. 그러나 적극적으로 행동하지는 않는다. 양치기 소년이 고도가 오지 않는다고 두 번이나 고지를 하는 것은 고도가 저들이 자신을 찾아오기를 기다린다는 뜻이 아닐까? 등장인물들은 고도를 기다리고 고도는 등장인물들을 기다리고, 결국 쌍방이 다 상대를 기다리고 있다는 것을 작가는 암시하고 있는 것은 아닐까? 성경을 보면 인간은 하나님을 기다리고, 하나님은 인간을 기다린다. 이런 관계를 신앙적 관계라고 부른다. 신앙이란 인간이 하나님을 기다리는 행위이고 하나님께서 인간을 기다리고 있다는 것을 깨닫는 것이다.

이 연극에는 무의미한 대화들이 많지만 핵심적인 대화들도 있다. 블라디미르가 에스트라공에게 한 말이다. "우리가 여기서 무엇을 하느냐가 문제야. 그리고 우리는 그 해답을 알고 있다는 점에서 축복을 받은 거야. 이 무서운 혼란의 시대에 한 가지만은 확실해. 우리는 고도를 기다리고 있다는 것이야." 우리가 사는 이 시대는 혼란의 시대이다. 이런 시대를 사는 우리에게 가장 큰 축복은 무엇인가? 기다림이 있다는 것, 그 기다림을 위해 그 어떤 행동을 한다는 것. 바로 그것이다. 성경은 기다림의 책이다. 하나님께서는 우리 인간들이 그의 품으로 돌아오기를 기다린다.

작가는 기다림이야말로 인간의 실존이며 존재 양식이라고 강조하고 있다. 기다림이 있을 때 주변에서 생긴 무의미한 일들, 사람들이 하는 소소한 것들도 의미를 갖는다고 강조한다. 인간은 그 어떤 목적을 향해 살아가는 존재이지만 그것은 행복도 아니고 불행은 더욱 아니며 성공도 불행도 아니라고 암시한다. 인간은 막연하지만 그 무엇인가를 기다리며 사는 존재이기에 기다림 그 자체가 인생이고, 인생의 목표이며 인생을 사는 방법이라고 작가는 암시하고 있다. 두 사람이 고도를 기다리고 있는데 이는 우연한 행동이 아니다. 고도는 온다고 약속했다. 그래서 그들은 기다리는 것이다. 그런데 고도는 오지 않는다고 전령사가 그 소식을 전해 준다. 인간은 서로에게 약속하면서 산다. 그러나 그 약속은 깨어진다. 그러면서도 그 약속을 믿고 기다린다. 그것이 삶이다.

이런 상황에서 인간은 어떻게 살아야 하는가? 연극의 두 주인공은 고도가 오지 않는다는 소식을 들었지만 여전히 약속의 장소에서 떠나지 않고 기다린다. 인간은 어떻게 살아야 하는가? 그 무엇인가를 기다리며 살아야 한다. 이 연극에는 희망과 절망이 교차된다. 두 사람은 고도를 기다린다. 희망이다. 그런데 전령사가 등장해서 고도가 오지 않는다고 전해 준다. 절망이다. 이런 상황에서 블라디미르가 축복이라는 단어를 사용했다. 그가 사용한 축복의 의미는 이 상황에서 우리가 무엇을 해야 하는지를 알고 있다는 것, 그것이 축복이라고 그는 말했다.

중요한 것은 상태가 아니다. 행동이다. 행복이나 불행, 성공이나 실패는 지금 처한 상태의 개념이다. 아주 미시적으로 생각하면 그것은 멈춤이다. 그러기에 가변성이 있다. 지금은 멈춤이지만 그것이 움직일 때, 행복은 불행으로, 성공은 실패로 변할 수도 있다. 작가는 상태보다는 행동을 중요시하고 있다. 여기서 무엇을 하느냐 그 해답을 알고 있다는 것이 축복이라는 블라디미르의 고백은 여기서 행동하는 것이 중요하다는 것, 어떤 행동을 해야 하는지 그 해답을 알고 있다는 것이 축복이라는 것이다. 현대인에게 중요한 것은 어떤 상태에 이르는 것이 아니라 행동하는 것, 그리고 어떤 문제에 대한 해답을 아는 것, 즉 깨달음이다. 주어진 상황에서 어떤 행동을 해야 하는지를 깨닫는 것이 삶을 사는 지혜다.

〈기독교적 이해〉 작가는 이 연극에서 기다림의 시효, 즉 언제까지 기다려야 하는가에 대해서는 암묵적으로 외면하고 있다. 기다림 그 자체로 충분한 의미가 있다는 것을 강조할 뿐 언제까지 기다려야 하는가 즉 시간의 문제는 무시하고 있는 것이다. 그런 계산은 인생에 있어서 무의미한 것이라고 생각하는 것이다. 예수 그리스도가 승천할 때, 제자들은 재림의 때를 주님께 물었다. 이때, 주님은 자신도 모른다고 했고, 오직 하나님만 아신다고 대답하셨다. 주님 역시 작가와 같은 생각을 하고 계셨다. 복음을 전하는 행동이 중요하지 재림의 때를 아는 것이 중요하지 않다는 것이다. 인간은 만날 약속을 하면 시계를 쳐다본다. 합리적인 행동이지만 정말 중요한 것은 사람이 약속대로 올 것인가? 아니 올 것인가?를 골똘하게 생각하는 것이 아니라 이제 일어나야 하는지 더 기다려야 하는지에 대한 해답을 얻고 행동하는 것이다.

기독교가 2,000년 넘게 생존할 수 있었던 원인이 무엇일까? 그것은 많은 신자가 주님의 약속이 언제 이루어질 것인가에 대한 관심보다는 주님이 명하신 행동 즉 복음을 전하는 일에 충실했기 때문이다. 한국교회는 하나님의 축복을 물질적인 개념으로 이해하려는 경향이 있다. 이제는 한 걸음 더 나아가야 한다. 그 무엇인가를 기다리며 살 수 있다는 것, 주어진 상황에서 문제의 해답을 얻고 적절하게 행동할 수 있는 것, 그것이 축복이라고 가르쳐야 한다.

기독교는 기다림을 가르치는 종교이다. 아브라함은 25년을 기다려 아들을 얻었고, 모세는 40년을 기다려 하나님의 음성을 들었다. 이스라엘 백성들은 수백 년을 기다려 예수 그리스도를 만났으며, 기독교인들은 다시 언제인지 알 수 없는 세월을 기다려야 예수 그리스도의 재림을 볼 수 있을 것이다. 기다리지 못하는 교인은 참 교인이 아니다. 기다림은 희망과 인내, 그리고 일이 있어야 가능하다. 실로 기다림은 일종의 종합 예술이다.

플라톤의 국가론

〈작가와 작품 해설〉 가장 이상적인 국가란 어떤 국가인가? 이것은 정치가는 물론 그 나라 국민이라면 절실하게 묻는 질문이다. 국민은 자신의 나라가 이상적인 나라이길 원하고, 바른 정치가들은 이상적인 나라를 만들려는 의지를 갖는다. 이 질문에 대해 플라톤(Platon, BC 427~347)은 그의 책 《국가론》을 통하여 이상적인 나라의 모습을 제시한다. 그는 그리스의 철학자이다. 소크라테스를 스승으로 모시고 학문을 연구했으며, 아리스토텔레스는 그에게서 배웠다. 철학자 화이트헤드는 서양철학은 플라톤의 영향권 속에서 발전했다고 단언한다. 그는 형이상학은 물론 윤리학, 정치학, 심리학, 교육학, 우생학, 정신분석학, 예술론 등에 대한 기술도 했고 여성해방론자이기도 하다. 28세 때 소크라테스의 억울한 죽음을 보고 우매한 민중민주주의에 대한 한계를 절감했다. 기원전 386년에 오늘날 대학 격인 아카데미아를 설립하여 후학을 가르쳤고, 이 교육기관은 주후 529년까지 지속되었다. 80세 때 제자 결혼식에 참석한 후 휴식을 취하다가 운명했다.

《국가론》은 모두 10장으로 구성되었다. 그는 정의에 대해 관심이 많았다. 그가 말하는 정의는 선을 행하고, 유지시키는 것이고, 적합한 것이며, 각자의 소임을 다하는 것이다. 이러한 정의는 개인과 사회조직에 유익을 준다. 그는 국가의 기원에 대해서 언급한다. 개인들이 생존을 위해 힘을 합하여 더 큰 집단을 이루어 하나의 국가가 만들어졌다고 주장한다. 일종의 사회계약설이다. 국가에는 수호자가 필요하다. 자원을 보호하고, 범죄를 예방, 처벌하며, 전쟁을 준비해야 하는 등 할 일들이 많기 때문이다. 국가는 너무 커도 작아도 안 된다. 자급자족을 할 수 있어야 하기 때문이다. 수호자는 지혜롭고, 용감하고, 절제하며, 정의로운 사람이어야 한다. 이런 수호자를 육성하는 교육은 절대 필요하다. 용기 있고, 현명하며, 국가에 헌신하려는 수호자 중에 통치자를 선발하여 체육, 음악 교육을 하고 절제와 조화를 가르치고 사유재산을 부정하는 교육을 실시한다. 통치자에 대한 예우도 중요하다. 최고의 예우는 그의 명예를 지켜주고 기억하는 것이다. 수호자와 통치자는 국가를 수호하고 국민이 행복해지는 모습을 보면서 행복을 느껴야 한다. 수호자와 통치자는 부자도 가난한 자도 되게 해서는 안 된다. 부자가 되면 사치와 게으름으로 제구실을 감당하지 못하며, 가난하면 노예근성이 생기고 부도덕해지기 쉽기 때문이다.

또 플라톤은 공산사회와 여성해방을 강조했다. 그는 남녀는 평등하며, 여자도 교육을 받아야 한다고 주장했다. 그래야 공통된 과업을 함께 수행할 수 있기 때문이다. 수호자와 통치자, 즉 지도자들은 공동가정을 꾸며야 한다. 그래야 사유개념을 박탈할 수 있으며 공동책임을 질 수 있기 때문이다. 그는 결혼도 국가가 통제해야 한다고 주장했다. 남자는

25~55세, 여자는 20세에서 40세까지 임의로 성행위를 하지 못하도록 했다. 물론 그 전이나 그 이후에는 이 제약에서 벗어난다. 그가 이런 파격적인 주장을 한 것은 건강한 아이를 얻어 강한 군대를 만들려는 의지 때문이다. 그는 더 나아가 다부다처주의를 주장했다. 여러 남자와 여러 여자가 함께 결혼생활을 하면 아이를 낳았을 때, 그 아이가 다 내 아이라는 생각을 하여 남자나 여자가 끝까지 그 아이를 돌보기 때문에 아이들은 굶어 죽거나 내버려지는 악을 줄일 수 있다고 생각했기 때문이다.

〈해석과 평가〉 그는 이상 국가를 만들려면 철학자가 통치자가 되어야 한다고 주장했다. 철학자란 지혜, 지식, 진리를 사랑하는 자이다. 그는 지식과 의견을 다르게 보았다. 지식이란 사물의 본질이고 의견은 사물에 대한 판단이다. 지식 없는 의견은 편견이고 맹목이라고 생각했다. 철학자는 참된 인간상, 아름다움, 선에 대해 연구하고 그에 대한 지식을 갖고 있어야 한다. 철학자의 최고 학문은 선의 이데아를 추구하는 것이다. 이데아란 실재하는 것이 원형이다. 그것은 존재를 초월해 있는 그 어떤 것이다. 예를 들면 여기 거울이 있다고 하자. 공예가가 처음 거울을 만들 때, 그는 거울의 이데아, 즉 여기는 없으나 그 어디 저쪽에 있는 거울의 원형을 상상하며 거울을 만들었다. 여기 만들어져 있는 거울은 여기 없는 저쪽 거울의 원형이라는 것이다. 이데아란 현실 안에는 없으나 현실 위에는 있는 가장 이상적인 실체를 의미한다. 철학자는 이런 이데아를 찾는 사람이다.

그가 강조한 동굴 비유를 예로 들어보자. 어두운 동굴에 벽면만 바라보는 죄수들이 있다. 가벼운 천으로 가려진 밖에는 오고 가는 사람들이 있고, 횃불이 있으며, 하늘에는 태양이 떠 있다. 지금 죄수는 벽면에 비치는 그림자를 바라보고 있으며, 들리는 소리는 벽면에 있는 그림자가 내는 소리라고 생각한다. 즉 그림자를 실물이라고 생각한다는 것이다. 한 죄수가 동굴 밖으로 나오자 눈이 부시고 앞을 잘 볼 수 없으니 여전히 전에 본 벽면의 그림자가 실체라고 생각한다. 그러나 시간이 지나면서 죄수는 눈부심이 사라지고 태양을 보게 되면서 결국 벽면의 그림자는 실체가 아님을 깨닫게 된다. 죄수는 다시 동굴로 돌아가 다른 죄수들에게 벽면의 그림자는 실체가 아니라는 것을 말해준다. 이 비유는 선의 이데아를 체험하는 과정을 비유적으로 말한 것으로서 이성적인 행동과 판단을 통해서 이데아를 깨닫게 된다는 것을 강조하는 비유이다. 그는 인간이 그 동굴에서 빠져나오기 위해서는 교육이 필요하고, 그 교육은 수학, 기하학, 천문학, 변증론인데 10세가 되면 시골로 아이들을 보내 자발적으로 체육, 음악으로 교육을 시작해야 한다고 주장했다. 이 교육의 목적은 종합적으로 생각하는 법을 배우는 것이고, 의무를 이행하는 능력을 함양하는 것이다.

플라톤은 잘못된 국가체제에 대해서도 자기의 견해를 피력하고 있다. 귀족체제는 귀족 중심의 집단지도체제이고, 명예체제는 스파르타식으로 전쟁 영웅을 지도자로 삼는 체제이다. 과두체제는 부자들이 권력을 잡는 체제로서 전쟁 수행 능력이 현저하게 떨어지는 체제이다. 민주체제는 가난한 자들이 혁명을 일으키면서 평등과 자유를 강조하는 체제지만 예의가 실종되고 욕망을 발산하기 좋은 체제이다. 국가가 무질서하기 쉽다. 참주체제는 민중을 선동하고 민중의 환심을 사려는 체제로서 호위대를 조직하여 국가질서를 유지하려고 하지만 군대를 유지하기 위해 재물을 수탈하면서 민중은 결국 불행한 인간이 되고 만다. 결국 이런 체제는 모두 완전하지 않다. 그래서 그는 철학자가 통치자가 되어야 한다고 강조한다.

그는 인간을 세 종류로 구분했다. 지혜를 사랑하는 자, 명예를 사랑하는 자, 돈을 사랑하는 자가 그것이다. 지혜를 사랑하는 자는 고귀한 목적을 갖고 살아가며, 학문을 연구하고, 절제하며, 정당한 재물을 원한다. 무엇보다도 자신을 관조하는 삶을 살아간다. 그러기에 반성할 줄 알고 바른 길로 가려는 욕구를 지닌다. 그는 이런 사람, 즉 철학자가 통치자가 되면, 그가 다스리는 나라는 이상적인 나라가 된다고 주장했다.

또한 그는 이상 국가가 되려면 시인을 추방해야 한다고 강조했다. 왜냐하면 당시 유행하는 《일리아드》나 《오디세이》 등은 인간을 감상주의자로 만들고 비도덕적인 사람으로 타락시키기 때문이고 그 시 속에 등장하는 신들은 상당수가 비도덕적인 행동을 하고 있다고 생각했다. 그는 국민은 기술자가 되어야 한다고 강조했다. 기술에는 사용하는 기술과 만드는 기술, 모방하는 기술이 있는데 그 어느 것도 국민 생활에 유익하다고 주장했다. 결국 이상 국가는 통치자와 국민이 함께 만들어가는 국가이다. 통치자가 잘못되어도 이상 국가는 될 수 없고, 국민이 잘못되어도 이상 국가는 만들어지지 않는다.

그는 영혼불멸설을 주장하기도 했다. 그래서 선과 악에 의해 상벌이 주어진다는 것과 죄에 대한 벌을 강조했다. 이 생각 역시 이상 국가를 만드는 데 유익한 사상이다. 지금 우리나라는 이념 문제로 심한 갈등을 겪고 있다. 이상 국가를 건설함에 있어서 자유민주주의냐 사회주의냐 하는 이

논쟁은 분명 가치가 있다. 그런데 기독교인으로서 나는 사회주의는 옳은 것도 분명 있지만 원리주의 형태의 사회주의는 부정적으로 본다. 사회주의는 결국 국가가 국민에게 모든 것을 해 준다는 것인데 이런 주장은 일종의 국가우상주의이다. 국가는 신이 될 수 없다. 평등의 가치를 존중하되 자유를 억압해서는 안 된다. 플라톤의 《국가론》은 비현실적인 이론이지만 그 논리성, 그 이상은 높이 평가해야 한다.

〈기독교적 이해〉 성경에는 수많은 국가가 등장한다. 역사 이래 이 세상에 수많은 국가가 존재했었다. 그러나 그 어느 나라도 이상국가는 없었다. 국가를 구성하는 인간이 완전하지 못하기 때문이다. 플라톤은 불가능한 것을 주장하는 이상주의자였다. 그러나 그의 주장이 있었기에 많은 정치가와 국민은 이상적인 나라를 세우려는 노력을 했다. 오늘날 이 세상에 온전하지는 못하지만 온전한 나라를 만들어보려는 사람들이 아직도 남아있는 것은 플라톤 덕분이다. 국민이 배부르게 살 수 있도록 해준다고 이상국가가 되는 것은 아니다. 플라톤의 어리석음은 철학자가 왕이되면 이상국가가 될 수 있다고 주장한 데 있다. 이상국가는 누가 지도자가 되느냐에 있지 않고 그 나라 백성들의 상태가 어떠하냐에 달려있다. 주님은 하나님 나라라는 용어를 사용해서 이상국가의 틀을 암시했다. 모든 국민이 평안하고, 즐겁고, 바르게 살면 그 나라가 이상국가이다. 그렇게 하려면, 먼저 지도자들이 그런 마음 상태를 얻어야 한다. 지도자들이 불안하고, 고통스럽고, 바르게 살지 못하면서 어찌 국민을 그런 나라로 이끌 수 있겠는가?

애덤 스미스

국부론

〈작가와 작품 해설〉 애덤 스미스(Adam Smith, 1729~1790)를 지칭해서 경제학의 조상이라고 극찬을 한다. 그는 스코틀랜드 출신 학자이며, 67세까지 독신으로 지내면서 학자로서의 삶을 충실히 살았다. 그는 글래스고대학에서 윤리학도 가르쳤다. 그의 《도덕 감정론》은 유명하다. 그는 인간에게는 통감 능력이 있다고 주장한다. 즉 인간은 자기를 타인의 입장과 동일하게 놓고, 타인과 동일하게 느낄 수 있는 능력이 있다는 것이다. 그는 인간의 감정을 이성보다 우월하다고 주장한다. 인간을 긍정적으로 이해한 그는 그런 기조 위에서 자신의 경제학적 주장을 했다. 한마디로 그의 경제학은 긍정적이다.

그는 《국부론》에서 국가는 어떻게 경제를 운용해야 경제 강국이 될 수 있는가에 초점을 두고 그 방법과 원리를 밝히고 있다. 그는 국가의 부는 국가 생산량의 총합이라고 보았다. 단순히 쌀이나 공산품으로, 또는 현금으로 국가의 부를 측정하는 것이 아니라 그 모든 것을 총합한 것이 국가의 부라는 것이다.

애덤 스미스가 이런《국부론》을 저술한 것은 시대의 영향이 컸다. 미국의 독립전쟁은 중상주의의 몰락을 가져왔다. 중상주의란 식민지를 정복하여 원료를 식민지에서 싸게 구입하고, 그 원료로 만든 각종 상품을 식민지에 비싸게 팔아 나라의 부를 축적하는 시스템이다. 그런데 미국이 독립함으로 이제 영국은 원료를 싸게 구입하여 생산품을 비싸게 팔 수가 없어졌다. 산업혁명의 영향도 컸다. 산업혁명 결과, 대량으로 생산된 상품을 팔려면 시장 규모가 날로 커져야 하는데 한계가 왔고, 따라서 외국에서 벌어오는 재화도 한계에 부딪혔다. 프랑스 혁명의 영향도 컸다. 프랑스 혁명은 자유, 평등, 박애를 근본 가치로 여기는 혁명이다. 특히 자유를 강조한 이 혁명 이후, 국가가 개인을 통제하는 것이 어려워졌다. 결과적으로 새로운 경제원리가 등장해야만 하는 시대가 도래한 것이다.

지금까지 경제원리는 중농주의 즉 농업을 중시하는 원리인데, 봉건제도 하에서는 당연한 경제원리였다. 봉건주의는 노동과 토지가 중요시되었다. 그런데 봉건제도가 무너지고 식민지가 개척됨으로 상업을 통해서 국가의 부를 축적하려는 제도가 생겼다. 중상주의이다. 중상주의는 유통이 중심이 되었고, 수입은 억제하고 수출을 강화하면서 정부의 간섭과 통제도 비례적으로 강화되었다. 그런데 중상주의가 무너지면서 자본주의가 등장했다. 분업이 강조되고 교환, 자유시장 경쟁, 정부 간섭의 최소화 등이 생겨난 것이다.

애덤 스미스는 이런 경제원리의 변화 속에서 자본주의 경제이론을 만들어 냈다. 그는《국부론》에서 경제적 효율성을 강조했다. 다양한 생산 요소들을 열거하면서 생산성을 높이는 것이 중요하다고 역설했다. 예를 들면 분업을 강조했고, 시장 구조, 화폐 사용, 노동, 이윤, 지대, 임금 등이 효율적으로 가동되어야 한다는 것이다. 그는 자본이 축적되어야 국부가 증가한다고 강조했다. 그러기 위해서는 임금을 제외하고 자본가는 지대와 이윤을 절약해서 자본을 축적하고 그 자본을 확대 재생산에 투자해야 한다고 주장했다. 맞는 말이다. 자본가가 자본을 축적한 후 그 자본을 확대재생산에 투자하지 않으면 회사는 성장하지 못하고 결과적으로 국부는 축적되지 못한다.

그는 경제성장은 농촌보다는 도시가 더 큰 역할을 한다고 주장한다. 산업혁명 이후 많은 사람이 도시로 몰려와 노동자들이 되었다. 농촌에서 일하는 것보다 도시에서 일하는 것이 자신의 삶을 풍요하게 만들 수 있다고 생각했기 때문이다. 경제 규모가 농촌보다 도시가 더 커졌다. 따라서 국가가 농촌보다는 도시를 더 중점적으로 성장시키고 관리하는 것은 당연한 일이다.

그는 특히 국가의 부를 축적하기 위해서는 개인이 자유롭게 생산과 소비 활동을 해야 한다고 강조했다. 국가의 간섭은 최소화해야 하고, 국가는 양질의 노동자들을 양성해야 하고, 기업가들을 배출해야 하므로 청년교육에 힘써야 하며, 자본의 타락을 방지하고, 노사 간의 분쟁이 적절하게 조절될 수 있도록 종교교육을 강화해야 한다고 역설했다. 이 점은 애덤 스미스의 탁월한 주장이라고 할 수 있다. 자본가나 노동자들이 각자의 욕심만 챙기려 하고 축적된 자본이 타락하면 결국 생산성이 줄어들어 분쟁이 가속화되면서 국가의 부는 축적될 수 없기 때문이다. 불행하게도 이 주장은 잘 실현되지 못했다. 인간 욕망을 적절하게 통제하는 기능이 약화되었기 때문이다. 그 결과 공산주의가 등장하면서 이어 케인즈가 주장하는 수정자본주의가 등장했다. 공산주의가 그 자체의 이론적 모순 때문에 무너지면서 이제는 사회주의가 등장하였다. 사회주의는 수정 자본주의와 공산주의 중간쯤 되는 경제, 정치 이념이라고 할 수 있다.

애덤 스미스는 자본주의를 강화하고 국부를 축적하기 위해서 조세제도를 합리적으로 시행해야 한다고 강조했다. 모든 분야에서 조세가 부담되어야 한다는 것이다. 임대, 토지, 이윤, 임금, 수입세, 자본 가치, 공채 등에 세금이 부과되어야 한다는 것이다. 공공 토목 사업도 시행하여 노동자들의 일자리를 보장해야 한다고도 주장했다.

〈해석과 평가〉 애덤 스미스의 《국부론》은 몇 가지 특징이 있다. 첫째는 보이지 않은 손에 의한 시장통제 이론이다. 이를 자연가격이라고 부르기도 한다. 신에 의한 자연 질서가 시장을 자연스럽게 통제한다는 주장인데, 이는 그의 신앙적 고백이기도 하다. 고무줄 이론이라고 부르는 이 주장은 시장에서 상품에 대한 가격을 인위적으로 정하는 것이 아니라 수요 공급의 원리에 의해 자연스럽게 가격이 정해진다는 것이다. 자본주의에서 시장은 결정적인 역할을 한다. 시장이 활성화되지 못하면 정상적인 교역이 불가능하다. 시장교역에 있어서 가장 중요한 요소는 가격이다. 국가가 가격을 정하고 통제하는 것은 애덤 스미스가 볼 때 비합리적일 뿐 아니라 사실상 불가능하다고 보았다. 파는 사람과 사는 사람이 자연스럽게 합의에 의해 가격이 정해지는 것이 가장 좋다고 본 것이다. 애덤 스미스는 그의 《도덕 감정론》에서 인간을 긍정적으로 이해했기에 이런 주장을 한 것이다.

그가 상품가격이 인간에 의해서 정해진다고 강조하기보다는 신에 의해 즉 보이지 않는 손에 의해 결정된다고 주장한 것은 당시 사회가 기독교적 가치관이 지배하는 사회이기도 하고, 신에 의한 가격 결정이 가장 합리적인 것이라고 주장하려는 의도가 있었기 때문일 것이다. 물론 이런 주장이 반드시 맞는 것은 아니다. 파는 사람들이 가격을 담합하거나, 사는 사람들이 불매운동을 하게 되면 보이지 않는 손에 의한 자연가격은 성립되지 않는다. 인간은 어떤 경우에는 착한 존재가 아니기 때문이고, 욕망에 따라 얼마든지 그 생각이 달라질 수 있는 불확실한 존재이기 때문이다.

둘째, 인간의 이기심을 선용하자는 주장이다. 그는 인간이 이기적인 존재라는 것을 인정한다. 그런데 그 이기심이란 단순히 동물적인 이기심이 아니다. 인간은 자신이 처한 환경을 더 낫게 만들려는 본성이 있다. 그리고 그 본성은 다른 사람의 본성과 공감을 이루어 조화 있는 사회를 형성하려는 이기심이다. 일종의 이기심을 서로 교환한다는 뜻이다. 사실 인간의 이기심은 자신만을 위한 이기심도 있지만, 공동체 자체가 함께 유익이 된다면 그것 역시 바람직한 것이라는 선한 이기심도 있다. 자본가와 노동자가 함께 이익을 본다면 서로 협력하여 생산을 높이고 부를 함께 나눌 수 있다. 물론 그의 이러한 주장이 반드시 경제에 적용된다고 말할 수는 없다. 왜냐하면 자본가와 노동자들이 이익을 함께 나눌 때, 그 비율을 어떻게 정하느냐에 대한 논쟁이 있을 수 있기 때문이다. 이익을 함께 나누는 데는 합의를 하지만 어떻게 나누느냐에 대한 합의는 대단히 어렵다. 결국 애덤 스미스의 이런 주장은 인간에 대한 신뢰를 하기 때문에 가능한 주장이지만, 과연 인간이 그 정도로 신뢰할 수 있는 존재인가에 대해서는 의문이 남는다.

셋째, 분업 이론이다. 분업 이론은 그가 가장 강조하는 이론이다. 그는 분업을 하면 한 사람이 한 가지 전문 분야를 집중적으로 일하기 때문에 기술이 향상되며 숙달이 되어 생산성을 높일 수 있다고 주장한다. 사실 이런 그의 주장은 오늘날까지 인정받고 있다. 기계화된 공정도 있지만 이 역시 분업화된 기계화이다. 분업이 이루어지면 생산성이 높아지면서 시장이 확대되고, 소비가 증가하면서 더 좋은 기술과 기계가 발명되거나 발전된다.

넷째, 사유재산 인정과 인간의 기본권 즉 자유와 평등이 신장되고, 자유경쟁을 해야 국가의 부가 축적된다는 주장이다. 당연한 주장이다. 인간은 자신의 재산을 가지려고 하고 그 재산을 더 늘리려는 욕망을 지닌 존재이다. 재산권을 인정받지 못하면 재투자를 하거나 더 많은 노동을 하려고 하지 않는다. 자유와 평등이 보장되어야 인간은 더 일하려고 한다. 억지로 일하려고 하거나 싫은 일을 하려고 하면 능률이 오르지 못한다. 경쟁도 자유로워야 한다. 그래야 승부욕 같은 것이 신장되어 생산성이 높아진다. 그러나 이 주장 역시 부작용은 있다. 빈부의 격차가 심해질 수 있고, 경쟁이 공정치 못하는 경우도 생기며, 부의 축적만으로 진정한 인간 평등이 이루어지는 것은 아니기 때문이다.

다섯째, 국가의 간섭이 최소화되면 국가의 부는 축적된다는 주장이다. 그가 이 이론을 주장하는 근거는 국가의 간섭이 심하면 개인의 창의성이나 경쟁의식이 둔화되어 생산의욕이 저하된다고 생각했기 때문이다. 타당한 주장이다. 생산과 소비 활동, 가격 형성, 재산권, 자유경쟁, 이런 것에 국가가 간섭하면 인간은 적극적인 경제 활동을 하지 못한다. 그 결과 국가의 부는 감소된다. 그러나 국가가 간섭을 전혀 하지 않으면 역시 같은 현상이 생긴다. 경제 활동이란 자본가의 재투자, 노동자들의 양질의 노동이 합쳐져야 이상적인 결과를 만들어낸다. 자본주의는 자본가 편을, 공산주의 내지 사회주의는 노동자 편을 더 중시하기 때문에 경제 활동이 왜곡되는 것이다. 국가의 간섭은 필요하다. 문제는 그 적정선이 어디에 있느냐 하는 것이다. 실로 어려운 일이다.

마지막으로, 자유경쟁 이론이다. 그는 시장에서 자유롭게 경쟁을 해야 생산과 소비가 증가하고 국가의 부가 축적된다고 주장한다. 자유경쟁의 유형은 4가지이다. 파는 사람들 간의 경쟁, 사는 사람들 간의 경쟁, 팔고 사는 사람들 간의 경쟁, 경제 외적인 간섭이나 제약을 받지 않고 자유롭게 거래하는 경쟁이 그것이다. 이 경쟁은 인간 스스로가 자율적으로 정해서 해야 이상적이지만 사실상 불가능하다. 그래서 국가의 간섭이 필요하다. 즉 공정한 거래가 법으로 정해지면 국가가 이를 감독해야 한다. 애덤 스미스는 이 부분도 국가의 간섭이 최소화되어야 한다고 주장한다. 경쟁은 자유롭고 공정하고 공평하며 정의로워야 한다. 만약 국가가 이념에 치우쳐 이 경쟁을 왜곡시키면 국가의 부는 감소한다.

〈기독교적 이해〉 지금 한국의 경제적 부는 세계 12위권에 이르고 있다. 한국의 경제적 부는 박정희의 계획경제를 통해 기반을 다진 후, 자본주의 경제정책을 통해 급성장해 왔고, 전두환, 노태우, 김영삼 정권을 지나면서 고도성장을 지속해 오다가 노동 문제를 제대로 관리하지 못하면서 위기를 당해 IMF 구제 금융을 받았다. 그 후 김대중, 노무현 정권에서 어느 정도 회복이 되었고, 이명박 박근혜 정권을 지나면서 다시 재도약을 준비하다가 문재인 정권에 이르러 사회주의 정책을 실험하면서 이제 그 결과를 기다리고 있는 중이다.

자본주의를 통해 성장하고 사회주의를 통해 분배하는 것은 서구 사회의 모델이다. 사회주의 정책의 성공 여부는 이제 곧 판명되겠지만 경제성장은 자본주의로, 부의 분배는 사회주의로 하는 것이 가장 이상적이다. 세계 역사를 보면 사회주의만으로 경제성장을 이룬 국가는 단 하나도 없다. 자본주의 정책으로 공정한 분배를 이룬 나라도 없다. 자본주의와 사회주의가 공존하면서 그 역할을 상호보완적으로 이루어진다면 국가의 부는 축적되면서 그 부의 혜택을 모든 국민이 누릴 수 있을 것이다.

지금 우리나라는 경제적 가치논쟁이 치열하게 진행되고 있다. 소유와 분배, 효율과 노동이 그 대표적 논쟁 가치이다. 다 중요하다. 성경은 무엇이든지 좌우로 너무 치우면 안 된다고 가르친다. 오늘의 가치가 내일에는 재앙이 될 수 있고, 그 반대인 경우도 생긴다. 국민 모두가 현명해야 한다. 성경의 교훈으로 보나, 역사적 교훈으로 보나 속도가 빠르면 부작용이 크다. 우리 경제가 지나치게 빠르게 성장해서 그 부작용 때문에 지금 여러 가지 진통을 겪고 있다는 것을 교훈으로 삼아야 한다. 방향은 바르게, 속도는 천천히, 이것이 정답이다.

군주론

〈작가와 작품 해설〉 이 책은 이탈리아 사람, 니콜로 마키아벨리(Niccoló Machiavelli, 1469~1527)의 작품이다. 마키아벨리는 피렌체 공화국의 10인 위원회 서기장까지 한 사람이지만 스페인이 침공하여 메디치가 몰락하자 추방되었다가 다시 메디치가가 권력을 되찾자 돌아와 공직에 취임하려고 있으나 반역죄로 몰려 투옥되었다. 그 후에 교황 레오 10세의 특사로 풀려나 하급 공무원으로 살다가 죽었다. 그가 쓴 《군주론》은 역사상 가장 논란거리가 되는 책이다. 근대 정치사상의 원류라고 칭찬하는가 하면, 군주나 정치지도자들에게 악덕을 가르친다 해서 1559년 교황청이 금서로 지정하기도 했다. 미국 스탠퍼드대학은 세계를 바꾼 15권의 책 중에 한 권으로 이 책을 선정했다. 그는 《군주론》을 통해 군주의 정치를 미화시켰다.

《군주론》을 한마디로 요약한다면 목적이 수단을 정당화시킨다는 것이다. 군주가 국가 유익을 위해서라면 비록 악한 방법이라도 택해야 한다는 것이다. 그는 정치에 있어서 종교와 도덕은 분리되어야 한다고 주장한다. 한마디로 그는 군주가 종교와 도덕에 얽매이면 강한 군주가 될 수 없다고 주장한 것이다. 군주는 백성들의 일반적 성향을 잘 알아 한다. 백성들은 은혜를 모르고, 변덕스럽고, 위선적이며, 위험을 피하려 하고, 물욕이 강하다. 그런 백성을 다스리려면 여우의 지혜와 사자의 힘이 필요하다고 강조한다.

그는 국가의 유형을 크게 군주국과 공화국으로 분류를 한다. 군주국이란 왕이 다스리는 정치체제이고, 공화국이란 국가 지도자를 선거로 선출하며, 국가권력 기관이 2개 이상 되어야 하고, 민주, 자유, 평등을 그 가치로 여기는 정치체제이다. 그는 군주국의 유형을 창업군주와 세습군주로 나누었다. 창립군주는 나라를 세운 군주이고, 세습군주는 왕위를 세습하여 군주가 된 자이다. 다시 그는 창업군주를 자기 힘으로 나라를 세운 군주와 다른 왕, 또는 귀족들의 도움으로 창업한 군주로 나누었다. 스스로 왕이 된 자는 그 힘이 막강하기 때문에 염려할 것이 없지만 다른 사람들의 도움으로 왕이 된 자는 강한 군주가 되기 위해 몇 가지를 실천해야 한다고 주장한다. 지원 세력을 확보하고, 반대파를 숙청하며, 사랑과 존경 그리고 두려움의 대상이 되어야 한다는 것이다. 이런 그의 주장이 독재국가를 만들고, 반대하는 사람들을 잔인하게 처리하는 정치의 근거가 되었다.

그는 국가의 기초는 군대라고 주장한다. 그는 군주는 자신이 직접 통제하는 자신의 군대를 가져야 한다고 강조한다. 그래서 당시 유행하던 용병제도보다는 시민으로 구성된 병사를 육성해야 한다고 강조했다. 용병은 비록 싸움에 능하지만 돈을 받고 싸우는 일을 하는 직업군인이기 때문에 급료가 적거나 더 많은 급료를 주는 사람이 생기면 배신하기가 쉽다는 것이다. 이런 그의 주장은 후대에 와서 병역의 의무를 국민에게 부과하는 제도로 발전했지만 일부 국가는 다른 나라 국민을 중심으로 한 용병제도는 버리고 자국민을 상대로 모병제로 발전시켜 직업으로서 군인을 양성하게 되었다.

그는 군대가 국가의 기초이기 때문에 군대에 대해서는 관대하라고 충고한다. 그는 무기를 분배할 때는 믿을 수 있는 사람에게만 주라고 하기도 했고, 그 군대를 통해 자신의 업적을 백성들에게 보여주라고 권고한다. 영토를 확장하거나 전쟁 시에는 선두에 서며, 국가 재정을 튼튼히 하여 백성을 잘살게 하라는 것이다. 그래야 군주는 강한 군주가 되고 통치는 수월해진다고 역설한다. 이런 마키아벨리의 주장을 현대에 와서 가장 잘 실천한 사람이 중국의 모택동(마오쩌둥)이다. 그는 권력은 총구에서 나온다고 강조했다. 그 자신이 군대를 통솔하여 소위 해방전쟁을 승리로 이끌었고 상당한 과오가 있음에도 불구하고 여전히 중국 국민에게 존경을 받고 있다.

그는 군주야말로 국민에게 두려움의 대상이 되어야 한다고 강조하면서 그러기 위해서는 형벌을 분명히 해야 한다고 주장한다. 벌을 줄 때, 벌을 주어야 하는 합리적인 이유를 알려 주어야 한다고 했다. 그는 군주가 신하를 선택할 때, 현명해야 한다고 강조한다. 국민은 누가 현명한 신하인가를 잘 알지만 군주는 잘 모른다고 하면서 신하 선택의 어려움을 강조한다. 특히 그는 바른 소리를 하는 소수의 신하를 반드시 두어야 한다고 강조한다. 바른 소리를 하는 신하가 너무 많으면 군주의 권위가 흔들리고, 바른 소리를 하는 신하가 없으면 군주는 현명한 판단을 하기가 어렵다고 했다. 이 점에 대해서 조선의 관직 구조는 탁월하다. 판서를 둬서 왕의 업무를 나누어 집행하고, 의정부 삼정승을 그 위에 둬서 육조의 행정을 감독, 수정할 뿐 아니라 대사간을 둬서 왕의 결정을 견제하는 행정 구조는 마키아벨리의 주장과 일맥상통한다.

또 군주는 신하의 말의 진위 여부를 판단하는 능력이 있어야 한다고도 했다. 신하는 군주를 기만할 수도 있고, 자신의 이익을 위해 남을 모함할 수도 있으며, 군주를 조종하려고도 하기 때문이다. 군주가 신하를 다스리려면 신하에게 명예와 물질을 충분히 주어야 한다고도 했다. 인간은 이기적이기에 자신에게 이득이 없으면 끝까지 충성하지 않는다고 강조한다.

〈해석과 평가〉 그는 군주란 힘 있는 군주가 되어야 하는데 그 힘의 원천을 몇 가지로 분류했다. 첫째는 용기와 덕이다. 용기는 있으나 덕이 없으면 잔인한 군주가 되고, 덕은 있으나 용기가 없으면 실천력이 부족해서 나약한 군주가 된다고 했다. 둘째는 합리적인 사고이다. 군주는 국가를 통치할 때, 감정적으로 하거나 어느 한쪽으로 치우친 정치를 해서는 안 되고 늘 합리적인 생각을 하면서 국민이 수긍할 수 있는 정치를 해야 한다는 것이다. 셋째는 시민의 동의를 얻는 것이다. 아무리 강한 군주라도 국민의 동의를 얻지 못하는 통치를 하면 결국 국민에 의해서 추방당한다고 했다. 넷째는 목표의식이다. 통치는 목표를 향해 가는 행동이다. 군주의 목표는 두 가지이다. 하나는 권력을 유지하는 것이고, 다른 하나는 국민을 번영케 하는 것이다. 이 목표가 분명해야 권위 있는 통치가 가능하다. 국민이 번영하면 권력은 저절로 유지되는 것은 아니다. 오히려 국민이 번영하면 교만해져서 군주를 배신할 수 있다. 다섯째는 위장술이다. 이 부분이 마키아벨리즘의 핵심이다. 군주는 상황에 따라 자신의 목적을 이루기 위해서 그 자신을 위장할 수 있는 지혜가 있어야 한다는 것이다. 그래서 마키아벨리는 정치에 있어서 종교와 도덕은 분리되어야 한다고 주장한 것이다. 백성은 종교와 도덕으로만 통치되는 대상이 아니다. 마지막으로, 군주는 자신의 군대를 가지고 있어야 한다. 자기가 만들고, 자기에게 충성을 하며, 자기가 통제하는 군대가 있어야 군주는 강한 군주가 된다는 것이다.

《군주론》에는 군주가 알아야 할 다양한 명언들이 있다.

"선한 행동만 하는 군주는 선하지 않는 많은 사람 때문에 패퇴한다." 군주는 때로는 엄해야 한다는 뜻이다.

"군주가 해야 할 것을 위하여 실제로 행동하지 않으면 백성들을 파멸시킨다." 이는 군주가 백성을 위하여 마땅히 해야 할 일이 있는데, 우유부단하여 그 일을 적기에 행하지 않으면 결과적으로 백성에게 해가 되고 백성은 군주를 외면하게 되면서 군주도 망하게 된다는 뜻이다.

"군주는 사랑받기보다는 두려움의 대상이 되는 것이 통치에 도움이 된다." 군주가 백성에게 사랑을 받으려면 백성의 원하는 것을 다 들어주어야 한다. 군주는 백성의 요구를 다 들어줄 수 없다. 백성이 원하는 것이다 국가를 위해 옳은 것은 아니기 때문이다. 군주가 두려움의 대상이 되어야 백성은 불필요한 것, 국가에 도움이 되지 않는 것을 군주에게 요구하지 않는다.

"가해는 일시에, 은혜는 천천히 베풀어야 한다." 벌을 천천히 자주 주면 상대는 군주를 두려워하지 않게 되고 원한만 쌓이게 되며, 은혜를 천천히 베풀면 감사하는 마음이 오래가서 군주에 대한 충성심이 강해진다는 뜻이다.

"군주의 성공 여부는 자신의 운명과 자신의 준비 여부, 반반에 달려 있다." 이 말은 마키아벨리가 성공하는 군주란 사실 어렵다는 것을 암시하는 말이다. 그는 피렌체 공화국의 고위공직자로서 유럽 각 나라를 순방하면서 외교활동을 해왔다. 성공하는 군주가 별로 없다는 것을 보면서 이 말을 했다. 그는 군주의 능력 즉 철저하게 준비한 군주가 성공할 가능성이 높다는 것을 인정하면서도 동시에 운이라는 것을 강조함으로 준비와 능력만으로는 안 된다는 것을 강조한다. 여기서 운이란 시대의 흐름, 예기치 못한 천재지변, 본인의 건강상태 등을 의미한다. 시대의 흐름, 천재지변, 건강 등은 군주 마음대로 되는 것이 아니다. 예를 들면, 나폴레옹의 워털루 전쟁은 여러 가지 면에서 그에게 유리한 전쟁이었다. 이 전쟁에 이기면 그는 영원히 유럽의 왕좌에 등극할 수 있었다. 그러나 그날 비가 왔다. 프랑스 포병은 막강한 군대였으나 비로 인해 진흙탕이 된 들판에서 신속하게 움직일 수 없었다. 그래서 그는 졌다. 나폴레옹은 강한 군주였지만 하늘에서 비가 오는 것을 막을 수는 없었다. 마키아벨리의 주장대로라면 나폴레옹은 운이 없어 전쟁에 패한 것이다.

"권력은 폭력이 아니라 시민의 동의를 얻는 것이다." 목적이 수단을 정당화한다는 그의 주장과는 다른 뜻을 지닌 말이다. 그래서 마키아벨리에 대한 평가가 양쪽으로 나누어져 있는 것이다. 군주의 통치는 폭력으로 하는 것이 아니라 시민들의 동의를 얻어서 하는 것이라는 뜻인데 그가 《군주론》이후에 쓴 《로마사 논거》에서 주장하는 것과 일치한다. 《로마사 논거》는 그가 로마 공화정에 대해 쓴 책이다. 그는 이 책에서 공화정을 칭찬하고 있다. 군주론을 칭찬하다가 공화정으로 돌아선 그의 행적은 그야말로 마키아벨리다운 변신이다. 《군주론》은 메디치가에 헌정한 책이다. 그는 메디치가가 피렌체를 지배할 때 이 책을 헌정함으로 정계에 복귀하려고 했으나 메디치가는 그를 홀대했다. 반 메디치 활동을 했던 과거 일을 잊지 않았기 때문이다. 결국 마키아벨리는 메디치가로 돌아갈 수 없음을 절감하고 공화정을 지지하는 그룹에 가담하였고, 《로마사 논거》를 집필하면서 공화정을 칭찬한 것이다. 그는 공직선거에 출마했다가 낙선하고 58세에 죽었다.

후대에 와서 그의 주장은 세 가지 유형을 띠고 있다. 첫째 유형은 국가 이익을 위해서 도덕적 선악에 관계 없이 모든 수단을 동원하여 효율성과 유익성을 도모해야 한다는 해석인데, 주로 극단적 사회주의가 이 주장을 받아들이는 편이다. 둘째 유형은 공익을 외면하고 수단 방법을 가리지 않고 개인이나 집단의 이익만을 강조하는 해석인데, 주로 독재국가, 과거 공산주의 국가들이 이 주장을 받아들이고 있다. 셋째 유형은 정치를 떠나 자기 이익만을 추구하는 사람들이 이 해석을 선호하고 있다. 이는 일종의 심리학적 해석이다. 이런 사람들은 《군주론》이 갖는 일부 이론을 자기 삶에 적용하여 수단 방법을 가리지 않고 욕망을 이루면서 살겠다는 사이코패스적인 인간이다.

《군주론》에 대한 평가는 그 시대 상황과 깊은 연관이 있다. 그는 이탈리아 통일을 원했고 그러기 위해서는 강한 군주국가가 등장해야 한다고 생각했다. 그러나 그도 나중에는 군주국가보다는 공화정이 더 낫다고 평가했다. 그가 《군주론》만 쓰고 《로마사 논거》를 쓰지 않았다고 하면 그에 대한 평가는 부정 일변도였을 것이다. 정치는 살아있는 생물이라고 한다. 그러므로 마키아벨리의 주장이 현대에 그대로 적용된다고 볼 수는 없다. 조광조의 도학 정치도 실패했고, 마키아벨리의 군주론도 실패했다. 자본주의, 사회주의 정치이념도 실패할 것이다. 정치에는 성공이 없다. 한 시절 성공한 듯 보일 뿐이다. 정치는 인간을 대상으로, 인간을 위한 인간의 정치이다. 그래서 성공하기가 어렵다.

인간이 불완전한데 어찌 정치가 완전할 수 있겠는가? 단지 정치하는 사람들에게 바랄 것은 정치를 하되 정치의 인격화를 이루어달라는 기대를 가질 뿐이다. 정치의 인격화란 정치인들이 겸손하고 온유하여 서로 정치보복을 하지 말고 서로 공존하면서 백성들을 편안하게, 자유롭게, 평등하게 법을 통해서 섬기는 정치를 뜻한다. 우리나라는 산업화, 민주화를 걸쳐 선진화되었고 이제는 정치의 인격화를 이룰 때가 되었다.

〈기독교적 이해〉 기독교는 좋은 지도자가 등장해야 모두 평안하고 즐겁고 바르게 살 수 있다고 강조한다. 그런데 기독교인들도 막상 투표장에 가면 지연, 학연으로 지도자를 뽑는다. 이런 것들이 청산되지 않는 한 좋은 지도자는 자랄 수도, 선택받을 수도 없다. 우리부터 결단해야 한다.

도덕계보학

〈작가와 작품 해설〉 니체(F. W. Nietzsche, 1844~1900)라는 철학자는 우리 기독교인들에게는 매우 골치 아픈 사람이다. "하나님은 죽었다"고 선언한 자이기 때문이다. 더욱 그가 목사의 아들이라는 점에서 우리를 당혹스럽게 한다. 그러면서도 우리는 그를 주목해야 한다. 그가 주장한 철학적 주장에 나름대로의 합리적인 내용이 있기 때문이다. 그는 스스로《도덕계보학》을 위험한 책이라고 주장했다. 그는 만년의 작품인 이 책에서 그의 사상을 가장 잘 요약해 기술해 놓았다. 그는 철학이란 자기인식의 길이라고 선언한다. 자기를 알아 가는 과정이 곧 철학하는 것이라는 뜻이다. 옳은 말이다. 그는 자기를 모르는 것이 부끄러운 일이라고 주장한다. 이 역시 옳은 말이다. 그의 말대로 인간은 철학을 해야 한다. 그는 인간의 내면은 사상과 가치, 긍정과 부정, 가정과 의문으로 되어 있다고 강조한다. 사실 인간은 나름대로의 어떤 이념을 가지고 살고 있으며, 자신이 선호하는 가치에 따라 행동한다. 그리고 긍정하는 것도 있고, 부정하는 것도 있으며, 가정으로 또는 의문으로 자신의 사고를 주장하고 정리하여 결론을 내린다.

그는 인간의 도덕은 과연 인간 성장을 촉진했는지, 저지했는지에 대해 묻는다. 사람들은 도덕이야말로 인간을 위한 것이고, 인간성장에 도움이 되는 유익한 윤리라고 주장한다. 그러나 그는 이 주장을 근본적으로 의심한다. 그는 도덕의 유형을 좋음과 나쁨, 즉 선과 악, 죄와 양심의 가책, 금욕주의를 중심으로 나누어 그 근원을 따져 올라가는 계보학적 연구를 했다.

우선 그는 좋음, 즉 선이란 좋은 것에서 나온 것이 아니라 좋은 사람의 입장에서 나온 것이라고 주장한다. 예를 들면 칼은 좋은 사람이 들면 좋은 것이고, 나쁜 사람이 들면 나쁜 것이라는 것이다. 선과 악은 원래부터 있는 것이 아니라 지배자가 그 이름을 부여함으로 나온 것이라고 주장한다. 즉 지배자가 선이라고 하면 선이고, 악이라고 하면 악이라는 것이다. 이는 반기독교적인 주장이다. 기독교는 하나님께서 선이라고 하면 선이고, 악이라고 하면 악이라고 가르친다. 그는 지배자가 선이라고 주장하는 것은 자신에게 유익이 있기 때문이고, 악이라고 주장하는 것은 자신에 불리하기 때문이라고 주장한다. 적어도 그의 이런 주장은 정치적으로는 맞는 말이다. 그러나 우리는 선과 악은 단순히 지배자에 의해서 정해지기보다는 오랜 세월 동안 많은 사람에 의해서 인간 사회에 유익이 되었다는 검증을 통해 정해진 인간 윤리라고 생각한다. 그리고 도덕은 진보한다. 과거에는 지배자가 있었지만 지금은 지배자가 없다. 인간 문화는 야수를 길들이기 위한 수단이라고 그는 주장한다. 그러나 인간은 야수가 아니다. 인간은 문화에 영향을 받기도 하지만 문화를 만들어 내기도 한다.

죄에 대한 니체의 주장을 들어보자. 그는 죄의식이란 부채라는 경제적 개념에서 생겨났다고 주장한다. 즉 빚을 갚지 못한 사람이 갖는 의식이 죄의식이란 것이다. 그는 두 가지 부채의식을 강조한다. 조상에 대한 부채, 신에 대한 부채가 그것이고, 여기서 죄의식이 생겨났다고 강조한다. 양심이란 타고난 것이 아니라 사회적 강제에 의해서 만들어진 훈련된 고통의 결과라고 주장한다. 형벌은 피해 받은 자가 피해를 준 가해자에게 표출하는 분노이고, 배상을 받을 수 있다는 기대에서 가해지는 폭행이라고 주장한다. 그는 형벌은 공포심을 조성하여 기억을 환기시킴으로 인간 행동을 개선하려는 의도로 하는 것이라고 주장한다.

정의에 대한 그의 주장도 특이하다. 그는 정의란 받은 것을 되갚는 것을 전제로 한 강한 자의 특권이며, 계약이나 약속을 파기하는 범죄에 대해 공동체가 가하는 과정이라고 주장한다. 또한 그는 양심의 가책이란 본능이 밖으로 발안되지 않고 내면화되면서 생겨났다고 주장한다. 그런데 본능이 밖으로 발안되었을 때도 그 본능이 남을 해하고 자신에게 불이익을 주었을 때, 양심의 가책은 생겨날 수도 있기 때문에 그의 주장이 전적으로 옳다고 할 수는 없을 것이다.

금욕주의에 대한 그의 주장도 기독교와 연결되어 있다. 그는 금욕주의는 성직자들이 자신의 권력을 유지하기 위한 수단으로 사용되었고, 따라서 개인의 생명감을 약화시킨다고 주장한다. 그래서 성직자들은 기계적인 활동, 작은 즐거움, 이웃사랑의 즐거움, 무리 조직의 즐거움을 강조하고, 개인의 본능은 억압하고 공동체의 힘은 강조한다고 주장한다. 그러면서도 그는 철학자들에게는 금욕주의가 유용할 수 있다고 말한다. 명상과 사색에는 금욕이 유익하기 때문이다.

그는 감정에 대해서도 나름대로의 이론을 편다. 인간에게는 두 가지 감정, 즉 능동적 감정과 수동적 감정이 있는데, 능동적 감정은 주인 감정이고, 수동적 감정은 노예 감정이다. 주인 감정은 자신에게서 출발하여 타인을 긍정하기도 하고, 부정하기도 하며, 노예 감정은 타인에게서 출발하여 자기에게로 돌아오는 감정이다. 그는 타인에 의해 생기는 감정은 자신이 타인에게 예속되어 있다는 것을 보여 주는 것이기 때문에 부정적으로 보는데 이는 일리가 있다. 그래서 그는 지나친 연민, 동정을 부정적으로 생각한다. 내버려 두는 것이 상대에게 도움이 되는 길이라고 강조한다. 잔인할 수도 있지만 이 역시 일리가 있다.

결론적으로 그는 무엇이 선과 악이냐가 아니라 누가 선악을 주장하느냐가 중요하다고 강조한다. 따라서 독재자가 주장하는 것은 선일 수 없고, 성자가 강조하는 것이 악일 수 없다. 우리는 어떤 주장, 이념의 내용을 중시하며, 그 진위를 따지는 경우가 많은데 그러기도 해야 하지만 보다 중요한 것은 그런 것들을 주장하는 사람이 누구며 그가 어떤 사람인가도 역시 꼼꼼하게 따져 보아야 한다.

그는 사자의 도덕을 강조한다. 사자의 도덕이란 본래의 모습대로 사는 것이고, 독자적으로 사는 자의 도덕이다. 반대로 양의 도덕은 무리를 지어 사자에 대해 민감한, 즉 지배자의 눈치를 보며 의존적으로 살아가는 자의 도덕이다. 이런 그의 주장은 공동체보다는 개인을 강조하는 도덕관이다.

그는 인간의 정신이 3단계로 발전한다고 강조한다. 첫 단계는 낙타의 단계이다. 낙타가 짐을 지고 고단한 사막을 걸어가는 것처럼, 기존의 삶을 그대로 수용하면서 살아가는 삶의 단계이고, 둘째 단계는 사자의 단계로서 규범을 탈피하고 비판정신으로 갖고 주체적으로 살아가는 삶의 단계이며, 마지막 단계는 어린아이의 단계로서 새로운 가치를 창조하며, 망각과 놀이로 순수하게 자신이 하고 싶은 것을 하면서 살아가는 삶이다. 여기서 우리가 명심해야 할 것이 있다. 어린아이 단계가 최고의 단계지만 이 삶은 하고 싶은 대로 사는 방임과 방종의 삶은 아니며, 가치 창조라는 이상을 가지고 살아야 한다는 전제가 있다.

후대 사람들은 그의 철학을 망치의 철학이라고 평가한다. 기존의 모든 것을 부숴버리는 주장을 하고 있기 때문이다. 그는 해석학의 기초는 사물을 객관적으로 보기 위해 다르게 보는 능력이라고 주장하고 있고, 진리는 없기 때문에 모든 것이 허용된다는 주장도 한다. 이는 위험한 생각이다.

그는 커다란 건강을 강조하는데 이는 육체적인 건강이 아니라 싸움, 고통을 받아들일 수 있는 건강을 뜻한다. 옳은 생각이다. 또한 그는 인간은 고통의 의미나 목적이 밝혀진다면 그 고통을 즐기며, 그 고통을 받아들이는 존재라고 강조한다. 이 역시 옳은 주장이다.

그는 하나님은 죽었다고 선언한다. 그러기에 하나님을 대신할 수 있는 초인이 등장해야 하며, 그 초인은 허무주의를 극복하고, 인간에게 희망을 주는 인간이어야 한다고 강조한다. 그러나 영원한 초인은 없다. 인간에게는 초인을 원하는 마음이 있지만 시간이 지나면서 초인을 버리는 속성도 지니고 있다. 그래서 인간은 일시적으로 그 영웅에게 환호하지만 결국 영웅을 버린다. 예수 그리스도 보면 이를 알 수 있다. 참된 영웅도 버려지는데 가짜 영웅의 말로가 어찌 될 것인지는 자명하다. 니체의 철학은 결국 헤겔을 거쳐 히틀러의 나치 지옥을 만드는 이론으로 발전했고, 오늘의 좌파 독재의 이론을 만드는 데 일조했다. 모든 철학에는 빛과 어둠이 있다. 니체의 주장도 마찬가지이다. 그는 정신병으로 10년간 병원에서 치료받다가 죽었다. 일설에는 뇌매독으로 죽었다는 주장도 있다. 그는 모든 것이 허용된다는 신념을 갖고 살았지만 그 결과는 비참했다.

〈해석과 평가〉 "신은 죽었다"는 니체는 죽은 신을 대신할 초인의 등장을 주장했다. 그래서 그를 초인주의의 창시자라고 부르기도 한다. 그런데 초인이라는 말은 그가 처음 주장한 것은 아니다. 그보다 먼저 나폴레옹 3세가 주장했다. 나폴레옹 3세는 자신의 정치 철학을 초인이라는 말로 표현했다. 즉 초인은 법이나 상식, 여론에 좌우되지 않고, 자신의 뜻을 관철시키는 사람인데 자신이 그런 초인이라는 것이다. 그러나 나폴레옹 3세가 주장한 초인은 그가 실각함으로 의미가 퇴색되었다. 그런데 그가 사용한 초인이라는 단어가 니체라는 철학자에 의해 부활되었다. 니체 역시 초인의 의미를 신을 대신하는 존재로 사용했다. 좀 과장해서 말하면 인간신인 셈이다.

초인주의를 문학에서 모방한 사람이 러시아의 작가 도스토예프스키이다. 그는 《죄와 벌》이라는 작품에서 주인공 라스콜리니코프를 초인주의를 신봉하는 대학생으로 묘사했다. 그는 자신이 초인이기 때문에 사회의 악마적 존재인 전당포 노파를 살해해도 이는 정당화된다고 생각해서 결국 살인을 저지른다. 물론 작가는 이 대학생의 초인주의가 잘못된 생각임을 소설에서 밝히고는 있다.

〈기독교적 이해〉 한국교회에도 초인주의 생각을 갖는 목회자들이 있다. 교회를 개척한 일부 목회자들은 스스로 초인이라는 착각에 빠져 교회가 주님의 교회, 공교회라는 의식을 망각하고 독단적으로 교권을 행사하는 작태가 있기 때문이다. 이는 실로 불행한 일이요, 반성경적 발상이다. 교권은 민주적으로, 신앙적으로 행사해야 하고, 세습은 교단의 법에 따라 해야 하며 목회자들 스스로가 교인은 물론 교단과 세상 사람들에게 존경받는 삶을 살아야 하고, 모든 절차가 공정, 공평하게 진행되어야 한다.

니체에 대한 평가는 극명하게 다르다. 무신론을 주장하는 사람들은 니체를 영웅으로 평가한다. 중세 이후 서양 역사를 지배하던 기독교에 대해 치명타를 가한 인물이기 때문이다. 그러나 기독교 입장에서 보면 그는 독선적인 인물이다. 그의 《도덕계보학》은 일리가 있는 합리적인 주장도 있지만, 극단에 치우쳐 있고 비약이 심하다. 그러나 그의 주장은 당시 기독교가 제 역할을 감당하지 못한 데서 오는 반발이기도 하기 때문에 우리 기독교인 입장에서 보면 반성할 단초를 제공했다는 공도 있다.

니체는 목사의 아들이었다. 아버지나, 아버지 주변에 있는 교인들의 행태를 보면서 그 불만으로 반기독교적인 생각을 갖게 되었을 것이다. 기독교인들의 위선, 언행 불일치, 독선, 분쟁 등등을 통해 니체는 결국 반기독교적인 인물로 변해 버린 것이다. 목회자의 자녀 중에 나중에 반기독교적인 행동을 하는 자녀들이 많다는 것이 이를 반증하고 있다. 니체는 일종의 반항아였다. 그의 사상도 반항적이지만 그의 삶도 반항적이었다. 누이동생을 이성으로 사랑했다는 풍문이 이를 증명한다. 그의 반항적인 주장은 그 시대가 그런 주장이 나올 수밖에 없는 상황에 처해 있었다는 것을 반증한다.

그런데 본질에서 나온 이론은 계승되고 발전되지만 상황에서 나온 이론은 그 상황이 종료되면 끝이 나고 만다. 본질에서 나온 여러 신학은 그후 칼 바르트, 라인홀드 니버, 베르자예프 등등을 통해 발전적으로 계승되었지만 상황에서 나온 니체의 철학은 더 발전적으로 나아가질 못했다. '신은 죽었다'고 선언한 그의 철학을 계승할 학자도, 이론도 있을 수 없기 때문이다. 그의 주장은 인간이 할 수 있는 최후의 주장이었다. 니체의 주장은 당시의 상황을 비판하는 데는 이론적으로 유효했으나 그런 상황을 해결하는 방법을 구체적으로 제시하지 못했기 때문에 결국 시간이 흐르면서 사라져 버리는 슬픈 철학이기도 했다.

니체는 기독교의 적이다. 그러면서 각성제이다. 니체 때문에 기독교는 치욕을 당했고 니체 때문에 다시 갱생했다. 밉기는 하지만 고마워해야 한다. 원수에게서 배우는 지혜를 우리는 가져야 한다. 이제 조심해야 한다. 다시 니체 같은 사람이 등장하여 기독교에 일격을 가하면 기독교는 간신히 살아남아 숨만 쉬는 식물인간 같은 존재가 될 것이다. 니체야말로 기독교에게 하나님이 보낸 엄중한 경고장이다.

아리스토텔레스

니코마코스 윤리학

〈작가와 작품 해설〉 아리스토텔레스(Aristoteles, BC 384~322)는 플라톤의 제자요, 알렉산더 대왕의 가정교사였다. 불경죄로 고소당하자 아테네에서 도망가서 유랑하다가 기원전 322년에 사망했다. 아마 소크라테스가 억울하게 죽은 것을 기억해서 불안한 마음으로 그리했을 것이다. 그는 플라톤의 제자이지만 플라톤이 가장 강조한 이데아론을 부정했다.

당시 그리스에는 소크라테스 이후부터 자연철학이 아닌 인간중심 철학이 유행했다. 아리스토텔레스는 이를 제일철학, 지혜학이라는 말로 사용했지만 후에 학자들은 형이상학이라는 말로 사용했다. 형이상학은 마지막인 것, 가장 포괄적인 것, 가장 높은 것, 참된 삶, 가장 높은 수준의 삶을 그 대상으로 했다. 아리스토텔레스는 형이상학적인 것을 깊이 연구한 사람이다. 그는 스승 플라톤이 아카데미아를 창설한 것처럼 '리케이온'이라는 학원을 세워 후학들을 양성했다. 《니코마코스 윤리학》은 여기서 강의한 것을 아들 니코마코스가 편집하여 만든 책이다. 후학들이 편집했다는 설도 있다.

《니코마코스 윤리학》은 모두 10권으로 되어 있다. 1권과 10권은 행복 또는 좋은 삶에 대해서 언급하고 있고, 2, 3, 4권은 개별적인 덕에 대해 쓰고 있으며, 5, 6권은 정의, 실천적 지혜에 대해서, 8, 9권은 친애에 대해서 쓰고 있다. 1권과 10권, 즉 시작과 끝이 행복에 대해서 쓰고 있다는 것은 아리스토텔레스가 윤리학의 최종 목적은 행복이라는 것을 밝히고 싶었기 때문이다. 서양에서 윤리학은 칸트의 도덕 철학, 벤담의 공리주의, 그리고 아리스토텔레스의 윤리학을 바탕으로 형성되어 왔다. 이런 점에서 역사적으로는 아리스토텔레스야말로 윤리학의 아버지라고 할 수 있다.

윤리학이 인간 개인의 행동을 주안점으로 삼는다면 개인과 개인들, 즉 공동체 안에서 생기는 행동을 주안점으로 삼는 것은 정치학이라고 말할 수 있다. 그런 의미에서 윤리학은 정치학과 깊은 관계가 있다. 그래서 아리스토텔레스는 "인간은 정치적 동물이다"라고 말한 것이다. 우리나라에서는 정치적이라는 말을 사회적이라는 말로 번역했다.

〈해석과 평가〉 이 책에서 그는 인간은 행복을 위해 어떤 덕목이 있어야 하고, 어떤 행동을 해야 하는가를 체계적으로 기록했다. 인간 삶의 목표는 행복하게 사는 것이다. 그런데 행복은 상태가 아니라 행동이다. 필수적이고 바람직하고 자족하려는 활동을 통해서 누리는 것이 행복이라고 그는 주장한다. 그는 행복과 쾌락은 다르지만 쾌락 없이는 행복해질 수 없다고 주장한다. 그리고 어떤 쾌락은 선하지만 어떤 쾌락은 악하다고 하면서 쾌락이 좋은 것이냐 나쁜 것이냐는 그 행동이 선이냐 악이냐에 따라 정해진다고 주장한다. 그는 행복을 다른 말로 선이라고 주장한다. 그런데 선에는 두 가지가 있다. 지적인 선과 도덕적인 선이 그것이다. 지적인 선은 이성을 통해 배워서 얻는 덕이고, 도덕적인 선은 반복적 습관에 의해서 얻어진 덕이다.

그의 행복론은 10장에서 재차 언급되면서 결론을 내린다. 행복은 도덕적 품성과 지적인 덕이 서로 조화를 이루어 만들어지고 느껴지는데, 도덕적 품성은 습관에 의해, 지적인 덕은 스스로 이성을 바탕으로 생각하여 깨닫는 데서 이루어진다고 다시 결론을 내린다. 아리스토텔레스의 행복은 의지를 바탕으로 한 행복론이라고 할 수 있다. 즉 그는 인간은 행복해지기 위해서 무엇인가 스스로 행동해야 한다는 것이다. 행복은 전수되는 것이 아니다. 내가 행동해서 만들어지는 것이다. 그래서 그는 행복은 상태가 아니라 행동이라고 선언한 것이다.

아리스토텔레스는 지극히 실용주의적 철학자지만 그의 행복론은 약간 신비주의적이요, 주관주의적 냄새가 있다. 왜냐하면 그는 행복을 최종적으로 마무리할 때, 행복은 관조적 삶이라고 말했기 때문이다. 지적, 도덕적 탁월성을 지니고 세상 속에 있으면서도 세상에 얽매이지 않고, 세상을 내려다보는 삶, 세상에 영향을 받지 않는 삶, 그것이 행복이라고 주장하니 그렇게 볼 수밖에 없다. 동시에 그는 개인의 행복은 공동체에 유익을 주어야 한다는 것도 재삼 강조하고 있다. 윤리학이 정치학이 되어야 한다는 뜻이다.

그는 선을 탁월성이라는 말로 강조하는데 그렇다면 그 탁월성, 즉 탁월한 선은 무엇일까? 그는 2, 3, 4권에서 관용, 용기, 절제, 정의, 친애를 강조하고 있다. 그러나 그는 그것들 자체를 탁월한 덕이라고 주장하지 않는다. 그런 것들이 중용의 상태로 나아가야 탁월성이 되는 것이라고 주장한다. 사실, 아리스토텔레스는 이 책에서 중용의 뜻을 구체적으로 말하지 않았다. 어쩌면 이 부분이 이 책의 최대 결점이라고 할 수 있을 것이다. '메소테스'라고 불리는 이 중용은 자신을 알고, 상황을 알아 적절하게 행동하는 것이라고 말할 수 있을 것이다.

극단으로 치우치지 않는 동양식 중용, 즉 맹자가 강조한 중용과는 좀 다른 느낌을 준다. 예를 들면, 수영을 못하는 사람이 물에 빠진 사람을 구하려고 물에 뛰어드는 것은 용기가 아니라는 것이다. 자신도 모르고, 상황도 잘 파악하지 못한 상태에서 행동한 것이기에 용기가 아니라는 것이다. 여기서 중용은 조절과 상통한다. 다른 예를 들어보자. 명예는 넘치면 허영이 되고, 부족하면 비굴이 된다. 중용이란 적절한 행동, 적합한 상태라고 할 수 있다. 이런 예는 많다. 용기는 비겁과 만용의 중간이요, 너그러움은 낭비와 인색의 중간이다.

아리스토텔레스는 덕의 특성은 성품이라고 주장하는데, 성품이란 지니고 있는 것을 좋은 상태에 이르게 하는 것, 즉 잘 전개시키는 기능이요, 역할을 뜻한다. 그러므로 성품이 좋은 사람은 좋은 상태를 만들어내고, 자신이 갖고 있는 좋은 것을 잘 전개시키는 기능을 소유한 사람이라고 말할 수 있다. 덕의 성격에 대해서도 아리스토텔레스는 명료하게 설명한다. 덕은 고귀하게 하며, 유쾌하게 하고, 유익하게 하는 특성을 지니고 있다. 그러므로 덕을 지닌 자는 자신도 행복하고 남도 행복하게 한다.

아리스토텔레스는 탁월한 도덕성 중에 특히 용기를 강조하고 있다. 용기는 공포에 대한 태도이고 그 유형에는 처벌이 무서워서 갖는 시민적, 용기, 직업군인으로서의 용기, 원수를 갚기 위해 내는 격정으로서의 용기, 나는 강하다. 걱정 없다는 깨달음에서 오는 용기, 위험을 모르기에 내는 무지로서의 용기 등등으로 구별하여 설명하고 있다. 그가 용기를 특별히 강조하는 것은 당시 그리스는 도시국가 형태여서 전쟁이 자주 있었기 때문일 것이다.

또 아리스토텔레스는 인간 행동을 강조하는데 이 부분에서 그는 인간 행동을 자발적인 행동과 비자발적인 행동으로 나누어 설명하고 있다. 그리고 자발적인 행동은 그 결과에 대해 책임을 져야 하지만 비자발적인 행동, 즉 강압에 의해 행동한 결과에 대해서는 책임을 묻지 말아야 한다고 주장한다. 고문에 의한 자백이 법적 효력을 갖지 못하는 것은 그의 주장을 받아들인 법 적용의 한 예가 될 것이다.

5, 6권은 정의 그리고 실천적 지혜에 대한 그의 견해를 담고 있다. 정의에 대한 개념은 오늘날까지 규범적으로 결론이 나지 않고 있다. 상황에 따라 다양하게 그 의미가 변하고 있기 때문이다. 아리스토텔레스는 정의를 각자의 몫을 각자에게 부여하는 것이라고 주장한다. 정의는 평등이 아니다. 역할과 비율에 의해 공정, 공평한 것이 정의라는 것이다. 그러므로 왕에게 주어지는 정의와 평민에게 주어지는 정의는 다르다. 사장의 월급과 수위의 월급은 같아서는 안 된다. 그 하는 몫에 따라 월급은 달라져야 한다는 것이다.

모든 인간은 저마다의 한계를 가지고 있다. 그 한계를 넘는 것도, 그 한계를 넘게 요구하는 것도 정의는 아니다. 저능아에게 우수한 것을 요구하거나 어려운 일을 맡기는 것은 정의가 아니다. 눈에는 눈, 이에는 이,

이러한 보복적 정의도 있을 수 있지만, 보복하는 자와 보복 받는 자의 상황이 다르기 때문에 보복적 정의를 일반화할 수는 없다. 실천적 지혜는 관념이나 이론적 지혜가 아니라 행동에 대한 지혜이다. 즉 어떻게 행동해야 지혜롭게 행동하는 것이 되느냐에 대한 적용이다.

아리스토텔레스는 이런 지혜를 얻는 과정을 세 가지로 요약하고 있다. 첫째는 숙고하는 것, 즉 깊이 생각해야 한다는 것이다. 전후 사정, 결과에 대한 예상 등을 숙고한 후에야 실천적 지혜가 나온다는 것이다. 둘째는 선택이다. 어떤 것을 선택하느냐를 결정하는 것이다. 이 선택은 감정에 의한 선택이 아니라 이성에 근거한 선택이라야 한다. 나에게 좋은 것은 무엇인가? 행복해지기 위해 내가 선택해야 하는 것은 무엇인가? 등등을 중심으로 선택해야 한다는 것이다. 그리고 마지막으로 행동하는 것이다. 행동이야말로 결과를 만들어 내는 요소이다. 행동하지 않으면 아무것도 해결되지도, 창조되지도, 유지되지도 않는다.

8, 9권은 친애에 대해서 논하고 있다. 친애는 포괄적 개념이다. 여기에는 친구 간의 친애, 가족 간의 친애, 이성 간의 친애, 시민 간의 친애 등이 다 포함되어 있다. 아리스토텔레스는 친애의 유형을 세 가지로 분류하고 있다. 서로 유익이 되는 친애, 서로 즐거움을 주는 친애, 무조건 상대가 잘 되기를 바라는 친애가 그것이다. 이상적인 친애는 순수해야 하고, 서로에게 필요성이 확인되고, 그것을 서로 인지할 수 있어야 한다. 그런데 유익만 주는 친애, 즐거움만 주는 친애는 오래가지 못한다. 탁월한 품성을 지닌 사람들끼리의 친애가 오래간다. 즉 좋은 사람들의 친애가 오래간다는 것이다.

그리고 평등성을 강조하고 있다. 친구들에게 이런 원칙을 적용해 보자. 친구들 사이에 탁월성이 있거나 없거나, 생활 정도가 서로 다르면 친구가 되기가 어렵고 친구가 되어도 오래가지 못한다고 그는 주장하고 있다. 평등하지 못하기 때문이다. 매우 현실적인 주장이다. 그러나 덕이 있고 존경받는 사람은 자기보다 지위가 높은 사람과 친구가 될 수 있다고 강조한다. 그는 정의는 그 가치에, 친애는 그 양에 의해 결정된다는 주장도 하고 있다. 그는 우정을 매우 강조하고 있다. 친구 없는 인생을 허무하다고 주장한다.

〈기독교적 이해〉 이제 아리스토텔레스의 행복론과 예수 그리스도의 행복론을 비교해 보자. 모두 행복에 대한 관심은 같다. 예수 그리스도도 산상수훈에서 행복을 맨 먼저 가르치고 있기 때문이다. 아리스토텔레스는 행복은 상태가 아니라 활동, 즉 행동에서 얻어진다고 주장했다. 그런데 예수 그리스도는 상태와 행동을 조화시키고 있다. 마음이 가난한 자. 온유한 자. 마음이 청결한 자, 의에 주리고 목마른 자. 이 모든 것은 마음의 상태이다. 그리고 애통하는 자, 긍휼히 여기는 자, 화평하게 하는 자, 의를 위하다가 박해를 받는 자, 이 모든 것은 행동이다. 예수 그리스도의 행복론은 마음의 상태와 행동의 균형, 조화, 일치를 강조하고 있다. 그러므로, 예수 그리스도의 행복론이 아리스토텔레스의 행복론보다 더 합리적이고, 실증적이고, 현실적인 주장이다. 참된 행복은 외형적인 것만이 아닌 내면적인 요소도 중요하다.

또 하나, 아리스토텔레스는 행복을 삶의 목표로 삼고 있다. 그러나 예수 그리스도는 행복도 중요하지만, 죄 문제를 해결하는 것이 더 중요하다고 가르치고 있다. 죄 문제가 해결되지 못하면 행복은 존재하지 못한다고 가르치고 있는 것이다. 죄 문제를 해결하고 하나님과 함께 사는 삶, 즉 영생이 인생의 최종적인 목표라고 예수 그리스도는 가르쳤다. 아리스토텔레스는 나름대로 깊이 사색해서 행복론을 집필했지만 그의 행복론은 귀족주의적이고 자기합리화를 위한 주장이다. 그는 10장 마지막에 관조하는 삶, 즉 철학자의 삶이 최고의 행복이라고 주장하는데, 이 얼마나 교만하고 비현실적인 주장인가? 인간은 완전하고 지속적인 행복을 누릴 힘이 없다. 오직 그리스도 안에서 잠시 행복이라는 감정과 깨달음이 있을 뿐이다. 세상에서 말하는 행복은 안개 같은 것, 있기는 하나 잠시 후에는 사라지는 것, 그래서 실체가 없는 것. 그 이상 아무것도 아니다.

모든 인간은 행복을 원한다. 하버드 대학에서 인간이 지속적인 행복을 누리려면 수백 가지 요소가 다 갖추어져야 한다고 발표한 적이 있다. 이는 지속적인 행복은 불가능하다는 이야기이다. 행복에 대한 욕심을 낼수록 행복의 노예가 되어 불행해진다. 바울은 자족하는 삶을 살라고 강조했다. 있는 그대로, 흐르는 그대로 받아들이면서, 소박한 희망을 갖고, 사람들을 귀하게 여기면서 자신이 해야 할 일을 잘 감당하며 사는 것이 행복이다. 이 세상에서 가장 행복하게 사신 분은 예수 그리스도시다. 그런데 예수님처럼 살 수 없다면 차라리 행복은 없다고 선언하며 사는 것이 행복이 아닐까?

토마스 만

마의 산

〈작가와 작품 해설〉 이 소설은 독일 작가 토마스 만(Thomas Mann, 1875~ 1955)의 작품이다. 그는 《부덴브루크가의 사람들》이라는 소설로 노벨문학상을 수상하였다. 초기에는 보수주의자였고 국수주의자였으나 이 소설을 전환점으로 하여 민주주의를 강조하면서 현실주의, 휴머니즘 작가가 되었다. 나치 독일에 항거하여 미국으로 이민 갔고, 유럽 여행 도중 80세에 작고했다. 평생 동성애 기질과 싸우면서 살았다. 이 소설은 일종의 교양소설이다. 교양이란 인격 성장에 유익이 되는 지식을 뜻한다. 서울대학, 연세대학의 추천 필독 도서이고, 뉴욕 타임즈가 선정한 20세기 고전 100권에 속한 책이다. 1924년에 집필하기 시작하여 12년에 걸쳐 수정 보완하다가 49세 되는 해에 출판했다.

우리는 이 책을 통해 1차 세계대전 이후 유럽을 이해할 수 있고, 남자가 어떻게 남성으로 성장하는가를 깨닫게 된다. 동시에 이념의 한계도 알 수 있다. 여기서 남자라는 의미는 자연적인 성을 뜻한다. 어린 남자요, 무책임, 무비판, 부자유한 존재를 의미한다는 것이다. 그러나 남성은 다르다.

남성이란 사회적인 성이요, 성숙한 남자요, 자유, 책임, 행동, 진보, 목표 지향적인 삶을 사는 사람을 의미한다.

줄거리는 비교적 단순하다. 23세 살 되는 한스 카스토르프가 스위스 다보스 산 위에 있는 베르트호프라는 국제적인 결핵 요양소에서 치료받는 사촌 요아힘 침센을 방문하면서 소설은 시작된다. 한스는 조선 기술자로서 사촌을 위로한 후, 금방 하산하기로 결심했으나 그 자신도 약간 병세가 있어 결국 7년 동안 요양소에서 생활하게 된다. 한스는 요양소에서 세계 각국에서 모여든 다양한 사람들의 삶을 관조하면서 삶에 대한 사색을 하게 된다. 그는 그곳에서 쇼샤 부인이라는 한 여인을 만나 사랑하게 되면서 그 여자와 성관계를 맺게 되지만, 그 여자는 한스에게 특별한 관심을 두지 않고 요양소를 떠나버린다. 여기서 작가는 남성이란 여성의 상대가 되는 성적 존재임을 암시하고 있다.

그 후 오랜 시간이 지난 후 쇼사 부인은 정부인 페페르코른이라는 카리스마가 넘치는 노인과 함께 요양원으로 돌아오는데 페페르코른은 삶을 긍정적으로 바라보는 성공한 사업가였다. 그는 한스와 친밀하게 지내면서 한스에게 상당한 영향력을 끼치는데, 한스가 자기의 정부인 쇼샤를 사랑한다는 것을 알고 결국 자결하고 만다. 페페르코른은 모든 면에서 한스보다 자신이 우월하지만 한스의 젊음만은 이길 수 없다는 자괴감으로 인해 자결한 것이다. 여기서 작가는 젊음이 갖는 상징성, 즉 발전과 진보의 가능성을 크게 평가하고 있다는 것을 알 수 있다. 작가는 인간이 무엇을 이루었느냐가 아니라 인간에게 얼마나 가능성이 있느냐가 더 중요하다는 것을 강조하고 있는 것이다. 쇼샤 부인은 페페르코른이 죽고 나자

요양원을 떠나 다시는 돌아오지 않는다. 젊음의 가치는 사랑에 있는 것이 아니라 역사를 만들어가는 데 있음을 작가는 한스의 마지막 장면, 전장터로 떠나는 그의 모습을 통해 보여 주고 있다. 남성은 사랑은 하지만 사랑에 노예가 되는 존재가 아니라 역사를 창조하는데 자신을 던지는 존재이다.

한스는 요양원에서 세템브리라는 사람과 나프타라는 사람을 만난다. 이 두 사람은 이념적으로 대립이 되는 사람이다. 작가는 이 두 사람을 통해 당시 유럽을 조명하고 있다. 세템브리는 인문주의자요, 합리주의자이다. 동시에 진보주의자이다. 그는 육체와 정신은 하나라는 일원론자이고 자유주의자이다. 그러나 나프타는 예수회 회원으로서 반자본주의자요, 허무주의자이다. 육체와 정신은 분리되어 있다는 이원론자이고 복종을 강조하며 혁명주의자이다. 그러기에 죽음을 찬양하고 죽음으로 가는 병도 나름대로 가치가 있다고 주장하는 사람이다. 두 사람은 만날 때마다 논쟁한다. 결국 두 사람은 결투를 하게 되고, 결투할 때, 세템브리는 하늘을 향해 총을 쏘고, 나프타는 자기 머리에 총을 쏘아 자결한다. 두 사람은 자기 신념대로 행동했다.

한스는 쇼샤, 세템브리, 나프타, 요아힘, 페페르코른의 영향 속에 7년 동안 요양원에서 살면서 남성으로 성장했다. 그런데 한스는 이 사람들 속에서 그들에게 영향을 받으면서도 독자적 사고를 통해 성장해 갔다. 한스에게 결정적인 영향을 준 것은 눈 속에서의 꿈이었다. 한스는 스키를 타다가 실족하여 약간의 부상을 당한 후 잠들자 잠시 꿈을 꾸었다. 그는 꿈 속에서 신전을 방문했는데 신전 뒤에 두 노파가 아기를 죽이고 그 아기를 먹는 장면을 목격한다. 두 노파는 당시 유럽을 진동시킨 두 이념, 즉 세템브리와 나프타의 이론을 상징한다. 작가는 이 장면을 통해 그 이념이 결국 순진한 사람을 죽이고 있다는 것을 고발하고 있다. 즉 작가는 이념이 세상과 사람을 구원할 수 없다는 것을 강조하고 있는 것이다. 그는 이념 대신 인간애를 강조하고 있다. 세상과 사람을 구원하는 것은 이념이 아니라 휴머니즘이라고 주장한다.

이 소설의 마지막 장면은 1차 세계대전이 터지면서 한스가 스스로 군인이 되어 전쟁에 참여하여 보리수 노래를 부르며 적진으로 뛰어드는 내용으로 끝난다. 한스를 요양원으로 불러들인 요아힘 침센도 아직 병이 완치되지 않았는데도 군인의 길을 걷다가 병이 재발되어 요양원으로 돌아와 죽는다. 한스와 요아힘 침센의 공통점은 군인이 되었다는 것인데 이는 군인이야말로 남성의 상징이다. 즉 도전, 모험, 창조 등이 남성의 상징임을 작가는 암시하고 있는 것이다. 군인의 길은 세템브리와 나프타 이론의 종합이다. 모든 이념은 한계를 갖는다. 약점이 있다는 것이다. 이념은 상호 보완되어야 한다. 예를 들면 자본주의나 사회주의는 모두 약점이 있다. 두 이념은 대립되는 이념이 아니라 서로 보완적인 이념이다. 그런데 인류애는 이념이 아니고, 이념보다 우월하다. 이념을 보완하는 것은 인류애뿐이다.

〈해석과 평가〉 이 소설은 남자가 남성으로 성장하는 과정을 그린 교양소설인데 그렇다면 어떻게 남자는 남성으로 성장하는가? 이 소설을 보면 그 과정을 몇 가지로 요약할 수 있다. 첫째로 좋은 스승을 만나는 것이다. 요양원에서 한스는 다양한 사람들을 만나는데 모두 그에게는 좋은 스승이었다. 둘째는 문학과 예술에 관심을 갖는 것이다. 한스는 요양원에서 독서를 열심히 했고, 예술 활동에도 적극 참여했다. 셋째는 사색하는 삶을 사는 것이다. 예를 들면 삶, 죽음, 병, 여자, 자유, 진보, 평등, 정신, 생명, 계절, 미래, 음식, 외국어, 토론, 정치, 민주주의, 사회주의, 자본주의, 개인주의, 전쟁, 국가, 진리, 이단, 이성, 사랑, 신, 감정, 자연과학, 모험, 적용, 아름다움, 섹스, 동성애, 책임, 호칭, 형식, 습관, 운동, 이상, 목표, 자살, 비밀, 미신, 전쟁, 진보 등등이 다 사색의 대상이다. 넷째는 관찰하는 삶을 사는 것이다. 사람, 시체, 환경, 여자, 옷, 도박, 계절 등등에 대해 깊고 지속적인 관찰을 하는 것이다. 다섯째, 여행과 산책을 자주 하는 것이다. 여행과 산책은 그 자체가 인생의 스승이다. 여섯째, 지난날을 회상하는 것이다. 가족에 대한 기억, 학창시절, 옛 친구, 좋은 추억들 등등에 대한 회상을 통해 성장해 가는 것이다.

그러나 성장은 단숨에 이루어지는 것은 아니다. 남자는 다양한 경험 속에서 시간이 지나가면서 남성으로 성장한다. 누구나 남자로 태어난다. 그러나 누구나 남성이 되는 것은 아니다. 남성은 교육을 통해서, 사색을 통해서, 행동을 통해서 만들어진다. 남자는 작은 것을 얻지만 남성은 큰 것을 얻는다. 그런데 마의 산은 무엇을 상징하는 산인가? 그것은 자본주의, 사회주의, 무관심, 내적 평안 부재, 부조리 등을 상징한다.

작가는 시간에 대해 많은 이야기를 한다. 기독교에서는 시간을 둘로 나눈다. 자연적으로 흘러가는 시간인 크로노스, 의미 있는 시간인 카이로스가 그것이다. 작가는 이 소설에서 이 부분을 분명히 한다. 의미가 없는 시간은 짧게 묘사했고, 의미가 있는 시간은 길게 표현했다. 또한 한스는 내용이 풍부한 시간은 기쁘게 느껴지고, 공허, 단조로움은 지루하게 느껴졌다고 고백한다.

작가는 인생이란 자신 마음대로 되는 삶이 아니라고 강조한다. 요아힘 침센은 군인이 되려고 하산했으나 돌아와 죽었고 한스는 군이 되려고 하지 않았으나 군인이 되었다. 인생이란 무엇인가? 인생은 이념이 아니라 인류애를 실천하는 것이고, 안주가 아니라 모험이며, 멈춤이 아니라 진보이다.

이 작품에서 작가가 가장 중요하게 여기는 것은 이념 문제이다. 작가는 독일의 나치즘에 반대해서 미국으로 이민 온 사람이다. 당연히 이념 문제를 중시할 수밖에 없는 사람이다. 이 작품에서 나프타와 세템브리는 만날 때마다 이념 논쟁을 한다. 한스는 그들의 논쟁을 들으면서 자신의 입장을 독자적으로 세워나간다. 이념 문제가 진리 논쟁이 되면 해결점을 찾기가 어렵다. 나프타와 세템브리가 그렇다. 결국 그들은 결투를 하게 되고 나프타는 스스로 자결한다. 이념은 진리 논쟁으로 우열을 가릴 수 없다. 그러기에 이념은 상호보안 관계이지 진리 논쟁의 대상이 아니다.

예를 들면 우리나라 좌우익의 대립을 예로 들어보자. 해방 이후 75년 넘게 좌우 논쟁을 했지만 해결점을 찾지 못했다. 과거를 정리하는 방법도 서로 달랐다. 좌는 과거의 죄를 단죄를 통해 정리하려고 했고, 우는 용서를 통해 정리하려고 했다. 서로 보완하는 방법을 택했더라면 과거사 정리는 매듭을 지었을 것이다. 그렇지 못했기 때문에 소모적인 논쟁은 여전히 계속되고 있어 국력을 낭비하고 있다. 자본주의가 만능이 아니듯이

사회주의도 만능이 아니다. 제3의 통합적인 길을 가야 한다. 자본주의와
사회주의의 강점을 통합하는 새로운 이념이 등장해야 한다.

〈기독교적 이해〉 이 작품에서 작가는 극단적인 이념은 결국 국민을 죽이
는 결과를 초래한다고 경고하고 있다. 한스는 꿈에 신전 뒤에 두 노파가
어린아이들을 잡아먹는 꿈을 꾸면서 충격을 받는다. 두 노파는 두 이념
이고 어린아이들은 철모르는 국민을 상징한다. 이념 간에 상호보완을 하
려면 진리 논쟁을 할 것이 아니라 무엇을 위할 것이냐 하는 목적에 대해
논쟁을 해야 한다. 이념의 목적은 어느 쪽이건 똑같다. 국민을 보다 살기
좋게 만드는 것이고, 국민을 섬기는 것이다. 이념은 수단이지 목적이 아
니다. 자본주의는 인간 본성을 중시하고 사회주의는 인간이 만든 제도를
선호한다. 본성을 막으면 성장이 없고, 제도를 막으면 약육강식이 되어
자연 상태로 돌아간다. 그러니 어느 하나를 버릴 수 없다. 서로 배우고
서로 인정하고 서로 통합하는 길을 가야 한다. 이 작품에서 한스는 그 일
을 해낸다.

한때, 한국기독교도 이념 대립이 심했다. 보수는 사회안정을 우선했고,
진보는 다소 불안정해도 남북의 통일을 우선했다. 그래서 보수는 한기총
으로, 진보는 한국기독교협의회, 즉 NCC로 양분되었다. 보수는 자유를,
진보는 평등을, 보수는 경쟁을, 진보는 분배를 더 강조했다. 나름대로
근거 있는 주장들이다.

그런데 자유가 우선이냐 분배가 우선이냐 하는 데 있어서 성경의 해답
은 분명하다. 자유가 먼저이고 분배는 그다음이다. 성경의 시작은 출애

굽기이다. 이스라엘 백성들이 출애굽한 것은 정치적 종교적 자유를 얻기 위함이었다. 애굽에서 그들은 자유인이 아니라 노예였다. 그런데 그들이 천신만고 가나안 땅에 도착하자, 즉 자유인이 되자 그다음 땅을 분배받았다. 그 분배는 일정한 원칙이 있었다. 인구 비례로 땅을 분배했기 때문이다. 그리고 수고한 지도자 여호수아에게는 별도로 땅을 주었다. 업적을 인정했기 때문이다.

이제 한국은 정치적 자유와 경제적 자유를 보장하면서 분배 정책의 원칙을 정해야 한다. 그렇게 되면 자본주의와 사회주의를 통합한 국민을 위한 진정한 이념이 성립된다. 아직 갈 길은 멀다. 정치의 인격화가 먼저 이루어져야 한다. 정치가 잔인해지면 자본주의도 사회주의도 결국 국민을 잡아먹는 식인주의가 되고 만다. 이제 한국에 경제성장을 지속시키면서 가난한 국민을 보살피는 통합의 리더십을 지닌 진정한 정치지도자가 나와야 한다. 지금 국민은 메시아 같은 그런 지도자를 목놓아 부르고 있다.

청년 한스는 어떻게 성장했는가? 그는 어느 이념에도 종속되지 않고 양쪽의 장점만 취하려는 노력을 했고, 개인보다는 공동체를 위해 스스로 전쟁에 참여하는 용기를 갖고 있었다. 기독교는 야성을 갖고 사는 청년들을 키워야 한다. 맹종하기보다는 신앙에 대해서 질문하며 의심을 갖고 그 의심을 풀어보려고 애쓰는 그런 청년들을 육성해야 한다. 그래야 그들이 다음 세대를 이끌어 갈 수 있을 것이다.

28

하우저

문학과 예술의 사회사

〈작가와 작품 해설〉 저자인 아놀드 하우저(Houser Amond, 1892-1978)는 헝가리 출신 막스주의자이다. 1978년에 죽었으니 이 책은 비교적 최근 작품이라고 할 수 있고 문학, 예술 분야에 종사하는 사람들에게는 필독 도서라고 할 수 있다. 좌파 비평가이긴 하지만 이 책에서는 이념적 색채는 거의 없다. 단지 저자는 사회현상이 문학과 예술 분야에 어떻게 영향을 미쳤는가를 고찰하고 있을 뿐이다. 순수예술을 하는 사람들은 예술, 그 자체를 중시하고 예술의 독립성을 강조한다. 그러나 저자는 좌파이념을 지닌 사람이기 때문에 예술보다는 사회현상을 더 중시하고 있다. 사회현상이 예술에 영향을 크게 미쳤다는 주장을 하고 있는 것이다. 저자에게는 사회가 먼저이고 예술은 그 다음이다. 예술은 사회현상의 종속되어 있다는 의도가 강하기 때문에 순수 예술론을 주장하는 사람들은 그를 비판적으로 본다. 그러나 예술의 흐름을 시대별로 종합하여 기술했다는 점에서 높이 평가해야 할 저서이다.

그의 주장에 의하면 구석기 시대에는 예술이 곧 생활이었다고 주장한다. 지식이 발달하지 못했기 때문에 자연 현상을 마술로 이해했고, 그것이 곧 예술이었다는 것이다. 신석기 시대에 와서는 독자적인 예술가들이 등장했고 주로 인간의 지적 활동에 종교적 의미를 부여했다고 주장한다. 이 시대에는 마술사가 곧 성직자이고 예술가인 셈이다. 애니미즘은 이때부터 생겨났다. 애니미즘이란 살아 있는 사물은 물론 생명 없는 대상에도 혼이나 영을 부여하는 것인데 결국 생명 없는 대상은 없으며 모든 것은 영과 더불어 산다는 주의이다. 에드워드 버넷 테일러가 이 주장을 했는데 그는 애니미즘에서 종교가 발생했다고 주장했다. 저자는 예술에 영향을 준 사회적 변혁을 논할 때, 가장 중요하게 생각한 것은 헬레니즘, 영웅주의, 문예부흥, 종교개혁, 지리상의 발견, 산업혁명, 제국주의, 세계대전, 빈부격차, 과학발달이라고 강조한다. 빈부격차를 강조한 것은 역시 그가 좌파 이론가이기 때문일 것이다.

신석기시대를 지나 본격적으로 예술사를 이야기할 때, 등장하는 시대가 그리스 로마시대이다. 즉 헬레니즘 시대이다. 헬레니즘은 그리스 문명을 사랑한 알렉산더 대왕이 세계를 그리스화 하려는 의지에서 각종 전쟁을 하면서 대제국을 형성한 후 형성된 주류 사상이다. 이 시대에 와서 개인주의가 시작되었고 혈연이나 연대의식들은 퇴색되었으며, 명예나 종교적 의미도 감소되었다. 유랑, 음유 시인들이 등장했고 귀족주의가 생겨나기 시작했다. 동방과 서방의 문화를 종합하려는 아케이즘이 등장했고 섬세하고 정교한 형식미가 등장했으며 예술 자체가 목적이 되어갔다. 인본주의가 등장하면서 다양성이 강조되었고, 민족문화들이 평준화되면서 혼합문화가 생겨났다. 합리주의가 등장하면서 절충주의도 그 세를 확대시켜 나갔다. 조각에서 회화로 발전했으며 초기 인상주의적 기법도 이 때 생겨났다. 균형과 조화를 강조하다가 자유화로 발전되어 갔다. 중세시대가 되면서 봉건주의가 형성되어 갔고 정신주의적 예술이 강세를 이루었고 신앙교육을 위해 예술이 수단으로 사용되었다. 일종의 예술종교 일치주의라고 할 수 있을 것이다. 삽화와 필사본들이 유행했고, 궁정에서는 진한 물감을 사용했으며 평민들은 경쾌한 필치의 그림을 선호했다. 직업시인들이 등장했고, 수도원에서는 미술품 생산을 조직화하기 시작했다. 시민계급들이 형성되면서 문화의 세속화가 이루어지기 시작했으며 로마네스크 양식에서 고딕 양식으로 발전했다. 미술품을 매매하는 일들이 생겼고 도시화가 되어갔다. 기사들이 등장하면서 연애시가 유행했고 여성문화가 등장했다. 로마네스크 양식이란 로마 유풍으로 천정은 대리석으로, 벽은 두껍게, 창문은 작게 해서 육중한 느낌을 주는 양식이고, 고딕은 고트족에서 유래한 말로서 벽은 얇고, 창문은 크며, 뾰족한 탑을 강조하면서 중세의 번영을 상징한 양식이다. 파리의 노트르담 대성당이 그 전형적인 건축물이다. 이 시대는 신성로마제국이 지배하는 시대였으며, 프랑크왕 칼 대제의 문화정책이 큰 영향을 미쳤다.

그다음 르네상스 시대가 도래했다. 이 시대는 지리상의 발견이 이루어진때이다. 봉건제도가 몰락했고, 상업이 발달했다. 특히 인쇄술이 발전해서 인문주의가 큰 세를 얻었고, 고전으로 돌아가자는 구호 아래 고전의 가치가 강조되었으며, 혼합주의가 득세했다. 중세에 대한 반발로 인간해방이 강조되었고 미술이 중시되었다. 예술가들의 지위가 향상되었는데 이는 메디치가와 교회의 지원이 큰 영향을 미쳤다. 신곡을 쓴 단테의 예처럼 박학다식이 강조되었고, 현세 지향적이어서 정신적인 것보다는 육체적인 아름다움을 중시했다. 매너리즘은 일종의 과도기적 사조이다. 이는 아직도 잔재한 중세의 정신주의적 예술방향과 새로 등장한 육감적인 예술방향이 서로 충돌하면서 갈등을 겪으니 사실적 재현에 반대하여 자신만의 독특한 양식에 따라 예술 활동을 하려는 경향인데 주로 위대한 양식을 모방하려고 했다. 그것이 편하기 때문이다.

바로크 시대는 반종교개혁의 영향으로 등장했다. 주로 가톨릭이 선도했는데 신교가 선교활동을 통해 그 세를 확장해 나가자 구교는 교회 건물을 통해 선교를 하려고 했다. 성전을 건축할 때 규모를 크게 하여 웅장, 장엄, 장대, 약동을 강조했고 곡선을 잘 활용하였고, 연극적, 회화적 의미를 드러내려고 했다. 균형과 조화를 이루면서 화려한 정면을 특히 중시했다. 한마디로 위대한 건축물을 지으려고 했다. 베드로 대성당이 그 좋은 모델이 된다. 그러나 절대 권력이 몰락하면서 이제는 그런 웅대한 건물을 지을 힘이 없어졌다. 바로크 양식이 남성적이라면 로코코 시대는 여성적인 시대이다 섬세하고 색체의 화려함을 강조했으며 왕 대신 귀족 중심의 예술 취향이 강세를 이루었다. 귀족들은 궁정에서 주로 사교활동을 했기에 궁정을 작지만 아름답게 장식을 하려고 했다. 정신적, 신앙적 의미보다는 시각적 즐거움을 우선한 시대이다.

이어 고전주의가 등장했다. 이는 합리주의의 영향이었다. 17-18세기에 유행했던 사조인데 인간이성을 강조했으며 조화, 균형, 완성을 중시했고, 이상주의를 선호했다. 인간이성을 믿었기에 이런 것들이 유행할 수가 있었다. 그러다보니 인간성을 중시하고 이성을 존중했던 그리스 로마 시대의 예술을 규범으로 삼기를 원했고 그래서 고전주의라는 이름이 생겨난 것이다. 색보다는 선을, 직선보다는 곡선을, 특수한 것보다는 보편적인 것을 우선했고, 형식의 통일성을 강조했다.

그런데 프랑스 대혁명, 산업혁명이 일어나자 자유주의 사상이 크게 유행하게 되었다. 산업혁명 이후 교역의 자유, 부의 축적을 위한 시민계급들의 자유로운 상업행위가 요구 되었다. 특히 인간은 이성적인 존재지만 동시에 감정적인 존재이기도 하다. 개인의 감정은 특수한 것이고 자유로운 것이다. 이성에 의해 압제된 합리적 판단에 반발한 낭만주의가 18세기 초부터 19세기 초까지 유행했다. 낭만주의 아버지라고 부르는 루소는 자연으로 돌아가라고 외쳤다. 그가 말하는 자연은 있는 그대로, 원래 그대로, 흐르는 그대로를 의미하고, 이는 인간은 선한 존재라는 전제하에 가능했다. 그러다 보니 본능을 중시하게 되고, 개성과 독창성을 강조하게 되었다. 감정, 비합리성, 실체로서의 관념, 자유분방, 직관, 신비, 열정, 환상, 기이한 것들이 예술 활동의 주류를 이루었다.

19세기 초부터 과학이 크게 발달하기 시작했다. 과학의 발달은 예술 활동에도 큰 영향을 주었다. 자연주의가 등장하게 된 것이다. 자연주의는 신적 존재를 부정하게 되고, 유물론적이며 이상주의를 반대했다. 자연은 신의 창조물이 아니라 과학적 원리가 작동하는 실체라고 생각했다. 관찰과 실험을 중시했고 객관적 묘사를 강조했다. 예술은 자연의 재현이라고 생각했다. 자연주의와 사실주의는 구분해야 한다. 사실주의는 현실주의이다. 경험적 현실을 강조하고 사회현실을 객관적으로 묘사한다. 현실을 반영하는 것을 중시하며, 자료 수집, 선택, 비판을 통해 진리를 발견하려는 사조이다. 저자는 세계대전은 예술과 문학에 큰 영향을 주었다고 강조한다. 1차 대전 이후 이성과 감성에 대한 불신은 결국 인간에게 불안을 가져다주었고, 허무감을 안겨 주었다. 그래서 등장한 사조가 실존주의이다. 실존이란 그냥 그대로 있는 '나'를 뜻한다. 다른 것과 구별되는 '나', 무한한 자유가 있는 '나', 그 자유에 책임지는 '나'이다. 본질은 나를 구성하는 요소이고, 존재는 여기 있음인데 그것은 본질과 실존의 결합이다. 중요한 것은 실존이다. 실존이 본질을 만들어 간다. 그런데 실존은 의미 없는 반복의 삶을 살아간다. 그러기에 실존은 부조리이다. 실존이 본질을 만들어 가는 과정에서 가장 중요한 것은 반항과 죽음이다. 알베르 카뮈가 주장하는 반항은 스스로 삶의 의미를 부여하는 행동이다. 반항은 자기답게 살아가는 것이고, 그래서 참여하는 삶이다. 참여는 자신을 해방하는 것이고 동시에 구속하는 행위이다. 부조리이다. 철학자 하이테카는 죽음 앞으로 미리 달려가는 삶이 중요하다고 강조한다. 예를 들면 '2년 후에 나는 죽을 것이다'라는 가정을 하고 그렇다면 나는 무엇을 할 것인가를 사고해야 한다고 주장한다. 실존주의는 상당한 영향을 사람들에게 주었다. 특히 문학 분야에서 결정적인 영향을 주었다.

　실존주의 시대와 더불어 미술에서는 인상주의가 유행했다. 19세기 후반에 등장한 인상주의는 전통적인 기법보다는 색채, 색조, 질감에 더 관심이 많았다. 시시각각 변하는 물체를 표현하려고 했고, 눈에 보이는 세계를 객관적으로 기록하려고 했다. 그래서 일상생활과 풍경에 많은 관심을 뒀다. 저자는 마지막으로 영화를 강조했다. 그는 영화야말로 모든 것을 종합한 예술이라고 말했다. 영화는 문학과 예술, 그리고 과학이 결합된 새로운 분야의 미술이었다. 영화는 인간을 평등화시켰고, 사고의 종합을 강조했다. 이제 영화시대에 와서 인간은 대중문화의 시작을 선언하게 되었다. 문학과 예술이 영화시대에 와서 모든 사람들이 그 혜택을 누리게 되었다. 자유와 평등이 영화를 통해 이루어지기 시작했다. 영화는 그 어떤 예술보다도 강력한 정치적인 힘을 가지게 되었다. 영화는 인간의 상상력을 향상시켰다. 영화는 새로운 신비주의를 만들어 냈다. 이런 영화의 힘 때문에 영화는 이념을 선전하는 도구가 되기도 한다. 영화는 종교의 전도용으로도 크게 이용되고 있다. 벤허, 십계 등이 여기에 속한다.

　오늘날 한국사회는 이념을 선전하려는 영화는 자주 만들어지고 있으며 그 영향력도 증대되고 있다. 그러나 그리스도를 전하려는 전도용 영화는 본격적으로 만들어지지 않고 있다. 예술성과 대중성을 결합시킨 영화를 만들어 낼 능력이 아직 없고, 흥행에 성공하도록 기독교인들이 적극적으로 지원할 준비도 되어있지 않기 때문이다. 저자가 강조하듯이 문학과 예술은 사회현상에 영향을 받는다. 그런데 한국사회는 문학과 예술에 영향을 줄 수 있는 큰 전환점에 대한 공감대가 형성되지 못하고 있다. 해방, 6, 25사변, 4,19, 5,16, 5,18, 경제 성장 등 큰 사건들이 있기는 하지만 좌우 이념에 따라 그 해석이 다르기 때문에 통합적 공감대가 이루질 못해서 문학과 예술에 큰 영향력을 주지 못하고 있는 것이다. 한국사회의 비극은 모든 것을 이념과 진영 논리로 각각 해석하기 때문에 한국사회를 근본적으로 변화시키지 못하고 늘 소모적인 갈등상태로 그냥 안주하고 있다는 점이다. 한국사회가 발전하려면 이념과 진영이 다르다 해도 어떤 사건을 객관적으로, 상식적으로 해석하는 시민계급이 등장해야 한다. 다행히 코로나 19사태에 대한 접근은 비교적 이념과 진영 논리를 떠나 그 현상을 객관적으로 해석하려는 경향이 있다. 이 점은 한국사회에 새로운 희망을 보여주는 단초가 될 것이다. 결국 이 책은 문학과 예술이 사회에 미치는 영향보다는 사회적 변혁이 문학과 예술에 더 큰 영향을 미친다는 것으로 결론을 내리고 있다. 문학과 예술의 독자성을 주장하는 사람들에게는 쓴 소리겠지만 그 주장은 타당할 수밖에 없다.

〈기독교적 이해〉 저자는 사회현상이 문학과 예술에 영향을 준다고 주장했다. 그는 이런 사실을 역사적으로 증명했다. 한국교회는 선교 140년을 맞이하고 있다. 그런데 그사이에 3.1 운동, 민주화, 고도성장, 미자립 교회 양산, 교단 분열, 교회갈등 등등 많은 사건이 있었다. 그런데 그 누구도 이런 것들을 문학이나 예술로 담아내지 못했다. 이는 기독교가 자체의 모순이 세상에 알려질까 봐 겁을 먹은 탓도 있고, 이런 것들에 대해 집요하게 문학과 예술로 담아내려는 예술가들이 없었기 때문이다. 그나마 이문열의 《사람의 아들》이란 소설이 조금 그 역할을 했지만 기독교계의 압력이 두려웠는지 충분치는 못했다. 문학과 예술은 윤리를 다루는 것이 아니라 감동을 다루는 것이다. 선함에 감동이 있듯이 악함에도 감동이 있다. 인간은 윤리적인 것에서만 감동을 받는 존재가 아니다. 싸움 속에도, 죄악 속에서도 감동을 받는다. 세상 사람들을 두려워할 필요가 없다. 우리는 우리의 치부를 드러냄으로 우리를 치유하고, 세상 사람들에게 감동을 주어야 한다. 가장 기독교적인 작가인 톨스토이나 도스토옙스키는 그런 일을 했다. 그런데 우리는 왜 안 되는가?

29 토크빌

미국의 민주주의

〈작가와 작품 해설〉 **토크빌**(Alexis de Tocqueville, 1805~1859)은 프랑스의 법관이자 정치 사상가이다. 그는 프랑스혁명 이후 격동기에 왕 앞에서는 국민, 국민 앞에서는 왕을 변호하면서 살해당한 당대 최고의 지식인, 그 유명한 마제르브의 외손자이다. 그는 프랑스공화혁명 이후 다시 절대왕정으로 회귀해 버린 프랑스의 정치를 보면서 그 원인을 찾으려고 고심하다가 9개월간 미국 여행을 하고 난 후, 돌아와 쓴 책이 바로《미국의 민주주의》이다. 이 책은 현대 정치사상에 큰 영향을 끼친 명저이다. 그는 미국의 민주주의를 관찰하면서 민주주의의 유지, 발전, 성숙, 변질을 이 책에서 기록했다. 일반적으로 민주주의란 국민이 다스리는 정치, 즉 주권재민을 확인하는 정치제도이고, 공화정이란 공공을 위한 정치요 누구에게도 지배되지 않고 오직 국민이 만든 법에 의한 지배를 강조하는 정치제도이다. 토크빌은 미국은 민주주의가 성공한 나라임을 강조하고 있다.

미국의 민주주의는 다음 몇 가지 특징을 지니고 있다. 첫째, 미국의 민주주의는 마을 자치에서 각 주로, 그리고 연방으로 발전했다. 자치를 통해 큰 문제들을 협의, 조정, 설득 등 민주적 절차를 통해 해결했기 때문에, 주, 연방도 큰 무리 없이 일들을 처리를 할 수 있었다. 둘째, 미국의 민주주의는 기독교와 상업정신이 결합된 정치사상이다. 미국은 도덕과 이기심, 서로 조화를 이룰 수 없는 두 개의 가치가 절묘하게 결합되어 민주주의를 실천했다. 기독교를 통해 신이 준 자유, 신 앞에서의 평등이 결합되면서 이를 습속, 즉 문화로 녹아내려 갔다. 미국인들은 이기적인 것을 강조하면서도 그 이기심을 기독교정신으로 반성하여 이기심의 확대, 이기심으로 생기는 분쟁을 조정했다. 미국 사회는 정치사회, 시민사회, 종교사회가 조화와 균형을 이루고 있다. 셋째, 미국의 민주주의는 삼권분립을 확고하게 구현하고 있다. 입법부는 2년에 한 번 인구 비례로 하원을 구성하는데 이는 민심을 신속하게 반영하기 위함이고, 상원은 각주 대표 2인으로 구성하며 임기는 6년인데 이는 잘못된 민심을 통제하기 위함이다. 예산은 하원, 대통령 탄핵은 하원에서 발의하여 상원이 결정한다. 사법부는 철저하게 독립되어 정치재판 즉 탄핵에는 관여하지 않는다.

미국의 민주주의는 초기 이민 온 사람들의 성향에 의해 큰 영향을 받았다. 뉴잉글랜드에 사는 사람들은 메이플라워호에 의해 이주했는데 그들은 가족단위로 집단 이주를 했고 중산층이었다. 그들은 처음부터 자유와 평등이 공존했다. 비교적 지적 수준이 높아 산업화도 급속하게 이루어졌다. 그러나 버지니아주에는 모험가들, 독신 남성들이 많이 이주했기에 노예제도를 선호했다. 미국은 자유로운 나라이다. 동물적 자유, 즉 자기 마음대로 살 수 있는 자유와 시민으로서 도덕적 자유가 잘 결합되어 있다. 그리고 사생활의 자유와 공적 업무에 참여할 수 있는 권리로서의 자유가 조화를 이루고 있다.

동시에 미국은 평등한 나라이다. 프랑스도 평등을 강조했지만 그 평등은 천박한 평등이다. 즉 국가가 강제한 평등이다. 그러나 미국의 평등은 고상한 평등이었다. 처음부터 귀족은 없었다. 강제가 아닌 타협과 협력으로 함께 평등해지려고 노력해서 얻은 평등이다. 사실, 역사의 흐름은 평등지향이었다. 이 흐름을 누구도 막지 못한다. 그러나 평등으로 가는 과정에서 다양한 갈등이 생기고 그 갈등은 확산된다. 하지만 비록 소수의 엘리트지만 그들은 윤리의 끈을 잡고 이 갈등을 해결하려고 노력해야 한다.

갈등을 해결하는데 가장 좋은 방법은 주류가 갖고 있는 가치를 존중하고 재확인하는 것이다. 상대를 비난하여 평등을 얻으려고 하지 말고 자신의 입장을 말하면서 주류의 협조를 얻어 평등을 얻어 내야 한다. 마틴 루터 킹 목사는 백인 사회를 비난하지 않았다. 대신 자신의 꿈을 이야기함으로 결국 백인의 협력을 얻어 냈다. 미국은 기독교적 가치, 결사의 자유, 표현의 자유, 선거, 주권재민 의식, 법치주의를 통해 자유와 평등을 유지해 왔다. 사회주의는 평등을 강조하지만 자유의 제한으로 평등을 얻으려고 한다.

〈해석과 평가〉 토크빌은 미국의 민주주의를 긍정적으로 바라보면서도 민주주의에 의한 독재를 걱정 했다. 민주주의는 다수의 가치와 힘을 강조하는 정치제도이다. 다수의 여론은 과거의 왕보다 더 강한 힘을 갖고 있으며, 다수당에 의한 독재는 과거 귀족들에 의한 독재를 능가할 수 있다.

그래서 토크빌은 민주주의에 의한 독재의 가능성을 예언한다.

그는 민주주의에 의한 독재의 가능성을 4가지로 제시하고 있다.

첫째, 집권자가 국가권력을 강화하려 할 때 민주주의는 독재화된다. 즉 국가가 모든 것을 다 해 준다고 할 때, 그래서 국가가 힘이 있어야 한다고 주장할 때, 민주주의는 국가주의가 되고, 국가는 우상이 된다.

둘째, 평등에 대한 열망이 강하게 작용할 때, 즉 국가가 지배계급을 제어하려고 할 때, 그 나라의 민주주의는 독재가 된다. 평등이 민주주의 가치이기는 하지만 사회에는 천부적인 불평등이 존재한다. 예를 들면, 부모와 자식은 평등할 수 없다. 인권적 측면에서야 당연히 평등이지만 가정 안에서 부모와 자식이 인륜상 평등하다면 가정은 존재할 수 없다. 사회에는 지배계급이 필연적으로 존재한다. 지식인들, 성직자들, 고급 공무원들은 일반 서민들과 인권적 측면에서, 윤리적 측면에서, 법 앞에서, 국민으로의 권리와 의무에서 평등하지만 역할은 분명 일반인과 다르다. 그런데 역할 측면에서도 평등하다면 공동체는 존재하기가 어렵다. 만약 국가가 이런 지배계급을 힘으로 평등화시키려고 한다면 결국 독재국가가 된다.

셋째, 사적 자유로 시민이 행복해질 때, 그래서 시민이 공적 업무에 무관심하게 되면 국가는 마음대로 통치하게 되면서 독재국가가 된다. 현대 사회에서 국가를 통제하는 힘은 국민의 힘이다. 권력은 국민에게서 나오고 선거를 통해 국민이 권력자들을 심판하기 때문이다. 그런데 국민이 어떤 이유로든지 국가의 공적 업무에 대해 무관심하거나 맹목적으로 순종할 때, 국가는 국민의 눈치를 보지 않기 때문에 독재국가가 된다.

넷째, 산업화의 결과로 민주주의는 독재국가가 될 수 있다. 대규모 공장이 세워지면서 생겨나는 노사문제, 열악해지는 노동환경, 재벌들의 만행 등을 대처하기 위해 국가 역할이 필요해지게 되고 국가는 강력한 힘으로 그 문제를 해결하면서, 결국 그 국가는 독재국가가 된다. 산업화는 경제력이 증가하여 국민을 잘 살게 하는 길이지만 동시에 다양한 문제들이 생겨나는 필연적인 성장 모델이기도 하다. 빛이 있으면 어둠도 있게 마련이다.

그렇다면 이러한 위험을 극복하는 길은 무엇인가? 토크빌은 이 난제에 대해 몇 가지 대안을 제시하고 있다.

첫째, 내부의 문제는 내부에서 해결하려는 노력을 강화해야 한다. 시민 민주주의를 강화해야 한다는 것이다. 내부의 문제를 국가가 간섭하고, 국가가 해결하려고 한다면 국가에 대한 의존도가 높아지면서 국가 권력은 독재화되기 때문에 내부 문제를 자치적으로 해결할 수 있도록 해 주어야 한다는 것이다. 종교 문제, 노사문제 등에 대해 국가의 간섭을 최소화해야 하며, 특히 종교문제에 국가가 개입하는 것은 매우 위험한 일이다.

둘째, 중간집단을 육성해야 한다. 개인과 국가 사이에 중간 역할을 하는 집단이 필요하다는 것이다. 시민단체는 물론 특히 교회가 건전한 역할을 할 수 있어야 한다. 그래야 완충지대가 있어 국가와 국민이 직접 충돌하는 것을 예방할 수 있다. 국가와 국민이 직접 충돌하면 국가는 독재국가가 되기 쉽고, 국민은 혁명을 꿈꾸게 된다.

셋째, 분권화가 보다 철저하게 이루어져야 한다. 삼권분립은 물론 한 사회가 다른 사회를 지배하지 못하도록 해야 한다. 예를 들면, 국가가 교회를 지배하려고 하고, 반대로 교회가 국가를 지배하려고 하지 말아야 한다는 것이다.

넷째, 다수가 조용하게 지배하는 사회가 되도록 해야 한다. 그러기 위해서는 정치적 자유, 경제적 자유보다는 도덕적 자유가 우선되도록 해야 한다. 왜냐하면 도덕적 자유가 우선된다면 정치적, 경제적 갈등을 최소화시키면서 사회는 조용해진다. 국민 윤리 교육이 필요한 이유가 여기에 있다.

다섯째, 사법부가 철저하게 독립되도록 해야 한다. 민주주의의 최후의 보루는 사법부다. 사법부가 무너지면 민주주의도 무너진다.

마지막으로, 독립된 주체성을 지닌 시민을 육성해야 한다. 민주주의는 건전한 시민에 의해 유지, 발전, 성숙해진다. 건전한 시민이란 주체성을 갖고 국가가 하는 것을 관찰, 비판, 참여하는 사람들이다.

토크빌은 미국의 민주주의를 칭송하면서도 그 약점을 지적하는 통찰력을 갖고 있다. 참으로 놀라운 식견이다. 성숙한 민주주의란 개인의 이익과 공동체의 이익이 결합되면서 이루어진다.

〈기독교적 이해〉 이제 토크빌의 견해를 중심으로 오늘 한국 민주주의를 평가해 보자. 지금 한국 정부는 사회주의 경향을 띠면서 자유보다 평등을 더 큰 가치로 강조하고 있다는 의심을 받고 있다. 국가가 모든 것을 하려고 한다는 비판도 제기되고 있다. 다수당과 다수의 여론을 중심으로 검증되지 않은 일을 하려고 하고 있다는 지적도 있다. 그래서 국가주의로 가는 것이 아닌가? 독재로 가는 것이 아닌가? 이런저런 논란이 벌어지고 있다. 현 정부는 제왕적 대통령제에 더 강력한 힘을 가진 특수한 기관을 만들려고 한다는 의심도 받고 있다. 사법부의 독립이 흔들리고 있다. 한국사회는 피를 흘리면서 민주화를 이루었다. 그런데 민주주의가 발전, 성숙해지기보다는 퇴보한다는 일부의 비판이 거세지고 있다. 민주주의가 성숙해지려면 대통령의 권력을 분산해야 한다. 검찰총장, 경찰청장의 임명을 대통령이 하지 말고 검증된 위원회에서 하고, 권력 기관들이 서로 견제되도록 법적 장치를 마련해야 한다.

한국 민주주의의 성숙을 위해서는 기독교의 역할이 매우 크다. 과거 한국기독교는 민주화를 위해 큰일을 했다. 이제 기독교는 민주주의의 발전과 성숙을 위해 교인에게 민주시민 교육을 해야 한다. 한국 사회는 가족주의가 근본 바탕을 이루고 있는데, 이 가족주의가 갈등의 요인이 되고 있다. 가족주의가 지방색을 만들어내고 있고, 정치를 이념으로 분할시키고 있으며, 학연주의를 만들어내고 있다. 우리끼리가 아닌 우리 모두가 함께 민주주의를 지켜나가겠다는 결단이 필요하다.

교권의 민주화도 이루어져야 한다. 교회 안에서 설교는 목회자의 특수한 고유 권한이니 평등이론으로 제한을 두려고 해서는 안 된다. 그러나 행정, 재정, 인사 등은 민주화가 이루어져야 한다. 교회의 민주화에는 기득권 세력에 의한 집단 독재의 경향을 막는 것도 포함되어 있다. 그 교회에서 오랫동안 신앙생활을 했다고 해서 새로 온 교인들의 역량을 막거나 방해해서는 안 된다. 목회자에 의한 교권 독재도 문제지만 기득권을 가진 평신도 세력들에 의한 독재는 더 나쁜 결과를 초래한다는 것을 명심해야 한다.

교단 총회도 민주화, 다양화가 이루어져야 한다. 선출되는 총대 외에 부목사 대표, 전도, 기관 목사 대표, 여성 대표, 청년 대표 등도 총대로 총회에 참여해야 한다. 교단의 정책도 개개인의 유익과 교회 공동체의 유익이 서로 조화를 이룰 수 있도록 해야 하며, 교회 안에 적절한 단체들, 사회적 표현을 빌려 쓴다면 시민단체 같은 것들을 육성해야 한다. 좋은 제도도 나쁜 것을 만들어내는 요소를 지니고 있다는 것을 알아야 한다. 토크빌이 지적한 대로 미국의 민주주의는 역사상 가장 모범적인 민주주의지만 그 속에는 상당한 위험 요소를 지니고 있다.

오래전에 토크빌은 미국 민주주의의 빛과 어둠을 지적했다는 점에서 애덤 스미스나 칼 마르크스를 능가하고 있다. 오늘날 미국은 초강대국이다. 민주주의 덕분이다. 그러나 미국 내부를 면밀히 살펴보면 위험 요소들을 많이 가지고 있다. 그런 위험 요소가 있음에도 불구하고 미국이 초강대국으로 여전히 존재하는 것은 민주주의의 강점과 약점을 이해한 종교인, 지식인, 경제인, 정치인들이 시민들과 서로 협력하여 민주주의를 지키려고 노력하고 있기 때문일 것이다.

30
맥루한

미디어 이해

〈작가와 작품 해설〉캐나다 토론토대학 교수인 마셜 맥루한(Marshall McLuhan, 1911~1980)이 쓴 책이다. 사람들은 그를 현대의 예언자라고 부른다. 심지어 그를 뉴턴, 아인슈타인, 프로이트, 다윈과 같은 반열에 놓는 이도 있다. 대중문화, 지구촌, 정보 사회라는 단어는 그가 만든 용어이다. 그는 인류 문명사에 두 번 전환점이 있었다고 말한다. 15세기 인쇄술이 발달하면서 책이나 신문이 대량 발행된 것이고, 다른 하나는 19세기 후반 전기기술이 발전하여 전화, 티브이, 인터넷, 휴대폰 등이 등장한 것이 그것이다.

그는 세 가지 전제를 강조한다. '우리는 보는 대로 된다.' '우리는 우리의 도구를 만든다.' '그리고 우리의 도구가 우리를 만든다'는 것이다. 여기서 그가 제일 강조하는 것은 '우리의 도구가 우리를 만든다'는 주장이다. 즉 내용이 형식을 따르며, 형식적 기술이 우리의 정서와 사고에 큰 영향을 준다는 것이다. 예를 들면, 남자가 여자에게 사랑한다는 고백을 한다고 하자. 전달 매체는 다양하다. 말로 직접 할 수도 있고, 편지로, 전화로, 문자 메시지로, 다른 사람을 통해서 그 고백을 할 수 있다. 같은 내용이지만 전달 매체에 따라 상대에게 전해지는 느낌, 그리고 반응은 각각 다르다. 그는 이 매체를 '미디어'라고 부른다.

그래서 그는 인류 문명사를 미디어의 발달로 이해한다. 구어시대는 원시시대이다. 주로 말로 의사를 전달하는 시대이다. 그다음은 문자 시대이다. 소수이긴 하지만 사람들은 말과 동시에 문자를 배워 문자를 통해서 자신의 의사를 전달하기 시작했다. 그다음은 인쇄시대이다. 책과 신문이 등장하면서 사람들은 책으로, 신문으로 각자의 의사를 전하기 시작했다. 마지막으로 전자 전기시대이다. 티브이가 등장하고 인터넷, 휴대폰, 유튜브 등이 등장하여 개인의 의사를 자유롭게 전달하는 시대가 왔다. 그의 이런 문명사의 시대구분은 대단히 창의적인 생각이었다.

또한 그는 미디어와 인간의 오감을 연결시켰다. 그래서 미디어의 발달을 몸의 확장으로 보았다. 구어 시대는 청각을, 문자 시대, 인쇄 시대는 시각을, 전기기술 시대는 청각, 시각, 촉각을 다 사용했다고 주장했다. 그러면서 가장 이상적인 것은 원시시대처럼 오감을 다 사용하는 것이라고 했다.

그는 미디어의 개념을 넓게 이해했다. 단순히 문자나 신문, 방송 등만이 미디어가 아니라 인간이 자신의 정보와 사상을 전달하려고 인위적으로 만든 모든 것을 미디어로 이해했다. 인간의 표정, 몸짓도 미디어인 것이다. 그의 이론대로 한다면 인간 그 자체도 미디어이다. 따라서 인간은 자신이 입은 의상, 자동차, 사는 집, 가꾼 몸 등이 다 어떤 정보를 남에게 주는 미디어인 것이다. 결국 미디어는 인간의 경험을 새로운 형태로 바꾸려는 속성을 갖고 있고, 그 미디어의 발달로 인해 인간 생활과 삶의 형태는 달라졌다. 그래서 미디어는 지식을 전달하는 요인이 아니라 사건을 만드는 요인으로 그 기능이 확장된다. 예를 들면, 독일 히틀러의 집권은 라디오 덕분이다. 당시 라디오는 강력한 매체였다. 히틀러는 라디오를 통해서 다양한 선동, 선전, 가짜 뉴스를 통해 국민을 현혹시켜 결국 집권했다. 우리나라 박근혜 대통령 탄핵 때도 언론이 가짜 뉴스를 근거로 한 비리 보도를 통해 국민 판단을 미혹시킨 면이 일부 있었다.

이제 미디어는 어떤 내용을 전달하는 매체가 아니라 메시지 그 자체가 되었다. 우리는 미디어의 지배에 의해 통치되고 폐쇄되고 미디어화 된 공간에서 삶의 대부분을 살아가고 있다. 현대에 있어서 최고의 권력은 청와대가 아니라 언론사들이다. 흔히 현대를 '매스미디어' 시대라고 부른다. 매스미디어란 수요의 규모가 크기 때문에 매스미디어가 되는 것이 아니라 모든 사람이 동시에 관여하기 때문에 매스미디어가 된다. 앞으로는 신문이나 방송이 아니라 유튜브가 매스미디어가 될 것이다. 유튜브는 개인 방송이 쉽고, 듣고 보는 사람들이 간편하게 휴대폰을 통해 언제 어디서나 이용할 수 있기 때문이다. 유튜브의 발달은 언론에 대한 일방적 통제가 어려워진다는 장점이 있다.

매스미디어 시대에는 사물보다는 명칭이, 배우의 연기보다는 배우의 얼굴이 더 기억된다. 그러기에 배우들은 미남, 미녀라야 되고, 코카콜라는 그 명칭 자체가 브랜드가 된다. 전자미디어 시대에 인간의 삶은 미디어의 영향으로 아주 다르게 변화한다. 인간은 도시의 시민이 되기보다는 유목민이 되고, 그래서 건설보다는 유랑을 선호한다. 권위보다는 권력을, 문학보다는 저널리즘을, 문명보다는 야만을, 의지보다는 소망을, 성취보다는 명성을, 역사보다는 전설을, 논증보다는 폭력을 선호한다.

〈해석과 평가〉 맥루한의 이러한 주장은 현대를 증명하는 데 아주 탁월한 이론을 제시한다. 현대사회를 보라. 이제 현대인은 권위를 인정하지 않고 있고, 따뜻한 행복을 원하지 않으며, 신문 방송을 통해 인생을 배우려고 한다. 현대인은 사고나 행동은 야만으로 가고 있고, 무엇을 하려고 하기보다는 무엇을 원하기만 한다. 성취 자체에 의미를 두기보다는 성취를 통해 명성을 얻고자 한다. 역사적 사실보다는 전설적인 이야기, 그래서 상당수의 영화가 판타지 형태로 등장하고 있다.

맥루한은 현대 미디어들이 인간을 어떻게 변화시켰는지를 여러 가지 미디어를 통해 설명하고 있는데 이 또한 탁월하다. 사진을 예로 들어보자. 현대인은 다양한 사진을 즐겨 보관한다. 사진은 새로운 소유의 개념이다. 배우들의 얼굴 사진을 통해 그 배우를 소유하고, 킬리만자로의 사진을 통해 킬리만자로를 가 보았다는 관념을 소유한다. 광고를 보는 사람들은 짜증을 낸다. 그러나 광고는 시끄러움의 권리를 끝까지 밀고 나가 결국 인간을 설득하는 차원까지 간다. 그래서 현대인은 광고를 통해 물건을 사는 습관이 형성되었다.

영화는 어떤가? 영화는 관객에게 그들의 속해 있는 세계에서 다른 세계로 옮겨 놓는다. 그래서 인간은 비판적 사고 없이 무의식적으로 그 사실을 수용하게 된다. 이제 영화는 많은 정보를 전달하는 힘을 갖게 되었고, 인간으로 하여금 초현실주의적 체험을 하게 하며 환상과 꿈을 인간에게 제공하는 미디어가 되었다.

자동차는 어떤가? 자동차는 도시 주민의 증표이다. 사회의 동등화, 평등화를 의미하는 미디어이다. 도시민은 이제 누구나 자동차만 있으면 고속도로를 이용할 수 있고 휴양지에 갈 수 있다. 자동차는 가족이 성장할 수 있는 일상적 환경으로서의 가정을 파괴하는 미디어이다. 가족은 서로 떨어져 살아도 자동차만 있으면 오고 갈 수 있기 때문이다. 이제 자동차는 공간을 이동하는 수단으로서 공간을 파괴하는 미디어가 되었다.

맥루한은 귀족 계급의 몰락이 문자 미디어의 보편화를 통해 이루어졌다고 주장하기도 한다. 인쇄술의 발달로 문자가 보편화 되면서 모든 개인이 문자를 사용하게 되어 개인주의가 발달했고, 문자를 독점했던 일부 계급들은 모든 사람이 문자를 사용하게 됨으로써 그 특권이 상실되어 결국 몰락했다는 것이다. 일리가 있다.

맥루한은 미디어를 뜨거운 미디어, 차가운 미디어로 분류하기도 했다. 뜨거운 미디어란 단일한 감각을 고밀도로 확장시키는 미디어를 뜻하는데 사진이 여기에 속한다. 고밀도란 데이터로 가득한 상태를 뜻한다. 즉 이용자가 채워 넣거나 완성시켜야 할 것이 별로 없다는 뜻이다. 라디오도 여기에 속한다. 차가운 미디어란 저밀도 미디어다. 전화가 여기에 속한다. 귀에 주어지는 정보가 적기 때문이다. 듣는 사람이 상당수의 정보를 스스로 보충해야 한다.

맥루한은 미디어의 특징도 잘 설명하고 있다. 인터넷은 정확한 사진이나 그림이 있고 기사는 간략하게 쓰고 빠른 시간에 검색할 수 있는 장점이 있으나, 다양한 사람들과 익명으로 관계를 맺을 수 있어 악용될 소지가 많다고 비판한다. 신문은 시각 자료가 부족하나 상세한 정보를 얻을 수 있는 장점이 있으며, 신문, 티브이, 라디오는 주관적이고 개인이 참여할 수 있는 폭이 좁다는 한계를 가질 수 있다고 말한다. 맥루한이 언급하지 못한 미디어가 있다. 바로 유튜브이다. 그가 활동하던 시대에 유튜브는 거의 존재하지 않았다. 이제 전 세계에 유튜브 열풍이 불고 있다. 이제 새로운 세계가 열리고 있다.

저자가 주장하는 그대로 모든 것이 미디어가 되었다. 그런 점에서 이제 인간은 다양한 미디어를 통해 자신의 생각이나 감정을 타인에게 전할 수 있게 되었다. 그리고 미디어는 권력이 되었다. 그래서 현대인은 자신이 소유한 모든 것을 미디어로 포장하려고 노력한다. 예를 들면 옷, 어떤 장소에서 어떤 옷을 입느냐가 중요해 졌다. 몸, 어떤 몸매를 지녀야 하느냐가 그 사람에게 권력이 된다. 집, 차, 취미 등등이 다 자신을 표현하는 미디어가 되고, 거기에 따라 권력이 형성되고 드러난다. 현대는 미디어로 남을 지배하는 시대가 되었다.

정치인들은 미디어를 스스로 만들기도 하지만 기존의 미디어를 장악하려는 시도들을 한다. 어떤 미디어에 등장하여 자신의 정책을 이야기하느냐가 권력의 척도가 되었기 때문이다. 보수주의자건 진보주의자건 정치인들은 미디어의 중요성을 알기 때문에 미디어를 장악하려고 노력한다. 그런데 보수주의자들은 미디어를 억압하여 자신의 권력 기반으로 삼으려고 하지만, 진보주의자들은 미디어와 결탁하여 자신의 권력 기반으로 삼는다. 보수정권 때, 방송국 데모 사태가 연일 터져 나왔지만 진보정권 때는 그런 현상이 사라졌다. 억압으로 미디어를 지배하지 못한다. 타협하여야 미디어를 지배한다. 보수는 원칙을 강조하기 때문에 실패하고 진보는 원칙보다는 결과를 중시하고 미디어의 힘을 알기에 타협으로 미디어와 관계를 맺고 결국 미디어를 지배한다. 보수정권이 미디어를 지배하지 못하면 그 정치 권력은 약해질 수밖에 없다. 원칙은 다양화된 사회, 욕망구조로 된 사회조직 속에서 문제를 해결하는 방법이 될 수 없다. 그런데 현대인은 원칙에 충실하지 않는다. 현대인은 각자의 이익에 충실할 뿐이다. 그래서 현대사회가 원칙으로 되돌아가려면 붕괴 직전까지 가야 한다.

원칙이 무너진 사회는 결국 어느 시점에 가면 모두가 공멸한다는 것을 경험해야 현대인은 원칙이 중요하다는 것을 깨닫게 된다. 지금 한국 사회가 그 길로 가고 있다. 모든 것이 미디어가 된 세상 속에서 경쟁은 더 치열해진다. 전에는 정치권력이 힘이었는데 지금은 미디어가 힘이고, 인간은 스스로 노력하면 자신이 가진 모든 것을 미디어화 할 수 있기 때문에 경쟁은 다방면에서 치열하게 전개될 수밖에 없다. 사회주의자들은 경쟁을 두려워하기 때문에 평등을 강조한다. 사회주의자들은 경제 문제를 중심으로 빈부 문제를 해결하려고 분배를 강조한다. 그러나 앞으로는 경제 문제를 중심으로 경쟁하기보다는 미디어 문제로 경쟁하게 될 것이다. 경쟁은 인간 본성이다. 완전한 평등은 그래서 불가능하다.

〈기독교적 이해〉 교회도 이젠 미디어로 전도 활동을 해야 한다. 외치고, 주장하고, 설득시키는 전도는 이미 지나갔다. 교회의 미디어화가 전도방법이다. 즉 교회의 모든 활동이 미디어화 되면 전도는 저절로 이루어진다는 것이다. 성전 모양, 주보 내용과 형태, 각종 현수막의 미적 형태, 예배 장면, 교인들의 옷차림, 교회에서 주는 선물들, 목사의 설교 등등이 다 미디어화되어야 한다. 이런 것들이 다 광고 형태가 되어야 한다. 이제 교회 홍보나 교회 광고를 학문적으로 연구하는 교수들이 등장해야 한다. 신학이란 하나님에 대해 연구하는 학문이긴 하지만 동시에 하나님의 뜻을 어떻게 바로 사람들에게 전달할 수 있느냐에 대해서도 연구하는 학문이 되어야 한다.

설교는 하나님의 뜻을 사람에게 홍보하는 미디어다. 설교는 선포라고 주장하는 학자들이 있다. 맞는 말이다. 그런데 누구에게 어떻게 선포하는가도 중요한 문제다. 그러기에 바른 설교를 하려면 인문학과 미디어학을 배워야 한다. 신학만 가지고는 전도가 안 된다. 인문학과 미디어학이 뒷받침되어야 한다. 신학대학 교과 과정에 대변혁이 필요하다. 저자는 칼 마르크스, 뉴턴, 프로이트 등과 동렬에 넣어야 하는 학자이다. 그의 주장은 분명 새로운 세계가 도래했다는 것을 알리는 종소리였다.

기독교 행사가 창조적 미디어가 되려면 교회는 치밀한 계획을 세워야 한다. 무엇이든지 그 목적에 맞게 디자인되어야 한다. 신학대학은 이런 일을 할 수 있는 자들을 육성해야 한다. 이제 웃기는 설교만으로 전도가 되는 시대가 아니다. 설교와 기도 내용, 교회건물 등등을 다 미디어화하려면 이에 대한 전문가들을 양성해야 한다. 한국교회를 망치는 일을 하는 데가 신학대학이라는 불평이 더 팽배해지지 않도록 신학대학은 각성해야 한다.

백 경

〈작가와 작품 해설〉《백경》은 미국의 상징주의 소설가 허먼 멜빌(Herman Melville, 1819~1891)의 대표작이다. 세계 10대 소설 중의 하나로 선정되기도 했다. 미국 아버지들이 성인이 되어 집을 떠나는 아들의 배낭에 꼭 집어 넣어주는 소설로도 유명하다. 멜빌은 부유한 집안에서 태어났지만 13세 때, 아버지가 사업에 실패하면서 가난한 생활을 했다. 학교를 중단하고 은행이나 상점, 농장에서 심부름하는 일을 했고, 19세 때 배를 탔다. 1841년 포경선 예큐시네호에 승선하여 고래잡이를 경험했고, 이때의 경험이 《백경》을 쓰는데 큰 도움이 됐다.

이 소설의 줄거리는 아주 단순하다. 에이허브 선장이라는 사람이 백경이라는 신비스럽고 강력한 힘을 지닌 고래에게 다리 하나를 잃고 난 후, 그 백경에게 복수하기 위해 피쿼드호라는 포경선을 구입해서 크리스마스 날, 란다스케이트 항을 떠나 바다로 나가 백경과 3일 동안 혈투를 하다가 선원들과 자신이 죽는다는 이야기이기 때문이다. 이 소설의 주인공은 에이허브 선장이다. 그는 고래에 대한 복수를 일생의 목표로 삼고 어려운 여건임에도 불구하고 바다로 떠난다. 그는 불구자다. 육체적인 약점을 지니고 있다. 그의 선원들은 여러 나라에서 오직 돈만을 목적으로 선원이 된 사람들이다. 훈련도 잘 안 됐고 단결심도 없다. 오합지졸이다. 그가 탄 포경선 피쿼드호는 아주 낡은 배다. 버려진 배인 것이다. 그런데 상대인 백경은 신비스럽기조차 한 힘 있는 고래이다.

그럼에도 불구하고 에이허브는 바다로 출항한다. 아주 미국적인 인물이다. 그는 탁월한 지도력을 지닌 인물이다. 목표를 분명히 정해 행동하는 사람이었고, 자기가 하는 일에 대한 전문적인 지식이 있을 뿐 아니라 그 지식을 활용하는 사람이다. 출항 후 오랫동안 백경이 나타나지 않아 무료해진 선원들은 선장에게 항구로 돌아가자고 요구하고 그 요구를 거절하는 선장에게 반란을 일으키려고 하자 선장은 모든 선원을 갑판에 모아놓고 고래에 대한 흥미진진한 지식을 설파한다. 그러자 선원들은 고래에 대한 해박한 지식을 지닌 선장을 신뢰하게 된다. 인간은 상대를 맹목적으로 신뢰하지 않는다. 상대가 특정한 일에 전문지식이 있을 때 신뢰한다. 특히 현대사회는 그렇다. 고래에 대한 그의 지식은 결국 고래가 언제, 어디에 나타날 것이라는 예언을 하게 되고, 그의 예언대로 흰고래가 나타나자 선원들은 더욱 선장을 신뢰하게 된다.

에이허브 선장은 인간을 잘 이해한 사람이다. 지도자란 인간을 이끄는 사람이다. 그렇다면 인간이 어떤 존재인지를 알아야 한다. 선장은 선원들이 돈을 얻기 위해 선원이 되었다는 것을 잘 알고 있었다. 그래서 고래를 잡으면 그 수익이 얼마나 될 것인가를 설명하면서 스페인 금화를 높은 돛대에 박아놓고 흰고래를 처음 발견한 사람에게 그 금화를 주겠다고 선언한다. 또한 나침판을 파괴해 버림으로써 선원들의 반란을 근원적으로 진압한다. 나침판이 없으니 이제 선장의 지도를 받아야만 항구로 돌아갈 수 있게 된 것이다. 인간을 이해한다는 것은 도덕성을 이해하는 것만으로는 부족하다. 인간은 도덕성보다는 본성, 이기심으로 움직인다. 인간은 돈을 좋아하고, 살고 싶다는 욕망 속에서 사는 존재이다. 에이허브는 선원들의 그런 본성을 잘 알고 있었기에 그 본성을 적절하게 이용하면서 그들을 이끌었다. 그의 지도력은 환경에 큰 영향을 받지 않았다는 데서 더욱 빛이 났다. 앞에서 언급했지만 그는 매우 어려운 상황 속에서 목적을 이루기 위해 출항했다. 그는 용기가 있는 사람이다. 어려운 환경을 탓하는 사람은 지도자가 되기 어렵다.

또 한 사람, 이스마엘(이슈멜)도 중요한 인물이다. 어쩌면 에이허브보다 더 비중이 큰 인물일 수도 있다. 포경선에 탄 모든 사람이 다 죽었는데 유일하게 이스마엘만 살아남아 그동안 있었던 이야기를 전했기 때문이다. 이스마엘이라는 이름은 구약성경 아브라함의 첫아들을 그대로 인용했다. 아브라함의 서자로서 아브라함에게 추방을 당해 유랑하는 삶을 산 사람인데, 선원 이스마엘도 유랑하는 사람이다. 작가는 이스마엘을 유일한 생존자로 만들었다. 여기에는 작가의 의도가 있다고 생각할 수 있다.

〈해석과 평가〉 이 소설은 1851년에 출간되었다. 비록 19세기 소설이지만 필자는 앞으로 다가오는 시대 즉 20세기 또는 21세기에 어떤 유형의 사람이 살아남느냐를 예언하는 작품이라고 생각한다. 이스마엘은 승선하면서 "나는 선장도 아니고 손님도 아닌 선원이다."라고 말한다. 여기서 선장이란 지배하는 사람, 명령을 내리는 사람을 뜻하고, 손님이란 대접을 받으려고 하는 사람, 갑질하는 사람을 뜻한다. 즉 앞으로는 명령하는 사람도, 대접받으려고 하는 사람도 살아남지 못하고, 선원 즉 자기 일에 충실한 사람, 자기 일에 전문성이 있는 사람이 살아남는다는 것을 작가는 상징적으로 예언하고 있는 것이다.

또한 그는 다른 선원은 거들떠보지도 않는 식인종 출신 퀴퀘그를 친절하게 돌보아 준다. 이는 앞으로의 시대는 약자들과 소통하는 자가 살아남는다는 것을 암시하고 있다. 식인종 출신인 퀴퀘그는 그리스도인으로 개종하여 식인 습관을 정리한 한 사람이다. 그는 고래를 잡는데 능숙한 작살잡이이다. 그는 선원으로 승선했지만 그 출신과 얼굴색 때문에 다른 선원들에게 외면당한다. 그러나 그는 그런 처지에 불만을 갖지 않고 선원들의 행동을 관찰하면서 자기 일에 충실한다. 작가는 퀴퀘그를 통해서 우리 주변에는 우리의 행동과 말을 관찰하고 감시하는 존재가 있다는 것을 암시하고 있다. 작가는 현대사회에는 힘이 없고 무시당하고 있지만 주류 세계를 관찰하고 감시하는 백성들이 있고, 그들이 결집하면 큰 힘으로 결정적인 영향을 주류사회에 끼칠 수 있다는 것을 보여 주려고 했을 것이다.

유일한 생존자 이스마엘이 퀴퀘그가 짠 관을 통해 구사일생으로 살아남는다는 설정은 이런 사람들이 사람을 살리는 일을 할 수 있음을 보여 주는 것이다. 작가는 인간을 살리는 존재는 그리스도를 통해서 새 삶을 살면서 특별한 기술을 갖고, 무시당하나 좌절하지 않고, 주변을 살피면서 자기 일에 충실한 자임을 보여주고 있다. 이스마엘은 살아남은 자요, 퀴퀘그는 살아남게 한 자이다. 살아남으려면 살아남게 하는 자와 인격적인 소통을 해야 한다.

또 한 사람, 스타벅은 일등 항해사이다. 선장 다음으로 배 안에서 그 지위가 높고 영향력을 가진 사람이다. 그는 진실한 그리스도인이다. 에이허브 선장이 피쿼드호를 타고 출항할 때, 광인 알라이저가 모든 선원이 죽을 것이라고 예언한다. 그는 늘 그 예언이 마음에 불길한 징조로 자리 잡고 있었기에 선장을 설득하여 항구로 되돌아가려고 애썼다. 선원들이 선상 반란을 모의하자 선원들을 설득하여 불상사가 생기지 않도록 애쓰기도 했다. 그는 대립 되는 선장과 선원들 사이에서 화해자로 중재자로 그 역할을 잘 감당했고, 항해사의 역할도 능숙하게 해냈다. 이 소설에 등장하는 모든 인물 중에 가장 합리적이고 선한 사람이다. 어쩌면 작가는 스타벅을 통해 그리스도인의 삶을 암시하고 있는지 모른다. 복수나 황금보다는 인간의 생명을 존중하고, 화해를 중시하며 주어진 일을 전문적으로 잘 감당하는 사람, 예언을 무시하지 않고 그 예언을 마음에 담아두면서 살아가는 사람, 그런 사람이 그리스도인이라는 것을 작가는 암시하고 있다는 것이다.

이 소설은 상징주의 소설이다. 작가는 등장인물들을 통해 다양한 상징적 암시를 하고 있다. 상징을 해석하는 것은 독자의 상상력이요 지력이다. 이 소설에서 가장 상징적으로 이해하기 어려운 것은 백경, 즉 흰고래이다. 고래는 힘이 있고, 신비하며, 인간이 죽이지 못하는 그 무엇이다. 선장은 그 고래 때문에 다리 하나를 잃었고, 그 고래로 인해 마음에 큰 상처를 입었다. 그러기에 초창기에 백경은 자연의 힘, 인간의 운명, 또는 악으로 이해했고, 반신론이 유행할 때는 신이라고 설명하기도 했다. 자본주의 피해가 만연할 때는 황금이라고 주장하기도 했고, 최근에는 섹스, 휴대폰, 인공지능으로 이해하려는 사람들도 있다.

결국 백경이 무엇이냐 하는 것은 시대와 사람에 따라 달리 해석할 수 있지만 분명한 것은 극복해야 할 그 무엇이라는 것이다. 백경은 거대한 힘이다. 인간이 극복할 수 있는 힘이 아니다. 그러나 인간은 그 힘에 도전해야 한다. 위험한 도전이지만 도전할 때, 인간은 비로소 인간이 된다. 이스마엘은 살아 남았지만 그는 전설이 되지 못한다. 오직 쓰러진 자, 즉 고래와 더불어 바닷 속으로 뛰어든 에이허브만이 전설이 되었다. 그는 예수 그리스의 모형이다. 살아남은 자보다는 죽은 자가 기억되고 박수를 받는 것, 바로 이런 것이 역 사를 만드는 힘이다. 신념을 위해 죽는다는 것, 바로 이것이 미국 정신이다.

　작가는 미국을 피쿼드호로 상징하고 있다. 돈을 제일로 생각하는 대 다수 사람이 모인 나라. 각국에서 모여든 일체감을 가질 수 없는 합중국, 낡은 체제, 그럼에도 불구하고 아직도 미국이 건재하는 것은 어쩌면 무모 하게 보일지라도 거대한 그 무엇에 도전하면서 죽겠다는 에이허브의 후 손들이 아직도 미국 사회에 남아있기 때문일 것이다.

　전 세계에 가장 유명한 커피숍이 '스타벅스'이다. 백경을 좋아한 초창기 커 피숍 주인이 스타벅과 같은 사람들이 모이는 곳이라는 의미로 상호를 스타 벅스라고 정했다고 한다. 온 세계에 있는 스타벅스에서 커피를 마시면서 책 을 읽고 대화를 하는 청년들이 많다. 그들은 스타벅스에서 스타벅과 같은 사람들이 되어보겠다는 의지 갖고 커피를 마시고 대화를 나누어야 할 것이 다. 그 많은 청년 중에 한두 사람이라도 살아남은 자가 되기보다는 그 어떤 가치나 신념을 위해 죽는 자가 되겠다는 생각을 지닌 청년들이 있어야 한다. 그래야 역사는 진보하고 죽은 자로 인해 수많은 산 자가 생겨나기 때문이다.

　이 소설에 등장하는 인물 중에 네 사람, 즉 선장 에이허브, 항해사 스타벅, 선원 이스마엘, 작살잡이 퀴퀘그 중 어느 인간이라도 좋다. 모두 현대사회에 유익한 인물이기 때문이다. 그들에 대한 평가는 죽었느냐 살았느냐에 있지 않다. 그들의 역할이 무엇이었느냐가 중요하다. 현대는 다양성의 사회이다. 그러기에 현대사회를 사는 인간은 어떤 정형화가 불가능하고 그럴 필요도 없다. 각기 다른 역할을 하는 사람들이 모여 하나의 목표로 나아가는 사회가 현대사회이다.

에이허브처럼 지도자의 길을 걷는 자도 있어야 하고, 스타벅처럼 중재자, 인도자, 화해자의 길을 걷는 사람도 있어야 하며, 이스마엘처럼 평범하지만 자기 일을 성실히 감당하고 약자를 돌보아 주는 사람도 필요하다. 물론 퀴퀘그처럼 소외당하는 삶을 살면서도 남을 살리는 일을 하는 사람도 필요하다. 그런데 다른 사람들, 예를 들면 선원들은 어떤가? 그들은 오직 돈을 위해 사는 사람들이다. 그러나 결국 그들은 돈을 벌지도 못했고 목숨도 잃었다. 오직 돈만을 목적으로 사는 사람들의 최후가 비참하다는 것을 작가는 암시하고 있다. 자본주의 시대에 돈은 필요하다. 돈을 벌어야 한다. 그러나 돈은 수단이지 목표 자체는 아니다. 이 소설은 바로 이 점을 강조하고 있다.

이 소설에는 다양한 인간이 등장하지만 그들의 목표는 단 하나, 백경 즉 흰고래를 잡는 것이다. 작가는 이 소설에서 인간은 목표지향적인 삶을 살아야 한다는 것을 강조하고 있다. 물론 그 목표에 대한 의도는 다르다. 에이허브는 복수를 위해서, 스타벅은 선원들을 살리기 위해 빨리 항구로 돌아가야 한다는 생각으로, 이스마엘은 육지에서 무료한 삶을 달래기 위해서, 퀴퀘그는 작살잡이로 자신의 능력을 보여주기 위해서, 선원들은 돈을 위해서 백경을 잡으려고 했다.

삶이란 흐르는 것이 아니라 흘러가는 것이다. 흐르는 삶이란 타율적인 삶을 사는 것이고, 흘러가는 삶이란 자율적으로 사는 삶이다. 인간은 자신의 의지와 상관없이 그냥 타율에 의해 피동적으로 살아가는 존재가 되어서는 안 된다. 내 인생이다. 내가 책임져야 할 인생이다. 내 의지대로 살아야 하고, 내가 정한 목표를 향해 걸어가야 한다. 행복하냐 불행하냐, 성공했느냐 실패했느냐, 살았느냐 죽었느냐는 그다음 문제이다.

〈기독교적 이해〉 이 작품이 반성경적이라고 오해하는 사람들이 있다. 백경을 하나님으로 생각해서 반신론을 강조했다고 생각하기 때문이다. 그러나 백경을 하나님으로 생각하지 말고 인간을 고통스럽게 만드는 우상으로 생각하면 이런 오해를 하지 않을 것이다. 이 소설은 기독교적이다. 크리스마스 날 출항했고, 이스마엘, 에이허브는 구약성경에 나오는 이름인 이스마엘, 아합이며 예언자 엘라이저의 등장, 진실한 기독교인인 스타벅, 기독교로 인해 식인 풍습을 버린 작살잡이 등등, 등장인물들이 대부분 기독교인들이다. 등장인물들은 도전하는 사람들이다. 목표를 갖고 사는 사람들이다. 성경에 등장하는 사람들도 도전하는 사람들이다. 노아, 아브라함, 모세, 예언자들, 제자들, 사도 바울은 모두 도전하는 사람들이다. 기독교인들이 이 책을 읽어야 하는 이유는 그 무엇에 도전하는 삶을 살기 위해서이다. 무엇보다도 가치 있게 죽기 위해서이다. 어차피 죽을 몸, 가치 있게 죽겠다는 생각을 한 번이라도 해보아야 기독교인이라고 할 수 있지 않겠는가?

32

카프카

변 신

〈작가와 작품 해설〉 체코 출신 유대계인 프란츠 카프카(Franz Kafka, 1883~1924)의 작품이다. 그가 유명해지자 체코는 자기 나라 작가라고 주장하고, 이스라엘 역시 자기 나라 작가라고 주장한다. 심지어 독일은 그가 독일어로 작품을 썼다고 해서 독일 작가라고 말한다. 카프카는 원래 프라하대학에서 법학을 전공했다. 박사학위까지 받았다. 그러나 그는 작가가 되기로 결심하여 작품 활동을 했으나 생전에는 인정을 받지 못했다.

그는 1924년 빈 근처 요양원에서 사망했는데, 죽기 직전 친구인 막스 보로토에게 자기의 모든 작품을 불태우라고 유언했지만, 그 친구는 작품의 가치를 알고 있었기 때문에 카프카 사후 그의 작품을 출판했다. 그의 작품을 크게 인정한 사람은 프랑스의 지성 사르트르이다. 그는 카프카의 《변신》은 실존주의 문학의 정수라고 극찬했다. 카프카의 생전에는 실존주의라는 사조가 없었다. 그러므로 엄밀한 의미에서 카프카의 작품을 실존주의 작품이라고 단정하기에는 무리가 있다. 그러나 《변신》이라는 작품이 인간 소외라는 주제를 다루고 있다는 점에서 실존주의적 작품이라고 말할 수는 있을 것이다.

실존주의란 개인의 주체성을 강조한다. 실존은 다양하고 개별적이고 특수하다. 즉 나와 너는 다르다는 것이다. 실존주의는 무엇이 옳고 그르냐보다는 무엇이 서로 다르냐에 더 비중을 둔다. 지금까지 합리주의 사상은 인간을 이성과 실증을 통해서 알려고 했다. 그러나 실존주의는 절망, 불안, 허무를 통해서 서로 다른 인간을 알아야 한다고 주장한다. 상당히 종교적 주장이다. 그래서 신을 통해 그런 것들에게서 해방되어야 한다는 유신론적 실존주의가 있고, 신이 아닌 인간 스스로의 힘으로 그런 것들에서 해방되어야 한다는 무신론적 실존주의가 있다.

소외란 사람들에게 외면당하는 것이다. 소외되면 고독하게 되며, 무력감을 느끼고, 어떤 규범 밖으로 내쳐지고, 삶의 의미를 느끼지도 알지도 못하는 버려진 존재가 된다. 이런 소외는 문화적으로 이루어지기도 하고, 사회적으로 이루어지기도 한다. 소외는 자본주의 병폐 중의 하나이다. 제도적으로 노동자들을 보호하는 시스템이 없는 19세기 말부터 소외라는 말들이 유행하기 시작했다. 지금은 법적으로 노동자들의 권익이 보호되는 시대가 되었고, 오히려 소상공인들이 소외당하는 경향이 더 많아졌다.

이 작품은 후대에 많은 작가에게 큰 영향을 주었다. 예를 들면, 노벨문학상을 받은 《백년 동안의 고독》이라는 작품을 쓴 가브리엘 가르시아 마르케스는 《변신》을 읽고 작가가 되기로 결심했다고 고백하기도 했다. 카프카는 성적 결백증이 있는 사람이라 끝내 결혼하지 못했다. 펠리체

바우어라는 여인과 약혼과 파혼을 거듭하다가 실패했고, 밀레나 예젠스카 폴라크와의 사랑도 실패했다. 죽기 직전 베를린으로 이주한 후 거기서 젊은 여성 도라 리만트를 만나 나이를 초월한 우정을 나누다가 1924년에 죽었다. 프라하 카렐다리 근처에 그를 기념하는 박물관이 있다.

주인공 그레고리 잠자는 의류 회사에 다니는 평범하고 성실한 직장인이다. 그는 열심히 일해서 월급을 받아 가족의 생계를 돌보는 데 삶의 보람을 느낀다. 어느 날 아침, 그레고리 잠자는 잠에서 깨어보니 자신도 모르게 흉한 벌레로 그 몸이 변해버렸다는 것을 알게 된다. 출근을 못하자 지배인이 찾아와 가족들에게 근무 태만이라고 비난하자 그레고리 잠자는 간신히 방에서 기어 나와 자신의 입장을 변명하려고 하나 그 흉측한 모습 때문에 그리할 수 없었다. 사실 그레고리 잠자는 직장 생활을 하기가 싫었다. 그러나 아버지가 사업에 실패하여 사장에게 빚을 졌기 때문에 어쩔 수 없이 직장에 나가 생활비를 벌 수밖에 없었다. 그레고리 잠자는 이제 밖으로 나올 수 없는 존재가 되었다.

그는 방안에서 벽을 통해 천장을 기어가는 삶을 살게 되는데 여동생 그레테는 그의 방에 음식을 갖다 주고 벽을 통해 천장으로 기어 다니는 데 불편하지 않도록 오빠 방에 있는 가구들을 치워 준다. 그레고리 잠자는 처음에는 편하게 생각했으나 나중에는 인간으로 살았던 그 시절에 대한 추억이 사라진다고 생각하게 되면서 쓸쓸해한다. 어머니도 그레고리 잠자의 방을 치워주는 일을 하면서도 벌레로 변한 아들에 대한 혐오감 때문에 고민을 한다. 결국 시간이 지나면서 어머니도 그레테도 그레고리 잠자의 방을 더 이상 치워주지 않는다.

그가 벌레로 변해 생활비를 벌지 못하자 결국 모든 가족이 취직을 하게 되면서 가정은 점점 안정을 얻게 된다. 가족들은 경제적 풍요를 얻기 위해 하숙을 치기로 하고 3명의 신사를 집으로 들이기 위해 집 안에 있는 불필요한 가구들을 그레고리 잠자의 방으로 집어넣는다. 이제 그의 방은 사람이 사는 방이 아니라 헛간이 되었다. 어느 날 그레데가 바이올린 연주를 하는데 신사들은 별로 탐탁하게 여기지 않았으나 그레고리 잠자는 깊은 감동을 받아 자기도 모르게 방안으로 나와 버렸다. 그레고리 잠자의 소원 중 하나는 여동생이 바이올린 연주자가 되는 것을 돕는 것인데 누이동생의 연주를 들으니 자기도 모르게 감격하여 그런 행동을 한 것이다. 신사들은 그 흉측한 그레고리 잠자의 모습을 보고 이 집에서 하숙을 더 이상 할 수 없다고 언성을 높이면서 계약금을 돌려 달라고 강요한다.

여동생 그레데는 하숙에 실패한 이후, 가족에게 결국 이제 벌레가 된 그레고리 잠자를 버려야 한다고 말하고, 가족은 이에 동의한다. 가족들의 이야기를 들으면서 그레고리는 아버지가 던진 사과로 인한 상처 때문에 쓸쓸히 죽는다. 그가 죽자 가정부가 시체를 치우고 가족들은 그동안 마음고생을 털어버리려고 야유회를 떠난다. 그들은 야유회를 떠나면서 이제는 희망을 가질 수 있다고 말한다.

〈해석과 평가〉 이 작품은 인간소외를 다룬 작품이다. 우선 노동자들의 소외를 다루고 있다. 주인공은 의류회사 직원이다. 그가 본의 아니게 벌레로 변하자 직장에 나갈 수 없었다. 지배인이 와서 가족들에게 근무 태만이라고 질책을 할 때, 주인공은 자기 변명을 하려고 했으나 이미 벌레가 되어 버렸기에 불가능했다. 당시 노동자들은 자신의 입장을 충분히 소명할 수 없는 제도적 결함 때문에 소외당하는 계급이 될 수밖에 없었다. 현대사회에서도 이런 유형의 소외 즉 자기 입장을 충분히 소명하지 못하여 억울한 일들을 당하는 사람들이 있다.

사회적 소외도 있다. 주인공을 찾아온 지배인은 결국 주인공의 직무 태만을 사장에게 보고했을 것이고 이로 인해 주인공은 해고당했을 것이다. 직장에 다닌다는 것은 일종의 사회활동을 하는 것이다. 단순히 돈을 버는 경제행위가 아니다. 직장동료들은 주인공이 직무 태만으로 해고당했다는 소식을 들으면 주인공에 대한 별별 사실 아닌 이야기들을 수군거릴 것이다. "그럴 줄 알았다", "여자 때문에 근무를 태만 했다", "건강이 좋지 않아 그럴 수밖에 없었다"는 등 사실과 먼 이야기들이 회사 내에 돌면서 주인공은 자기가 속했던 사회에서 소외당하게 된다.

가족에게 당하는 소외도 있다. 주인공은 가족을 위해 모든 것을 희생했다. 그런 주인공이 벌레로 변신을 하자 가족은 결국 그를 버린다. 과거의 주인공이 가족을 위해 일했던 그 모든 것을 잊어버리고 당장 주인공에게 갖는 혐오감, 그리고 주인공 때문에 생기는 손해 때문에 가족들은 주인공을 버리는 비정한 일이 생긴다. 인간은 이기적인 존재이다. 인간이 인간을 소외시키는 이유는 손익 계산 때문이다. 사실 가족은 피로 연결된 가장 가까운 관계이다. 가족에게 버림을 받는다는 것은 실로 비참한 일이지만 그런 일들이 비정하게 이루어지고 있는 사회가 현대사회이다.

문화적인 소외도 있다. 주인공은 문화의 가치를 아는 사람이다. 그래서 누이동생의 꿈, 즉 바이올린 연주자가 되고 싶어 하는 누이의 꿈을 이루어 주기 위해 열심히 직장 생활을 했다. 그리고 누이동생이 연주할 때, 자신이 벌레로 변했다는 사실을 망각하고 자기도 모르게 그 음악 소리에 취해 방으로 나왔다. 그것은 결정적인 화근이었다. 지금까지는 가족들만 그 변신을 알고 있었는데 다른 사람들에게도 그가 흉한 벌레임이 들통 난 것이다. 이 사건을 계기로 그는 더 이상 음악을 듣지 못한다.

자기소외도 있다. 가장 무서운 소외이다. 세상이 다 자신을 소외시켰다고 해도 자신은 자기를 버리면 안 된다. 자기 자신을 쓸모없는 존재라고 생각하는 것, 자신의 삶이 더 이상 가치 없다고 생각하는 것, 살아야 할 이유는 찾지 못했다는 것, 이런 생각은 자기 자신이 자기를 소외시키는 생각이다. 처음부터 주인공은 직장에 다니는 것을 원하지 않았으나 가족 때문에 억지로 직장 생활을 했다. 원하지도 않는 일을 억지로 해야 한다는 것, 이것이 자기소외이다. 벌레로 변한 주인공은 처음에는 당혹감, 두려움을 느꼈으나 인간이었음을 환기시키는 물건들이 사라져 버리는 것들을 보면서 이제는 더 이상 인간으로 살 수 없게 되었다는 좌절감, 사랑하는 가족들에게 버림을 받게 되면서 느끼는 절망감, 이런 것들 통해 더 이상 살 필요가 없다는 자괴감, 나는 인간이 아니다라는 의식, 이런 것들이 다 자기소외이다.

그는 인간이었지만 벌레가 되어 버림받아 죽었다. 벌레로 치워졌다. 마치 쓰레기처럼. 작가는 예언자의 눈으로 그 시대를 통찰하면서 앞으로의 사회는 인간을 소외시키는 사회가 될 것임을 예견하고 있다. 사실, 이런 유형의 소외는 세상 도처에 있다. 그런데 우리 사회가 이런 소외를 보면서도 뻔뻔할 수 있는 것은 주인공은 소외당하여 고독하게 죽지만, 가족은 오히려 더 잘살게 되었다는 모순 때문이다. 주인공에게 의지하던 가족은 주인공이 벌레가 되자 어쩔 수 없이 직장을 갖게 된다. 그동안 놀고먹던 아버지, 어머니, 누이동생, 모두가 일자리를 얻게 되면서 가정은 더 풍족해진다. 그래서 그들은 주인공의 죽음을 슬퍼하지 않는다. 오히려 시원스럽게 생각한다. 그들은 주인공이 죽고 난 후 즐겁게 야유회를 떠난다. 돈이 인간을 소외시킨다.

현대사회에서 한 인간의 죽음은 큰 의미를 갖지 못한다. 한 인간이 죽는다 해서 세상은 변하지 않으며 죽은 자에게 관심을 갖지도 않는다. 비정한 사회이다. 인간은 자기 자신은 물론 다른 인간을 소외시키는 존재이다. 서로 소외시키기에 소외당하지 않으려고 노력하고 소외당하면 어쩔 수 없다고 체념하는 것이 인간이다.

〈기독교적 이해〉 그런데 예수 그리스도는 인간을 소외시키는 것들에서 자유를 주시려고 오신 분이다. 우선 예수 그리스도는 인간에 의한 인간의 소외를 해결하신 분이다. 당시 바리새인들은 율법을 기준으로 해서 많은 사람을 정죄하면서 그들을 소외시켰다. 예수 그리스도의 복음은 율법을 극복하는 힘이었다. 예수 그리스도는 소외된 죄인들을 사랑했고, 죄를 극복하는 길을 가르쳐 주셨다. 병자들이 당하는 소외를 해결해 주셨다. 병이 들면 그는 소외당한다. 심지어 가족에게도 소외당한다. 예수 그리스도는 여자와 어린아이들이 당하는 소외를 해결해 주셨다. 여자와 어린아이들은 사회적으로 소외된 부류였다. 여자와 어린아이들이 예수 그리스도를 많이 따랐다는 것은 그분이야말로 그들을 소외시키지 않고 사랑했다는 증거이다.

현대는 합리주의 시대요 과학 시대이다. 증명될 수 있는 것이 진리인 시대이다. 이런 시대에도 기독교는 존재할 수 있는가? 진화론이 일반화된 시대에 성경은 과연 진리를 기록한 책이라고 믿을 수 있는가? 그러나 이런 시대에도 기독교는 존재할 수 있다. 왜냐하면 점점 심해지고 다양화되는 인간소외 문제를 해결할 수 있는 길은 진리인 성경를 선포하는 기독교 밖에 없기 때문이다.

문제는 목회자들의 발상이다. 목회자들은 인간을 비인간화시키는 것들, 즉 인간소외 문제에 대한 깊은 통찰을 하면서 구원 문제를 보다 넓게 이해하여 삶 전체와 연결된 구원을 다루어야 하고, 축복 역시 물질적인 것에서 정신적인 것, 영적인 축복으로 그 지평을 넓혀가야 한다. 삶 전체를 통합적으로 보고 설교해야 한다. 행복을 인간의 목표로 설교할 것이 아니라 평범한 가치를 강조하면서 서로 소외시키는 않는 사랑의 삶을 가르쳐야 한다. 인간은 각자의 삶을 사는 존재이기에 다르게 사는 존재이고 각자의 삶은 실존적이기에 다 가치가 있다. 그것을 인정하는 것은 사랑 뿐이다.

오비디우스

변신이야기

〈저자와 작품 해설〉로마의 시인인 오비디우스(Publius Ovidius Naso, BC 43~AD 17)의 작품이다. 로마 신화는 그리스 신화의 모방이다. 단지 신들의 이름만 달리 부를 뿐이다. 예를 들면 제우스를 유피테르, 레아를 유노, 아프로디테를 비너스 등으로 부른다는 것이다. 그래서 여기서는 그리스 신으로 통일해서 사용한다.

신화란 신들에 대한 이야기지만 영웅들에 대한 이야기도 포함된다. 영웅들은 신과 인간이 결혼해서 낳은 자들이기 때문이다. 물론 인간 사이에 태어난 영웅도 있다. 일반적으로 신화란 인간의 본성, 관행, 신앙, 제도, 자연현상, 가치들을 설명하기 위해 마치 실제적으로 일어났던 사건처럼 구성한 것이다. 따라서 신화는 인간의 삶에 대한 원형을 제시한다. 집단 무의식의 표현이라고 할 수도 있다. 그러기에 신화는 윤리적으로 이해하면 그 함축적 의미를 알 수 없다. 인간은 원형에서 질서, 가치, 윤리로 발전해 왔다.

〈해석과 평가〉 최초의 신은 가이야였다. 이는 여신으로 대지를 상징한다. 가이야는 스스로 우라노스를 낳고, 그와 결혼한다. 우라노스는 하늘을 의미한다. 가이야와 우라노스 사이에 갈등이 생기자 가이야는 아들 크로노스를 충동질하여 우라노스의 생식기를 제거함으로 그를 무력화 시킨다. 남자에게 생식기는 힘과 권력을 상징한다. 시간을 뜻하는 크로노스가 권력을 잡자 그는 자신이 아버지를 제거했기에 자기 자식들도 자기를 제거할지 모른다는 불안감에 아내 레아가 자식을 낳을 때마다 잡아먹었다. 레아는 제우스를 임신한 후 숲에서 제우스를 낳고 아들이 장성하자 아들을 통해 크로노스를 제거하고 크로노스를 깊은 지하 감옥에 쳐넣었다. 제우스에 의해 크로노스는 자신이 잡아먹은 자녀들을 토해 내는데, 그중에는 하데스, 포세이돈도 있었다. 권력을 잡은 제우스는 하늘과 세상은 자신이, 바다는 포세이돈이, 지하는 하데스가 담당하기로 했다. 로마는 대지, 즉 현실을 가장 중시하고, 그다음 하늘 즉 신앙, 그다음은 시간, 마지막으로 권력을 중시한다.

〈해석과 평가〉 서양 사람들은 현실주의자들이다. 현실이 신앙보다 앞선다. 그래서 서양에서 탄생된 종교는 없다. 기독교, 불교, 회교, 마니교 등등이 동양에서 시작되었다. 서양 사람들은 시간을 중시한다. 시간관리는 삶의 핵심이다. 서양 사람들은 권력을 좋아하지만 그것을 최우선으로 두지는 않는다. 서양의 왕들은 사랑을 위해 왕관을 벗기도 한다. 왜 서양에서 삼권분립이 주장되고 민주주의가 발생했는지는 그들의 신화를 보면 이해할 수 있다. 서양은 최초의 신이 여자이고, 최초의 인간도 여자이다.

제우스는 삼촌인 프로메테우스에게 인간을 만들라고 요청한다. 그는 동생과 의논하여 판도라라는 여성을 만들었다. 물론 제우스의 명에 의해 헤파이토스가 흙으로 만들었다는 설도 있다. 판도라라는 의미는 '모든 선물을 받은 자'라는 뜻이다. 그런데 동생이 판도라를 사랑하여 형의 만류에도 불구하고 결혼을 했다. 한편 프로메테우스는 인간을 사랑했기에 인간의 행복한 삶을 위해서는 불이 필요하다고 생각하여 제우스의 창고에서 불을 훔쳐다가 판도라에게 주었다.

화가 난 제우스는 인간을 고통스럽게 하기 위해 그녀에게 아름다운 상자를 선물로 보냈는데, 프로메테우스는 그녀에게 절대 상자를 열지 말라고 충고를 했지만 판도라는 호기심을 이기지 못해 그만 상자를 열고 말았다. 그러자 인간을 괴롭히는 것, 죽음, 질투, 질병, 가난 등등이 상자에서 나왔고, 이에 놀란 판도라가 다시 상자를 닫았는데 마지막 남은 것이 희망이었다. 제우스는 프로메테우스를 잡아 산 벽에 그를 묶어놓고 매일 독수리가 와서 그의 간을 쪼아 먹게 하는 고통을 주었다. 서양 사람들은 여자, 불 즉 에너지 등을 중요시하며, 나름대로 천지창조나 인류의 기원, 삶의 고통 등을 신화를 통해 설명하고 있다. 그리고 희망은 마지막 남은 가치임도 강조하고 있다.

티탄족을 시작으로 올림프스 신들의 세계를 지나 영웅시대로 접어들면서 가장 두각을 나타내는 사람은 페르세우스이다. 세리포스 왕 폴리델레스는 제우스가 사랑한 다나를 아내로 맞이하기 위해 그의 아들 페르세우스를 죽이려고 메두사의 목을 갖고 오라고 명령한다. 메두사는 아테나 여신보다 자신의 머리가 더 아름답다고 뽐냈고, 특히 아테나 여신이 사랑한 포세이돈이 그녀의 신전에서 메두사와 성관계를 맺었기에 그녀를 질투하여 메두사의 머리칼이 뱀이 되도록 저주를 했다. 그녀는 그녀의 얼굴을 보면 돌이 되게 만들어 버리는 괴력을 지닌 여자이기도 하다. 페르세우스는 아테나 여신이 준 방패, 레아 여신이 준 주머니, 하데스의 투명 투구, 헤르메스의 샌들을 선물로 받아 결국 메두사를 죽여 레아의 주머니에 담고 돌아온다. 여기서 서양 사람들은 교만을 경계하는 사고와 신의 도움을 받아야 어려운 일을 해결할 수 있다는 사고방식을 지니고 있음도 알 수 있다.

인간 사이에 태어난 영웅으로는 테세우스가 있다. 아테네 왕 아이게우스는 아내 아이트라 곁을 떠나면서 아이가 장성하면 신표를 지니고 찾아오게 하라고 부탁하고, 아들 테세우스는 장성한 후 아버지를 찾아간다. 계모인 메데이는 테세우스를 죽이려고 여러 가지 어려운 일을 주문했다. 그중에는 미노스 궁에 있는 머리는 인간이지만 몸은 황소인 미노타우로스를 죽이라는 명령도 있었다. 그를 사랑한 미노스 왕의 딸 아리아드네는 테세우스에게 몸에 실을 감고 미궁으로 들어가 황소를 죽이고 그 실을 따라 밖으로 나오라고 권고했다. 테세우스는 그녀의 도움으로 결국 미노타우로스를 죽이고 그녀와 함께 아테네로 돌아오는 중 낙소섬에 잠시 머물다가 디오니소스의 간계에 빠져 그녀를 버리고 혼자 돌아가게 된다.

그는 아테네를 출발할 때 아버지에게 성공하면 흰 돛을 달고 실패하여 죽으면 검은 돛을 달게 하겠다고 약속했다. 그러나 테세우스는 그 약속을 잊고 검은 돛을 달고 항구로 돌아왔다. 멀리서 검은 돛을 본 아버지 아이게우스는 아들이 죽었다고 생각해서 자살하고 만다. 테세우스는 친구

페이리호스를 돕기 위해 지하 감옥에 다녀왔는데 이 사이에 반란이 일어나 추방을 당하게 되었고, 친구인 리쿠메데스에게 피신했지만 결국 그의 손에 죽임을 당했다. 이 영웅 이야기는 여자의 도움이 일을 성사시키는데 도움이 된다는 것, 영웅도 약속을 잊는 실수를 범한다는 것, 인간은 가장 믿었던 사람에게 배신을 당한다는 것 등등을 우리에게 가르쳐 주고 있다.

다이달로스와 이카로스 신화는 서양 사람들이 얼마나 모험을 좋아하는지를 알게 하는 예가 된다. 미노스 궁에 살던 다이달로스는 궁에서의 권태로운 삶을 견디지 못해 궁을 탈출하기로 결심하고 새의 깃털로 날개를 만들어 아들 이카로스와 탈출을 시도한다. 다이달로스는 아들 이카로스에게 비행을 하되 너무 높게 날면 태양열에 의해 접착제가 녹고, 너무 낮게 비행하면 바닷물에 날개가 젖어 비행할 수 없으니 중간 정도로 날아야 한다고 당부를 한다. 그러나 이카로스는 비행 도중 점점 높게 날고 싶은 욕망이 생겨 아버지의 당부가 있었음에도 불구하고 하늘로 높게 날다가 결국 접착제로 사용한 초가 녹으면서 지중해로 추락하여 죽고 만다. 모험은 죽음을 예상하고 하는 인간의 숭고한 행동이다.

미소년 나르키소스 이야기는 자기도취에 빠진 자의 비극을 보여 주는 신화이다. 리리오페가 케피소스 강에서 목욕을 하다가 임신하여 낳은 아들이 나르키소스이다. 그는 절대 미남이어서 여자들이 그를 사모했지만 그는 그 누구에게도 사랑을 주지 않았다. 요정 에코의 진실한 사랑도 외면한 그는 강물에 투영된 자기 얼굴에 취해 움직이지 않다가 결국 죽고 만다. 그의 무덤에서 꽃이 피어났는데 바로 수선화이다.

헤라클라스, 그는 제우스와 말크메데라는 여자 사이에 태어난 영웅이다. 제우스의 아내 레라는 질투심 때문에 그에게 아주 힘든 12가지 모험을 하도록 했으나 그는 이를 잘 수행했다. 그런데 켄타로우스라는 머리는 인간인데 몸은 말인 괴물이 헤라클라스의 아내 데이아레이를 겁탈하려고 하자 헤라클라스는 활을 쏘아 켄타로우스를 죽였다. 켄타로우스는 죽어가면서 복수를 하기 위해 데이아레이에게 자신의 피가 묻은 옷을 주면서 이 옷을 남편에게 입히면 그는 영원히 당신만을 사랑하게 될 것이라고 거짓말을 하면서 죽었다. 그 후 헤라클라스가 이올레라는 다른 여자를 사랑하자 데이아레이는 그 옷을 헤라클라스에게 입혔고 결국 헤라클라스는 죽었다. 여기서 서양 사람들은 여자의 질투심, 소유욕, 무지가 얼마나 끔찍한 결과를 가져오는가를 암시하고 있다.

헤라클라스가 힘의 영웅이라면 오르페우스는 예술의 영웅이다. 그는 예술의 신인 아폴로와 칼리오페 사이에서 태어났다. 아폴로는 그에게 라라라는 악기를 선물로 주었고 어머니는 좋은 음성을 그게 주었다. 이제 그의 음악을 들으면 인간은 물론 동식물까지도 고통과 슬픔을 망각할 정도로 강한 감동을 받았다. 그는 에우리디케라는 숲의 요정과 결혼했다. 어느 날 들판에서 양치기 아리스타이오스가 그녀를 겁탈하려고 하자 이를 피해 도망가던 중 뱀에게 물려 죽었다. 오르페우스는 아내를 찾기 위해 죽은 자들이 가는 지하 세계에 내려가서 그의 음악으로 지하 세계를 지배하는 하데스를 감동시킨다. 하데스는 오르페우스에게 아내를 지상으로 데려가라고 허락하면서 가는 도중 지상으로 올라갈 때까지 뒤따라오는 아내를 보기 위해 뒤돌아보지 말라고 명령한다. 그러나 지상으로 오는 도중 오르페우스는 아내가 정말 따라오는지 궁금해서 뒤를 돌아보게 되고 결국 아내는 다시 지하 세계로 되돌아 가 버리고 만다.

비관에 빠진 오르페우스는 은둔 생활을 하게 되지만 수많은 여자가 그를 사모하여 청혼을 하게 되는데 그는 모든 청혼을 거절한다. 이에 앙심을 품은 여자들은 그를 죽이기로 작정한다. 그러나 오르페우스의 음악을 들으면 그런 살의가 다 사라지기 때문에 여자들은 큰 함성을 지르면서 돌을 던져 그를 죽였다. 여자들은 그의 머리를 라라라는 악기에 박아 에브로스강에 던져 버렸다. 그러나 라라라는 악기에 그의 머리가 박혔지만 여전히 감동적인 음악은 흘러나왔고 이에 감격한 요정들이 그의 시신을 수습하여 장례식을 치러주었다. 제우스는 이러한 오르페우스를 불쌍히 여겨 그를 지하 세계로 보내 아내 에우리디케와 행복하게 살게 해주었다. 예술가는 비극적인 삶을 산 후 행복하게 되는 운명을 타고난 사람들이라는 것을 보여주는 신화가 아닐까?

마이다스 왕은 부의 영웅이다. 술의 신 디오니소스의 스승인 세일네노스가 마이다스 궁에서 환대를 받은 적이 있었다. 이에 디오니소스는 마이다스를 방문하여 감사를 드린 후, 한 가지 소원을 들어주겠다고 하면서 지금 소원을 말해보라고 했다. 이에 마이다스 왕은 자기 손으로 만지는 모든 것은 금이 되게 해달라고 요구했다. 디오니소스는 그 요청을 들어주었고 이제 마이다스 왕은 큰 부자가 되었다. 그런데 나중에는 손으로 만지는 모든 것, 결국 사랑하는 딸까지도 금으로 변하는 어이없는 일이 생겼다. 그러자 마이다스 왕은 자신의 잘못을 뉘우치고 디오니소스에게 원 상태로 되돌려 달라고 하자 디오니소스는 왕에게 픽트롤로스 강에 가서 몸을 씻고 낙향하여 살라고 권고했다. 마이다스 왕은 그의 말대로 하여 결국 낙향하였고 행복하게 살았다. 서양 사람들은 부의 필요성을 인정했지만 부가 갖는 어두움도 동시에 지적을 했고 인간의 행복은 돈보다는 자연과 벗하면서 소박하게 사는 데서 얻어지는 것임을 이 신화를 통해서 가르쳐 주고 있다.

〈기독교적 이해〉《변신이야기》는 신들의 자식들이 인간으로 변하여 사는 모습을 중심한 신화인데 설령 영웅이라 해도 인간과 다를 바 없고 그들 역시 결점이 많은 존재임을 밝히고 있다. 인간은 영웅이 되기를 원한다. 영웅을 숭배하기도 한다. 그러나 영웅이 되었다고 해서 달라지는 것은 없다. 영웅도 자기가 갖는 모순 때문에, 그 능력과 지혜, 욕망 때문에 부서진다. 영웅이 되려는 자는 우상 숭배자이다. 오늘날 우리 시대에도 정치, 경제, 사회, 문화 각 방면에서 심지어 신앙 영역에서도 영웅이 되려는 자들이 춤을 추고 있다. 허무한 춤이요, 세월 속에 떨어지는 꽃잎 같은 춤이다.

일부 목사들은 교인들에게 영웅이 되라고 설교한다. 즉 위대한 인물이 되라는 것이다. 나쁘지 않다. 그러나 다시 생각해 보자. 인생을 살면서 그냥 평범하게 사는 것도 사실 힘이 든다. 《변신이야기》에서 보았듯이 모든 영웅은 그 삶이 비참했다. 영웅이 되려면 먼저 각오해야 한다. 자신이 불행해질 것이라는 것을. 예수 그리스도는 제자들에게 한 번도 위대한 인생, 즉 영웅적인 삶을 살라고 가르친 적이 없다. 제자들은 그냥 주어진 사명을 성실하게 감당했을 뿐이다. 그 결과 자신들도 모르게 영웅이 되었다.

34
톨스토이

부 활

〈작가와 작품 해설〉 **톨스토이**(Lev Nikolayevich Tolstoy, 1828~1910)의 마지막 작품이다. 톨스토이는 러시아의 소설가면서 사상가이다. 이 작품은 그의 사상을 종합한 작품이다. 그는 비교적 행복한 결혼을 했지만 마지막까지 그 결혼생활이 행복하지는 못했다. 그의 아내 소피아 안드레예브나 베르스 사이에는 13명의 자녀가 있었지만, 그와 그 아내 사이에는 사상적 균열이 심했다. 톨스토이는《안나 카레니나》를 집필한 후에 회심을 했고, 인생무상을 절감하면서 원시기독교공동체를 실현하려 했다. 그의 아내는 이런 톨스토이를 이해하지 못했다.

톨스토이는 71세 때《부활》을 집필하기 시작했고, 당시 러시아 정교회를 격하게 비판하게 되면서 1901년 이단으로 파문을 당했다. 1910년 10월, 그는 가정에서 고립되고 교회로부터 외면을 당하면서 막내딸 알렉산드리아를 데리고 가출하여 기차여행을 떠났지만 11월 폐렴으로 아스타포보 역에서 사망했고, 11월 7일 평생 사랑했던 자기 집 산책길 옆에 안장되었다.

이 소설은 일종의 그의 설교집이다. 교훈 소설의 전형이다. 이 소설에서 톨스토이는 두 가지 문제를 제시하고 그 답을 밝히고 있다. 첫째는 '인간은 왜 타락하는가?'이고, 둘째는 '인간은 어떻게 그 인간성과 도덕성을 회복하는가?'이다. 첫째 질문에 대한 해답은 인간은 나쁜 환경, 쾌락추구, 인간에게서 받은 상처로 인해 타락한다고 톨스토이는 결론을 내린다. 두 번째 질문에 대해서 톨스토이는 사랑과 용서를 통해서 인간성과 도덕성은 회복된다고 강조한다.

이 작품의 줄거리는 단순하다. 주인공 네플류도프 공작은 19살 때, 시골에 있는 친척집에 놀러갔다가 16살 된 마슬로바, 일명 카추샤를 만나면서 서로 천진한 감정을 갖게 된다. 19살 청년이 모스크바에서는 볼 수 없는 순수하고 순결한 여자에게 호감을 갖는 것은 당연한 것이고, 시골에서 자란 16살 소녀는 잘생긴 도시에서 온 청년에게 호감을 갖는 것도 자연스러운 현상이다. 이처럼 시작은 아름다웠다. 술래잡기도 하고 서로 책을 읽어주면서 행복하게 지낸다. 모스크바로 돌아간 청년은 3년 후, 군인이 되어 전장 터로 가는 길에 시골집을 다시 찾아온다. 그러나 이때 청년은 예전의 그가 아니었다. 당시 러시아 귀족사회의 부패한 분위기를 마신 청년이었다. 유부녀와도 쾌락을 나누는 타락한 청년이었다. 순수한 여자와 방탕한 남자의 만남이 이루어졌다. 밤에 남자는 여자의 방을 찾아 문을 열려고 하고, 여자는 귀를 막고 자신을 방어하다가 결국 문을 열어주고 만다. 방탕한 남자의 끈질김에 순수한 여자의 방어는 무너진다.

남자는 여자와 관계를 맺고 난 후 돈을 주고 떠나버린다. 이 돈의 의미는 무엇일까? 남자는 미안한 마음으로 돈을 줄 수도 있고 돈이면 무엇이든지 다 해결할 수 있다는 생각에서 그리할 수도 있으며, 책임감을 떨쳐버리기 위한 자기 도피로 그리했을 수도 있다. 남자가 여자에게 돈을 주었다는 것은 도시에서 타락한 청년의 오만한 생활 방식을 보여주는 것이었고 이제 여자와는 관계를 끊겠다는 무언의 선언이었다.

남자가 전쟁을 끝내고 모스크바로 돌아가는 길에 시골집을 방문한다는 소식을 여자가 듣게 되면서 여자는 희망을 품게 된다. 그가 돌아오는 것은 자신을 사랑하기 때문이라는 착각도 한다. 그러나 결국 이런저런 일로 그는 기차역에서 잠시 머물 뿐, 집으로 오지는 못한다는 소식을 듣게 되면서 이 소설 중에서 가장 아름답고 슬픈 장면이 연출 된다.

가을밤, 밤 12시, 비 오는 날. 이처럼 톨스토이는 가장 계산된 공간과 시간을 배치한 후, 여인으로 하여금 청년을 만나기 위해 기차역으로 달려가게 한다. 정녕 사랑은 아름답고 무서운 것이다. 그런데 기차역에 도착해 보니 기차는 서서히 움직이고 있었다. 차창에는 그 여자가 그토록 사랑한 청년이 친구와 더불어 웃으며 카드놀이를 하고 있었다. 여자는 더 속도를 내어 달렸다. 신발이 벗겨졌다. 결국 두 사람은 만나지 못하고 기차는 역을 빠져나갔다. 여자는 울면서 주저 앉는다. 이 사건은 매우 상징적인 사건이다. 이제 여자는 처음으로 남자를 부정적으로 보게 되면서 남자에 대한 아름다운 상상을 지워버리게 되고 신발이 벗겨졌다는 묘사를 통해 이제 여자도 자신이 갖고 있던 기존의 순수한 마음을 버리게 된다는 것을 뜻하고 있기 때문이다.

이제 여자는 타락의 길로 들어선다. 임신하면서 집에서 추방되어 유랑하게 되고, 아기는 죽는다. 그 과정에서 남자들의 속성을 알게 된다. 이 여자는 남자들은 여자의 육체만을 탐내는 존재라고 생각하고 결국 스스로 매춘부가 된다. 여자는 매춘 생활을 하면서 기묘한 우월감을 갖게 된다. '남자들은 나 같은 아름다운 여자와 섹스 하는 것을 원한다. 나는 그들의 욕구를 채워줄 수도 있고 채워주지 않을 수도 있다. 그러기에 나는 중요한 인물이다.' 이러한 자만을 갖게 된 것이다.

그런데 이런 우월감 속에 아무런 죄의식 없이 매춘하는 이 여자에게 큰 시련이 주어진다. 살인 혐의를 받게 된 것이다. 여자는 재판을 받게 되고 이 과정에서 배심원이 된 네플류도프를 만나게 된다. 남자는 자기가 버린 여자를 알아보지만 여자는 남자를 알아보지 못한다. 세월이 많이 흘렀기 때문에 그런 일이 생긴 것이긴 하지만 작가는 이 장면을 통해 그래도 남자는 여자에 대한 미안함, 또는 자기 행위에 대한 죄책감 같은 것을 무의식적으로 갖고 살았다는 것을 보여주고 있고, 여자는 매춘 생활에 대해 나름대로 불만이 없고, 이미 자신을 버린 남자에 대해 체념했다는 것을 보여주고 있다.

두 사람은 다시 만났지만 생각은 서로 달랐다. 남자는 여자에게 용서를 받고 싶어 하고, 여자는 남자를 이용하려는 생각을 하게 된다. 남자는 여자가 살인하지 않았다는 것을 증명하기 위해 백방으로 힘쓰고, 결국 여자는 감형을 받게 되면서 시베리아에서 유형 생활을 하게 된다. 남자의 정성을 대단했다. 그는 약혼을 파혼하고 여자와 결혼하기로 작정하고 여자를 따라 시베리아로 떠난다. 남자가 부활한 것이다. 부활이란 도덕성, 인간성의 부활이다. 여기서 작가는 남자가 부활하는 과정을 3단계로 묘사하고 있다. 회개, 자신이 지은 죄에 대해 책임지는 행동, 상대에 대한 헌신이 그것이다. 이는 기독교적이다.

〈해석과 평가〉 여기서 우리는 작가의 견고하고 확고한 부활의 단계에 관심을 가질 필요가 있다. 기독교는 회개와 그리스도를 통한 구원을 강조한다. 그러나 작가는 그리스도를 통한 구원을 세분화하여 책임지는 행동과 헌신을 강조하고 있다. 그리스도를 믿는다는 이 말의 참뜻은 그리스도가 우리의 구주라는 신앙고백과 동시에 그리스도처럼 책임지는 삶, 헌신하는 삶이 병행되어야 한다는 뜻이다. 결혼까지 하겠다는 남자의 결심에 여자는 감동을 받는다. 이제 여자가 서서히 변해가기 시작한다. 술과 담배를 끊기 시작하고, 남자와 같이 첫사랑 때 찍은 사진을 보면서 왜 이런 생활을 바꾸지 못했을까? 하는 후회도 한다. 용어도 변한다. 거칠고 욕하는 말이 사라지고 겸손한 말을 하게 된다. 더 나가 여자는 남자로 하여금 이렇게 하도록 만든 자신의 죄에 대해 용서를 빌게 된다. 자신이 남자와 결혼하면 남자가 불행해질 것임을 깨닫게 되면서 남자의 청혼도 거절한다.

그래도 남자가 결혼하자고 강하게 요구하자 여자는 결국 감옥 안에서 만난 시몬슨이라는 남자와 결혼하겠다고 선언해 버린다. 여자는 시몬슨을 사랑하지는 않았지만 존경하고 있었다. 시몬슨은 사회개혁 운동을 하는 일종의 혁명가였다. 그는 겸손하면서도 신념에 찬 사람이고 쾌락보다는 이상을 귀하게 여기는 의식 있는 사람이었다. 그는 매춘부였던 카츄사를 존중해 주고 귀하게 여기는 인격적인 사람이었다. 그는 그녀가 네플류도프를 사랑하는 것을 알면서도 그녀에게 청혼을 한 사람이었다. 시몬슨은 남녀 간의 사랑보다는 함께 사회개혁운동을 할 수 있는 동지를 원하는 사람이었다. 결국, 카추샤는 시몬슨과 결혼하여 새로운 삶을 살고 싶었다. 어쩌면 그것이 속죄의 길이라고 생각했는지도 모른다. 남자에 이어 여자도 부활했다.

두 사람의 마지막 이별 장면도 감동적이다. 면회실, 수의 위에 빨간 스카프를 한 여자가 나타나자 남자는 여자에게 존경을 표하면서 "당신은 정말 훌륭한 여자요."라고 말한다. 그러자 여자는 남자를 쳐다보면서 "용서하세요."라고 대답한다. 무엇을 용서하란 말인가? 남자의 헌신과 사랑에 보답하지 못하고 다른 남자와 결혼하려는 자신을 용서해 달라는 뜻일 것이다. 사랑하는 사람을 위해 떠날 수 있다는 것은 사랑과 동시에 용기이다. 부활한 여자에게는 그 두 가지가 있었다.

여자는 평생 처음으로 자신의 의지에 의해 남자의 손을 잠깐이지만 잡는다. 사랑과 감사의 표현이다. 부활한 사람은 타인에 대해 심지어 자신을 고통스럽게 한 사람에게도 감사할 줄 안다. 남자는 여자를 보내고 나서 허탈한 마음을 가누지 못해 괴로워한다. 이제 나는 무엇을 해야 하는가? 카추샤를 보내버렸고, 귀족들에게도 백안시 당하게 된 내가 이제 무엇을 해야 하는가? 고민하면서 남자는 성경을 읽기 시작한다.

작가는 이 소설에서 성경을 자주 인용했다. 마태복음 18장 21, 22절에 나오는 용서에 대한 비유, 마태복음 7장 3절에 나오는 티눈과 들보에 대한 비유, 요한복음 8장 7절에 나온 모두가 죄인이라는 교훈, 산상수훈 등을 자주 언급했다. 남자가 읽은 마지막 성경 구절은 마태복음 6장 33

절이었다. "그런즉 너희는 먼저 하나님의 나라와 그의 의를 구하라." 남자는 이 구절을 통해 하나님의 나라를 위해 즉 의의 공동체를 건설하는 데 헌신하기로 다짐한다. 남자도, 여자처럼 사회개혁운동을 하기로 결심한 것이다. 부활한 사람의 최종 목표는 결국 모두가 잘사는 공동체를 만드는 데 헌신하는 것이다. 이는 작가의 소원이요, 그가 실제로 했던 일이기도 했다.

이 소설은 남자, 즉 네플류도프와 여자, 즉 카추샤의 이야기지만 결국은 인간은 모두 부활해야 하는 존재이고, 그것은 분명 가능하다는 것을 보여주는 우리의 이야기이다. 인간은 자신의 행복을 위해 일할 수도 있지만 이웃을 위해 일하는 것이 더 중요하다고 톨스토이는 강조하고 있다. 이 소설에 등장하는 핵심 인물, 네플류도프, 카추샤, 시몬슨의 공통점은 모두 사회개혁운동에 헌신하려고 하고 있다는 점이다. 부활한 자의 도덕성은 공동체를 위해 헌신하는 것이다. 바로 이런 톨스토이의 생각이 이소설을 통해 당시 러시아의 재판 과정에서 생기는 부정과 부패를 비판하게 하였고, 결국 감옥의 비인간적 구조, 죄수들에 대한 학대 등을 사실적으로 묘사함으로 후일 감옥을 인간화하는 데 결정적인 영향을 미쳤다.

〈기독교적 이해〉《부활》에 대한 기독교적 입장은 매우 긍정적이다. 물론 성경에서 강조하는 부활은 종말론적인 의미가 강하지만 톨스토이는 현실적인 의미가 강하다. 그리스도 안에서 죽은 자가 부활하는 그런 유형보다는 그리스도를 통해 마음이 부활하여 이웃을 위해 선을 행하는 그런 부활을 더 강조하고 있다는 것이다.

예를 들면, 나사로의 부활보다는 삭개오의 부활이 더 중요하다는 것이다. 나사로는 그 육체가 죽었다가 다시 살아난 부활의 모범이고, 삭개오는 이웃을 착취하고 괴롭혔던 자이지만 그리스도를 통해 그 마음이 부활하여 재산을 이웃에게 나누어 주는 선한 삶을 산 사람이다. 사실 나사로의 부활과 삭개오의 부활을 비교해 볼 때, 나사로의 부활은 쉽고 삭개오의 부활은 어렵다. 나사로의 부활은 주님의 능력을 통한 부활뿐이지만 삭개오의 부활은 주님을 통해 자기를 희생하는 부활이다. 기독교가 나사로의 부활만을 강조한다면 이는 개인적인 유익으로 자리매김이 될 위험성이 있다. 삭개오의 부활을 강조해야 한다. 삭개오의 부활은 현재 필요한 사건이요, 이웃에게 선한 행위를 하는 사건이기 때문이다.

톨스토이는 예수처럼 살고 싶어 했기에 당시 러시아 정교회를 비판했고 이로 인해 이단으로 정죄되어 제1회 노벨문학상 후보에서 탈락했다. 러시아가 무너지고 소련이 정권을 잡자 소련 정부는 톨스토이의 사회개혁 이념이 공산당 이념과 유사하다 하여 그를 복권시켜 소련을 대표하는 작가로 칭송하였다. 권력은 자신들의 권력을 정당화하기 위해 톨스토이를 이용했지만 톨스토이 문학은 이념을 초월하여 인간은 무엇을 위해 살아야 하는가에 대한 해답을 제시한 기념비적 빛이라고 할 수 있다.

35
레비스트로스

슬픈 열대

〈작가와 작품 해설〉 이 책은 인류학의 보고이다. 인류학은 신체조건을 중심으로 연구하는 형질인류학이 있고, 인간과 문화의 상호관계를 중심으로 연구하는 문화인류학이 있다. 《슬픈 열대》의 저자인 레비스트로스(Claude Lévi-Strauss, 1908~2009)는 문화인류학자이다. 23세에 철학교수 자격을 획득한 수재이다. 1935년 브라질 상파울루대학 사회학 교수로 재직하면서 정부의 지원을 받아 브라질 내륙지방을 답사하여 원주민 4 부족을 조사했다. 그는 그 결과를 중심으로 이 책을 저술했다.

특히 그는 이 책을 저술하면서 구조주의적 관점에서 기술했다. 구조란 상호관계에 의하지 않고서는 존재할 수 없는 결합된 형식의 전체를 의미한다. 그리고 구조주의란 어떤 대상들 가운데 내재하고 있는 관계의 체계를 발견하려는 주의를 뜻한다. 인류학에서는 미개인을 연구함에 있어서 그들의 다양한 행동을 통해 하나의 인간성을 탐구하려는 시도가 구조주의적 연구이다.

이 책은 1부에서 4부까지는 서론이고, 5부에서 8부까지는 4개 부족을 답사한 내용들이며, 9부는 귀로의 감상을 적었다. 이 책은 3가지 목적을 강조하고 있다. 첫째는 인류 역사상 황금기는 신석기시대라는 주장을 하려는 것이다. 전체가 안정되고, 인간의 슬픔을 축제로 해결하며, 영혼의 지배력과 의사소통이 가능한 시기가 신석기시대라는 것이다. 둘째는 악의 기원을 파악하는 것이다. 그는 서양 문명이야말로 악의 근원이라는 주장을 하고 있다. 육체나 욕망이 아니라 신비로운 조화의 구조를 지닌 원시적 과거를 우리 눈앞에서 파괴하고 소멸시키는 것이 서양 문명이라는 것이다. 셋째는 원시시대에 대한 동경과 연민을 강조하려는 것이다. 그는 비인간적인 발전이 가속화되고 있는 현대문명에 대한 분노를 이 책에서 표출하고 있다.

그는 이 책을 통해 정부, 선교사들, 대농장지주들이 원주민의 삶을 수용하기보다는 원주민을 개조하고 착취하는 행동을 비판하고 있다. 그는 미개사회도 인간성에 대한 전체적 체험이 거의 완전하게 표현되고 있다고 주장하고 있다. 그는 원주민들의 사회는 잘못된 미개사회가 아니라 서양과는 다른 종류의 사회라고 강조하고 있다. 서양은 과열된 사회이다. 갈등을 통한 발전을 강조하면서 기술의 비약을 주장하는 사회이다. 그러나 원주민 사회는 정적 사회이다. 원초적 상태를 유지하고 있고 위계질서에 의한 인간파괴가 없다. 원주민 사회는 인간과 자연이 균형과 조화를 이루고 있다. 서양 문명이 비판하는 식인 풍습에 대해서도 그는 긍정적으로 이해하고 있다. 원주민들의 그런 풍습은 영혼과 육체의 일체를 경험하는 종교의식이라고 그는 강조하고 있다. 서양 사람들이 했던 유대인 학살에 비하면 원주민들의 식인 풍습은 훨씬 선한 의미가 있다는 것이다.

이제 그가 서양 문명보다 더 가치가 있다는 원주민들의 삶을 간단하게 살펴보자. 먼저, 카두베오족은 길고 좁은 헛간에서 여러 가족이 독립된 삶을 살아간다. 함께는 살지만 사는 공간은 다르다는 것이다. 공동체이면서도 독립된 존재라는 뜻이다. 소녀들이 사춘기가 되면 동네 사람들은 이를 축하해 주는 축제를 열어주고 소녀 몸에 화려한 그림 색칠을 해 주면서 이제 하나의 여자가 되었다는 것을 공인해 준다. 여자와 사진을 찍으면 돈을 요구하는데 이는 경제적인 이유가 아니라 여자의 권위를 존중해 주는 의식이다. 일부일처 결혼 제도를 유지하면서도 서로 연인을 두기도 하는데 이를 알면서도 질투를 하지 않는다. 성숙한 모습이다. 아이를 출산하기도 하지만 대부분은 다른 종족의 자녀를 양자로 삼아 집단을 유지하며 부모가 직접 양육하기보다는 친척들이 양육한다. 혈육보다는 주변과의 유대강화를 우선적으로 생각한다는 뜻이기도 하다. 이는 주변과 평화롭게 살려는 의도인데 분명 의미가 있다. 이 종족은 귀족, 무사, 서민으로 사회계급을 분류하여 질서를 유지한다. 서양 사회가 강조하는 평등과는 거리가 멀지만, 이 부족은 평등보다는 평화를 더 중시하고 있기에 이런 계급 제도를 유지하는 것이다. 여자들은 인간의 유골을 장난감으로 이용하는데, 이는 놀이기구가 없어서 그러기도 하지만 죽음에 대한 공포가 없기에 가능한 일일 것이다.

둘째, 저자는 보로로족을 선량한 미개인이라고 부른다. 다른 부족들과 비교해서 얼굴이 잘생겼고, 붉은색을 좋아해서 몸에 붉은색을 바르는 것을 좋아하는 부족이다. 새의 깃털로 머리 장식을 즐겨하는 것으로 보아 나름대로 미적 감각이 뛰어난 부족이다. 이 부족은 종교심이 아주 강하다. 그래서 밤마다 종교의식을 한다. 식인 풍습이 있다. 특히 이중매장을 하는 풍습이 있다. 일단 사람이 죽으면 시체를 나뭇가지로 덮어 부족 중앙이나 시궁창 주변에 두고 시체가 부패되면 유골을 강물에 씻어 색칠을 하고 깃털을 붙여 바구니에 넣은 다음 호수나 강물로 보낸다. 이 부족은 종교심이 강하기 때문에 '바리'라는 제사장을 특권적 존재로 모신다. '바리'는 인간 사회와 개인, 개인과 사악한 악 사이에서 중재자 역할을 한다. 특권을 강조하기 위해 그 복장이 아주 기이하다. 특이한 것은 저녁이 되면 부족들이 다 모이는데 이때 점호를 하고 다음 날 할 일을 예고한다. 부족 공동체의 안전과 유지를 위한 그들만의 지혜이기도 하다.

셋째, 남비콰다족은 백인들과 교류를 하면서 백인 사회에 반항하는 부족이다. 금속제 도끼, 망치를 사용한다. 그러면서도 완전 나체로 산다. 여자 몸에 다양한 장식을 하며 근친결혼을 하기도 한다. 물론 부모와의 근친결혼이 아니라 여자 형제의 딸, 아버지 여자 형제의 딸, 어머니 형제의 딸과 결혼한다. 서양에도 있었던 근친결혼이다. 완전 나체로 살기 때문에 개방적인 성문화를 가졌다. 공개적으로 성행위를 하기도 하고, 일부다처주의 문화를 지녔다. 특이하게도 육식은 금한다. 그들에게는 쾌락은 육식이 아니라 감정이고 유희를 즐기는 것이다. 즉 마음의 평정이 쾌락이라는 것이다. 서양 사회보다는 진보된 쾌락개념이 아닌가? 개방적인 성문화 때문인지는 몰라도 그들은 '아름답다'와 '젊다', '추하다'와 '늙다', 이 두 단어는 동의어로 사용한다. 성적 가치를 강조하는 상식적인 표현이기도 하다. 문자는 없다. 저자는 문자는 서양 사회에서는 지배 방법으로 사용하고 있다고 주장한다. 따라서 문자가 없다는 것이 미개의 징표가 될 수 없다고 강조한다.

이들의 개인 간의 화해 형식은 특이하다. 그들은 화해를 강조하기 때문에 이런 제도가 생겼을 것이다. 즉 화해할 때는 물물교환을 하는 것이다. 서로 소중한 것을 주고받음으로 화해가 성립되었다는 것을 확인한다. 말로 화해하는 것보다 역시 진일보된 방법이라고 할 수 있다. 약탈과 살인은 보복으로 이루어진다. 눈에는 눈으로 대가를 치르게 한다는 것이다. 그들만이 갖는 엄중한 질서 유지 방법이다. 구약에도 이런 제도가 있었다. 이스라엘 민족이 갖는 제도를 원주민들이 갖고 있다는 것, 이것으로 보아 원주민들을 미개민족으로만 볼 수 있을까?

정치권력은 세습이 아닌 부족민의 동의를 얻어 세운다. 아주 민주적이다. 정치권력을 세울 때 지도자의 자격도 구체적이다. 개인적인 위엄도 있고, 신뢰감, 관대함이 있어야 하며, 특히 그 성격이 쾌활하여 춤과 노래를 잘해야 한다. 솔선수범해야 하고, 기술과 지식이 있어 사냥을 잘해야 하며 잘 가르칠 수 있어야 한다. 권력자가 받은 선물은 개인이 소유하지 못하고 부족에게 재분배해야 하며, 특권은 오직 하나, 다른 사람들보다 여자를 더 많이 소유할 수 있다는 것뿐이다. 서양 사회보다 훨씬 구체적이고 합리적인 조건들이다. 정치권력이 지나치게 특권이 많거나 그 소유를 제한하지 않으면 이는 독재가 되기 쉽다.

넷째, 투피가와이브족은 이름을 동식물 이름으로 지으며 최고의 재산은 독수리이다. 여자들은 몸에 색을 칠하기보다는 목걸이를 선호하며, 발효 식품을 좋아하는데 발효방법은 여러 사람의 침으로 한다. 일부다처제이고 어린 여자와 결혼하기 위해 35세 남자가 2살 여자아이를 기다려주기도 한다.

〈해석과 평가〉 저자는 결론을 내린다. 더 좋은 사회, 덜 좋은 사회는 없다. 완전한 사회는 없다. 다른 것이 틀린 것은 아니다라고. 제목을 《슬픈 열대》라고 한 것은 이런 사회가 문명이라는 이름으로 서구인들에 의해 무너지고 있기 때문이다. 미개인이라고 부르는 그들도 인간이고, 당연히 하나님의 형상을 닮은 존재들이다. 그들이 사는 방법을 인정해 줄 수 없을까? 그들을 우리처럼 살게 하는 것이 인도주의일까?

작가의 주장에 일부 과격한 것도 있다. 신석기시대를 선호하고 그 시대가 인류 역사상 황금시대라는 주장은 과장과 비약이다. 인류 역사에 완전한 사회는 존재하지 않았다. 사실 존재할 수 없다. 심지어 에덴동산도 완전한 사회는 아니었다. 완전하다는 것은 환경의 완전성을 의미하지 않는다. 인간의 완전성, 예를 들면 인간이 자신의 삶에 불만이 없고, 주변 사람들과 조화를 이루며 서로 사랑하는 사회, 모든 인간이 자유롭고 평등하고 평화로운 사회, 정의가 사회문제가 되지 않는 공정한 사회, 모든 인간이 각자의 취향대로 남에게 피해를 주지 않는 범위에서 가치 지향적인 삶을 사는 사회, 그런 사회가 완전한 사회인데, 그런 사회는 이 지구상에 어제도 현재도 미래도 존재할 수 없다.

모든 문화에는 빛과 어둠이 공존한다. 미개인의 문화와 현대인의 문화도 마찬가지이다. 그러기에 저자의 주장대로 어떤 기준을 정해 놓고 비교하면서 미개사회의 문화는 저급하고, 현대사회의 문화는 고급스럽다는 평가는 있을 수 없다. 바로 이 점을 저자는 주장하고 있고, 그것은 탁월한 주장이라고 할 수 있다.

구조주의적 입장에서 보면 4 부족은 공통점이 있다. 그리고 이 공통점은 사실상 모든 인간의 공통점이라고 할 수 있다. 첫째는 종교심이다. 4 부족 모두 색깔은 조금씩 다르지만 종교적 기질이나 종교의식을 중요시 한다. 미신적이라고 비판할 수는 있지만 미신적이라는 의미야말로 종교적 성향을 극명하게 보여주는 용어이다. 인류사를 보면 종교심은 문화의 시작이고, 그래서 오늘까지도 종교가 유지되고 있는 것이다. 일부 지도자들은 종교를 탄압하고, 심지어 존재하지 못하도록 핍박했지만 그 누구도, 어떤 정권도, 어떤 방법으로도 인간의 종교성을 말살하지 못했다. 왜냐하면 인간의 종교성은 인간 본성이기 때문이다.

둘째, 미의식이다. 아름다움을 좋아하고 아름답기를 소망하는 것은 인간의 본성이다. 미의식은 문화의 결과가 아니라 문화의 시발점 중 하나이다. 미개 4 부족은 모두 아름다움을 동경했다. 화장하기도 했고, 장식품을 걸기도 했으며, 전신에 색을 칠하기도 했다. 현대인의 시각으로 보면 끔찍하기조차 했던 그런 치장들은 미개인이지만 그들도 미의식이 있었다는 것을 증명한다. 아름다움은 시각에서 느껴지기 시작한다. 성경을 보면 이를 알 수 있다. 아담과 하와는 선악과를 보면서 보기 좋고 먹기 좋다고 생각했다. 미의식은 인간을 흥분시키고, 타락시키는 힘을 갖고 있다. 인류 역사가 존재하는 한 미의식은 인간을 행복하게도 만들고, 불행하게도 만든다. 왜 인간은 죄를 범하는가? 죄를 범하게 만드는 동력은 무엇인가? 성경은 권력의지와 미의식이라고 암시한다. 아담은 하나님처럼 되고 싶어 했고, 선악과가 아름다웠기에 그 금단의 열매를 먹었다. 미의식에는 미개인과 현대인의 구분이 없다.

셋째는 성 의식이다. 미개 4 부족은 일종의 성 개방주의를 택했다. 일부 일처주의를 택하면서도, 공개적으로 남녀 모두가 연인을 따로 둬도 문제가 되지 않고, 공개적으로 성행위를 하는 그들의 습속은 성을 윤리적으로 이해하는 것이 아니라 자연적인 행위로 이해하기에 가능한 것이다. 이런 미개인들의 성 의식은 성은 문화의 개념도 아니고, 윤리의 개념도 아닌, 즉 관계나 소유를 넘어 본성의 개념으로 이해하고 있다는 증거이다. 결국 성 의식도 본성이기에 제도나 강압으로 성 문제를 해결하기가 어렵다는 것을 보여준다. 동성애 경향은 없었다.

종교심은 일반적으로 인간에게 유익을 가져다준다. 미의식은 인간에게 유익하기도 하지만 위험하기도 하다. 성 의식은 일반적으로 인간에게 해를 끼치기가 쉽다. 결국 인류의 존망은 먹는 문제로 결판이 나는 것이 아니라 종교심, 미의식, 성 의식을 어떻게 관리하느냐에 달려 있다.

〈기독교적 이해〉 성경은 여러 민족이 그들 나름대로 문화를 만들고 유지하는 일에 반대하지 않는다. 그러나 어느 사회이건 기본적으로 지켜야 할 문화적 규제를 제시한다. 우상숭배, 식인습관, 근친결혼이 그것이다. 저자는 반제국주의적 발상으로 이 책을 썼다. 그래서 원시민족들은 그 나름대로 합리적인 문화를 소유하고 있다고 그들을 긍정하는 것이다. 그러나 성경적 기준으로 본다면 그들은 분명 미개인들이다. 제국주의적 방법으로 그들을 교화하는 것은 나쁘지만 사랑과 복음으로 그들을 교화시키는 것은 정당하다.

신곡

〈작가와 작품 해설〉 **단테**(Dante Alighieri, 1265~1321)는 이탈리아 최고의 시인이다. 이 작품의 본래 제목은 '희곡'이다. '희곡'이란 추한 것에서 시작하여 즐겁게 끝난다는 의미를 지닌다. 그런데 1555년 보카치오가 그를 기리기 위해 제목을 《신곡(神曲)》이라고 개칭했다. 영국의 시인 T. S. 엘리옷은 "근대 세계는 셰익스피어와 단테가 나누어 가졌다."라고 평했다. 《신곡》은 지난 100년 동안 세계가 고등교육의 교과목으로 채택되어 가르쳐 왔다.

이 작품은 인간의 삶과 운명을 기독교적 시각으로 표현하면서 죄와 벌, 기다림과 구원을 그 주제로 다루고 있다. 신화, 철학, 윤리학, 신학, 심지어 천문학적 용어가 난무하고 있어 읽기가 쉽지 않다.

단테를 이야기할 때, 운명적으로 언급되는 여자가 있다. 베아트리체이다. 단테는 9살 때, 8살 또는 9살 된 베아트리체를 만나 운명적인 사랑을 하게 되었다. 18세 때, 베아트리체와 첫인사를 한 단테는 그녀가 그를 아는 체하지 않으면 위기감에 빠지고, 그녀가 그를 경시하면 고뇌에 빠졌다고 한다. 그러나 결국 단테는 모든 것을 초월해서 그녀를 칭송하기로 결심했고, 이런 그의 결심은 첫 시집 《신생》에서 베아트리체를 신성으로, 《향연》에서는 세속적인 여인으로, 《신곡》에서는 인도자로 묘사했다. 그녀에 대한 단테의 다양한 감정은 이를 통해 알 수 있다. 베아트리체의 아버지 포르티날리는 딸을 금융업자에게 시집을 보냈다. 그래서 단테는 《신곡》에서 모든 금융업자를 지옥으로 보내버렸다.

《신곡》은 단테가 교황파인 구엘피당에 소속되었다가 1302년 화형 선고를 받자 피렌체에서 망명을 떠난 후 1321년에 완성되었다. 이 작품은 이탈리아어로 쓰여서 이탈리아어를 문학적 언어로 다듬는데 큰 공을 세웠다. 단테는 고국으로 돌아가지 못한 채, 라벤나에서 59세에 죽었다. 그의 묘는 산 피에트로 맛지오레 성당에 안치되었다. 피렌체에는 그의 흉상이 생전에 살던 집 앞에 현재 조각되어 있다.

《신곡》은 모두 100곡인데, 서곡 1편을 제외하고는 지옥 33곡, 연옥 33곡, 천국 33곡으로 구성되었다. 33을 고집한 이유는 3이 완전수이기에 그리했고, 예수 그리스도가 33세에 죽었기 때문이라는 해석도 있다. 서곡의 내용은 이렇다. 1300년 3월 25일 목요일 밤, 단테가 암흑의 숲속 길을 걷다가 정욕을 상징하는 표범, 교만을 상징하는 사자, 탐욕을 상징하는 암 이리의 습격을 받아 죽게 되었다. 천국에서 이를 본 베아트리체가 성모 마리아에게 도움을 청하자 성모는 로마의 시인 베르길리우스를 보내 단테를 구원하고 지옥과 연옥으로 단테를 안내하게 한다. 베르길리우스는 단테가 좋아하는 시인으로서 인문학을 대표하는 인물이다.

〈지옥편〉 드디어 단테는 지옥문 앞에 서 있게 되는데 지옥문 입구에 '이 곳을 지나는 자는 모든 희망을 버리라'라는 문구가 쓰여 있는 것을 발견하게 된다. 여기서 단테는 지옥이란 희망이 없는 곳임을 암시하고 있다. 희망 없는 나라, 희망 없는 교회, 희망 없는 직장, 희망 없는 가정, 희망 없는 사랑 등등이 다 지옥이라는 것이다. 무서운 상징이다.

지옥 1층은 '림보'라고 한다. 예수 이전의 사람들, 세례를 받지 않은 사람들, 선하게 산 사람들이 있는 곳이다. 어떤 형벌도 없으나 신을 볼 수는 없다. 탄식과 안타까움이 있을 뿐이다. 여기에는 그리스 로마 시대의 위대한 철학자들, 율리우스 카이사르, 트로이 전쟁 당시 트로이 장군 헥토르 등이 있다. 2층은 색욕 층이다. 애굽의 여왕 클레오파트라, 그리스 미인 헬레나, 그녀를 유혹한 트로이 왕자 파리스, 그리스의 불사신 아킬레우스 등이 여기에 있다. 3층은 폭식한 자들이 있는 지옥이다. 교황 보니파시오스 8세가 여기에 있다. 영적 생활을 하지 않고 먹고 마시는 일에 치중한 교황에 대한 단테의 분노를 알 수 있다. 4층은 탐욕의 지옥이다. 생전에 인색하거나 낭비벽이 심한 자들이 죽어 이곳에 온다. 그들은 돈주머니 굴리기라는 형벌을 받고 있다. 5층은 분노의 지옥이다. 홧김에 신전을 태운 플레기아스가 여기에 있다. 6층은 이단의 지옥이다. 불신자, 이단자들이 있는 지옥이다. 7층은 폭력의 지옥이다. 타인에게 폭력을 사용한 자 즉 살인, 자신에게 폭력을 행사한 자 즉 자살, 자연에게 폭력을 사용한 자들이 죽어서 오는 지옥이다. 독재자들, 폭군들이 강 속에서 고통을 받는데 강에서 나오려고 하면 얼굴은 인간이고 몸은 말인 켄타우로스가 화를 쏘아 그들을 고통스럽게 만든다. 알렉산더 대왕, 서로마제국을 멸망시킨 아틸라도 여기에 있다. 자살자의 숲이란 곳이 있는데 그들은 나무가 되어 서 있고, 괴물 새 하르피아가 그 몸을 쪼아 고통을 준다. 최후의 심판 때에는 육신을 되찾지 못하고 자신의 나무에 육신을 매달아야 하는 슬픈 존재가 된다.

8층은 사기의 지옥이다. 사기, 거짓말로 주변 사람들을 파멸시킨 자들이 오는 지옥이다. 1구렁에는 타인을 고의적으로 착취한 자들. 2구렁에는 말로 다른 사람의 욕망을 부추겨 나쁜 짓을 시킨 사람들. 3구렁에는 성직 매매자들. 4구렁에는 마술사, 연금술사, 마녀, 거짓 예언자들이 고통을 당하고. 5구렁에는 타락한 정치인들. 6구렁에는 위선자들. 7구렁에는 도둑질 한 사람들. 8구렁에는 잘못된 조언으로 타인의 악행을 충돌질한 사람들이 있는데 오디세우스가 여기에 있다. 그는 자신의 재능을 남용하여 인간에게 허락되지 않는 것을 탐구한 죄가 있다고 고백한다. 트로이 목마 이야기이다. 9구렁에는 사회불안과 분열을 조장한 자들이 오는 지옥인데, 종교적 갈등, 사회, 정치적 갈등, 가족 간의 갈등을 조장한 자들이 악인의 칼에 썰리고 베이는 혹독한 벌을 받는다. 10구렁에는 위조범들이 있다.

9층은 반역자들이 오는 지옥인데, 가장 큰 죄를 범한 자들이다. 국가, 가족, 은인, 스승, 친구 등을 배신한 자들이 온다. 여기에는 가롯 유다, 카이사르를 배신한 브루투스, 사탄이 있다. 지옥편의 끝은 별들을 보기 위해 밖으로 나왔다는 구절로 끝난다. 지옥은 절망의 땅이지만, 단테는 별, 즉 희망을 보려는 의지를 잃지 않고 있다.

〈연옥편〉 연옥은 속죄의 장소이다. 천국으로 들어가기 전 수양하는 장소이다. 천국으로 가려면 7가지 죄를 회개해야 한다. 오만, 질투와 선망, 분노, 태만, 탐욕, 폭식, 애욕이 그것이다. 단테는 그리스도인이라도 이곳에 올 수 있다고 강조한다. 그래서 교황 마르디노 4세는 폭식으로 이곳에 와서 수양하고 있는 것으로 묘사하고 있다. 연옥의 문지기는 로마의 호민관으로 활동하던 카토인데, 그는 단테에게 신상에 대해 묻는다. 길잡이 베르길리우스의 말을 듣고 카토가 허락하자, 단테는 골풀로 허리를 동여매고 연옥산으로 오른다. 골풀은 겸양의 상징이다.

단테는 연옥에서 다양한 사람들을 만나는데 그 정점은 베아트리체와의 만남이다. 단테와 베아트리체의 만남은 연옥 30곡에 나타난다. 천사들의 노래 속에 아름다운 꽃들이 뿌려지면서 그녀는 나타난다. 31곡에는 베아트리체가 단테를 질책하는 장면이 등장한다. 단테는 10년 만에 만난 베아트리체의 질책을 받으면서 회개한다. 32곡에서 베아트리체는 단테가 회개하자 기뻐서 웃는다. 그리고 단테는 시력이 회복되어 지상낙원을 보게 된다.

지상낙원에 들어선 단테는 마텔다의 권고로 레테강과 에우노에 강물을 마시게 된다. 레테 강물을 마시면 지상에서 저지른 모든 죄를 잊게 되고, 에우노에 강물을 마시면 자신이 행한 모든 선행만 기억된다. 망각과 기억은 천국으로 들어가기 위한 준비이다. 단테는 행복이란 악을 지우고 선을 기억할 때 느껴지는 기쁨이라고 암시하고 있다. 연옥 마지막 장면도 별 이야기로 끝맺고 있다. '별들을 향하여 솟구쳐 올라가려고 하고 있다'는 이 표현을 보면 여전히 단테는 인간은 천국을 열망하면서 살아야 한다는 것을 강조하고 있다. 베아트리체가 등장하면서 베르길리우스는 사라진다. 시인 베르길리우스가 인문학을 상징한다면 베아트리체는 신학을 상징한다. 왜냐하면 단테는 베아트리체의 안내를 받으면서 천국으로 가고 있기 때문이다.

〈천국편〉 1곡은 월성천이다. 본향을 사모하면서 신의 뜻을 따르는 자들이 있는 천국이다. 2곡은 수성천이다. 국가와 공익을 위해서 일하는 자들이 있는 천국이다. 3곡은 금성천이다. 아름다운 연애를 통해 그 영혼을 정화시킨 자들이 있는 천국이다. 4곡은 태양천이다. 신적 지혜가 있는 자들이 있는 천국이다. 예를 들면 토마스 아퀴나스, 아시시의 프란체스코 등이 있는 곳이다. 5곡은 화성천이다. 순교자들이 있는 천국이다. 하나님을 위해 평생을 싸운 사람들이 있는 곳이다. 6곡은 정의의 통치자들이 있는 천국이다. 다윗, 히스기야, 콘스탄티누스 대제 등이 여기에 있다. 7곡은 토성천이다. 하나님을 알고, 인간을 알고, 그래서 하나님과 인간을 섬긴 자들이 있는 천국이다. 8곡은 항성천이다. 신앙의 승리자들이 있는 천국이다.

그다음 9곡은 원동천이다. 그런데 원동천은 천사들이 있는 천국이다. 베아트리체는 단테에게 천사에 대해 자세히 설명한다. 첫째 자리에 세라핌, 케루빔, 트로니가 앉아 있고, 둘째 자리에는 통치, 권위, 권력을 담당하는 천사가 앉아 있고, 셋째 자리에는 주권천사 대천사가 앉아 있다. 천사는 9개의 계급으로 나누어져 있다고 베아트리체가 설명한다. 베아트리체는 땅에 떨어진 반역의 천사들에 대해서도 설명하고 복음서를 잘못 이해하여 거짓 설교를 하는 자들을 비난한다.

이 천국으로 들어가려면 시험을 치러야 한다. 천국편 24곡에 등장하는데 베드로는 단테에게 "신앙이란 무엇이냐?"라고 묻는다. 그러자 단테는 "신앙은 소망의 실체요 아직 나타나지 못한 것의 논증"이라고 대답한다. 이어 야고보가 등장하여 "소망이 무엇이냐?"라고 묻는다. 그러자 단테는 "소망이란 미래의 영광을 의심 없이 기다리는 것이며 그 기다림은 하나님의 은총과 인간의 공덕에서 유래됩니다."라고 대답한다. 25곡에 기록되어 있다.

마지막으로 요한이 등장하여 단테와 사랑에 대해서 대화를 나눈다. 단테는 자신이 사랑을 알게 된 것은 철학적 추리와 천상에서 내리는 권위에 의해서라고 대답하다. 단테는 사랑은 단순한 감정이 아니라 철학적 깨달음이라고 주장했다. 그리고 천상의 권위, 사랑의 모델 즉 예수 그리스도, 모세, 사도 요한, 베아트리체 등등을 통해서 배웠다고 말한다. 그러자 사도 요한은 "인간의 지성과 그 지성에 합치되는 권위를 좇아 그대의 사랑 가운데 으뜸가는 사랑을 주를 위해 남겨 놓으라."는 명령을 단테에게 한다. 단테가 구두시험에 합격하자 베아트리체는 하나님을 볼 수 있도록 눈의 띠끌을 완전히 씻어준다. 26곡의 내용이다.

30곡부터는 지고천 즉 하나님이 계신 제10천국을 노래하고 있다. 30곡에서는 하나님의 빛을 받은 단테가 장미처럼 원형 모양의 천국을 베아트리체의 인도로 본다. 천국의 거리도 본다. 잠시 후 축복받은 사람들이 백장미들의 행렬처럼 나타난다. 단테는 넋을 잃고 그들을 바라보다가 베아트리체가 위로 올라가는 것을 보면서 감사의 인사를 하자 베아트리체는 미소로 화답을 한다. 그녀가 사라지자 마지막 안내자인 성 베르나르도가 나타난다. 그는 관상기도와 그리스도에 대한 신앙과 마리아 숭배를 상징한다. 성 베르나르도는 프랑스 사람으로서 모범적인 수도 생활을 한 사람이고, 유럽의 여러 권력자에게 존경을 받는 수도사이다. 그는 신앙에 있어서 이성의 개입을 극도로 거부하여 명상을 통해서 하나님과 일체감을 느끼는 것을 최고의 경지로 생각한 사람이다. 결국 단테는 인문학으로 시작하여 신학을 걸쳐 명상을 통해 하나님을 만난다는 것을 주장하고 있다.

32곡에는 베르나르도의 권고를 통해 단테는 하늘을 보는데 성모 마리아 아래 이브, 베아트리체 등 거룩한 여인들이, 그 앞에는 아담, 베드로, 세례 요한과 여러 성인이 앉아 있다. 33곡에는 베르나르도가 하나님을 볼 수 있도록 단테를 위해 기도하는데 기도가 응답되어 단테는 순간의 섬광으로 하나님을 보게 된다. 그러자 단테는 그 감격을 시로 표현한다. '아아 지고하신 빛이시여/ 인간의 관념의 한계를 넘어 높이 솟아오르는 빛이시여/ 내가 우러러본 모습을 조금이라도 내 기억 속에 남게 하소서/ 당신의 영광의 빛줄기 하나만이라도/ 미래의 백성에게 전할 수 있는 힘을 내 혀에 다 부어주신다면/ 당신의 영광은 더욱 세상에 널리 퍼지오리다.' 단테는 만물을 움직이는 것은 하나님의 사랑이라고 깨닫는다. 단테는 천국편 마지막에 '하나님은 태양과 뭇 별들을 움직이는 사랑이었다.' 그렇게 결론을 내린다. 여기서도 단테는 별이라는 단어로 끝맺는다.

〈해석과 평가〉 단테는 지옥, 연옥, 천국의 끝을 별이라는 단어로 끝맺고 있다. 그렇다면 별이란 무엇을 상징하는가? 하늘에 별들이 많다. 사람들은 태양은 눈 부시어 쳐다볼 수 없다. 달을 보면서 명상을 하거나, 그리움을 달래기는 하지만 희망을 노래하지는 않는다. 그러나 별은 각 사람에게 '저 별은 나의 별'이라는 표현대로 각자의 별을 보면서 자신의 희망을 생각한다. 별은 희망이다. 지옥문 입구에서 절망으로 시작하고 있지만 단테는 그런 중에도 인간은 하늘의 별을 보면서 즉 희망을 품고 살아야 한다는 것을 강조하고 있다. 절망적이기에 희망을 노래해야 한다. 사실 절망 뒤에 오는 것은 희망이다. 절망이란 더 이상 아래로 내려갈 수 없는 바닥이기 때문이다.

그런데 단테는 그 희망이 하나님의 사랑과 연결되어 있다는 것을 밝히고 있다. 하나님은 사랑이시기에 인간에게는 희망이 있다는 것이다. 오늘날 한국 목회자들은 인문학적 기초가 없다시피 하고, 신학적 기반도 허약하며, 명상 생활 역시 제대로 하지 못하고 있다. 그러니 하나님을 만나는 체험을 하기가 어렵고, 결국 기복주의에 빠지거나 신비주의에 편승해서 교인들을 이끌기 때문에 언젠가는 기독교의 존립 자체가 흔들리는 시기가 오게 될 것이다. 인문학, 신학, 기도 생활, 이 세 가지가 일체감을 이룰 때 목회자의 영성은 빛을 발하게 될 것이다. 한국교회의 위기를 극복하는 길은 우선 목회자들이 하나님을 만나는 체험부터 해야 가능하다.

〈기독교적 이해〉 천국은 있다. 그러나 그 천국은 단테가 묘사한 그런 천국은 아닐 것이다. 특히 연옥 부분은 구교와 신교가 다르게 이해하고 있다. 구교는 연옥을 인정하나 신교는 인정하지 않는다. 기독교는 현재를 강조하지만 종말론을 무시해서는 안 된다. 교인 중에는 지옥과 천당에 대해 믿지 않는 사람들이 많지만 그래도 기독교는 지옥과 천국의 실재를 가르쳐야 한다. 삶에 유익이 되고 실제로 있기 때문이다.

37

톨스토이

안나 카레니나

〈저자와 작품 해설〉 이 작품은 톨스토이(Lev Nikolayevich Tolstoy, 1828~1910)의 삼대 소설 중의 하나이다. 흔히 《전쟁과 평화》,《안나 카레니나》,《부활》을 그의 대표적인 소설로 평가한다. 이 소설은 〈뉴스위크〉지가 선정한 세계 100대 소설 중의 하나이고, 〈타임〉지가 2007년 소설가 125명의 투표로 선정한 세계 최고의 소설이다. 당대 톨스토이보다 연장자였던 소설가 도스토예프스키는 이 소설이야말로 가장 완벽한 소설이라고 격찬했다.

이 소설 속에는 독자들이 접할 수 있는 인생의 모든 면을 총망라한 내용이 조화 있게 배치되어 있다. 연애소설이기도 하지만 사회소설이기도 하고, 교훈소설이기도 하다. 인간이 갖고 있는 위선, 질투, 신념, 욕망, 사랑, 결혼, 계급, 종교 등 어느 하나 빠짐없이 작품 속에 녹아 있다. 이런 다양성을 가진 작품이기에 주제를 하나로 정하기는 어렵다. 그러나 주인공들의 삶을 중심으로 볼 때, 주제는 '인간은 어떻게 행복한 삶을 살 수 있는가?' 라고 정하는 것이 타당할 것이다.

작가는 이 소설의 부제를 매우 성경적으로 정했다. '복수는 내게 있으니 내가 이를 갚으리라.' 이 부제는 하나님의 심판을 의미하는 구절이다. 인간이 하는 복수는 부질없는 것이고, 불필요한 것이며, 적절하지도 적당하지도 적합하지도 않고 오직 하나님의 심판만이 공정하다는 작가의 종교적 신념이 작품 밑바닥에 도도히 흐르고 있다.

이 소설은 가정의 행복과 불행을 중심으로 펼쳐진다. 주인공 안나 카레니나는 미인이고 정열적인 여자이다. 그녀는 자유분방한 삶을 살고 싶어 하지만 근 10년 연상인 귀족 카레인과 결혼하여 체면 중심의 귀족사회 속에서 억눌린 삶을 살아가고 있는 여자이다. 그의 남편인 카레인은 부자이고 기독교인이다. 매우 이성적인 사람이고 자신의 귀족적 신념 때문에 사회적 평판에 민감한 사람이다. 특별히 나쁜 사람은 아니다.

이 소설은 안나가 오빠 오브론스키의 불륜 때문에 고통당하는 올케 돌리를 위로하기 위해 모스크바로 오면서 시작된다. 모스크바역에서 안나는 아주 잘생긴 기병대 중위인 브론스키 백작을 우연히 만나게 된다. 안나는 브론스키의 남자다운 모습에, 브론스키는 안나의 미모와 관능적인 얼굴에 깊은 인상을 받게 된다. 브론스키는 매우 감성적인 사람으로 자기 기분에 충실한 삶을 살아온 군인이었다. 브론스키가 무도회에서 안나를 다시 만나게 되면서 그들은 사랑에 빠지게 된다. 안나의 오빠인 오브론스키와 돌리는 결국 화해하게 되고, 오브론스키의 친구인 레빈은 돌리의 여동생 키티를 사랑하게 되면서 그녀에게 청혼을 한다.

레빈은 시골에서 농장을 경영하는 성품이 단정하면서도 낭만주의적 기질이 있는 32세의 노총각이었는데, 키티는 브론스키에게 빠져 있는 상태여서 레빈의 청혼을 거절한다. 청혼이 거절당하자 레빈은 상처를 입고 시골 농장으로 되돌아간다. 한편 키티는 안나와 불륜관계 맺고 있는 브론스키를 짝사랑하다가 결국 병을 얻어 독일로 휴양차 떠나게 된다.

안나와 브론스키의 불륜은 더욱 격렬하여 이제는 주변 사람들조차 눈치챌 정도가 되었다. 어느 날, 안나는 남편 카레인과 경마구경을 갔다가 브론스키가 낙마하는 모습을 보고 자기도 모르게 당황하여 어쩔 줄 모르게 되면서 결국 남편에게 자신의 불륜이 들키고 만다. 안나는 더 이상 불륜관계를 숨기지 못할 것을 알고 남편에게 이혼을 요구한다. 카레인은 안나의 불륜에 큰 상처를 받기는 했지만, 사회적 명성을 잃지 않기 위해 태연하게 지내면서 이혼을 허락하지 않는다. 안나는 브론스키의 아이를 낳다가 심한 산욕으로 생명이 위태롭게 된다. 카레인은 죽을 고생을 하는 안나를 불쌍히 여겨 안나를 치료해 준다. 이런 남편의 정성에 감동을 받은 안나는 브론스키와 작별을 결심하고 모스크바를 떠나 페테르부르크로 돌아가기로 결심한다. 그러자 브론스키는 실망하고 권총 자살을 시도하지만 실패한다.

두 사람은 마지막으로 한번 더 만나기로 결심하고 만났으나 결국 유럽으로 도망치고 만다. 그러나 유럽에서의 생활은 행복하지 못했다. 그들은 모스크바로 돌아왔지만 귀족들에게 냉대를 받게 되면서 결국 변두리에 있는 브론스키의 영지로 가서 우울한 생활을 하게 된다. 시골 생활은 안나에게 지옥 같은 생활이었다. 자기 기분대로 살아가는 브론스키는 여전히 사교적인 삶에 몰두하여 안나를 소홀히 대하게 되면서 안나의 불안감은 점점 심해져 갔다. 안나는 육체적 쾌락을 통해 브론스키의 마음을 잡으려고 노력을 했으나 여전히 브론스키는 제멋대로의 삶을 살아가고 특히 어머니의 권고대로 안나와 결별할 마음까지 품게 된다. 마침내 안나는 변심한 브론스키에게 복수를 꿈꾸게 되고 결국 브론스키와 처음 만난 모스크바역에서 달려오는 기차에 몸을 던져 자살하고 만다. 안나의 자살 소식을 들은 브론스키는 크게 낙심하고 자신의 삶에 대한 회의가 들면서 자원해서 전장터로 떠난다.

한편, 독일로 신병치료를 위해 떠났던 키티는 요양을 하면서 삶에 대한 깊은 명상을 통해 자신의 어리석음을 깨닫고 더욱 성숙한 모습으로 모스크바로 돌아온다. 키티가 돌아왔다는 소식을 들은 레빈 역시 농장 생활을 통해 자신의 비겁함과 자신이 얼마나 키티를 사랑하고 있는지를 재삼 깨닫고 모스크바로 와서 키티에게 다시 청혼을 하게 된다. 사랑 때문에 상처를 받았던 두 사람은 이제 성숙한 모습으로 다시 만났고 결국 두 사람은 결혼을 하여 행복하게 살아간다.

〈해석과 평가〉 이 소설의 첫 문장은 매우 유명한 문장으로 사람들에게 회자된다. "행복한 가정은 모두 비슷하고 불행한 가정은 각각 저마다의 이유로 불행하다." 이 문장으로 보면 안나와 카레인, 안나와 브론스키, 오브론스키와 돌리는 불행한 가정을 꾸민 사람들이고, 레빈과 키티는 행복한 가정을 꾸민 사람들이다.

안나와 브론스키의 불행은 필요 이상의 자유분망한 삶을 동경하는 것, 사랑을 인격으로 유지하기보다는 관능으로 유지하려고 한 무지, 배신한 연인에게 복수하려는 잔인함 등이 그 원인이다. 안나는 기독교적인 절제 속에서 사회적인 체면을 존중하는 남편과의 형식화된 삶에 불만을 갖고 있었고, 브론스키 역시 기분대로 살아가는 청년이었다. 특히 안나에게 책임이 크다. 안나는 8살 된 어린 아들 세료샤가 있음에도 불구하고 불륜에 빠졌고, 불륜 이후에 카레인에게 생활비를 받으면서도 이를 부끄럽게 생각하지 않으며, 브론스키에게 병적인 질투를 할 뿐 아니라, 자기 잘못을 모르는 여자이다. 그러나 안나를 무조건 비판할 수만은 없다. 안나가 가정생활에 불만을 갖도록 한 남편 카레인에게도 책임은 있다. 카레인은 필요 이상의 엄격주의자요, 사랑보다는 체면을 중시하는 사람이고, 여자의 감성이나 욕구를 외면한 사람이다.

이런 경향은 기독교적 엄숙주의 영향 때문일 것이다. 그러나 그의 신앙은 그를 다시 새사람으로 만드는 요인이 되기도 했다. 그는 나중에 이혼을 허락하기도 했고, 안나가 산욕으로 죽을 고비를 맞이했을 때, 안나를 살려냈고 안나의 사생아인 딸을 안나가 죽은 후 양육하기도 했다. 이런 카레인의 행동은 안나의 불륜에 자신도 어느 정도 책임이 있다는 깨달음의 결과이다.

또한 안나와 그의 오빠 오브론스키의 과오는 당시 러시아 귀족사회의 퇴폐적인 문화에 영향을 받았다. 톨스토이는 이 작품에서 귀족사회를 신랄하게 비판하고 있다. 당시 귀족들은 불륜을 일상화하려는 풍조가 있었다. 당연시하는 것이다. 단지 공적 자리에서 드러나지 않으면 된다는 의식을 갖고 있을 뿐이다. 당시 귀족들이 안나를 백안시한 것은 경마장이란 공적 자리에서 브론스키와의 불륜을 드러냈다는 경솔함 때문이었다. 인간은 문화적, 사회적 존재이다. 그 사회의 풍조에 영향을 받을 수밖에 없다.

한편 레빈과 키티는 행복한 가정을 꾸밀 수 있었다. 두 사람 모두 사랑 때문에 상처를 받은 사람들이다. 키티는 브론스키에게, 레빈은 키티에게. 그런데 그들은 그 상처를 자신과 삶에 대한 성찰로 극복했다. 두 사람 모두 자신의 결점을 알게 되었다. 키티에게는 허영심이, 레빈에게는 열등감이 있었다. 그들이 다시 만났을 때, 그들은 상대의 결점을 보완해 주려는 따뜻한 마음이 있었다. 행복한 가정은 상처 속에서 성숙해진 상대에 대한 배려, 즉 서로 보완해 주려는 자세가 서로에게 있어야 가능하다. 인간은 상처를 치유하고, 자신의 약점을 깨달으며, 상대의 약점을 비판하기보다는 보완해 주려는 자세를 통해 행복한 가정을 꾸며 나갈 수 있다. 이 소설에서 가장 인상적인 부분은 안나가 자살하는 장면이다.

이 작품에는 명문들이 많다. "나는 모든 것을 버려 그를 가지려 했다. 그러나 가지지 못했다." "나는 어디에 있는 것일까?" "나는 무슨 짓을 하는 것일까?" "종교는 시대에 뒤떨어진 것이고, 이제 존재할 가치가 없다는 내 생각은 잘못이었다." "내가 자살을 하면 그를 처벌하게 되고, 그는 모든 사람으로부터 나는 내 자신에게로부터 벗어나게 되는 것이야." 그리고 마지막 고백, "하나님, 저의 모든 것을 용서해 주옵소서." 이런 안나의 고백들은 안나의 구원을 암시하는 고백이기도 하다. 안나는 그 최후의 순간, 자기성찰을 시작으로 복수보다는 자기 해방을 결심하면서 결국 회개로 그 삶을 마감한다.

안나의 비극은 일차적으로는 그녀의 불륜이지만 치명적인 요인은 죽는 순간 자기 죄를 알면서도 회개를 통한 도덕적 부활을 행동으로 실천하지 못했다는 것이다. 마지막 순간 그녀는 하나님께 용서를 빌었다. 그럼에도 불구하고 자살을 했다. 용서를 빌었으면 죽지 말아야 한다. 용서를 받는다는 것은 죽음으로 완성되는 것이 아니라 삶으로 완성된다. 용서는 단순한 고백이 아니라 행동으로 증명해야 완성된다. 그렇다면 안나의 회개는 진정한 회개가 아닐 것이다. 회개가 아닌 자책, 후회 그런 것이었을 것이다. 가룟 유다의 자살과 비슷한 자살이라고 보는 것이 타당할 것이다.

〈기독교적 이해〉 작가는 이 소설을 통해 레빈과 안나를 가장 사랑했다. 안나는 실패한 인간으로, 레빈은 성공한 인간으로 묘사하고 있다. 인간은 죽음을 통해 최고의 깨달음을 얻는다. 안나는 그 주변에 죽는 사람이 없다. 죽음을 통해서 인생을 배울 기회가 없었다. 그러나 레빈은 형의 죽음을 통해서 무엇이 잘못된 것인지, 어떻게 살아야 하는지를 깨달았다.

제자들은 그리스도 예수의 죽음 이후에 그 삶이 완전히 변화되었다. 그 변화는 성령을 체험했기 때문이라고 성경은 주장하고 있다. 그런데 또 한 가지 이유는 제자들이 그리스도 예수의 죽음을 통해서 최고의 교훈을 얻었기 때문이다. 죽음 이후에 부활이 주어진다는 것, 버림을 받지만 그것이 승리의 출발점이라는 것, 고난은 새로운 삶을 살기 위한 과정일 뿐이라는 것, 바로 이런 것들을 제자들은 배운 것이다. 주님은 왜 복음 자체인가? 버림받는 것은 절망이 아니라 희망이라는 사실을 깨닫게 해 주셨기 때문이다.

오늘 한국기독교는 복음을 축소해서 해석하려는 경향이 있다. 누구든지 그리스도 예수를 통해 구원을 받는다는 것, 그것이 복음이라는 것이다. 분명 죄에서 사함받는다는 것은 복음이다. 그러나 고난이, 고통이, 고독이 복음이라고 가르치지는 않는다. 더더욱 죽음이 복음이라고 가르치지 않는다. 그래서 한국 교인은 두려움과 불안이 많다. 죄 문제가 해결된다고 해서 모든 불안, 고독, 고통이 해결되지 않는다. 고난을 사랑하고 죽음은 또 하나의 출발점이라는 것을 믿지 못하면 불안과 두려움을 극복하지 못할 것이다.

《안나 카레니나》는 삶의 과정에서 나타나는 모든 현상에 대한 톨스토이의 통찰력을 소설화한 인생 교과서이다. 이 소설을 읽으면 어떻게 살아야 하는가에 대한 해답을 얻을 수 있다. 현명한 사람은 이런저런 문제들이 주어졌을 때, 탄식만 하지 않는다. 그 해답을 찾으려고 노력한다. 이 소설은 읽는 사람들은 단순히 소설을 읽는 자가 아니라 인생 문제에 대한 해답을 찾고자 하는 순례자들이다. 러시아를 여행하는 사람들은 모스크바역을 한 번 꼭 찾아보기를 바란다. 그래서 안나의 최후를 음미하고 그 비극의 궁극적 원인이 무엇이었는지를 생각해 보기 바란다. 불륜이었을까? 그녀의 성격이었을까? 아니면 복수심이었을까? 그것도 아니면 또 다른 이유가 있었을까?

에밀

〈작가와 작품 해설〉《에밀》은 교육이론을 소설 형식으로 표현한 책인데, 장 자크 루소(Jean-Jacques Rousseau, 1712~1778)의 걸작이다. 루소는 프랑스의 계몽주의 철학자이자 공화주의자이며 교육이론가이다. 그의 《사회계약론》은 프랑스 혁명의 이론적 근거가 되었다.

그는 사제가 되기 위해 신학교에 입학한 적이 있었으나 중퇴했고, 음악에 대해서도 조예가 있어 '마을의 점쟁이'라는 오페라를 작곡하기도 했다. '학문과 예술론'이란 논문이 프랑스 아카데미아 공모전에 1등으로 입상하면서 그 이름이 알려지기 시작했다. 그가 말년에 쓴 회고록은 톨스토이, 아우구스티누스의 참회록과 더불어 세계 3대 참회록이라는 평가를 받는다. 그가 쓴 《에밀》이라는 교육소설은 기존의 각종 교육제도를 비판하고 가톨릭을 비난하는 내용이 많아 네덜란드에서 출판된 지 4개월이 지나서야 프랑스에서 판매되었다. 철학자 칸트는 루소의 초상화를 평생 자기 서재에 걸어 놓고 그를 흠모했다.

루소는 17세기 이후 역사에 가장 큰 영향을 끼친 철학자이다. 그는 이성에 근거한 합리주의를 부정했다. 그는 자연을 근거로 한 낭만주의자였다. 그는 일반의지를 강조하였는데, 일반의지란 추구하거나 회피하거나, 찬성하거나 반대하거나, 긍정하거나 부정하는 모든 사람이 지닌 보편적 의지이다. 이런 일반의지를 바탕으로 개인과 공동체의 이익을 추구하기 위해 구성원들이 계약을 맺어 국가는 형성되었다고 주장하기도 했다. 개인과 공동체의 유익을 추구하는 것이 공동선이며, 그 핵심은 평등이고, 그 평등의 척도는 동등한 자유라고 강조했다. 구성원들이 동등한 자유를 누릴 때, 평등해진다는 것이다. 루소의 자유는 아주 적극적인 개념이다. 그는 "모든 선 중에 가장 으뜸가는 선은 권력이 아니라 자유이다. 자유로운 사람은 자신이 할 수 있는 일만하고, 자신 마음에 드는 일만 하는 사람이다."라고 말했다.

《에밀》은 자연주의를 바탕으로 한 교육이론서이다. 따라서 자연을 이해하지 못하면 해석할 수 없다. 《에밀》에서 루소는 자연의 개념을 명확하게 정의를 내리지 않는다. 그러나 《에밀》 전편을 상세히 분석해 보면, 그가 주장하는 자연의 개념을 어느 정도 정리할 수 있다.

첫째, 그의 자연은 신이 만든 자연으로서 자연은 신이라는 개념이 내포되어 있다. 그러기에 반문명적인 개념이 포함되어 있기도 하다. 둘째, 그의 자연은 반사회적이라는 개념이 포함되어 있다. 자연이라는 말에는 선천적, 본유적이라는 의미가 내포되어 있다는 것이다. 그래서 그는 인간은 태어날 때는 선한 존재라고 주장한다. 셋째, 그의 자연이라는 말 속에는 실재적 인성이라는 뜻이 포함되어 있다. 타고난 인성이 자연이라는 뜻이다. 성선설을 주장하는 그로서는 당연한 주장이다. 마지막으로, 그의 자연이라는 단어 속에는 감각은 내적 발달이 이루어진다는 뜻이 내포되어 있다. 자연으로서의 인간은 그 감각기관들이 일정한 단계를 걸치면서 발달한다는 것이다. 루소는 자연으로 돌아가라고 주장한다. 여기서 자연은 나무나 숲, 강과 산을 뜻하는 것이 아니라 인간 본성으로 돌아가라는 뜻이다.

그런데 교육이라는 단어의 의미는 무엇일까? 《맹자》라는 책에 보면, 교는 '회초리로 아이를 배우게 한다'라는 뜻이고, 육은 '갓 태어난 아이를 기른다'라는 뜻이다. 서양에서는 '능력을 이끌어낸다'는 뜻을 지니고 있다. 결국 교육이란 인간의 성장, 성숙 과정이요, 사회 개조의 수단으로서 바람직한 인간성을 형성하여 개인생활, 가정생활, 사회생활에서 보다 행복하고 가치 있는 삶을 살게 하며, 사회발전을 꾀하는 활동을 의미한다. 인간 내면의 자질을 인간 외부의 작용으로 끌어내는 활동이 교육인 것이다. 그러므로 교육의 목적은 시대마다, 나라마다 다르다. 스파르타는 군인을, 아테네는 신체적, 군사적, 미적, 지적인 시민을, 로마는 착하고 유능한 사람을, 중세는 내세를 준비하는 도덕적 인간을, 르네상스 시대에서는 인격, 교양, 능력을 지닌 인간을, 현대는 실용적인 시민을, 한국에서는 홍익인간을 그 목적으로 삼았다.

그렇다면 루소는 《에밀》에서 교육의 목적을 어떻게 정했을까? 첫째, 자연성을 계발하는 인간화 교육이고, 둘째는 상황에 적응할 수 있는 능력을 지닌 기술교육이며, 셋째는 사회성을 개발하여 공동선에 참여하는 인간을 육성하는 사회교육이다. 루소는 인간이 연약한 존재라는 전제 속에서, 인간은 도움이 필요한 존재이고 분별력과 판단력이 요구되는 존재라고 생각했다. 그러나 필요한 것만 도와주어야 한다고 제한을 두었다. 자발적으로 모든 것이 이루어지는 것을 우선한 것이다. 교육은 세 가지 스승을 통해서 해야 한다고 주장하는데, 인간, 사물, 자연이 교사라고 했다. 동시에 공교육, 가정교육, 자연교육 중에서 공교육은 부정적으로 보았다.

〈해석과 평가〉《에밀》은 5편으로 구성되어 있다. 1편은 유아기 교육이다. 0세부터 5세까지가 이 기간에 속한다. 이 시기에 교육하는 데 필요한 루소의 전제를 열거해 보자. "인간은 태어날 때, 지니지 못한 것을 자라면서 교육을 통해서 얻는다. 교육의 목표는 자연성을 회복하는 데 있다. 산다는 것은 숨 쉬는 것이 아니라 활동하는 것이다. 교육은 교훈보다 훈련이다. 삶이란 고통이다. 생명을 보존하려는 고통을 가르쳐야 한다. 아버지는 교사다. 어머니와 교육방법이 같아야 한다. 교육은 스승에 대한 복종과 동행이 전제되어야 한다. 아이는 시골에서 자라는 것이 좋다. 아이의 최초의 감각은 감정이다. 용기 있는 아이를 만들라. 아이에게 말을 하게 하려고 서두르지 말라. 본능적인 요구를 만족시켜라. 특정한 인간을 만들려고 하지 말라." 등등이다.

2편은 아동기이다. 6세에서 12세까지가 이 시기에 속한다. 이 시기에는 언어교육과 체험을 통한 학습이 필요하다. 감각교육, 사물교육, 육체활동이 중요하다. 고통, 체념, 용기, 자유, 소유개념, 약속교육, 행동의 결과에 대한 책임교육, 모범교육, 선행교육, 건강교육, 감각교육, 욕망에 의한 행동교육 등이 이 시기에 중점적으로 이루어져야 한다고 루소는 주장한다.

　3편은 소년기이다. 13세에서 15세까지가 이 시기에 속한다. 루소에 의하면 이 시기야말로 적극적으로 교육해야 하는 시기이다. 가장 중요한 시기이면서 가장 짧은 시기이기 때문이다. 우선 지식교육이 필요하다. 무엇이 유용한 지식인가? 무엇이 아동에게 맞는 지식인가를 기준으로 교육해야 한다. 인간관계에 대한 교육도 필요하다. 인간관계를 좋게 하기 위해 필요한 덕이 무엇인지를 가르쳐야 한다. 호기심을 갖도록 해야 하며, 직접경험을 강조해야 한다. 루소는 이 시기에 많은 지식을 가르치려고 하지 말고, 정확하고 명백한 관념적 지식을 가르쳐야 한다고 주장한다. 사물에 대한 관찰교육도 필요하다. 자기보존을 위해 기술교육도 해야 한다. 재능보다 품위 있는 직업을 선택할 수 있도록 해야 한다고 주장한다. 왜냐하면 인간은 사회적 존재이므로 평판이 중요하기 때문이다. 인간에게 가장 적합한 직업은 성별, 나이, 건강에 맞는 직업이라야 한다는 전제를 루소는 강조하고 있다.

　이 시기에 독서교육이 시작되어야 하고 독서해야 할 책은《로빈손 크루소》처럼 문제를 해결하는 능력을 함양하는 데 도움이 되는 책이라야 한다. 가치교육도 해야 한다. 루터가 강조하는 가치는 실용적 가치이다. 유익한 것, 안전한 것, 자기를 보호할 수 있는 것, 안락한 것 등이 그가 선호하는 가치이다. 루소는 이 시기에 종교교육이 필요하다고 주장한다. 그러나 그가 강조하는 종교교육은 교리교육이 아니라 종교의식에 대한 교육이다. 또한 루소는 평생 건강하게 살려면 이 시기에 건강한 육체를 지니기 위한 교육을 실시해야 하는데, 건강은 단순히 육체로만 이루어지는 것이 아니기에 올바른 정신, 편견 없는 자유의지, 욕심에 시달리지 않는 마음 등도 동시에 가르쳐야 한다고 했다.

4편은 청년기이다. 이 시기는 16세부터 20세까지인데, 루소는 이 시기를 제2의 탄생시기라고 강조했다. 이 시기에는 자기사랑, 자기보존에 필요한 것들을 가르치고, 이웃사랑도 가르쳐야 하는데 루소가 이웃사랑을 강조하는 것은 그래야 사랑을 받을 수 있기 때문이라고 했다. 선과 악을 분별하고 우정, 동정심, 친절, 자비심 등도 이 시기에 배워야 한다고 했다. 이런 것들은 어느 정도 자기인식, 자기성찰, 자유의지가 확립된 다음에 하는 것이 좋다고 그는 생각한 것이다. 성교육도 이 시기에는 해야 하는데 성교육은 은유적으로 지혜롭게 사실을 중심으로 가르쳐야 한다고 했다. 두려움 교육도 해야 하는데, 이는 삶을 살다 보면 두려운 것들이 생기지만 그 두려움을 극복하려는 노력을 할 수 있기 때문이라고 했다.

이 시기에는 삶의 불확실성도 가르쳐 자신의 지위나 건강, 재산 등이 변동될 수도 있다는 것을 인지하여 최악의 경우를 준비하게 하는 자세를 갖도록 해야 한다고 했다. 절제 있는 즐거움을 누리도록 하고, 타인의 경험을 통해 배우는 자세를 가르치며 사실 중심의 역사교육도 이 시기에 하는 것이 좋다고 강조했다. 위인전 등도 읽고 인간을 이해하려는 노력도 하고, 판단의 공정성을 강조하며, 욕심을 인정하면서도 그 욕심에 따라 움직이지 않는 마음과 평안을 유지하는 지혜를 가르치는 것도 중요하다고 했다. 인간이 생존하려면 타인과 교섭할 줄 알고, 그들을 움직일 수 있는 능력이 있어야 하며, 최선의 방법을 선택할 줄 아는 능력도 필요하다는 것을 가르쳐야 한다고 강조했다.

루소는 이 부분에서 그 유명한 사부아 보좌신부 이야기를 하면서 그 시대의 가톨릭을 비판한다. 한마디로 형식주의에 빠졌다는 것이다. 루소는 종교교육을 바로 하려면 자기가 믿는 종교에 대한 회의를 한번 해 보아야 하며, 타종교에 대해서도 이해해야 한다고 주장한다. 자연을 통한 신적 체험을 강조했고, 신앙 없이는 진정한 미덕도 없다고 주장했다. 결혼을 준비하기 위해 이상적인 여성상을 마음속에 그려 놓고 기다리는 여유가 있어야 하고, 위험한 일도 할 줄 아는 자가 되어야 한다고 하면서 사냥을 강조한다. 언어교육은 상징적 언어를 사용할 줄 알고, 몸짓으로 자기 의사를 표현할 수 있어야 하며, 시기와 장소 즉 환경에 적합한 말을 할 수 있어야 한다고도 했다. 좋은 취미를 갖도록 해야 하는데 독서는 고전, 잡지, 번역물 등 골고루 읽는 것이 좋고, 사진, 연극, 여행 등도 권장했다. 음식에 대한 교육도 강조했다. 제철 과일을 먹고 스스로 움직여야 하며 평범한 옷과 나이에 맞는 쾌락을 즐겨야 한다고 했다.

5편은 결혼 부분이다. 20세 이후 24세까지가 이 시기이다. 루소는 남녀는 불평등하다고 주장한다. 자연은 여성에게 남성을 자극하는 힘을 주었고, 여성은 남성의 힘에 자신을 맡긴다고 했기 때문이다. 배우자 선택은 본인이 하는 것이며, 부부는 교육수준이 비슷해야 한다고 강조했다. 아름다운 연애란 첫인상이 좋은 사람들끼리의 연애요, 적당히 먼 거리에 살면서, 적당히 만나 서로 잘할 수 있는 것들을 보여주면서, 소박한 관능에다 감동적인 언어를 사용하는 연애라고 했다. 연애를 하면서 나는 어떤 사람이 되려고 하는가, 나는 어떻게 일생을 보내야 하는가, 생계를 위해 어떠한 일을 해야 하는가를 생각해야 한다는 주장도 함께 하고 있다. 그는 행복한 결혼생활이란 전원생활, 연애 감정을 유지시키는 생활이라고 주장했다.

〈기독교적 이해〉 루소는 아동 중심의 교육을 강조하고 있다. 아동의 발달단계를 바탕으로 한 과학적 교육방법을 제시했다는 점이 놀랍다. 그는 전인교육, 사물에 대한 관찰과 실험중심의 교육, 인간회복 교육 등 현대 교육철학에 지대한 영향을 끼쳤다. 물론 약점도 있다. 방임교육, 이상에 치우친 교육이었고, 평등을 강조하면서도 남녀는 불평등하다는 모순된 주장도 하고 있다. 학교 교육을 비판하면서도 그 문제점을 적시하지 못하고 있고, 다양한 계층의 아동을 염두에 두지 못한 일종의 귀족 교육을 주장하고 있다는 한계도 있다.

기독교 입장에서 보면 그는 종교 다원주의자이다. 그러나 그의 이론 중에 본받아야 할 것들도 있다. 이제 한국기독교는 교육에 치중해야한다. 그러나 교회마다 기독교 교육의 목적이 각양각색이어서 통일된 교육을 하지 못하고 있다. 교단에서는 발달단계에 따른 교육 목적을 명료화하고, 교리나 윤리를 넘어 성경에 근거를 둔 삶을 위하는 전인교육을 제시해야 할 것이다.

헤로도토스의 역사

〈작가와 작품 해설〉 헤로도토스(Herodotos, 484?~425? BC)는 그리스의 역사학자이다. 흔히 역사학의 아버지라고 칭송을 받는다. 그가 역사학의 아버지라고 불리는 것은 그의 역사관이 후대 많은 역사학자에게 큰 영향을 주었기 때문이다. 그는 이 책을 쓰기 위해 각종 자료를 수집하려고 여행을 많이 했다. 그리스 지방은 물론 지중해 연안, 애굽, 페르시아, 심지어 지금의 우크라니아 지방까지 여행을 했다. 그는 수집한 각종 자료를 그대로 사료로 쓰지 않고 그 자료가 사실인지를 검증했다. 사실에 기초한 역사야말로 참된 역사라고 믿었기 때문에 사실 확인은 역사학자의 당연한 책임이라고 생각했다. 그리고 난 후 검증된 사료들을 분석, 종합하여 그 결과를 바탕으로 《역사》를 기술하였다. 그는 역사를 단순히 사실을 배열하여 기록하는 것으로 만족하지 않고 역사를 통해 하나의 교훈을 얻으려고 했다.

그는 《역사》라는 그의 책에서 페르시아와 그리스 간에 있었던 전쟁을 기술했는데, 두 가지를 특히 강조했다. 하나는 큰 번영은 불안하다는 것이다. 당시 페르시아는 그 시대 최강의 국가였다. 그러나 그는 큰 번영은 내부적으로 많은 불합리한 것을 내포하고 있다고 생각했다. 그러기에 작은 나라 그리스에 패한 것이다. 즉 내부에 잠재된 다양한 문제들을 해결하지 못한 나라는 비록 큰 번영을 누린다고 해도 전쟁에 이기기가 쉽지 않다는 것이다. 또 하나, 그는 《역사》라는 이 책에서 지도자의 성격과 오만이 멸망의 원인이 된다는 것을 강조하고 있다. 페르시아 왕 크세르크세스는 성격이 불같고 오만했다. 전쟁은 차가운 이성에 의해 치러져야 한다. 감정으로, 오만으로 전쟁을 해서는 안 된다.

〈해석과 평가〉 이 책은 모두 9부로 되어 있다. 1부에서 5부까지는 페르시아와 그리스 간에 있었던 전쟁의 배경을 아주 치밀하게 기록해 놓았고, 6부에서 9부까지는 실제 전쟁 상황을 기술해 놓았다.

페르시아와 그리스 간의 전쟁은 동양과 서양 사이에 있었던 대규모 전쟁이었다. 역사의 방향을 바꿀 수 있는 전쟁이었다. 역사에 가정이 없다지만 만약 이 전쟁에서 페르시아가 승리했다면 세계사의 흐름은 달라졌을 것이다. 페르시아는 키루스 즉 성경에 등장하는 고레스 왕에 의해 건국되었다. 고레스는 역사상 등장하는 여러 인물 중에 영웅으로 추앙되는 걸출한 인물이었다. 재위 29년 동안 나라를 통치했다. 그는 정복한 나라를 선하게 다스렸고 자치권도 어느 정도 인정 해주었다. 그래서 성경에 기록된 그대로 바벨론을 멸망시킨 후, 유대 백성들에게 고향으로 돌아가도 좋다는 칙령을 내린 것이다. 전쟁 중에 전사한 그는 파샤르가다에 안치되어 있다. 그의 무덤은 유네스코 세계문화유산으로 지정되었다. 일설에 의하면 알렉산더 대왕이 페르시아를 정복한 후 그의 무덤을 파괴하려고 했는데 무덤 앞에 기록된 글, '당신도 나처럼 죽는다. 내 무덤에 손대지 말라'는 경구를 보고 오히려 자신이 입었던 제왕의 망토를 벗어 무덤 위에 놓아 주고 관리를 잘하라는 명령을 내렸다고 한다.

그의 아들 캄비세스 2세가 즉위를 했지만 이집트 원정에서 돌아오다가 사망을 하자 키루스의 경호실장이었던 다리우스가 대신 왕이 되었다. 이 사람이 바로 페르시아 전쟁을 일으킨 다리우스 1세이다. 동방을 쟁취한 다리우스 1세는 서방으로 진출하여 결국 그리스와 맞서게 되었다. 그는 육군과 해군으로 그리스를 침공했는데 해군은 주로 식량을 조달하는 일을 담당했다. 그런데 그의 해군은 지중해 아토스 만에서 태풍을 만나 난파됐다. 결국 다리우스1 세는 군대를 본국으로 철수할 수밖에 없었다. 이로써 1차 페르시아 전쟁은 싱겁게 끝나고 말았다.

다리우스 1세는 다시 그리스를 재침공했다. 페르시아와 그리스 군대는 마라톤 평야에서 건곤일척의 전투를 벌였다. 이때 그리스는 아테네가 중심이 되어 싸웠다. 당시 아테네군을 지휘한 장군은 밀키아데스였다. 이 전투에서 아테네는 대승을 했다. 기록에 의하면 페르시아 군은 6,400명이, 아테네 군은 190명이 전사했다고 한다. 이때 아테네의 승리를 알리기 위해 42킬로 넘게 달려 승리의 소식을 전하고 난 후 쓰러져 죽은 군인이 있었는데 후일 이를 기념하여 올림픽 경기에 마라톤 경주가 생겨났다. 2차 페르시아 전쟁은 아테네의 승리로 끝났다.

다리우스 1세가 죽자 그의 아들 크세르크세스가 즉위했고 그는 다시 부친의 한을 풀기 위해 그리스 침공을 시작했다. 제3차 페르시아 전쟁이다. 이 전쟁은 그리스 전 도시 국가들이 동맹을 맺어 대항했다. 초기에는 페르시아의 기세에 눌려 화친하자는 주장이 강했으나 테미스토클레스의 웅변에 감동받은 도시국가들이 단결하여 페르시아와 맞섰다. 초기 육군이 열세여서 그리스 도시국가들이 위태했으나 살라미스 해전에서 대승함으로 결국 그리스 동맹군의 승리로 끝났다. 비록 이 전쟁에 패하긴 했으나 크세르크세스 시대에 페르시아는 크게 융성하여 그는 페르시아의 국력을 자랑하기 위해 페르세폴리스라는 거대한 도시를 만들었다. 이 도시는 그 후 알렉산더 대왕에 의해 파괴되었고, 지금은 그 웅장한 규모를 증명하는 폐허만이 이란에 남아있다.

크세르크세스가 죽자 즉위한 아르타크세르크세스는 4차 페르시아 전쟁을 일으켰다. 4차 페르시아 전쟁은 스파르타가 중심이 되어 싸웠다. 그러나 스파르타 왕 레오니다스는 테르모필레 전투에서 전사하고 말았다. 이 전투에 패하기는 했으나 그들이 전사한 그곳에 있는 그 유명한 묘비명은 지나가는 나그네들에게 깊은 감동을 주었다. "조국의 법에 충성을 다한 전사들이 이곳에 잠들고 있다." 이 묘비명에서 주목할 것은 왕에게 충성한 전사들이 아니라 법에 충성을 다한 전사라는 글귀이다. 레오니다스 왕도 그 부하들과 함께 전사했으니 왕이 아니라 법에 충성을 다했다는 의미일 것이다. 왕도 법에 충성을 다했다는 이 구절은 당시 스파르타가 얼마나 법치에 충실했는가를 알 수 있는 구절이다. 레오니다스가 전사한 후 파우사니아스가 플라타이아스 전투에서 승리함으로 결국 4차 페르시아 전쟁도 그리스의 승리로 끝났다. 아르타크세르크세스 왕은 성경과도 깊은 관련이 있는 왕이다. 그는 에스라, 느헤미야를 예루살렘으로 보내 유대인 정착을 도운 왕이기 때문이다.

페르시아 전쟁이후 아테네와 스파르타는 그리스 도시국가를 대표하는 국가로 정립되었고, 결국 이 두 도시국가는 그리스 반도의 패권을 놓고 전쟁을 하게 되었는데 이것이 펠로폰네스 전쟁이다. 이 전쟁에서 스파르타가 승리함으로 아테네의 융성은 막을 내리고 스파르타가 맹주 역할을 하게 되었다. 스파르타가 아이고포타미 전투에서 승리한 이유 중의 하나는 당시 페르시아 왕이었던 다리우스 2세가 스파르타를 지원했기 때문이다. 결국 그리스 동맹은 몰락하고 도시국가들이 쇠약해진 틈을 타서 마케도니아 왕 알렉산더 대왕이 이 도시국가들을 멸망시켰다.

알렉산더 대왕은 비록 그리스를 멸망시켰지만 그리스 문명을 동경했기 때문에 그가 정복한 모든 나라는 그리스 문명을 본받도록 강제했다. 그는 동방 원정을 시도했다. 이집트를 점령한 후 페르시아를 침공했다. 당시 페르시아는 다리우스 3세가 지배하고 있었다. 알렉산더는 다리우스 3세를 죽이고 페르시아를 멸망시켰다. 페르시아가 그리스를 침공한 죄를 물어 그 웅장한 페르세폴리스를 소각했다. 동서양의 그 치열한 전투는 결국 서양의 승리로 끝났다. 이후 몽고제국이 동유럽을 유린하기까지 오랜 세월 세계사는 서양을 중심으로 움직여졌다.

헤로도토스는 이《역사》라는 그의 책에서 역사를 보는 두 가지 관점을 보여주고 있다. 하나는 신본주의적 관점이다. 인간의 불신앙과 잔인함은 신의 징계를 받는다는 주장이다. 페르시아는 모든 면에서 그리스를 압도했다. 그러나 그들은 이교도들이고 왕은 잔인했다. 그래서 신은 그들을 징계했다는 것이다. 다른 하나는 합리주의적 관점이다. 즉 지도자의 헌신, 솔선수범, 국민의 단결 등이 강했던 그리스가 비록 열세였지만 끝내 전쟁에 승리했다는 것이다. 역사는 신비지만 합리주의적인 여러 요소들이 국운을 좌우한다는 헤로도토스의 주장은 옳다. 그 이후의 역사도 그것을 증명하고 있기 때문이다.

헤로도토스의 《역사》는 전쟁이라는 극단의 형태를 통해 국가와 개인의 생사를 사실적으로 표현했으며, 국가는 언제 터질지 모르는 전쟁에 철저한 준비를 해야 한다는 것을 강조하고 있다. 평화를 위해 전쟁 준비를 평소에 잘해 놓아야 한다는 그의 주장은 진리이다.

우리는 이런 교훈을 임진왜란을 통해서 확인할 수 있다. 도요토미 히데요시가 일본을 통일하자 당시 조선은 들리는 풍설, 일본이 조선을 침략할 것이라는 소문을 확인하기 위해 황윤길을 정사로, 김성일을 부사로 임명하여 일본 정탐을 명했다. 그 결과 황윤길은 일본이 조선을 침략할 것이라고 보고했고, 김성일은 정반대로 일본이 조선을 침략하지 않을 것이라고 보고했다. 당시 조정은 동인과 서인으로 붕당이 되어 있었기에 서로 논쟁을 하다가 당시 권력자였던 유성룡의 주장대로 김성일의 보고를 채택했다. 결과는 비참했다. 임진왜란은 발발했고 수많은 백성이 죽고 일본으로 끌려갔다. 당시 이율곡은 왜적이 침략할 것을 염두에 두고 십만양병설을 주장하다가 탄핵되어 고향 파주로 내려가서 죽었다. 만약 조정이 이율곡의 주장을 받아들여 전쟁 준비를 했더라면 일본의 조선 침략은 불가능했을 것이다. 후일 유성룡은 전쟁이 끝난 후 고향으로 내려가 자신의 잘못을 뉘우치면서 《징비록》이라는 자서전을 남겼다. '징비'라는 뜻은 자신의 잘못을 질책한다는 뜻이다. 임진왜란 당시 기록된 이순신의 《난

중일기》와 《징비록》은 후대에 국보로 지정되었다.

〈기독교적 이해〉 성경에도 전쟁기사가 많다. 이스라엘 백성들이 가나안 땅을 점령한 것은 전쟁 승리의 결과이다. 성경을 기록한 자는 가나안 정복전쟁을 할 때, 그 승리의 비결을 몇 가지로 요약했다. 첫째는 하나님의 명령이다. 하나님이 명령한 전쟁은 하나님께서 참전하신다. 둘째는 모든 국민이 동의하는 명분이다. 가나안 전쟁의 명분은 두 가지였다. 하나는 자유, 다른 하나는 생존이었다. 이스라엘 백성들이 애굽을 나와 가나안 으로 간 것은 정치적 자유와 종교적 자유를 얻기 위함이었다. 애굽에서의 노예 생활, 다신교 신앙에서 유일신 신앙으로 살아가기 위해 그들은 출애 굽을 한 것이다. 생존을 위해서는 자신의 땅이 필요했다. 가나안에는 승리하면 가질 수 있는 땅이 있었다. 셋째는 탁월한 지도자이다. 모세는 전체를 통괄하는 권위자였고, 여호수아와 갈렙은 실전에 능숙한 야전사령관이었다. 이미 헤로도토스가 주장했듯이 탁월한 지도자가 없는 군대는 패할 수밖에 없다. 마지막으로, 국민의 단결이다. 이스라엘 백성들은 광야에서는 서로 다투고 모세에게 대항하기도 했지만 전쟁이 터지자 한결같이 단결했다. 합리적으로 이해가 되지 않는 명령도 일사불란하게 따랐다. 여리고성 전투를 보면 이를 알 수 있다. 나팔을 불면서 성 주위를 도는 것만으로 이루어지는 전쟁, 세상에 이런 비합리적인 전쟁이 어디 있는가? 그러나 당시 백성들은 불만 없이 명령에 순종해서 결국 승리했다.

성경에 기록된 이스라엘의 역사관은 어느 왕이 하나님의 뜻을 따라 정치를 했느냐에 중점을 두었다. 제아무리 부국강병을 이루고 영토 확장했어도 하나님의 뜻에 어긋난 일을 한 왕들은 평가절하됐다. 가장 대표적인 왕이 여로보암이다. 이는 신본주의 역사관이다.

오늘날 한국기독교는 북한과의 전쟁에 대해 서로 상반된 주장을 하고 있다. 진보주의자들은 한반도에 전쟁은 다시 터지지 않는다고 주장을 하면서 북한과 평화체제를 유지하자고 주장하고 있으며, 보수주의자들은 전쟁이 터질 가능성을 염두에 두고 국방을 든든히 해서 북한으로 하여금 평화를 추구하도록 하는 것이 현실적 대안이라고 주장하고 있다. 그런데 헤로도토스의 견해를 따른다면 전쟁 가능성을 염두에 두고 국방을 든든히 하면서 평화를 추구하는 정책이 더 현실적이라고 할 수 있겠다. 전쟁은 일어나지 않는다는 생각과 전쟁은 일어날 수도 있다는 생각은 극과 극이다. 생각이 운명을 만든다.

우리나라에도 전쟁이 많았다. 6.25 전쟁을 비롯해서 임진왜란, 병자호란, 수나라 당나라와의 전쟁, 통일전쟁 등 수없이 많으나, 헤로도토스의 《역사》에 기록된 페르시아 전쟁처럼 상세하게 전쟁 과정을 기록한 문헌이 전혀 없다. 안타까운 일이다. 이런 현상은 우리나라가 이념에 치중하여 전쟁사에 대한 관심이 부족했기 때문이다. 즉 불교, 유교, 주자학 등에 대한 지나친 관심 때문에 전쟁사에 대한 관심이 없었고, 전쟁은 끔찍한 것이어서 그것을 되돌아 보려는 여유가 없었기 때문일 것이다. 유성룡의 《징비록》, 이순신의 《난중일기》 역시 자신의 과오나 당시의 심정들을 중심으로 당시의 상황을 기록한 것이지, 임진왜란 전쟁 자체를 그 대상으로 한 것은 아니었다. 전쟁사에 대한 재정비가 필요하다. 전쟁에 관심이 있어야 전쟁을 두려워하지 않게 된다.

위대한 유산

〈작가와 작품 해설〉 이 작품은 영국 소설가 찰스 디킨스(Charles John Huffam Dickens, 1812~1870)의 장편소설이다. 그의 작품들은 성경, 셰익스피어 작품 다음으로 세계 사람에게 많이 읽히고 있다. 그는 가난한 소년으로서 구두공장에서 일하면서 고전을 읽기 시작하여 결국 위대한 작가가 되었다. 사망 후에 그는 영국의 위대한 인물들이 묻히는 웨스트민스터사원에 안장되었다.

《위대한 유산》, 이 작품의 주제는 인간 성숙에 관한 것, 즉 인간은 어떻게 성숙해가는가를 통찰하는 것이다. 인간은 성숙해가야 하는 존재이다. 인간은 세월이 흐른다고 자연적으로 성숙해가는 존재가 아니다. 여기서 말하는 성숙이란 삶에 대한 통찰, 인간에 대한 사랑, 자신의 과오에 대한 후회, 선한 것에 대한 불변의 의지 등을 포함한 인격적 성숙을 의미한다. 이 소설에서 등장하는 용어로 표현한다면 신사가 되는 것이다.

주인공 핍은 누나 집에 기숙하면서 누나의 학대를 통해 자신이 불행한 존재임을 자각하게 되고, 그 후에 만나는 사람들, 즉 해비샴에게서는 야심을, 에스텔라에게서는 사랑과 좌절을, 매그위치에게서는 막대한 유산과 신사가 되라는 유혹을, 매부에게서는 따뜻함을, 비디에게서는 진실함을, 허버트에게서는 우정을 배운다. 빛과 어둠을 동시에 배운 것이다.

주인공 핍은 고아로서 누나 집에서 산다. 어느 날 그가 탈옥수 매그위치를 도와줌으로써 이야기는 전개된다. 그 동네에 해비샴이라는 늙은 부자가 있는데 결혼 당일 약혼자에게 배신을 당해 그 상처로 남자를 증오하면서 산다. 그녀는 에스텔라라는 아이를 양녀로 삼아 그녀를 통해 남자들에게 복수하려고 한다. 해비샴이 에스텔라의 말벗으로 핍을 초청하게 되면서 핍은 에스텔라를 사랑하게 된다. 에스텔라는 해비샴에게서 남자에 대한 부정적 시각을 배우게 되면서 핍을 학대하고 무시한다. 핍은 그런 아픔 속에서도 에스텔라를 사랑한다. 매그위치는 탈옥 후, 도망에 성공하고 그 후 부자가 된다. 그는 프로비스라는 가명으로 살면서 자기를 도와준 핍을 상속자로 정하고 제이거스 변호사를 통해 핍에게 신사가 되라고 요구한다. 제이거스를 통해 막대한 재산이 자기에게로 상속되었다는 소식을 들은 핍은 그의 요구대로 신사가 되기 위해 런던으로 떠난다. 매부인 조는 핍의 이런 행동을 달갑게 여기지는 않았지만 결국 핍을 런던으로 보낸다.

핍이 런던으로 떠났다는 소식을 들은 해비샴은 에스텔라도 런던으로 보낸다. 런던에서 에스텔라를 만난 핍은 여전히 그녀를 사랑하지만 에스텔라는 나쁜 사람으로 소문난 드러뮬과 결혼해 버린다. 이 일로 인해 상처를 받은 핍은 결국 마음의 병을 얻어 고생을 하게 되고, 이 소식을 들은 매부 조는 런던으로 달려와 핍을 위로한다.

매부 조는 대장장이로서 핍의 보호자이다. 어린 핍을 자기 집으로 데려와 양육했고, 인격적으로 대해 준다. 아내, 즉 핍의 누나가 죽은 후에도 변함없이 핍을 후원하는 좋은 사람이다. 핍에게 신사가 되라고 요구한 탈옥수 매그위치는 자신이 핍을 신사로 만들어 놓았다고 자랑하면서 핍을 만나러 오지만 핍은 그가 원하는 신사가 되지 못한다. 핍은 자신에게 막대한 유산을 물려준 매그위치에 대한 고마움은 있지만 그에 대해 부정적인 시각도 갖게 된다.

매그위치는 런던을 탈출하다가 실패하고 심한 상처를 얻어 고생하게 되고, 핍은 이때 매그위치를 돌보면서 그에 대한 여러 가지 가슴 아픈 사실들을 알게 된다. 그는 가난한 사람이었으며 어린 딸을 잃어버렸고, 그의 부인은 남의 집 가정부였다. 그는 핍을 아들로 생각하고 있고, 근면성실하게 돈을 벌어 부자가 되었다는 사실은 물론 그의 딸이 핍이 사랑하는 에스텔라라는 것도 알아냈다. 그는 결국 사형 언도를 받았고 그 직전에 사망함으로 그의 재산은 모두 국가에 의해 몰수를 당하게 된다. 이제 핍은 가난한 청년이 되었다.

핍은 그의 진실한 친구인 허버트를 따라 해외로 나가 그와 동업을 하면서 살아간다. 허버트도 신사가 되려고 런던으로 온 청년이지만 그는 허구인 신사보다는 진실한 삶을 살기로 결심하고 가난하지만 마음씨 고운 클라라와 결혼해서 카이로로 떠난 핍의 친구이다. 막대한 유산이 사라지고 그 유산만 믿고 사치했던 핍은 변화된 상황에 충격을 받아 열병에 걸려 신음하는데, 매부 조가 와서 핍을 데리고 고향으로 돌아온다. 매부 조의 도움으로 건강을 되찾은 핍은 허버트가 있는 카이로로 가서 함께 살

면서 사업을 한다. 오랜 세월이 흘러 핍은 장년이 된 후에 고향으로 돌아
온다. 그는 고향에서 매부 조와 비디가 결혼하여 딸을 낳아 그 이름을
자기 이름과 똑같이 핍이라고 정해 양육하는 것을 본다.

비디는 시골학교 선생으로 핍의 누나가 죽은 후 매부 조의 집안 살림을
도와준 마음씨 고운 여자이다. 비디는 핍을 사랑했고 핍도 그녀의 진실
함에 감동을 받아 그녀에게 청혼하려고 고향으로 돌아왔는데, 매부 조와
비디가 결혼하게 되었다는 소식을 듣게 된다. 비디는 핍이 에스텔라를 사
랑하는 것을 알았기에 이미 핍을 단념하고 진실한 조의 청혼을 받아들인
것이다. 핍은 자기 조카 핍을 데리고 산책을 하기도 하면서 지난날을 회
고하다가 먼 그 시절, 에스텔라를 처음 만난 해비샵의 정원을 찾아갔다
가 이제 장년이 된 에스텔라를 만나게 된다.

해비샵은 에스텔라에게 지은 죄를 속죄하기 위해 그 정원을 에스텔라
에게 물려주었다. 이제 젊은 날의 아름다움은 사라졌지만 삶이 무엇인지
를 깨달은 에스텔라에게 위엄과 매력은 여전히 남아있었다. 아름다운 육
체를 지녔던 에스텔라에게는 예전의 자부심 대신 그녀의 눈에는 슬프지
만 부드러운 표정이 깃들어 있었다. 에스텔라는 눈물지으면서 "난 가끔
당신을 생각했어요." 그리 고백하면서 그녀는 핍에게 했던 지난날의 무
정함을 뉘우쳤다. 에스텔라는 결혼에 실패했고 남편도 죽었다. 외로운
존재가 된 것이다. 에스텔라는 핍에게 좋은 친구로 지내자고 제안을 했
지만 핍은 그 제안에 대답하지 않았다. 핍은 그 때 무슨 생각을 하고 있
었을까?

〈해석과 평가〉 우리가 이 책을 읽어야 하는 이유는 분명하다. 첫째는 위대한 유산은 돈이 아니라 따뜻한 인간성이라는 것을 깨닫기 위해서이다. 핍에게 남아있는 것은 매그위치의 돈이 아니라 매부 조, 친구 허버트 부부, 자신을 진심으로 사랑해준 비디이다. 매부와 비디는 끝까지 핍을 돌보고 격려하고 지원해 주며 그들 사이에 난 딸 이름을 핍이라고 지었고, 허버트 부부는 핍과 함께 살면서 혼자 된 핍을 돌보아 준다. 돈이 아니라 사람이 위대한 유산인 것이다.

둘째, 인간의 성숙은 세월 따라 자연히 이루어지는 것이 아니라 자신의 존재를 의식하고 상처가 있터라도 진실한 사랑을 하며, 목표의식을 갖고 살아갈 때, 이루어지는 것임을 알기 위해서이다. 핍은 고아로서 누나를 통해 자신이 불행한 존재임을 의식했고, 숱한 상처 속에서도 에스텔라를 사랑했으며, 신사가 되려는 목적의식이 있었다. 작가는 에스텔라 역시 비슷한 과정을 통해 슬프지만 부드러운 표정이 있었다는 식으로 그녀의 성숙을 강조하고 있다. 에스텔라의 말 중에 "내가 젊은 날 던져버린 것들이 가치가 있었다는 것을 그때는 전혀 모르고 있었지요." 이런 후회, 더 나아가 회개가 에스텔라가 성숙했다는 것을 증명한다.

셋째, 인간 긍정의 당위성을 깨닫기 위해서도 이 책은 읽어야 한다. 매부 조와 비디, 허버트와 클라라는 본래부터 선량한 사람들이고, 핍, 에스텔라, 해비샴, 매그위치는 부정적인 면이 있는 사람들이지만 결과적으로 그들도 따뜻한 사람들로 돌아온다. 작가가 사람들에게 인기 있는 것은 그가 인간을 그래도 긍정적으로 보기 때문에 그의 작품을 읽는 데 불편함이 없기 때문이다. 이는 셰익스피어와는 다른 점이다. 셰익스피어의 작품은 깊이가 있기는 하나 주제가 무거워서 읽기가 약간 불편하다. 무거움도 인생이지만 가벼움도 인생이다.

〈기독교적 이해〉 작가는 제목을 《위대한 유산》이라고 정했다. 이 소설에서 유산이라고 직접적으로 말할 수 있는 것은 돈이다. 그리고 신사라는 추상적 개념이긴 하지만 사회적으로 존경받는 인물이 되는 것이다. 주인공 핍은 이 두 가지를 매그위치로부터 약속을 받지만, 핍은 이 두 가지를 다 얻지 못했다. 그러나 작가는 다른 것들을 보여주면서 그런 것들이 위대한 유산임을 암시하고 있다. 유산이란 부모나 친척 등 그 누구에게서 물려받는 물질적인 개념이다. 그러나 작가는 물려받는 것이 아니라 아름다운 것들을 삶 속에서 만들고 그것으로 남들을 감동시키고 그것을 물려주는 것을 더 중시하고 있다. 예를 들어보자.

첫째, 주인공 핍이 보여준 사랑이다. 에스텔라에게 보여준 그의 사랑은 여자에게 보여주는 남성적 사랑의 모델이다. 인생이란 남자와 여자 이야기이다. 그런데 그 사랑은 서로 상처 주고 상처받는 사랑이다. 그런 중에도 핍은 끝까지 에스텔라를 사랑했다. 위대한 유산이다.

둘째, 허버트의 우정이다. 아리스토텔레스가 《니코마코스 윤리학》에서 강조했듯이 서양사회는 우정을 매우 중요시했다. 허버트가 핍에게 보여준 우정은 숭고하기까지 하다. 허버트는 곤경에 빠진 핍을 끝까지 돌보아 준다. 같이 살고, 같이 사업한다. 여자를 잃은 핍에게 허버트는 인생의 동반자였다. 작가는 우정을 위대한 유산이라고 암시한다.

셋째는 조의 따뜻함이다. 조는 핍의 매형이다. 핍은 누나와 같이 살지만 그 누나는 핍에게 냉정했다. 그러나 조는 핍을 잘 돌보아 주었고 핍이 런던으로 간 후에도 뒷바라지를 잘 해주었다. 핍이 다시 고향에 돌아올 수 있었던 것은 조의 따뜻함이 그리웠기 때문이다. 비록 대장장이지만 그의 인격은 고매했다. 이웃에 대한 따뜻한 동정심, 친절한 배려, 이런 것들을 총칭해서 인격이라고 말할 수 있을 것이다. 그렇다. 인격도 위대한 유산이다.

넷째, 비디의 진실함이다. 비디는 핍의 누나가 죽자 조의 집에 와서 가사 일을 도와준 여자이다. 그녀는 전부터 핍을 사모하고 있었다. 그러나 내색하지 않고 핍의 어려움을 위로하고, 격려하는 일을 조심스럽게 해왔다. 그들은 진실한 대화를 하며 서로를 존중하는 삶을 살았다. 그런데 비디는 핍이 에스텔라를 진실로 사랑한다는 것을 알고 핍을 포기하고, 조의 청혼을 받아들여 그와 결혼한다. 조와 비디는 자녀를 낳았는데 그 이름을 핍이라고 정했다. 비상식적인 일이라고 할 수도 있지만 조도 비디도 핍을 사랑했기 때문에 그들 사이에 난 자녀를 핍이라고 이름 정해 잘 키웠다. 서로 의논해서 동의하면 충분히 가능한 일이다. 인생은 상식으로 살지만 상식을 초월한 일들도 생기는 여행길이다.

마지막으로, 에스텔라의 회개이다. 그녀는 핍을 고통스럽게 한 여자이다. 자기를 사랑한 남자를 오랫동안 괴롭히고 그 사랑을 추하게 만든 여자이다. 그런데 에스텔라는 남편에게 이혼당하고 인생의 쓴맛을 보게 되면서 핍의 순수한 사랑이 얼마나 고귀한 것이었으며 자신이 얼마나 핍을 고통스럽게 했는가를 깨닫게 된다. 결국 그녀는 후회하게 되고 핍을 만나 자신의 잘못을 회개한다. 인간은 완전한 존재가 아니다. 에스텔라처럼 죄를 범할 수 있다. 그런데 사람 중에는 자신이 죄를 범했다는 것을 깨닫지도 못하는 사람이 있고, 죄를 범했다는 것을 알면서도 회개하지 않거나 회개하지 못하는 사람들이 있다. 그러나 에스텔라처럼 회개하는 사람도 있다. 회개는 상대에게 자신의 죄를 변명하는 것이 아니라 고백하는 것이다. 그래서 어렵다. 그래서 작가는 회개야말로 위대한 유산이라고 암시하고 있다.

〈기독교적 이해〉 이 작품은 매우 기독교적이다. 작가가 우선 인간을 사랑의 대상으로 보고 있고, 물질보다는 따뜻한 사랑이 더 가치가 있다는 것을 강조하고 있기 때문이다. 여기서 핍이 보여준 사랑은 상처를 받으면서도 사랑하고, 상처를 준 사람도 사랑하며, 모두의 상처를 치유하는 그런 사랑이다.

건전한 사회는 돈이나 지위를 물려주면서 만들어지는 것이 아니라 사랑, 우정, 인격, 진실함, 회개, 이런 정신적 가치들이 물려줌으로 만들어진다. 개인의 행복도 물질이나 지위에서 얻는 것이 아니라 정신적 가치에서 얻는 것이라야 한다. 그것이 진실한 행복이기 때문이다. 이제 기독교의 설교 핵심도 기복이 아니라 삶의 가치에 둬야 할 것이다.

키케로의 의무론

〈작가와 작품 해설〉《의무론》을 쓴 키케로(Marcus Tullius Cicero, BC 106~43)
는 로마 공화정 시대의 정치가이자 사상가이다. 공화정이란 국민에 의해
서 선출된 지도자가 국가를 통치하는 정치형태를 의미한다. 물론 당시에
는 참정권이 제한되어 오늘과 같은 민주적인 공화제는 아니었지만, 주변
나라가 왕정을 정치형태로 삼았는데, 로마가 공화제를 주장했다는 것은
실로 놀라운 일이다. 그는 제정을 꿈꾸던 율리우스 카이사르를 반대해서
그를 암살한 브루투스를 지원했고, 카이사르의 부하인 안토니우스를 비
난하다가 결국 안토니우스에 의해 암살을 당했다. 그는 키케로의 두 손
을 잘라 전시를 했는데 이는 키케로가 손으로 글을 써서 그를 비난한 것
에 대한 보복이라고 생각된다.

초기 로마제국을 건설한 동력은 군대, 로마의 도로, 그리고 키케로의
《의무론》이라고 할 정도로 그의 책은 대단한 영향력을 사람들에게 끼쳤
다. 그래서 지금도 이 책은 인문학자들의 사랑을 받고 있고, 서울대학교
는 물론 하버드대학의 필독 도서로도 추천이 되었다. 성경 다음으로 많

이 인쇄된 책이기도 하고, 영국 신사의 지침서가 되기도 했다. 프랑스의 사상가 볼테르는 "《의무론》보다 더 잘 쓰려고 하면 이는 허풍이다."라고 이 책을 평하기도 했다.

《의무론》은 키케로가 아들에게 보내는 서간문 형식으로 기록되었다. 자연법 사상에 근거하여 사회 속에서 지녀야 할 인간의 바른 모습을 강조하였고, 나의 행복과 남의 행복은 공존해야 한다는 것을 기술하고 있다. 인간은 어떻게 살아가고 있는가를 중심으로 한 것은 인문학이고, 인간은 어떻게 살아야 하는가를 기술하는 것은 윤리학이다. 《의무론》은 윤리학의 정수이다.

〈해석과 평가〉 이 책은 세 부분으로 나누어진다. 첫 부분은 도덕적 선에 관해서, 둘째 부분은 유익함에 대해서, 셋째 부분은 도덕적 선과 유익함의 상충에 대해서, 이렇게 구분되어 있다.

먼저, 그는 도덕적 선을 네 가지로 강조하고 있다. 지식, 또는 지혜, 정의, 용기, 인내가 그것이다. 지식이라 함은 진리를 이해하는 덕이고, 정의는 사회 질서를 유지하는 덕이며, 용기는 고귀한 것을 행하는 덕이다. 그리고 인내는 관용, 절제, 온유를 만들어 내는 덕이다.

그에 의하면 도덕은 세 가지 특성을 지닌다. 첫째, 도덕은 양심, 사회적 여론에 근거해서 인간이 마땅히 지켜야 할 행동 준칙이다. 그는 도덕이 사회적 여론에 근거한다는 점에서 도덕적 기준이 변할 수 있다는 것을 암시하지만 사회적 여론도 양심을 무시하거나 뛰어넘어서는 안 된다고 지적하고 있다. 오늘 우리 현실은 양심을 무시한 사회적 여론이 도덕적 기준이 되는 경우가 많다.

둘째, 도덕은 강제력은 없지만 개인의 내면적 삶의 원리이며 인간 상호 간의 관계를 중시한다. 바로 이 때문에 사회마다 도덕적 기준이 다를 수 있고, 개인 간의 도덕적 기준이 다름에서 오는 인간 상호 간의 갈등이 존재한다. 도덕은 인간 상호 간의 관계를 원활하게 하기 위해 존재하는 것이지만 그 도덕이 인간 상호 간의 갈등을 만드는 요소가 되기도 한다는 것이다. 이것을 극복하는 원리가 하나 있다. 키케로는 나의 행복과 남의 행복이 공존해야 한다고 강조한다. 그러기에 도덕에 의한 갈등은 공존을 위한 상호 희생이 있어야 해결된다. 이런 상호 희생을 사랑이라고 부른다.

셋째, 도덕의 종류는 두 가지, 즉 호네스툼과 데코룸이 있다. 호네스툼은 도덕적 선, 그 자체를 의미하고, 데코룸은 어떤 상황에서 내면적 감정과 행동이 외면적으로 적합한가를 검토하여 행하는 것이다. 일종의 상황 윤리인 셈이다. 인간은 처해진 상황에 의해 감정과 행동이 달라질 수 있다. 그러나 그 감정과 행동은 외면적으로 적합해야 한다. 아무리 그 상황에서 그 감정과 그 행동이 이해가 된다고 해도 외부적으로 타당성을 가지 않으면 도덕적 선이라고 할 수 없다는 것이다. 여기서 키케로는 인간 행동이 사회에 유익해야 한다는 것을 전제로 깔고 있다. 개인의 도덕적 선이 사회에 악을 끼치면 안 된다는 것이다. 키케로는 공동체 우선주의자이다. 그래서 공화정을 강조한 것이다. 제정은 제왕을 위한 것이지만 공화정은 국민을 위한 것이라고 그는 확신했다. 데코룸을 실현하는데 가장 중요한 것은 욕망을 이성으로 통제하는 것이다. 이성이란 인간과 동물을 구분하는 기준이고 인간이 인간으로 살기 위해 가장 필요한

신의 축복이다.

두 번째 부분에서, 키케로는 유익함에 대해서 강조하고 있다. 유익한 것이 선이고 유익함이 있어야 개인은 물론 공동체가 행복해진다고 강조하고 있다. 그래서 아들에게 유익한 것은 무엇이고 무익한 것은 무엇인가를 잘 분별해야 한다고 가르치고 있다. 더 나아가 유익한 것들 중에 더 유익한 것은 무엇이고, 가장 유익한 것은 무엇인가를 판단할 수 있어야 한다고 가르치고 있다. 인생은 선택이다. 그런데 선과 악 중에 하나를 선택하라면 갈등은 있으나 선택은 비교적 쉽다. 그런데 유익한 것 중에서 하나를 택하라고 하면 갈등도 더 심하고 따라서 선택하기도 어렵다. 이 문제를 해결하기 위해서는 유익한 것, 더 유익한 것, 가장 유익한 것이 무엇인가를 알아 두는 것이 하나의 방법이다. 키케로는 유익한 것들을 열거하면서 선의, 신의, 영예, 공정한 권리, 부드러운 논쟁, 웅변, 봉사, 호의 등등을 유익한 것이라고 강조하고 이것들이 상황에 따라 더 유익한 것, 가장 유익한 것들이 된다고 기술하고 있다.

키케로가 권리라고 하지 않고, 공정한 권리라고 기술한 것은 두 가지 의미가 있다. 하나는 책임을 이행한 자에게 권리가 주어진다는 뜻이고, 책임을 이행한 자에게는 누구든 차별 없이 같은 권리가 주어져야 한다는 뜻이다. 공화정과 공동체를 유지하려면 모든 구성원들이 책임과 권리가 일상화되어야 한다. 국민은 각자에게 주어진 권리를 주장할 수 있어야 하며, 그러기 위해서는 먼저 의무를 감당해야 한다. 만약 책임을 감당하지 않으면서 권리만을 주장한다면 그 공동체는 무너지고 만다. 바로 이 점이 오늘 우리에게 많은 경종을 울리는 교훈이다. 만약 교인들이 자신에게 부여된 의무를 행하지 않으면서 권리만을 주장한다면 그 교회는 결국 망하게 된다. 국가도 마찬가지이다. 국민이 의무를 행하지 않으면서 권리만 주장하고 행동한다면 그 국가도 망하고 만다.

마지막 부분에서 키케로는 도덕적 선과 유익함이 서로 상충될 때, 즉 대립될 때, 어떻게 행해야 하는가에 대해서 기술하고 있다. 이 부분은 비교적 간단하게 기술되고 있다. 도덕적 선, 즉 의무를 먼저 택하라고 그는 강조한다. 자신에게 유익함이 주어진다고 해서 의무, 즉 선을 포기해서는 안 된다는 것이다. 그러면서 도덕적 선에 반하는 유익함이란 사실상 없다고 단정한다. 사람들은 당장의 유익함에 빠져 미래의 큰 유익을 잃어버리는 우둔함을 범한다. 소탐대실하는 경우가 있다는 것이다. 그래서 키케로는 나에게 유익하기 때문에 도덕을 지키는 것이 아니라 도덕 그 자체가 선이기 때문에 존중되어야 한다고 결론을 내리는 것이다. 이 말 속에는 도덕을 지키는 것이 나에게도, 공동체에게도 유익하다는 의미가 포함되어 있다. 이 책에는 명언들이 많다. "적합한 것은 명예롭고, 명예로운 것은 적합하다." 이 말은 분수에 맞지 않은 것은 결국 불명예로 끝난다는 뜻이다. 능력은 없는 데 높은 자리에 앉으려고 하는 욕심을 버리라는 뜻이기도 하다.

"공공의 이익을 위해서 불필요한 사람은 추방되어야 한다." 공동체의 유익에 반하는 사람이 되지 말라는 경고이다.

"존경을 얻으려면 육체적 쾌락을 극복하고 외부상황을 사소하게 생각하며, 고귀한 목표를 수행해야 한다." 이 말은 존경받는 것이 극히 어렵다는 것을 강조하면서 존경을 받으려면 우선 목표가 공동체의 유익을 위한 고귀한 목표라야 하며 그러기 위해서 자신과의 싸움, 사회적인 비난을 극복하는 용기가 있어야 한다는 점을 아들에게 각인시킨 것이다.

"전쟁보다는 평화가 유익하나 공공을 지키려는 전쟁은 해야 한다." 맞는 말이다. 오늘날, 전쟁이 무서워서 북한과 무조건 평화롭게 살아야 한다는 이들이 있는데, 이는 무책임한 주장이다. 인간으로서의 존엄성과 신앙, 자유를 지키려면 불가피한 경우 전쟁도 불사한다는 각오가 있어야 한다.

〈기독교적 이해〉 키케로는 쾌락에 대해 비판적이다. 그러나 쾌락이 육체적인 것만 있는 것은 아니다. 이 점을 키케로는 간과했다. 오늘날 한국교육은 인간의 기본권을 중심으로 그 권리를 누려야 한다는 것을 강조하고 있다. 당연한 일이다. 그러나 국민의 권리만을 가르치고 국민의 의무를 소홀히 가르친다면 국가 공동체는 무너지고 만다. 오늘날 한국교육은 인간의 권리는 교육을 통해 가르치고, 인간의 의무는 법적 강제력으로 유지하려고 한다. 권리를 행사하지 않는 것은 처벌감이 아니지만 의무를 행하지 않는 것은 처벌감이다. 만약 국민으로서의 의무를 법적으로만 강제로 유지하려고 한다면 국민은 인간 본성상 이런저런 방법으로 의무를 회피하려고 할 개연성이 높다. 그러기 때문에 국민으로서의 의무를 공교육을 통해서 어릴 때부터 가르쳐야 자발적으로 의무를 이행하는 바람직한 국민이 될 수 있으며, 국가공동체는 더욱 번영할 수 있다.

교회도 마찬가지이다. 교회가 기복주의를 통해서 교인의 의무를 가르친다면 기복주의가 무너지면 교인들은 그 의무를 이행하지 않는다. 더욱

이 기복주의를 믿지 않는 교인들은 처음부터 교인으로서의 의무를 행하지 않을 개연성이 높다. 교인들은 목사가 교인의 의무를 가르치려면 반발하는 경우가 많다. 성수주일, 십일조 헌금, 전도활동, 이 세 가지는 교인으로서 지켜야 할 가장 중요한 의무이다. 기도, 사랑실천, 봉사, 구제 등등은 교인의 의무라기보다는 좋은 교인이 되기 위한 신앙 활동이다. 의무가 먼저이고 활동은 그다음이다.

그런데 교인의 3대 의무는 사실상 교인들의 희생을 전제로 한 것이어서, 교인들이 심정적으로 좋아할 리가 없다. 그래서 목회자들은 이런 의무를 가르치려고 하지 않는다. 교인들이 싫어할 일을 할 필요가 없다고 판단하기 때문이다. 그러나 목회자들이 교인의 의무를 가르치지 않으면 언젠가 교회는 몰락한다. 문제는 교인의 의무를 가르치는 방법을 다양하게 감동적으로, 합리적으로, 실천해야 한다는 것이다. 교육이란 가르치는 사람, 교육 내용, 배우는 사람이 유기적으로 연결되어 이루어지는 일종의 종합 예술이다. 설교로 강요하거나 기복주의로 의무를 유도하는 것은 부작용만 남는다.

한국교회의 위기는 외부적인 요인도 많지만 내부적인 요인도 많다. 외부적인 요인은 해결할 도리가 없다. 그러나 내부적인 요인들은 목회자들과 교회지도자들이 힘을 합해 지혜롭게 대처하면 충분히 해결할 수 있다. 한국교회의 미래를 이야기할 때, 낙관주의자들은 성령 충만을 한 가지 방법으로 제시하고, 비관론자들은 백약이 무효라는 한탄을 하고 있는데 모두 비성경적이다. 성령 충만은 분명 가장 확실한 방법이긴 하지만 성령 충만은 인위적으로 되는 것이 아니다. 성령 충만은 하나님의 일을 하려는 하나님의 사람에게 특별하게 주시는 하나님의 활동이다.

과연 지금 한국교회에 하나님의 일을 하려는 하나님의 사람이 있는가? 목회자들과 교회지도자들이 개혁되고 오직 하나님을 위해 일하려는 결심이 없는 한 성령 충만은 불가능하다. 동시에 일부 비관론자들은 내부의 문제점들을 신앙적으로, 합리적으로 풀어가고 하나님을 위해 봉사하겠다는 의지를 갖고 서로 협력하면 교회는 재도약할 수 있다는 것을 믿어야 한다.

권리만 요구하는 공동체는 키케로의 말 그대로 망한다. 국가든 교회든 회사든 가정이든 예외가 없다. 개인주의가 개인의 권리를 강조하여 개인의 삶의 질을 높이는 공을 세웠으나 개인의 의무를 소홀히 하여 공동체의 부실함을 가져온 과오도 있다. 왜 키케로의 《의무론》이 성경 다음으로 많이 인쇄되었는지 이제는 알 수 있을 것이다. 지난날 위정자들이 의무를 지나치게 강조한 것에 대한 반발로 이제 권리만을 강조하려는 경향이 있는데 이제는 균형을 이루어야 한다. 개인주의가 판치는 이 시대에 공동체의 중요성을 강조한 저자의 주장은 상당한 공감을 준다. 이제 우리 사회는 의무에 충실한 자에게 상을 주는 시대가 되어야 한다.

키케로의 《의무론》은 로마 제국을 지탱하는 힘이었다. 한국교회는 교인의무론 같은 책을 출판해야 한다. 그래서 모든 교회가 교인들의 의무에 대해 가르쳐야 한다. 교회가 어려워지는 이 때, 교회를 지키는 자를 육성해 놓지 않으면 교회는 몰락한다.

42

앙드레 말로

인간 조건

〈작가와 작품 해설〉 이 작품은 프랑스의 행동주의 소설가 앙드레 말로 (Andre Malraux, 1901~1976)의 대표작이다. 앙드레 말로는 서양 문명에 회의를 느껴 동양어학교에서 중국어와 산크리스트어를 전공했다. 프랑스가 인도차이나 반도에 대한 고고학 발견 사업을 할 때, 일원이 되어 캄보디아에 가서 앙코르 사원에 있는 불상들을 프랑스로 가져왔다. 이 일로 인해 후일 도굴꾼이라는 오명을 남기기도 했다.

그는 "태초에 행동이 있었다."라고 하면서 행동하는 인간을 최고의 이상적 인간형으로 삼았고, 그 자신이 본을 보였다. 스페인 내전에 참가했고, 국공합작 때에도 참여했으며, 히틀러에 저항하여 전차부대 일원으로 전쟁에도 참여를 했다. 노년에는 방글라데시 독립전쟁에도 참여했고, 그 이후에 병으로 죽었다. 행동파였기에 정치참여도 했다. 드골이 대통령이 되자 근 10년 동안 문화상이 되어 프랑스 예술 발전에 기여했다. 드골이 앙드레 말로를 처음 만날 때, "나는 처음으로 인간을 만났다."라고 말했다는 일화는 유명하다. 문화상으로 재직하면서 프랑스 예술의 발전에 공헌했는데, 그는 "국가는 예술을 감독하기 위해 존재하는 것이 아니라, 예술에 봉사하기 위해 존재하는 것이다."라는 명언을 남겼다.

그는 연극 영화에도 관심이 많았고 그가 쓴 예술심리학 3권은 그가 당대 최고의 지식인이었음을 보여준다. 노벨문학상을 수상한 알베르 까뮈가 "내가 심사위원이었더라면 앙드레 말로를 수상작가로 택했을 것이다."라고 말하자 말로는 까뮈에게 "당신의 그 말은 우리 모두에게 명예이다."라고 화답을 했다. 같은 시대를 산 앙드레 지드, 사르트르가 노벨문학상을 수상했는데 까뮈의 이 칭찬은 그에게 큰 위로가 되었을 것이다. 1996년 그가 죽은 지 20년이 되는 해, 프랑스 정부는 그의 유해를 프랑스의 위인들이 잠드는 팡테옹에 안장을 했다.

《인간 조건》이라는 장편소설은 그의 대표작이다. 그는 이 작품을 통해서 심사위원 전원 찬성으로 콩쿠르 대상을 받았다. 이 작품의 배경은 1927년 중국이다. 중국 대륙에 일본군들이 들어오고 대륙에 군벌들이 활개를 칠 때, 장제스(장개석)와 마오쩌둥(모택동)은 공동의 적을 막기 위해 국공합작, 즉 국민당과 공산당이 힘을 합쳐 일본군과 군벌들을 제압하는 연합전선을 형성했다. 어느 정도 성과를 거두자 장제스는 공산당을 탄압하기 시작하였다. 소위 상해혁명을 일으킨 것이다. 그러자 공산당 일부 중, 이상주의적 기질이 있는 사람들은 공산당의 만류가 있었음에도 불구하고 목숨을 걸고 국민당에 저항하기 시작했다.

〈해석과 평가〉 이 소설의 큰 줄거리는 그 이상주의자들 몇몇 사람들의 장렬한 최후를 중심으로 펼쳐진다. 우선 기요라는 사람이 등장한다. 그는 북경대학 교수인 지조르와 일본인 여자 메이 사이에서 태어난 사람인데 낭만적 기질을 가진 이상주의자이다. 그는 아버지 영향을 받아 공산주의자가 되었는데, 아주 지적인 인물이다. 그는 혁명을 완수하려면 혼자 힘으로는 불가능하고 대중과 연대해야 성공할 수 있다는 생각을 지닌 공동체주의자이다. 또 다른 한 사람은 첸이다. 그는 중국인이고 골수 공산주의자로서 과격하고 잔인하다. 기요와는 다르게 그는 사람들을 적과 아군으로 구별하여 거침없는 테러행위를 한다. 세 번째, 인물이 등장하는데 그는 카토프라는 러시아 출신 혁명가이다. 그는 어떤 이론이나 논리들을 근거로 하여 혁명에 참여하는 자가 아니라 혁명에 참여함으로 삶에 대한 존재가치를 느끼고 보상을 받는 사람, 다시 말해 혁명을 직업으로 생각하는 사람이다. 이 세 사람이 나름대로 이상주의자들이라면 그 반대편에 서 있는 현실주의자들도 있다.

페랄이라는 사람은 프랑스 은행가로서 우세한 세력과 결탁하여 돈을 벌려는 전형적인 자본가이고, 글라파크는 고통스러운 삶에서 도피하여 무책임하게 사는 사람으로서 그에게는 고독도 고통도 고민도 없고 오직 감각적인 것만을 추구하는 향락성만 있다. 괴니히는 공산주의자에게 받은 개인적인 원한 때문에 무조건 공산주의자들을 죽이려는 복수형 인간이고, 메이는 기요의 아내로서 남편의 사상에 대해 의아해하는 회의주의이자이다. 마지막으로 지조로는 기요의 아버지로서 대학교수이기 때문에 공산주의 이론에 해박하여 아들을 공산주의자로 만들었으나 행동으로 그 사상을 실천하지 못하고 암울한 그 시대를 한탄하면서 아편과 음악으로 자신을 달래면서 현실을 관조하는 나약한 지식인이다.

결국 작가는 인간을 이상주의자와 현실주의자로 구분하고 있다. 그런데 작가는 이상주의자는 죽고, 현실주의자는 살아남지만 이상주의자는 참인간이고 현실주의자는 유사인간이라고 암시하고 있다. 무서운 구분이요, 독단적인 생각이다.

그렇다면 작가는 이상주의자들의 죽음은 어떤 죽음이기에 높이 평가하고 있을까? 우선 기요의 죽음을 살펴보자. 그는 국민당과의 싸움에서 체포되어 모진 고문을 당한다. 그 고문에 점점 자신이 무너지는 것을 느끼면서 괴로워한다. 이러다가는 결국 동지들의 이름을 자백할 것 같은 위기도 느낀다. 고문 때문에 자신과의 싸움에서 패할 것이라는 걱정도 하고, 자신 때문에 동지들로 체포될 것 같다는 생각이 들면서 결국 자살을 택한다. 기요는 자기와의 싸움에서 무너지지 않고 동지들을 배반하지 않겠다는 신념에서 스스로 죽음을 택했다.

첸의 죽음은 어떤가? 그는 테러리스트다. 국민당과 싸움을 하다가 장제스 암살미수로 죽임을 당한다. 첸은 자기가 하려는 일은 정의라는 신념을 갖고 있다. 정의를 위해서라면 목숨을 버릴 수 있고, 그런 행동은 자랑스러운 일이라고 확신하고 있다. 그러기에 그는 장제스를 죽이지 못한 것을 한탄할 뿐이지 자기 죽음에 대해서는 후회가 없다. 세조 때 단종 복위 운동을 하다가 죽은 사육신 성삼문의 죽음과 일맥상통한다.

카토프의 죽음은 또 다른 의미를 지니고 있다. 그는 암살 미수로 인해 많은 동지가 고문을 당해 죽을 것을 염려한 나머지, 그들의 고통을 덜어주기 위해 유사시에 자기가 사용하려고 준비한 청산가리를 그들에게 나누어주고 그 자신은 불 속에 뛰어들어 죽는다. 동지들의 고통은 덜어주고 자신은 고통 속으로 뛰어든 것이다. 기요의 죽음은 자신을 위한 자살이고, 첸의 죽음은 타인에 의한 죽음이며, 카토프의 죽음은 다른 사람들을 배려한 자살이다.

〈기독교적 이해〉 작가는 인간 행동을 통해 인간을 평가하려고 하고 있다. 그리고 그 행동은 한계상황에서의 행동 즉 어떻게 죽느냐에 대한 평가가 그 핵심이다. 작가는 인간을 위대한 존재로 인식하고 싶어 한다. 그리고 인간의 위대함은 언어나 사유에 있지 않고 그 행동에 있다고 주장하고 있다. 제아무리 아름답고 정당하며 지혜로운 말을 한다고 해도 행동이 없으면 그것은 허구요, 제아무리 깊고 오묘한 사상과 철학을 지녔다 해도 그것을 행동으로 드러내지 못하면 그 또한 위선이라고 작가는 주장하고 있다.

인간은 소멸한다. 그렇다면 내가 옳다고 생각하는 것을 위해 소멸해야 되지 않을까? 그럴 수 있다. 그러나 문제는 그리 단순하지 않다. 무엇이 옳으냐를 정하는 규범이 명확하지 않다는 것이다. 개인에 따라 옳고 그름은 그 기준이 다르다.

예를 들어보자. 성삼문과 신숙주는 세종 시절 집현전 학자로 친한 친구였다. 한글 창제 때도 함께 큰 공을 세웠다. 그런데 수양대군이 단종을 폐하고 왕이 되는 과정에서 두 사람은 옳고 그름에 대한 기준이 달랐다. 성삼문은 단종에 충성했고, 신숙주는 세조에 충성했다. 성삼문의 충의 개념은 세종의 유지와 왕의 정통성이다. 그러나 신숙주의 충은 세종의 유지를 받았지만 그것은 그때의 상황이고, 정통성은 없지만 능력 면에서는 수양이 낫다고 생각했다. 성삼문의 충성은 본질에 대한 충성이고, 신숙주의 충성은 상황에 대한 충성이다. 당시 상황에 충성한 신숙주는 부귀영화를 누렸지만 본질에 충성한 성상문은 멸문지화를 당했다. 상황이 이긴 것이다. 그러나 역사의 평가는 달랐다. 사림파가 득세하면서 본질에 대한 가치가 더 높게 평가되고 결국 숙종 때 성삼문은 복권이 되었고 충문공이라는 시호도 내려졌다. 성삼문은 만고의 충신으로 자리매김되었고, 신숙주에게는 배신자의 낙인이 찍혔다. 본질이 이긴 것이다. 이처럼 옳고 그름을 정하는 기준은 개인마다 다르다. 본질을 중심으로 옳고 그름을 판단하는 사람도 있고, 상황을 중심으로 옳고 그름을 판단하는 사람도 있다.

작가는 이 점에 대해서 명확한 기준을 제시하지 못하고 있다. 그는 초기에 공산주의적 기질이 있었다. 앙드레 지드, 사르트르도 마찬가지이다. 나중에 공산주의 실상을 알고 비판적 태도를 취하긴 했으나《인간조건》을 쓴 그 시절에는 친 공산주의자였다고 말할 수 있을 것이다. 그러기에 이 작품에서 공산당을 미화시킨 것이다. 옳고 그름을 분별하는 기준은 없다. 본질이라고 해서 다 옳은 것도 아니요, 상황이라고 해서 다 그른 것도 아니다. 하나님께서 여호수아에게 좌로나 우로 치우치지 말라는 가르침을 주셨는데 좌는 무엇이고 우는 무엇인가? 나는 본질과 상황이라고 생각한다. 본질과 상황, 어느 쪽으로 치우치지 말고 중용을 택하라는 가르침이 아닐까? 상황이 뒷받침되지 못하면 본질은 죽고, 본질이 뒷받침되지 못하면 상황은 악이 된다.

작가는 죽음이야말로 인간 조건을 결정하는 핵심요소라고 주장한다.

작가는 극한상황 속에서 죽음을 태연히 선택할 수 있는 인간을 예찬하고 있다. 그러나 모든 인간에게 극한상황이 주어지는 것은 아니다. 대부분 사람은 평범한 상황 속에서 죽음을 맞이한다. 그러므로 인간을 위대하게 만드는 죽음을 전쟁이나 무슨 이념적 활동에 국한시켜서는 안 된다. 자연재해, 질병, 가난, 사고, 노쇠 등등을 통해 주어지는 죽음이라는 상황 속에서 죽음을 어떤 자세로 준비하고 맞이하느냐, 이 또한 인간의 위대함을 결정하는 인간 조건이라고 생각해야 할 것이다.

기독교인 입장에서 보면, 예수의 죽음은 가장 위대한 죽음이다. 예수의 죽음은 본질에도, 상황에도 합당한 죽음이다. 그분의 죽음은 만민을 구원하기 위한 본질로서의 죽음이요, 죽을 수밖에 없는 상황으로서의 죽음이다. 그렇다면 예수를 믿는다는 것은 무슨 의미일까? 구원과 축복, 그리고 성화가 전부일까? 통합적으로 말하면 그렇다고 말할 수 있을 것이다. 그러나 세부적으로 말하면 죽음을 배우는 행위도 포함되는 것이 아닐까? 평범하지만 위대한 죽음을 배우는 것이 신앙이 아닐까? 예수의 죽음은 만민을 위한 죽음이다. 남에게 유익을 주는 죽음이다. 예수의 죽음은 준비된 죽음이다. 예수는 자신의 죽음을 여러 번 제자들에게 예고했다. 이는 죽음을 준비하고 계셨음을 의미한다. 예수의 죽음은 갈등을 이긴 죽음이다. 예수는 죽기 직전 겟세마네 동산에서 기도를 통해서 스스로를 이기셨다.

작가가 행동을 인간 조건으로 내세운 것은 잘한 것이다. 인간은 말만 하고 생각만 한다. 베이컨의 말대로 아는 것을 말하는 것이 힘이고, 파스칼이 말한 그대로 인간은 생각하는 갈대다. 그런데 말만 하고 생각만 하면서 행동하지 않으면 무엇을 창조할 수 있겠는가? 생각은 시작이고 말은 과정이며 행동은 결과이다.

작가는 이 작품에서 이념 논쟁을 하지 않는다. 공산주의가 옳다고도 말하지는 않는다. 작가가 가장 강조하는 것은 극한상황에 처해있을 때, 죽음을 어떻게 맞이하느냐에 그 초점을 두고 있다. 사실 이런 상황은 흔치는 않지만 우리 인간에게 주어질 수 있다. 작가는 이런 경우 죽음을 두려워하지 않고 당당하게 죽음을 선택할 수 있는 용기를 가진 사람이 참인간이라는 것을 강조하고 있다. 죽음은 인간의 마지막 행동이다. 인간은 어느 시점에 자신에게 올 이 운명적인 행동을 늘 준비해야 한다.

마지막으로, 한 인간이 태어나는 데는 9달이 걸리지만, 인간이 되는 데는 60년이 걸린다는 지조르의 말은 의미심장하다. 인간으로 태어나기는 하지만 그가 인간이라고 말할 수 있도록 성숙되려면 긴 세월이 필요하다는 뜻이다. 누구나 인간으로 태어나지만 누구나 인간 구실을 하는 것은 아니라는 뜻은 아닐까? 그렇다면 인간 구실이란 어떤 의미일까? 기요, 첸, 카토프는 모두 죽음을 깊이 묵상했다. 그래서 가장 위대한 사색은 자신의 죽음에 대해서 명상하는 것이다. 죽음을 준비하는 것, 그것이 인간조건이 아닐까?

43
도킨스
이기적 유전자

〈작가와 작품 해설〉 《이기적 유전자》의 저자인 도킨스(Richard Dawkins, 1941~)는 영국 옥스퍼드대학교 진화생물학자이다. 신 다윈주의자라고 부르기도 한다. 찰스 다윈의 진화론이 지닌 약점을 보완했다는 의미로 그리 부르는 것이다. 그가 말하는 유전자란 부모에게서 자식에게로 전해지는 특징, 형질을 만들어내는 인자를 의미한다. 유전자는 DNA를 복제하면서 다음 세대로 전달된다. 유전자는 그 자신이 가장 효과적으로 복제되어야 하기에 반드시 이기적이어야 한다. 유전자와 개체는 다른 의미를 지니고 있다. 유전자는 자기복제를 하는 인자이고, 개체는 운반자이다. 즉 개체는 자기복제를 추구하는 이기적 유전자의 단순한 운반자인 것이다. 인간의 몸은 유전자를 운반하는 개체이고, 유전자는 그 형질을 만들어내는 인자라는 것이다.

도킨스가 이 책을 쓴 동기는 당시 유행하던 진화생물학 이론들을 알기 쉽게 정리하기 위함이었고, 무엇보다도 인간의 이기주의와 이타주의를 구분하는 이론을 제시하기 위함이었다. 즉 이기주의와 이타주의를 생물학적으로 연구한 것이다. 그렇다면 이기적이라는 말과 이타적이라 말의 의미는 무엇인가? 이기적이라는 말은 다른 이의 자원을 이용해서 자기복제를 늘리는 것이고, 이타적이라는 말은 나의 자원을 이용해서 다른 이의 자기복제를 늘리는 행위를 말한다.

도킨스는 "인간과 동물은 유전자가 만들어낸 기계다."라고 선언한다. 이 말은 인간은 유전자의 자기복제를 위한 프로그램대로 이행하는 생존 기계라는 뜻이다. 즉 인간은 유전자가 지시하는 대로 움직이는 일종의 기계인 것이다. 따라서 동물이나 인간의 행동은 유전자 번식의 가능성에 도움이 되는 행동만을 한다. 이런 주장을 하기에 그는 무신론자이다. 이 책에서 생명의 기원을 창조론이 아닌 진화론으로 설명한다. 그러나 일종의 추측이기에 그는 합리적 근거나 실증적 근거를 확실하게 제시하지는 못하고 있다.

그는 아주 태고적에 물에 이산화탄소, 메탄, 암모니아 등이 있었는데, 여기서 아미노산이 생기고 단백질이 생기면서 우연히 자기복제의 기능을 가진 유전자가 만들어지고, 그 유전자가 식물, 동물, 인간으로 진화하면서 계통적으로 모든 것이 만들어졌다고 주장한다. 그는 생명체는 유전자가 진화하여 만들어졌다고 주장하는데 그 유전자는 누가 창조한 것이 아니라 우연히 만들어진 것이라고 주장한다. 생명이 우연히 만들어졌다(?). 실로 비합리적이고, 비실증적인 주장이다.

유전자는 이기적이기 때문에 복제는 안전하냐, 불안전하냐로 일단 진화한다. 유전자가 안전하게 복제되어야 한다는 이 목표를 달성하기 위해 유전자들은 서로 협력하며 외부 환경과도 상호 작용을 한다. 생존을 위해 몸부림친다는 것이다. 유전자는 생존하기 위해 다양한 노력을 한다. 북극곰의 유전자는 예측을 한다. 그래서 북극곰은 겨울을 미리 준비하고 그 개체 자체가 겨울을 이길 수 있도록 진화한다. 유전자는 창조한다. 생존을 위해 이기적 결정을 할 수 있도록 뇌를 만든다. 유전자는 예측하지 못한 환경의 변화에 대처할 수 있도록 이기적 학습 능력을 만든다. 그래서 유전자는 돌발 사태가 생겨나도 그 학습 능력으로 그 상황을 잘 대처하여 살아남는다. 유전자를 통제하는 것은 유전자이다. 인간은 물론 그 어떤 다른 것도 유전자를 통제하지 못한다.

유전자의 행동 양식을 몇 가지 예로 들어보자. 유전자는 본래 이기적이다. 그래서 유전자의 이타주의도 사실상 이기적인 계산에서 나온다. 혈연 이타주의가 그 본보기이다. 부모는 자손이 번식할 수 있을 때까지는 새끼들에게 공평하게 투자한다. 어느 한쪽만 잘 대해 주면 더 이상 자손을 번식시킬 힘이 소진되기 때문이다. 장래의 새끼를 염두에 둘 때는 젖을 떼려고 한다. 다음 새끼에게 젖을 주어야 하기 때문이다. 새끼가 하나뿐이라고 생각될 때는 그 새끼에게 모든 것을 투자한다. 더 이상 투자할 새끼가 없기 때문이다. 사마귀는 수놈이 등에 올라 교미할 때, 암놈은 수놈의 머리를 물어 잡아먹는데 태어날 새끼에게 영양을 공급하기 위함이고, 수놈은 기꺼이 죽는데, 이는 자기는 죽어도 암놈을 통해서 자기 유전자를 많이 남기려는 생존 기계적 본능 때문이다. 일벌들은 자손을 번식시키지 못하기 때문에 다른 벌보다 먼저 자기희생을 한다.

도킨스는 이런 예를 수없이 들고 있다. 암수의 대립을 예로 들어보자. 암수의 유전자 구조는 다르다. 수컷은 정자가 많고, 암컷의 난자는 하나

뿐이다. 인간도 그렇지만 동물도 수컷이 더 많이 바람을 피운다. 왜냐하면 수컷의 정자가 많기 때문이고, 수컷은 암컷을 통해 자기 유전자를 더 많이 복제하고자 하는 본능이 있기 때문이다. 암컷이 수컷을 선택할 때도 이기적 기준이 있다. 수컷에는 성실형 수컷과 성적 매력형 수컷이 있는데, 성실형은 자신과 자식을 잘 돌보려는 장점이 있고, 매력형은 자신과 가족을 잘 돌보지는 못해도 우수한 유전자를 가진 새끼들을 얻을 수 있다는 장점이 있다. 암놈이 어느 쪽을 선택하느냐 하는 것이 갈등의 요인이 된다. 암컷들은 매우 현실적이다. 수컷이 구애해도 쉽게 허락하지 않는다. 암컷은 구애하는 수컷에게 둥지를 먼저 만들라고 하든지, 먹이를 먼저 달라고 하든지 이기적 요구를 하고, 그 요구에 응하는 수컷과 교미를 한다.

유전자들은 집단을 형성하기를 좋아한다. 개미나 얼룩말들이 좋은 예가 되는데 이는 포식자들에게 먹히는 것을 피하기 위한 생존본능이다. 개체가 죽으면 유전자도 죽는다. 그러기에 유전자는 개체가 죽지 않도록 그 자신을 위해 노력한다. 결국 도킨스는 유전자는 이기적이기 때문에 설령 이타적이라고 보이는 행동도 깊이 통찰해 보면 철저한 이기적 계산에서 나온 것이라고 주장한다.

그는 인간의 이타주의를 두 가지로 분류한다. 하나는 맹목적 이타주의요, 다른 하나는 목적성 이타주의이다. 맹목적 이타주의는 무조건 이타적으로 행동하는 것인데 그 예가 드물고, 목적성 이타주의는 이기적 이타주의로서 어떤 이기적 목적을 이루기 위해 이타적 행동을 하는 것이다. 일종의 위선적 행동이다. 목적성 이타주의 행동의 특성은 절대적 규범에 대한 감정적 호소를 하면서 다양한 상황에 적절하게 적응하는 것이다. 이런 사람들은 동맹, 재동맹, 배신, 야합, 모험, 도피 등 상황에 맞는 행동을 한다.

〈해석과 평가〉 도킨스는 인간도 동물에 지나지 않는다고 강조하려고 한다. 기분 나쁜 주장이지만 실제로 이런 유형의 인간이 많은 것도 사실이다. 그는 인간의 지적 능력도 유전자의 생존 추구의 도구라고 말한다. 그러기에 인간 개개인은 유전자의 로봇인 셈이다. 인간 개개인의 선한 행동도 결국 유전자의 생존 전략일 뿐이다. 이런 주장을 듣다 보면 허무를 느낄 수밖에 없다. 바로 이런 점에서 도킨스는 새로운 주장을 첨부한다.
'밈'이라는 문화적 개념을 도입한 것이다. 도킨스는 영리한 학자이다. 그는 인간에게는 생물학적으로 설명할 수 없는 부분이 있다는 것을 알고 있다. 그래서 '밈'이란 단어를 만들어 이 부분을 설명하려고 하고 있다. '밈'이란 일종의 문화 복제자이다. 그는 인간의 사고와 문화도 유전자처럼 복제되고 선택된다고 주장한다. 이 문화 복제자는 오래 가고, 전달되고, 확장된다. 우리가 말하는 문화의 속성 그대로다. 그에 의하면 신앙도 '밈'에 속한다. 특별히 신앙은 모방적 '밈'이다. 개체는 유전자 프로그램에 의해 기계적으로 복제되어 가지만 문화적 요인으로 '밈'은 유전자가 외부와 상호작용을 하면서 만들어 간다. 저자는 이런 현상도 복제라고 주장한다. 언어, 글, 예술, 음악, 습관, 종교 등은 뇌를 통해 인식되고 복제되어 전달된다. 그런데 도킨스는 이기적 유전자는 선견지명이 없으나 '밈'은 선견지명이 있다고 주장한다. 이는 문화의 주체자로서 인간의 지적 능력을 인정하는 것이다.

《이기적 유전자》는 발간되면서 세계적인 선풍을 일으켰다. 찬사도 있었고 반대도 있었다. 화이트헤드는 인간 행동은 인간의 육체적 요인과 생물학적 접근으로만 설명될 수 없다는 원칙적인 논평을 했다. 도킨스의 주장대로 유전자는 비인격적 개념인데, 그는 유전자를 인격화시키는 모순을 범하고 있다. 인간의 몸을 과학적 방법으로 통제하려는 약점을 지니고 있으며, 인간을 유전자의 구성물로 물화시키는 잘못을 범하고 있다. 또 인간을 사회생물학적으로 이해하려는 그의 주장은 인종 차별주의의 근거를 제시할 위험성을 내포하고 있다. 유전자복제론은 결국 우생학적으로 그 지평이 확대될 수밖에 없는데 그런 유형의 우생학은 사회적 조건의 부산물인 인간 실존을 육체적 특질로만 이해하여 질병을 치료하려는 누를 범하게 된다.

도킨스의 주장은 한마디로 말하면 유물론이다. 유물론은 상당한 근거가 있기는 하지만 인간의 의식, 인간의 자유의지를 설명할 수 없다는 치명적인 약점을 지니고 있다. 결국 도킨스의 주장은 인간을 왜소화시키고, 인간 존엄성을 파괴시킨다. 그가 유전자 번식론을 주장하기는 하지만 그의 주장으로는 인간의 독신주의를 설명할 수 없고, 성욕은 유전자복제의 본성적 발로라고 주장하지만, 인간은 자식을 낳기 위한 성행위도 하지만 자식을 외면한 단순한 쾌락을 즐기기 위해 성행위를 하는 경우가 더 많다. 이런 것은 그의 이론으로 설명되지 않는다. 도킨스는 이런 약점을 잘 알고 있기 때문에 후일 개정판에서는 인간은 어떠해야 하느냐와 어떠하다는 별개의 문제라는 연막을 쳤다. 맞는 말이다. 그의 주장은 인간 행동에 대한 생물학적 기초에 대해서 연구한 것이고 그 유전자가 자연 선택을 통해 복제되어 간다는 것을 주장한 일종의 진화론일 뿐 그 이상은 아니다.

〈기독교적 이해〉 그의 주장을 성경적 입장에서 비판해 보자. 우선 인간 창조에 대해 성경은 인간을 하나님의 창조물로 선언하지 도킨스처럼 유전자복제로 만들어진 존재라고 주장하지 않는다. 성경은 인간을 지배하는 것은 유전자가 아니라 흙으로 된 육체와 하나님이 주신 영의 상호작용으로 이루어진다고 주장한다. 그러기에 성경은 인간을 최고의 존재로 보지만, 도킨스는 인간을 동물과 같은, 동물에서 진화된 조금 나은 존재로 본다.

기독교는 인간이 지닌 자유의지는 유전자에서 나온 것이 아니라 하나님이 주신 은혜라고 강조한다. 인간의 의식도 유전자에서 나온 것이 아니라 자유의지에서 나온 것이라고 주장한다. 인간의 자유의지나 각종 의식들은 뇌 작용이긴 하지만 그 뇌는 유전자에 의해서 만들어진 것이 아니라 하나님께서 뇌를 통해 주신 것이다.

그러나 도킨스의 주장과 성경의 주장 중 일치하는 것들도 있다. '인간은 이기적 존재다'라는 도킨스의 선언은 기독교적이다. 왜냐하면 아담과 하와가 선악과를 따먹은 것은 그들의 이기심의 발로이기 때문이다. 물론 도킨스의 이기심과 기독교가 강조하는 이기심은 그 해석이 다르다. 도킨스는 그 이기심을 유전자의 생존을 위한 행동이라고 주장하고 있지만, 기독교는 그 행동은 하나님이 주신 자유의지의 오용, 즉 자유의지를 생존

보다는 하나님과 동등해지려는 교만에서 나온 일종의 권력의지라고 해석하고 있기 때문이다.

또 하나, 도킨스는 유전자가 외부와 상호 작용을 하면서 복제되어 간다고 주장했다. 즉 외부 환경의 영향이 크다는 것이다. 도킨스는 이를 자연선택이라는 말로 설명하고 있다. 기독교도 인간의 타락한 행동은 외부 환경의 영향을 받았다고 주장한다. 외부에 있는 뱀, 즉 사탄의 영향을 받아 아담과 하와는 선악과를 따 먹는 죄를 범했다. 하나님께 불순종한 것이다. 외부 환경의 영향이라는 점에서 동일하지만, 도킨스는 그 외부를 자연이라는 포괄적 개념으로 설명하고 있고, 기독교는 사탄이라는 인격적 개념을 더 강조하고 있다. 이는 도킨스는 과학적으로 말하는 것이고 기독교는 신앙적으로 말하는 것이라고 이해할 수도 있기는 하지만, 그 논점은 분명히 다르다.

기독교는 분명히 선언한다. '인간은 유전자 기계가 아니다.'라고. 인간은 하나님의 형상을 닮은 존재이다. 비록 인간 행동이 이기적으로 흐르는 것은 사실이지만 신앙을 통해서 이기적 이타주의로 나아갈 수 있고 성령의 감화로 그 이기적인 것을 극복한 순수한 이타주의 행동도 할 수 있다. 결국 성화란 이기심에서 이기적 이타심으로, 이기적 이타심에서 순수한 이타심으로 진화되어 가는 것이다.

44

앙드레 지드

좁은 문

<작가와 작품 해설> 이 작품은 앙드레 지드(Andre Gide, 1869~1951)의 출세작이다. 그는 1891년 《앙드레 발테르의 수기》라는 작품으로 등단했지만 그의 명성은 《좁은 문》이라는 소설을 1909년 발표함으로 프랑스를 대표하는 작가로 자리매김이 되었다. 그는 1947년에 노벨문학상을 수상했고, 초기에는 공산주의자였지만 소련 기행을 한 후, 전향했다.

이 작품의 줄거리는 비교적 단순하다. 제롬이라는 14살 되는 소년이 아버지가 죽은 후, 시골 외삼촌 집에 휴양차 왔는데 거기서 16살 되는 알리사라는 소녀를 만나 사랑하게 된다. 알리사의 어머니는 아버지가 죽자 젊은 군인과 바람이 나서 가정을 버리고 사라지는데, 이에 알리사는 큰 충격을 받는다. 알리사의 어머니는 육체적 욕망에 충실한 여자였고, 알리사는 이런 어머니의 삶에 매우 부정적이었다. 제롬은 내성적인 성격이라 자신의 감정을 적극적으로 알리사에게 표현하지 못하고 있는데, 알리사의 여동생 줄리엣 역시 제롬을 사랑하게 되면서 상황은 복잡하게 얽힌다.

알리사는 제롬을 사랑하지만 육체적 사랑에 대해 부정적인 생각을 갖고 있고 마침 여동생이 제롬을 사랑하는 것을 보자 제롬과는 영적인 사랑을 하겠다고 다짐하면서 제롬과 거리를 둔다. 줄리엣은 이런 언니, 알리사의 행동을 보면서 자기가 희생해야 언니가 행복해질 것이라고 판단하여 사랑도 하지 않는 에루아루 테시에르와 결혼해 버린다. 여동생의 희생적 결혼에 충격을 받은 알리사는 더욱 제롬과는 현실적인 사랑을 할 수 없음을 깨달으면서 아무도 모르게 수도원에 들어가 은둔 생활을 하다가 결국 외롭게 죽는다. 제롬은 알리사가 죽은 후에도 알리사를 잊지 못해 독신으로 살다가 알리사의 일기를 보면서 회한에 잠긴다.

이 작품은 연재되는 초기부터 논란의 대상이 되었다. 작가가 가톨릭을 비판하고 있다는 주장도 있었고, 육체적 욕망을 선동하는 소설이라는 비난도 있었다. 이런 논쟁 속에 앙드레 지드는 침묵을 지키면서 모든 판단은 독자들이 할 일이라고 말했다.

《좁은 문》이라는 제목은 누가복음 13장 24절에 기록된 예수 그리스도의 가르침이다. 작가는 좁은 문이라는 단어를 알리사와 제롬의 사랑을 비유적으로 표현하기 위해 사용했다. 즉 두 사람의 사랑은 이루어지기 어려운 사랑이라는 것이다. 일단 두 사람의 사랑이 이루어지기 어려운 이유를 살펴보자. 대부분 사람은 그 원인을 알리사의 도덕주의, 청교도주의, 금욕주의에 둔다. 알리사는 육체적 사랑보다 영적 사랑을 더 강조했다는 것이다. 도덕주의라는 것은 여동생을 위해서 자기희생을 하겠다는 생각에 중심을 둔 것이고, 청교도주의라는 것은 영적 사랑을 강조했다는 것이며, 금욕주의라는 것은 어머니의 부정한 삶에 대한 반발로 육체적 욕망을 죄로 보는 까닭이라는 것이다.

앙드레 지드는 19세기 합리주의를 청산하고 20세기 새로운 가치관을 설정하려는 당시 사람들의 욕구를 대변한 사람이다. 20세기는 인간의 본성, 본능, 자유를 동경하는 시대이다. 이런 시대의 흐름을 작가는 잘 포착하여 이 작품을 썼다고 할 수 있다. 그리고 그러한 시대의 흐름을 방해하는 요소로 종교를 지목하고 있다.

〈해석과 평가〉 이 작품에서 작가는 알리사를 특별히 비난하지 않는다. 알리사의 사랑을 적절하게 미화시키고 있다. 작가는 오직 두 가지, 알리사가 고독하게 죽었다는 것과 알리사의 일기 중, 좁은 문으로 들어가기가 어렵다는 고백을 강조함으로 자신의 생각을 드러내고 있다. 그런데, 알리사의 생각은 충분한 합리적 근거가 있다. 우선 그녀가 16살이라는 점이다. 과연 16살 되는 소녀가 육체적인 사랑의 실체를 알 수 있었을까? 그 나이라면 순수하고 정신적인 사랑을 동경하는 나이가 아닌가? 특히 아버지를 무시하고 쾌락에 빠져 가정을 버리고 젊은 군인과 도망간 어머니에 대한 반발은 당연하고, 그래서 영적인 사랑에 치우치게 되는 것은 정상이 아닌가?

알리사가 그리된 것에는 제롬의 책임도 크다. 그는 내성적 성격을 가져 알리사에 대한 사랑을 적극적으로 표현하지도 못하고 수동적으로 알리사에게 끌려다닌다. 알리사가 방황할 때, 제롬이 보다 적극적으로 알리사를 이끌었으면 상황은 달라졌을 것이다. 그런데 제롬은 성격도 내성적인 데다가 그의 나이도 14살이었다. 작가는 의도적으로 이런 설정을 해놓고 알리사의 사랑을 비극적으로 묘사하고 있다. 알리사는 신앙심이 깊은 여자였다. 그런 그녀가 동생이 제롬을 사랑하고 있다는 것을 알면서 제롬을 포기하는 것은 당연한 일이다. 처음부터 알리사는 여동생과 사랑 싸움을 할 수 없는 여자였다. 이처럼 작가는 작품의 구조 자체를 의도적 으로 설정했다.

그러므로 알리사가 고독하게 죽었다고 해서, 죽는 날까지 알리사가 갈등을 겪고 있었다 해서 알리사의 일로 종교를 비판하는 것은 논리의 비약이다. 어쩌면 작가는 인간의 본성이나 본능, 자유를 강조하기 위해 알리사를 희생양으로 삼고 있다는 느낌도 들 정도이다. 육체적 사랑을 상징하는 알리사의 어머니는 젊은 군인과 가정을 버리고 집을 나갔는데 그 이후 그들의 이야기는 소설 속에 나타나지 않는다. 쾌락과 자유를 위해 가정을 버렸는데 그 결과에 대해 전혀 기록하지 않았다는 것은 그들의 행동을 긍정적으로 보는 것이라고 할 수 있다. 10년 후, 알리사의 일기를 언급한 것과는 대조적이다.

작가가 남녀 간의 사랑에 있어서 절대적 순수나 정신적인 사랑 등에 대해서 부정적이라는 근거는 또 있다. 제롬의 친구인 아벨 보티는 사랑은 쾌락을 위한 유희요, 모험이라고 주장한다. 알리사의 여동생 줄리엣은 언니 알리사와 제롬을 위해 사랑하지도 않는 에루아루 테시에르와 결혼해 버린다. 사랑 없는 두 부부는 나름대로 행복하게 산다. 특히 에루아루 테시에르는 아내인 줄리엣이 자기를 사랑하지 않는다는 것을 알고 있다. 그러나 그는 결혼이란 서로 대충 맞추어 가며 사는 것이라는 단순한 결혼관을 갖고 있다. 줄리엣 역시 사랑 없는 결혼을 했지만 서로 책임을 다하면서 살아가는 동안 그 나름대로 불행하다고 생각하지 않는 결혼생활을 담담히 유지한다. 작가는 알리사의 그 순수한 결혼관, 순결한 사랑, 그런 것보다는 줄리엣과 에루아루 테시에르의 결혼생활이 보다 현실적인 것임을 암시하고 있다고 할 수 있다. 알리사의 지고한 사랑을 아름답게 표현하면서도 그런 사랑은 일종의 신기루임을 보여주고 있는 것이다.

알리사의 일기 마지막 부분에 이런 구절이 있다. "주님의 품에서 죽은 자는 행복하느니라고 하셨습니다. 그러면 나는 행복을 위해 기다려야 합니다. 지금 이르러 내 신앙은 흔들립니다. 그 행복을 기다리느라고 제 마음은 목마르게 타고 있습니다. 어디에 가서 그 행복을 얻을 수 있을까요?" 여기서 알리사가 강조하는 것은 행복이다. 그런데 작가는 알리사가 원하는 행복의 실체에 대해서 언급하지 않는다. 알리사의 행복, 그것은 제롬과의 결혼인가? 아니면 제롬을 잊고 신앙 안에서 평화를 얻는 것인가? 그것도 아니면 제롬을 그리워하면서 통속적인 의미로 그의 행복을 기도해 주며 신앙 안에서 평안을 얻는 삶인가? 애매모호하다.

작가는 알리사가 행복을 얻으려면 청교도적 금욕주의을 극복하고 본능에 충실한 결혼을 해야 하는데 그렇지 못했기 때문에 제롬도 알리사도 불행한 삶을 살았다고 은근히 주장하고 있다. 작가의 주장은 분명 일리가 있다. 그는 사랑, 결혼, 윤리, 금욕, 이런 것들에서 벗어나 자유롭게 살아가는 것이 좋다는 20세기 새로운 가치관을 제시하고 있다. 바로 이런 점에서 이 작품은 발표 즉시 논쟁에 휩싸였다. 작가는 이런 논쟁을 충분히 예상하여 근 3년 동안 망설이고 개작하여 끝내 발표했다. 작가는 20세기의 흐름을 이미 예견하고 있었다.

지금 이 시대에는 작가가 주장하듯 대부분 사람은 사랑, 결혼, 윤리, 금욕에서 벗어나 있다. 과격하게 말하면 이 시대에는 사랑도 결혼도 윤리도 금욕도 없다. 사전에만 있을 뿐이다. 작가는 이 작품을 통해 사랑과 결혼은 이제 그 순수성을 잃었다고 주장한다. 알리사의 어머니는 사랑은 이기적인 것이라고 생각하여 가정을 버렸고, 보티는 사랑과 결혼을 쾌락으로, 에루아루 테시에르는 사랑과 결혼을 일상으로 소화시키고 있으며, 알리사의 이모들은 그저 인습적인 것이라고 생각하고 있다. 오직 알리사만 순수한 사랑, 그 사랑에 근거한 결혼을 주장하고 있으니 불행할 수밖에 없는 것이다. 작가가 윤리적일 필요는 없다. 앙드레 지드는 시대의 흐름을 담담하게 그리고 있을 뿐이고, 단지 알리사의 불행을 안타깝게 생각하면서 그 원인을 지나친 청교도적 사랑관에 있다는 것을 암시하고 있을 뿐이다.

이제 알리사가 찾고자 하는 행복에 대해서 생각해 보자. 인간은 행복하게 살 수 있는 존재인가? 과연 이 세상에 행복은 있는 것인가? 도대체 행복이란 무엇인가? 성경적으로 생각해 보면 인간은 행복해질 수 없는 존재이다. 그 이유는 간단하다. 인간은 죄인이다. 그리고 그 죄란 관계적인 개념이다. 죄란 그 어떤 대상에 대해 상처를 주는 행위이다. 인간이 하나님께 상처를 주면 영적인 죄요, 인간에게 상처를 주면 도덕적이고, 법률적인 죄가 된다. 인간은 인간에게 상처를 주는 존재이다. 서로 상처를 주는 인간 사이에 행복은 존재할 수 없다. 물론 잠시 상대를 만족시킬 수는 있다. 그러나 그것은 순간이다.

또한 인간 본질이 인간으로 하여금 행복을 누릴 수 없게 만든다. 인간 본질은 4가지이다. 선악과를 먹는 행위는 이기심, 특히 권력의지요, 선악과를 먹느냐 안 먹느냐는 갈등이고, 선악과를 먹은 후 주어지는 두려움은 고통이다. 특히 인간은 처음 홀로 존재했다. 고독이다. 자 생각해 보라. '이기심, 갈등, 고통, 고독'을 본질적으로 짊어진 인간에게 행복이 존재할 수가 있겠는가? 행복이란 순간적인 만족, 기쁨이지 영속적인 것은 아니다. 행복은 사막의 신기루 같은 것이다. 그러기에 인간은 행복하게 살려면 불행해진다. 인간은 행복하게 살기 위해 사는 것이 아니라 불행하지 않게 살기 위해 사는 것이다. 행복은 실재하는 단어가 아니라 인간이 동경해서 만들어 낸 관념이다. 불행해지지 않으려면 상대에게 상처를 주지 말아야 하고, 4가지 본질을 관리, 조절, 균형을 맞추면서 살아야 한다.

작가는 알리사의 비극을 표현할 때, 흔들린다고 했다. 신앙이 흔들린다는 뜻이요, 자신의 선택에 대해 흔들린다는 뜻이다. 그러나 생각해 보라. 흔들리지 않는 사람이 어디 있겠는가? 모든 인간은 흔들리며 산다. 오히려 흔들린다는 것은 살아있다는 증거다. 알리사의 죽음을 외로운 죽음이라고 작가는 표현했다. 그러나 다시 생각해 보라. 이 세상에 외롭지 않은 죽음이 어디 있는가? 인간 본질이 고독인데 모든 죽음도 외로울 수밖에 없다. 충신 성삼문의 죽음도 외롭고, 배신자 신숙주의 죽음도 외롭다. 가난한 노인의 죽음도 외롭고 재벌 총수의 죽음도 외롭다. 예수 그리스도의 죽음도 외롭다. 알리사의 죽음이 외롭다 해서 그녀가 실패한 인생을 살았다고 평가해서는 안 된다. 알리사는 행복하지는 않았지만 불행하지도 않았다. 그녀는 그녀의 삶을 최선을 다해 산 여자이다.

〈기독교적 이해〉 작가는 알리사를 통해 감동을 주고 있다. 《좁은 문》이라는 이 소설에 많은 인물이 등장하지만 작가는 오직 알리사를 통해서만 독자에게 감동을 주고 있다. 작가는 알리사의 삶으로 감동을 주면서 알리사 같은 삶을 굳이 살 필요는 없다고 암시하고 있다. 맞는 말이다.

인간은 그 누구의 삶을 모방하기보다는 자신의 삶을 살아야 한다. 줄리엣이 알리사가 죽은 지 10년 후, 제롬에게 한 말을 기억해야 한다. 그녀는 "우리도 이제 잠에서 깨어나야 하지 않을까요?"라고 말했다. 이는 제롬도 줄리엣도 꿈속에서 살았다는 뜻인데, 이제 제롬이나 줄리엣이나 알리사에 대한 그리움, 죄책감에서 벗어나 각자의 삶을 살아야 한다는 뜻이 아닐까? 그렇다. 인간은 자신을 짓누르는 짐에서 벗어나 각자의 삶을 살아야 한다.

저자는 알리사가 죽은 후 제롬과 줄리엣의 대화를 통해 인간은 과거에 얽매여 살아서는 안 된다는 것을 강조하고 있다. 인간에게는 어떤 형태로든지 지난날에 대한 회한과 후회가 있다. 인간은 지나간 것을 극복해야 한다. 극복해서 기억에 남으면 추억이 되지만, 극복하지 못해 기억에 남으면 자신을 불행하게 만드는 독이 된다. 교회는 교인들의 과거를 지우는 지우개 역할을 해야 하고, 회한과 후회를 치유해주는 병원이 되어야 한다. 그런 일은 설교와 사랑으로 가능하다. 기독교는 외친다. '그리스도안에서 인간은 새로운 피조물이 된다'고!

45

도스토예프스키

죄와 벌

〈작가와 작품 해설〉 톨스토이는 죽을 때, 도스토예프스키(Fyodor Mikhailovich Dostoevskii, 1821~1881)의 《카라마조프가의 형제들》이라는 소설 책을 침대 곁에 두고 있었다고 한다. 같은 시대를 살면서 한 번도 만나지 못했던 두 사람은 서로 존중했다. 톨스토이보다 나이가 위인 도스토예프스키는 톨스토이 작품 《안나 카레니나》를 들고 거리를 돌아다니면서 "톨스토이는 예술의 신"이라고 찬사를 보냈으며, 톨스토이는 "내 작품을 모조리 불살라 버린다 해도 도스토예프스키 작품은 단 한 권도 버려서는 안 된다."라고 말했다. 톨스토이는 도스토예프스키의 아내 안나에게 "그는 나에게 귀한 사람이고, 내 여러 가지 문제에 해답을 줄 수 있는 유일한 사람이다."라고 말했다.

도스토예프스키는 앙드레 지드가 평한 대로 위대한 산맥이다. 19세기 이후 그의 영향을 받지 않은 사람이 거의 없을 정도이다. 철학자 베르자예프는 "인간은 도스토예프스키를 아는 사람과 모르는 사람으로 구분할 수 있다."라고 말했고, 노벨문학상을 수상한 까뮈는 "20세기 진정한 예언자는 칼 마르크스가 아니라 도스토예프스키이다."라고 외쳤다.

도스토예프스키는 러시아 소설가이자, 철학자, 심리학자, 신학자이다. 사회주의에서 전향한 그는 러시아 혁명가들이 정권을 잡은 후, 어떻게 행동할 것인가를 예고한 최초의 예언자이기도 하다. 1845년 24살 때, 《가난한 사람들》을 발표한 이후 1881년 1월 28일 저녁 8시 38분, 사망할 때까지, 신과 인간을 사랑하며 작품 활동을 한 가장 기독교적인 작가이다. 그의 장례식에는 2만명의 국민이 운집했고, 러시아 정부는 그의 문학적 업적을 기려 매년 2천 루블의 연금을 가족에게 지급했으며 국립도서관 앞에 그의 동상을 세웠다.

《죄와 벌》은 살인을 철학적으로 다룬 소설이다. 이 작품의 주인공은 '라스콜리니코프'라는 법대 학생이다. 그는 불행하게 살아가는 사람들의 삶을 관찰하면서 초인주의 사상을 갖게 되었다. 흔히 니체의 사상을 초인주의 사상이라고 말하기도 하지만, 초인이라는 말을 처음 사용한 사람은 나폴레옹 3세였다. 그는 위대한 인간, 즉 초인은 법과 상식을 뛰어넘어 행동할 수 있다고 주장했다. 라스콜리니코프는 자신을 초인이라고 생각했고 사람들을 착취하는 전당포 노파, 알료나 이바노브나를 벌레로 생각했다. 그는 인간을 착취하고 수탈하는 노파를 죽임으로 다른 모든 사람은 유익을 얻고 행복해진다고 생각했다. 한 사람을 죽임으로 많은 사람을 행복하게 만들 수 있다는 이 대학생의 사상은 초인사상과 벤담의 공리주의 사상이 합쳐진 당시 유럽에서 유행하던 사상이었다. 라스콜리니코프는 결국 전당포 노파를 죽이는데 탈출 도중 리자베타라는 노파의 여동생도 자신을 보호하기 위해 죽인다.

그런데 우발적으로 리자베타를 죽인 것에 대해 주인공은 괴로워한다. 그녀는 가난하게 사는 착한 여자였기 때문이다. 노파의 부정한 돈으로 착한 일을 해 보겠다고 생각해서 살인을 했는데 오히려 가난하고 착한 여자를 죽였다는 가책이 그를 괴롭혔고, 살인 이후 예기치 못한 양심의 가책을 받게 되면서, 수사 당국의 치밀한 압박에 점점 불안해지기도 했다. 그러다가 마르멜라도프라는 사람이 말에 치어 죽어가는 것을 살려줌으로 그의 딸 소냐를 만나게 된다. 소냐는 친어머니도 아니고 친동생도 아닌 가족을 돌보기 위해 매춘을 하는 여자인데, 작가는 라스콜리니코프가 소냐를 처음 만나는 장면을 이렇게 묘사하고 있다. "절대 예쁘다고 말할 수 없는 얼굴, 그래도 그녀의 푸른 눈은 무척 맑았고 그 눈이 생기를 띨 때면 얼굴 표정도 무척 착하고 티 없이 보이면서 자기도 모르게 그녀에게 끌리게 되었다." 당시 소냐는 18세였다. 라스콜리니코프와 소냐는 급속도로 친해졌다.

라스콜리니코프는 매춘 활동을 하면서도 성스러운 마음으로 살아가는 소냐의 삶에 경외를 느끼게 된다. 특히 그는 소냐의 매춘에 대해 다양한 생각을 하게 된다. 그런 상황에 처한 여자가 취할 태도는 세 가지라고 생각했다. 자살, 정신병원 입원, 음탕한 생활. 그런데 소냐의 경우에는 어느 것도 해당되지 않는다고 생각되면서 그녀는 고통, 그 자체를 받아들이는 삶을 살아가는 여자라고 생각되어 소냐의 발에 입을 맞추기도 한다. 당황한 소냐가 그런 행동을 나무라자 라스콜리니코프는 "나는 당신에게 절한 것이 아니라 인류의 고통 앞에 절한 것이다."라고 말한다.

작가는 고통당하는 사람들을 사랑한 사람이다. 그의 아버지는 군의관

출신이었는데 농노들에 의해 그가 18세 때, 그 앞에서 죽임을 당했다. 농노는 그의 원수일 수 있는 사람들이지만 도스토예프스키는 농도들의 권익을 위해 상당한 노력을 했다. 그는 자녀를 둔 이혼녀와 첫 결혼을 했는데, 아내가 죽자 전처의 자녀들을 돌보는 일을 했다. 그는 인간의 악을 고발하면서도 인간을 사랑한 사람이다. 그 자신도 고통받는 사람이었다. 그는 간질병 환자였고 가난했으며 도박증이 있었고 낭비벽도 있었다. 그는 고통 속에서 살아남은 사람이었다. 그러기에 타인의 고통에도 고개를 숙일 수 있었다. 라스콜리니코프는 소냐가 매춘부이기 때문에 천함과 치욕이 내부에 쌓여있음에도 불구하고 정반대되는 성스러운 감정이 그 마음에 공존할 수 있는 것은 그녀에게 고통을 사랑하는 지혜가 있기 때문이라고 생각했다.

도스토예프스키의 연설에는 이런 말이 있다. "괴로움과 번민은 위대한 자각과 심오한 심성이 있는 자에게는 언제나 필연적인 것이다." "괴로움이야말로 인생이다." "인생에 괴로움이 없다면 또한 무엇으로 만족을 얻을 수 있겠는가?" "땅에 엎드려 입을 맞추고 눈물로 그것을 적셔라. 그러면 네 눈물이 대지의 열매를 맺어 줄 것이다."

두 주인공의 대화는 요한복음 11장 1-44절에 기록된 나사로의 부활 이야기로 정점을 이룬다. 나사로 부활 이야기는 살인사건을 담당한 예심판사 뽀르피리 뻬뜨로비치가 라스콜리니코프를 유도 심문할 때 처음 사용되었다. 예심판사는 라스콜리니코프가 범인이라고 생각하고 있지만 확실한 증거가 없어 그에게 자수하여 새 삶을 사는 것이 좋다는 뜻으로 나사로의 부활 이야기를 꺼낸다. 예심판사의 나사로 부활 이야기는 주인공에게 심리적 압박을 준다. 그는 자수를 생각하기는 하지만 머뭇거리는 중에 소냐에게 나사로 이야기를 읽어 달라고 요청을 하자 소냐가 라스콜리니코프가 죽인 리스베타의 성경으로 그 내용을 그에게 읽어줌으로 그는 자수에 대한 용기를 갖게 된다.

결국 라스콜리니코프는 소냐에게 자신이 전당포 노파와 그녀의 여동생 라즈베타를 죽였다고 고백한다. 소냐의 충격은 컸다. 그러면서도 소냐는 자신에게 살인을 고백한 라스콜리니코프에게 키스를 해주면서, "이 세상에 당신보다 더 불행한 사람은 없다."라고 통곡한다. 살인에 대한 고백을 한 후 라스콜리니코프는 소냐에게 "그럼 나를 버리지 않겠지?"라고 묻자 소냐는 "그럼, 언제까지나 어디서도."라고 대답한다. 소냐는 라스콜리니코프에게 자수를 권한다. 센나야 광장에 가서 땅에 엎드려 키스하고 "내가 사람을 죽였습니다." 이렇게 큰소리로 외치고 경찰서로 가서 자수하라고 한다.

재판은 신속히 진행되어 8년형이라는 가벼운 선고를 받는다. 자수한 것과 라스콜리니코프의 숨겨진 선행들이 밝혀지면서 그런 판결을 받게 된 것이다. 두 사람은 시베리아로 유형을 떠난다. 소냐는 옥바라지를 정성스럽게 한다. 그런데 근 1년이 지나갔지만 라스콜리니코프는 자신의 사상에 대해서는 잘못한 것이 없다는 생각을 버리지 못한다. 그는 자신의 사상에 대한 잘못보다는 왜 그런 행동이 다른 사람들에게 그토록 추악하게 느껴지고 있는가에 대해 고민한다. 죄수들은 그런 라스콜리니코프를 미워하지만 소냐는 다 좋아한다. 라스콜리니코프는 그런 죄수들의 행동을 이해하지 못한다. 예쁘지도 않고, 배우지도 못하고, 뭐 잘난 것도 없는데 죄수들은 소냐만 보면 웃고 "당신은 인정 많은 우리 어머니다."라고 칭송한다. 여기서 도스토예프스키는 이념과 사랑의 전쟁에서 사랑이 승리한다는 것을 암시하고 있다.

남자는 이념을 강조하는 사람이다. 이념은 사회현상을 통찰하여 체계화시킨 것이다. 통찰과 지식이 없으면 이념을 알 수도, 세울 수도 없다. 여자는 사랑을 실천하는 사람이다. 지식도 통찰도 없다. 이념은 복잡하고 사랑은 단순하다. 이념은 주장하지만 사랑은 실천한다. 이념의 상징인 라스콜리니코프는 타인을 희생시켜 자신의 이념을 살리는 사람이고, 사랑의 상징인 소냐는 자신을 희생시켜 다른 사람을 살리는 사람이다. 작가는 결국 사랑과 이념의 싸움에서 사랑의 승리를 선언한다.

〈해석과 평가〉 작가는 페트라솁스키라는 23명의 회원을 가진 단체에서 사회주의 운동을 하다가 체포되어 사형 직전에 특사로 살아남은 사람이다. 옴스크 유형지로 가는 기차에서 어느 여인이 준 신약성경을 감옥 안에서 읽으면서 기독교인이 된 이후, 이념의 한계를 깨닫고 사랑만이 인류를 구원할 수 있는 길이라는 것을 《죄와 벌》이라는 작품에서 구체화했다.

라스콜리니코프의 회심은 아주 상징적이면서도 낭만적이다. 두 사람은 살인을 고백할 당시 심한 논쟁을 했다. 소냐는 라스콜리니코프가 살인을 저지른 것은 어머니를 위해서, 배고프기 때문에 등등 현실적인 이유 때문이라고 주장했지만, 라스콜리니코프는 자신이 한 살인은 사상적인 이유 때문이라고 강변한다. 그런데 라스콜리니코프의 회심 때에는 그런 논쟁이 없다. 인간은 논쟁을 통해 회심하는 것이 아니다. 아침 6시, 라스콜리니코프는 강기슭에 올라 강 저편을 바라본다. 노랫소리가 들리고, 유목민들이 새로운 정착지를 향해 떠나려고 물건들을 챙기는 모습을 보는데 언제 왔는지 곁에 감기로 수척해진 소냐가 서 있었다. 라스콜리니코프는 갑자기 눈물이 터져 나왔다 그는 자기도 모르게 소냐의 무릎을 끌어안았다. 사랑으로 하나가 된 것이다. 남은 기간 7년, 그들은 7년을 7일처럼 살 수 있다는 자신감이 생겼다. 그리고 형기를 다 마치면 결혼하여 새 삶을 살 수 있을 것이라는 확신을 갖게 된다.

인간은 어떻게 회심하는가? 작가는 몇 가지 상황을 제시한다. 부활절, 새벽, 강 저편, 노랫소리, 유목민들, 그리고 사랑하는 사람, 이런 것들이 종합되어 인간은 새 삶을 살 수 있다고 주장하고 있다. 그리스도, 고독, 저편을 볼 수 있는 통찰, 예술, 소유에 집착하지 않는 자유, 사랑하는 사람 등등이 인간을 새롭게 하는 요소들이라는 것이다.

〈기독교적 이해〉 이 작품의 마지막은 복음서 이야기로 끝난다. 나사로의 부활 이야기를 읽어주던 소냐의 복음서요, 동시에 그가 죽인 죄 없는 리스베타가 소냐에게 준 복음서이고, 라스콜리니코프가 소냐에게 갖다 달라고 해서 그녀가 가지고 온 그 복음서이다. 아직은 읽어 보지 않았지만 이제 읽어 볼 복음서, 그에게 절망과 동시에 희망을 줄 복음서이다. 이 작품은 복음서 이야기로 끝난다. 대단한 상징적 결말이다. 도스토에프스키는 주인공이 복음서를 읽지 않았다는 점을 암시적으로 보여주면서 두 사람의 새 삶이 반드시 행복할 것이라는 확신을 주지는 않는다.

인간은 행복을 목표로 살아가는 존재는 아니다. 어느 인생이라도 고통은 존재한다. 새사람이란 고통 없는 사람이 아니라 고통을 사랑하는 사람이다.

이 작품에 등장하는 두 주인공은 고매한 살인자요, 성스러운 매춘부이다. 서로 양립될 수 없는 두 가지를 함께 갖고 있는 인간의 모순, 그것은 성경이 보여주는 인간의 모습과 같다. 하나님의 형상이면서도 죄인인 인간, 그래서 인간은 고통스러운 존재이다. 신앙이란 무엇일까? 고통에서 벗어나는 길을 가르치는 것과 동시에 고통을 사랑하며 살아가는 길을 안내하는 것이 신앙이 아닐까? 그런데 한국기독교는 고통에서 벗어나는 길만 가르치고 있다. 그래서 몰락하는 것이다.

작가는 이념의 독을 가르치고 있다. 라스콜리니코프의 이념의 결과는 살인이다. 악한 자도 선한 자도 죽인다. 자본주의도, 사회주의도 인간을 구원하지 못한다. 자본주의가 그런 것처럼 사회주의도 그럴 것이다. 이제 이념 논쟁에서 벗어나 서로 사랑하는 것만이 함께 사는 길임을 명심해야 한다. 그런데 기억해야 한다. 사랑은 고통이라는 것을. 두 주인공은 서로 다르지만 공통점이 하나 있다. 서로 불쌍히 여기고 있다는 점이다. 사랑이란 서로 불쌍히 여기는 것이다. 고통스럽지만 서로 불쌍히 여길 수만 있다면 서로가 구원을 받는다.

주홍글씨

〈작가와 작품 해설〉 원 제목은 '주홍글자'(The Scarlet Letter)이다. 이 작품은 현대 미국소설의 아버지라고 부르는 나다니엘 호손(Nathaniel Hawthorne, 1804~1864)이 지은 장편소설이다. 그가 세관원으로 근무하다가 해고되자 크게 낙담을 했는데, 그의 부인인 소피아 피이보디는 드디어 내 남편이 소설 쓰기에 전념하게 되었다고 크게 기뻐했다고 한다. 그의 단편 중에는《큰 바위 얼굴》이라는 소설이 있는데 그 내용이 매우 교훈적이어서 중학교 국어 교과서에 수록되기도 했다.

헤스터 프린이라는 여자가 임신함으로 누군가와 간통한 사실이 밝혀지자 형무소에 수감이 되고 3개월 후 재판을 받게 되었다. 그녀는 아기의 아버지가 누구냐를 묻는 심문관들의 질문에 함구한다. 심지어 교인들에게 성자로 추앙받는 딤스데일 목사의 질문에도 대답하지 않는다. 사실 아기의 아버지는 딤스데일 목사였다. 그 목사는 영국 옥스퍼드 대학을 나온 수재로서 독신인데, 헤스터와 간통을 하였다. 헤스터가 끝까지 침묵하자 그녀와 아기는 교수대에서 3 시간 서서 군중에게 조롱거리가 되는 형벌을 받고 난 후 헤스터에게는 평생 간통한 여자라는 치욕적 의미를 지닌 'A'(adultery)라는 주홍글씨를 가슴에 달고 살아야 하는 벌을 받게 된다.

그녀는 자기를 바라보는 군중 사이에 있는 남편 칠링워스를 발견하게 된다. 그는 늙은 의사이다. 아내를 먼저 미국에 보내고 뒤따라 가겠다고 약속을 했지만 2년 동안 오지 않아 헤스터는 남편이 죽은 줄 알았는데 이제야 나타난 것이다. 그는 형무소에 수감된 헤스터를 찾아와 죄를 용서해 줄 터이니 아기의 아버지가 누구인지를 밝혀 달라고 강권한다. 그러나 여전히 헤스터는 함구한다. 칠링워스는 다른 제안을 한다. 죄를 용서해 줄 터이니 자신의 신분을 밝히지 말아달라고 간청하는 것이다. 이는 자신의 신분이 드러나면 아기 아버지가 도주할 것을 염려했기 때문이다. 이에 헤스터는 남편에게 아기 아버지를 용서해 달라고 간청하지만 칠링워스는 용서 대신 복수를 하겠다고 다짐한다.

감옥에서 나온 헤스터는 교외에 있는 오두막집에서 바느질을 해가면서 살아간다. 그녀는 옷을 잘 만들기로 유명했다. 헤스터는 딸을 사랑의 열매로 생각하여 잘 키우려고 노력했으나 딸은 자유 분망하게 살아 동네에 골칫거리가 되어 그녀의 마음에 상처를 준다. 동네 유지들은 헤스터가 딸을 잘 양육하지 못해서 그런 일들이 생긴다고 판단해서 그녀와 딸을 분리해 놓으려고 한다. 하지만 헤스터는 이를 완강히 거절한다. 헤스터는 이 딸은 하나님의 선물이라고 생각하고 있기 때문에 자신이 딸을 잘 양육시킬 수 있다고 주장한다. 딤스데일 목사도 이에 동조하게 되면서 딸은 결국 헤스터가 키우게 된다.

딤스데일 목사는 헤스터와의 불륜에 대한 죄책감 때문에 마음고생을 많이 한다. 단식, 금식, 매질, 철야기도 등을 통해 자신을 학대하면서 자신의 죄를 회개한다. 그는 설교 중에도 자신이 죄인이라고 고백하기도 한다. 그럴 때마다 그의 설교는 은혜로운 설교가 되고 교인들은 큰 감동을 받는다. 자기학대로 인해 딤스데일 목사의 건강이 나빠지자 교인들은 주치의를 들이기로 정했고, 칠링워스가 선택된다. 칠링워스는 딤스데일 목사와 한집에 살면서 목사의 동태를 살피게 되고, 결국 그는 자기 아내 헤스터와 간통한 사람이 목사라는 심증을 갖게 된다. 칠링워스가 온갖 방법으로 목사를 고통스럽게 하자 목사는 7년 만에 헤스터를 직접 만나 딸과 함께 교수대에 서서 죄를 자복하자고 제안한다. 이에 헤스터는 칠링워스가 자기 남편임을 밝히면서 유럽으로 도망가자고 애걸한다. 그러면서 자기 가슴에 붙어 있는 주홍글씨를 떼서 던져버리고 머리도 풀어버린다. 사랑하는 사람과 새로운 삶을 살겠다는 결연한 의지를 드러낸 것이다. 그러자 딸 펄이 그런 엄마의 행동을 비난하게 되고 유럽으로 도망가려는 낌새를 알게 된 칠링워스가 같은 배에 예약을 했다는 사실을 확인하게 되면서 결국 그들은 유럽행을 포기해 버린다.

이후 새 총독이 부임하게 되면서 축하연에 딤스데일 목사가 설교를 하자 그 설교에 교인들이 큰 은혜를 받게 된다. 설교가 끝나자 딤스데일 목사는 혼자 교수대로 걸어가는데 마침 그때에 헤스터와 딸 펄을 만난다. 세 사람이 교수대에 서자 딤스데일 목사는 자신이 헤스터와 간통한 죄인이라고 고백하고 쓰러져 죽는다. 복수만을 삶의 목표로 삼았던 칠링워스도 목표상실에서 오는 허무감 때문에 자신의 재산을 펄에게 남겨주고 죽고 만다.

헤스터와 딸 펄은 유럽으로 떠나 살다가 펄은 결혼하여 그곳에서 행복하게 살고, 헤스터는 미국으로 돌아와 예전에 살던 그곳에서 가난한 사람들, 병든 사람들, 고아 과부 등을 도우면서 행복하게 살다가 죽는다. 사람들은 헤스터를 천사라고 불렀다. 헤스터가 죽자 마을 사람들은 그녀를 딤스데일 목사 옆에 묻어준다. 그리고 두 무덤 사이에 비석 하나를 세워 주는데, 그 비석에는 붉은 글씨로 A자를 새겨 준다. 이는 두 사람이 비록 불륜관계지만 서로 진실하게 사랑했던 사람들이라는 마을 사람들의 평가를 확인할 수 있는 행동이다.

〈해석과 평가〉 헤스터는 미국 여자의 상징이다. 그녀는 키가 크고 우아하며 풍부한 머리칼을 갖고 있고 검은 눈동자에 총명이 깃들어 있고 요염하다. 자신이 한 사랑에 대해 후회가 없고 죄 값은 치르겠다는 단호함이 있다. 헤스터가 남편 칠링워스에게 하는 말, "딤스데일을 용서하라. 그는 죄의 대가를 치렀다. 나에게 복수하라." 아기의 아버지를 대라는 딤스데일의 힐문에 헤스터는 함구하면서 "제 자신의 고통은 물론 그분의 고통도 제가 견디겠습니다."라고 말하면서 딤스데일 목사를 위로하고 격려하는 당당한 여자이다. 헤스터, 그녀는 사랑하는 남자를 끝까지 지켜준 여자이다.

헤스터의 변화는 세 단계를 걸친다. 죄인에서, 유능한 여자로, 더 나아가 선행을 하는 천사로 변화되어 간다. 죄인은 그가 지은 죄 때문에 심판을 받기보다는 죄인의 자리에서 변화되지 못하는 데서 심판을 받는다.

딤스데일 목사는 엘리트 목사요, 존경받는 목사이다. 그러나 작가는 존경받는 성직자도, 최고의 지식인도 인간일 뿐이고 죄를 범할 수 있다는 것을 암시하고 있다. 또한 목사는 죄인이지만 죄책감 때문에 오는 고민과 고통, 고독을 통해 구원받을 수 있는 가능성이 있는 자임을 암시하고 있다. 딤스데일 목사는 결국 교수대에서 자신의 죄를 고백하고 죽었다. 여기서 작가는 회개는 금식, 단식, 철야기도, 매질 등을 통해 이루어지는 것이 아니라 고백을 통해 이루어지는 것임을 강조하고 있다.

딤스데일 목사가 명설교를 할 수 있었던 것은 그의 지성이나 영성보다는 자신의 죄에 대한 고통, 고민, 그리고 하나님 앞에서의 고독 때문이었다. 오늘날 많은 목사는 명설교를 하기 위해 지성과 영성을 깊이 갖고자 노력한다. 당연한 노력이다. 그러나 자신의 죄에 대한 통찰, 죄책감에서 오는 고통, 죄에 대한 고민, 죄인으로서 고독 등을 느끼지 못한다면 결코 명설교를 할 수 없다. 설교는 목사의 통증이다. 아파하는 자만이 아픈 자를 치유할 수 있다.

두 주인공, 헤스터와 딤스데일 목사는 서로 다른 방향으로 변화했다. 헤스터는 죄인에서 천사로, 딤스데일 목사는 성자에서 죄인으로, 그러나 두 사람은 모두 구원을 얻었다. 헤스터는 자신이 한 믿음안에서의 사랑과 선행으로, 딤스데일 목사는 고통과 믿음을 통해 얻은 회개로 구원을 받았다. 딤스데일 목사의 최후는 감동적이다. 그는 교수대에서 자신의 딸 펄에게 천국에서 만나자고 말했고, 딸은 아버지 딤스데일 목사의 이마에 키스를 해 준다. 하나님의 사랑과 용서의 상징이라고 생각할 수 있다. 펄은 단순히 두 사람 사이에 태어난 딸이 아니다. 펄은 두 사람에게는 그들이 한 사랑의 선물이기도 하지만 죄를 느끼게 하는 가시와 같은 존재이다. 펄은 헤스터에게 주홍글씨의 뜻이 무엇인지를 자주 물었다. 두 사람이 유럽으로 도망가고자 할 때, 이를 막은 존재가 딸이다. 헤스터는 딸을 사랑으로 키웠지만 펄은 헤스터에게 반항적이었다. 헤스터는 딸로 인해 고통을 당했다. 사랑은 고통을 동반한다. 고통 없는 사랑은 진실한 사랑이 아니다. 헤스터와 딤스데일, 그리고 펄은 결과적으로 행복한 사람들이다.

이 작품에서 가장 비극적인 존재는 헤스터의 남편 칠링워스이다. 그는 아내의 불륜에 분노하고, 헤스터의 연인인 딤스데일 목사에 대한 복수심으로 살았다. 이해가 된다. 그러나 그의 비극은 헤스터의 불륜이 자기에게도 책임이 있다는 것을 인정하지 못한 것이다. 그는 딤스데일 목사가 아내의 연인임을 알고 난 후, 목사가 스스로 무너지게 될 정도로 잔인한 정신적 고문을 했다. 그는 딤스데일 목사의 마음을 엿보는 일을 망설임 없이 했다. 사실상 남의 마음을 엿보는 행위는 죄, 그 자체이다. 딤스데일이 죽자 그도 무너졌다. 목표가 없어진 허무 때문에 무너진 것이다. 인간은 가치지향적인 목표를 지니고 살아야지 복수, 남을 괴롭히는 것을 삶의 목표로 삼아서는 안 된다.

칠링워스는 자신의 재산을 헤스터의 딸 펄에게 남겨주었다. 이는 칠링워스가 마지막 순간에 자신의 죄를 회개했다는 뜻이기도 하고, 그가 헤스터를 사랑했다는 증거이기도 하다. 사랑은 증오를 낳는다. 그러나 그 증오를 넘지 못하면 사랑은 비극의 원인이 된다. 딤스데일 목사의 마지막 설교는 '진실하라, 진실하라, 진실하라', 단 세 마디였다. 가장 짧은 설교지만 가장 필요한 설교이다. 인간은 진실해야 한다. 죄인도 믿음으로 진실하면 구원을 받지만, 남이 보기에는 성자 같지만 진실하지 못하면 구원을 받을 수 없다.

〈기독교적 이해〉 이 작품은 윤리적 상징소설이다. 이 소설은 교수대에서 시작하여 교수대에서 사실상 끝난다. 당시 청교도들은 완전주의를 신봉했다. 그들은 의인이 되려고 했다. 그들은 영국에서 건너온 후 교회와 교도소를 동시에 지었다 성실한 신앙생활, 그리고 죄인에 대해 엄중한 처벌을 하면 그들은 의인으로 살고, 그들의 마을은 완전한 마을, 유토피아 천국이 건설된다고 생각했다. 그래서 교수대를 상설로 만들어 마을 안에 세웠고, 그 교수대에서 수많은 사람을 처벌했다. 작가는 이 소설에서 청교도의 완전주의를 비판하고 있다. 그래서 교인들이 성자로 모시는 딤스데일 목사를 간통범으로 교수대에 세운 것이다. 인간은 완전해질 수 있는 존재인가? 아니다. 만약 인간이 완전해진다면 그것은 일종의 우상 숭배이다. 자신을 우상으로 만드는 교만한 행위이다.

작가는 딤스데일 목사의 죽음에 대해 그 모습을 본 많은 무리의 다양한 반응을 기술해 놓았다. 어떤 사람들은 목사가 자신의 죄에 대해 부끄러워서 자살했다고 수군거리는가 하면, 어떤 사람들은 목사가 회개한 후 그 충격으로 죽었다고 중얼거리고, 어떤 사람들은 목사가 설교한 후, 평소 병약한 몸이라 병으로 돌아가신 것이라고 아쉬워했다고 기술하고 있다. 인간은 같은 장면을 같이 보면서도 그 해석은 각양각색이다. 인간은 자기가 보고 싶은 장면을 중심으로 사물을 보고, 해석하는 존재이다. 인간의 언어는 사실 그 자체를 말하는 것이 아니라 해석된 사실을 말하는 것이다. 그 해석이 어찌 되었든 사람들은 그의 시신을 정중하게 묻어주었다. 이는 딤스데일 목사에 대한 교인들의 사랑을 증명하는 것이고, 후일 헤스터가 죽자 그녀의 시신을 딤스데일 목사 옆에 묻었다는 것을 통해 더욱 확증된다.

딤스데일 목사는 진실하기 위해 자신의 죄를 고백했다. 당시 사람들은 완전한 공동체, 완전한 인간을 만들기 위해 신앙과 형벌을 강조했다. 그러나 작가는 완전한 공동체, 완전한 인간은 불가능하다고 암시하고 있고, 진실을 더 강조하고 있다. 작가가 말하는 진실은 자신과 상대에 대한 태도이다. 작가가 강조하는 진실은 윤리적이지만 초윤리적이다. 헤스터와 딤스데일의 사랑은 윤리적이지 못하다. 그들의 사랑은 진실했다. 그런 의미에서 그들의 사랑은 초윤리적이다. 그러나 그들의 사랑은 윤리적이기도 했다. 헤스터는 죗값을 치렀고, 딤스데일 목사는 자신이 죄인임을 고백했다.

끝으로 한 가지 의문이 남는다. 딤스데일 목사는 자신이 죄인임을 고백했는데 헤스터에 대한 사랑이 죄라는 의미였는지, 헤스터를 사랑한 자가 자신임을 밝히지 못한 것이 죄라는 의미인지, 이 작품은 침묵하고 있다. 그 해석은 독자의 몫일 것이다.

47

도스토예프스키

카라마조프가의 형제들

〈작가와 작품 해설〉 이 소설은 러시아의 도스토예프스키(Fyodor Mikhailovich Dostoevskii, 1821~1881)의 작품이다. 그는 역사에 등장하는 유명한 소설가 중에 가장 기독교적인 작가이다. 그래서 어떤 사람은 그를 13 번째 사도라고 부르기도 한다. 그는 톨스토이처럼 작품을 통해 설교하지는 않는다. 그러나 인간의 깊은 내면세계를 현미경처럼 들여다보면서 인간의 갖고 있는 선과 악에 대해 해부학적 조명을 한다. 그래서 그는 잔인하다. 그러나 역설적으로 그 잔인함 속에 인간에 대한 사랑이 담겨 있고 인간 구원에 대한 따뜻한 메시지가 숨겨 있다.

그는 제정 러시아 때 사회주의 운동을 하다가 체포되어 시베리아로 유형을 갔다가 사형 직전 황제의 칙령으로 사면을 받고 4년간의 유형 생활을 했다. 그때 감옥에서 본 수많은 죄수의 생각과 감정, 행동 등등을 면밀히 관찰하면서 인간 연구를 했고, 그 결과는 그의 모든 소설 속에 녹아 있다. 그는 착한 사람도 아니었고 성격적으로 온순한 사람도 아니었다. 그는 도박을 즐겼고, 호색한이었으며, 간질병 환자이기도 했다.

그를 인간 승리로 이끄는 데 결정적인 역할을 한 사람은 그의 아내 안나 그리고리 에브나였다. 그녀는 도스토예프스키의 속기사로 25년 연하의 여자였지만 도스토예프스키의 천재성을 발견하고 그를 도왔다. 도스토예프스키는 안나를 만나 마음의 평정을 얻었고 안정된 생활을 하게 되면서 연달아 대작을 썼다. 이런 안나에 대해 작가는 숨을 거두면서 다음과 같이 말했다. "안나 기억하시오. 나는 항상 당신을 열렬히 사랑했고 꿈속에서도 당신을 배신해 본 적이 없소." 이 말을 들은 안나는 감격했다. 안나는 남편이 죽고 난 후에도 재혼하지 않고 평생을 남편의 기념사업에 전념했다. 문학목록을 작성하고 남편의 유물, 초상화를 전시하는 기념 공간을 모스크바 역사박물관에 만들었으며 스따라야 루사메에 도스토예프스키 학교를 세웠다. 나중에는 자신의 회고록을 집필함으로 최고의 여자로서 생을 마감했다.

도스토예프스키는 폐동맥으로 죽었으며 그의 시신은 알렉산드르 네프스키 수도원에 안치되어 있다. 시베리아로 유형을 가면서 옴스크역에서 어느 여인이 준 신약성서를 감옥에서 탐독해서 그리스도인이 된 그는 죽을 때까지도 그 성경을 갖고 있었는데, 죽음 직전에 마태복음 3장 14절 이하, 즉 세례 요한에 의해 세례를 받을 때 예수님이 말씀하셨던 성경을 읽고 숨을 거두었다. 그에게 있어서 죽음은 의를 이루는 과정이었다.

작가는 이 작품을 통해 인간의 다양성과 인간 내면의 갈등을 풀어내고 있다. 이 소설은 어머니가 남겨준 유산을 아버지로부터 받아내기 위해 20년 만에 집으로 돌아온 큰아들 드미트리를 중심으로 시작된다. 아버지 표도르는 이기적인 인물이고, 탐욕과 방탕의 상징이다. 육적인 인간인 것이다. 그는 아내가 있음에도 불구하고 술집 작부인 그루센카를 좋아한다. 좋아한다기보다는 그녀의 젊은 육체를 탐내는 것이다. 큰아들역시 그 아버지의 피를 이어받아 약혼녀가 있음에도 불구하고 그루센카를 좋아한다. 그러나 큰아들 드미트리는 순수함이 있고 돈에 대한 탐욕은 없다. 선악이 혼재되어 있는 일종의 낭만주의자라고 할 수 있다. 아버지가 큰아들에게 돈을 주지 않자 큰아들과 아버지 사이는 멀어지고 서로가 그루센카를 좋아하고 있다는 것을 안 후로는 파국으로 치닫게 된다. 큰아들은 아버지를 죽이겠다고 공공연히 떠들고 아버지가 살해되자 범인으로 몰린다.

한편 둘째 아들 이반은 철학자이다. 그는 매우 이성적이고 무신론자이다. 그는 모든 문제는 이성으로 해결할 수 있다고 생각한다. 그는 반항적이다. 당시 러시아 사회의 부패에 대해 비판적이고 러시아 정교회는 인간의 죄 문제에 대해 현실적인 대안을 제시하지 못하고 탁상공론만 하고있고, 예배와 교리만 강조하면서 현실을 변화시키려고 하지 않는다고 생각한다. 그러면서도 그는 큰 형의 약혼자인 카테리나를 사랑하게 되면서자기모순 때문에 깊은 고민에 빠지게 된다.

셋째 아들 알료샤(알렉세이)는 성직자가 되기 위해 성자라고 존경받는조시마 장로 문하에서 신학공부를 하는 진실한 그리스도인이다. 그는 이해심이 많은 사람이다. 아버지와 형들, 주변 인물들을 비판하고 정죄하기보다는 이해하고 불쌍히 여기는 착한 마음을 소유한 사람이다. 작가가가장 이상적이라고 생각하는 사람은 알료샤이다. 작가는 이 사람을 주인공으로 소설을 쓰려고 했으나 도중에 죽고 말았다. 그래서 이 작품을 미완성 작품이라고 부른다.

넷째 아들은 사생아인 스메르자코프이다. 아버지 표도르가 거리의 여인에게서 낳은 서자이기에 아버지에게 구박을 받으면서 자랐고, 이 집에서 요리사 역할을 하고 있다. 간질병이 있고, 아버지에 대한 증오심이 깊다.

카테리나는 큰아들 드미트리의 약혼녀지만 그에게 버림을 받자 복수심을 갖게 되고 약혼자의 동생인 이반이 자기를 사랑하는 것을 알고 이를 적절하게 이용하려는 통속적인 여자이다. 또한 그루센카는 술집 작부로서 아버지와 큰아들 사이에 끼어 있지만 아버지의 돈과 큰아들의 순수성과 낭만성 사이에서 혼란스러워한다. 그녀가 그런 갈등을 하는 것은 아직은 그녀에게 인간으로서의 순수성이 남아있다는 증거일 것이다.

아버지가 살해당하자 경찰은 큰아들 드미트리에게 혐의를 둔다. 평소에 아버지를 죽이겠다고 늘 말해 왔기 때문이다. 알료샤는 큰 형이 범인이 아니라는 것을 잘 알고 있었다. 큰 형이 아버지를 죽이겠다고 큰소리를 쳤지만 사실 큰 형은 아버지를 죽일 만큼 악인이 아니라는 것을 알고 있었기 때문이다. 큰 형에 대한 알료샤의 확신은 조시마 장로의 영향을 받은 것이다. 어느 날 조시마 장로는 큰 형 드미트리를 보자 그에게 큰절을 했다. 그 연유를 묻자 조시마 장로는 이 세상에서 가장 큰 고민을 지닌 자를 보았다고 하면서, 고민하는 자는 결국 구원을 받는다고 말하면서, 큰 형을 잘 대해 주라고 알료사에게 권유했다. 범인은 넷째 스메르자코프였다. 그는 사생아로서 아버지에게 아들로서의 대접을 받지 못하고 마치 하인처럼 취급을 당했다. 그는 둘째 형 이반을 찾아가서 인생을 어떻게 살아야 하느냐고 물었다. 그러자 무신론자인 이반은. 만약 하나님이 계시다고 믿는다면 성경 말씀대로 살면 되고, 하나님이 안 계신다고 확신한다면 자기 마음대로 살면 된다고 간단하게 그 해답을 준다. 스메르자코프는 평소부터 이반을 존경하고 있었기 때문에 그가 가르쳐준 대로 아버지를 죽인다. 그는 무신론자였다.

재판 과정에서 큰아들 드미트리는 자기가 범인이라고 주장한다. 알료샤가 왜 그런 거짓말을 하느냐고 드미트리를 비난하니, 그는 마음속으로 아버지를 죽이겠다고 생각했으니 이미 그 자체가 살인이라고 대답을 한다. 이런 드미트리의 주장에 스메르자코프는 양심의 가책을 받게 되면서 자살하고 만다. 이반 역시 자기에게 영향을 받아 스메르자코프가 아버지를 죽였다는 사실을 알고 심한 가책을 받으면서 집을 나간다. 결국 드미트리는 유죄선고를 받고 시베리아로 떠나게 되는데 그루센카는 자신의 죄를 회개하고 그를 따라 시베리아로 함께 가면서 이 소설은 끝난다.

〈해석과 평가〉 작가는 이 작품에서 다양한 교훈을 주고 있다.

첫째는 인간 유형의 다양성을 제시하고 있다. 드미트리는 감정적 인간, 이반은 이성적 인간, 알료샤는 신앙적 인간, 스메르자코프는 자기 의견보다는 남의 의견에 따라 행동하는 의존형 인간, 아버지는 육적 인간, 그루센카는 기회주의적 인간, 카테리나는 복수형 인간 등으로 나눌 수 있다. 그런데 어느 인간 유형이건 간에 공통점이 하나 있다. 그것은 모두 갈등을 겪고 있다는 것이다. 작가는 갈등이야말로 인간의 존재 양식이라고 주장하고 있다. 어떤 갈등을 겪고 있느냐, 그 갈등을 어떻게 해결하느냐가 그 인생을 결정한다. 작가가 인간 갈등을 파고들기 때문에 그를 인간 해부학자라고 부르는 것이다.

둘째, 작가는 이 작품에서 러시아의 재판 과정을 비판하고 있다. 배심원들은 증거는 없지만 드미트리가 도덕적으로 문제 있다는 것을 이유로 그를 유형지로 보낸다. 작가는 감정이나 도덕적 근거로 인간을 재판하는 것은 잘못된 재판임을 암시하고 있다. 재판 도중 변호사 페후코비치는 도덕적 재판에 제동을 건다. 그는 왜 아들은 무조건 아버지를 사랑해야 되는가를 진지하게 묻는다. 아버지는 아들을 사랑하지 않아도 되고, 아들은 아버지를 사랑해야만 된다는 주장은 잘못된 것이라는 논리이다. 작가는 모든 인간관계는 상호주의 관계라는 것을 강조하고 있다.

셋째, 작가는 대심문관이라는 부분을 통해 당시 기독교를 비판하고 있다. 대심문관은 이반의 사상을 암시하는 부분인데, 그 자체가 하나의 독립된 소설이라고 할 수 있다. 15세기경 스페인 세비아에 큰불이 나고 그것을 이단의 짓이라고 생각하여 잔인하게 이단처벌을 하는데, 예수 그리스도가 재림한다. 재림 예수도 체포되어 대심문관에게 심문을 받는다. 대심문관은 인간에게는 자유보다는 빵이 더 중요하다고 강조하면서, 예수의 가르침을 질책한다. 대심문관은 예수가 이긴 세 가지 시험을 역으로 해석했기에 예수의 기독교가 지금까지 유지되고 있다고 말한다. '빵을 주겠다, 기적을 보여 주겠다, 권위를 갖게 해주겠다.' 이렇게 주장함으로 기독교는 유지되어 왔다고 강조하면서 예수의 가르침은 인간에게 고통을 주는 가르침이라고 주장한다. 즉 인간은 예수의 가르침대로 살 수 없는 존재라는 것이다. 그러자 예수는 아무 말 없이 사라진다.

이처럼 작가는 기독교인이지만 기독교를 비판하는 열린 사람이었다. 인간은 완벽하게 예수처럼 살 수는 없다. 그러나 예수처럼 살려고 노력할 수는 있다. 100점이 좋은 것이지만 60점도 가치가 있다. 예수 그리스도 주변에 완벽한 사람은 없었다. 그러나 예수는 그들을 사랑했고, 그들과 함께 하나님의 일을 했다. 예수처럼 살 수 없다고 단정 짓는 것보다 그래도 예수처럼 살아야 한다고 가르치는 것이 기독교의 본분이다.

이 작품에는 실로 감동적인 장면들이 많다. 예를 들면 조시마 장로가 죽는 장면, 즉 석양을 보면서 지난날을 회상하며 감사하는 마음으로 세상과 작별하는 모습이나 큰 형 드미트리가 동생 알료샤에게 자기 내면을 고백하는 장면, 알료샤가 어린 시절 받았던 교육에 대한 아름다운 추억을 고백하는 것들은 실로 명장면이다.

이 소설에는 미완의 문제들이 많다. 시베리아로 떠난 드미트리와 그루센카의 삶이 어떠했는지, 이반은 그 후 어찌 되었는지, 알료샤는 정말 성직자가 되었는지? 이 작품은 이런 것에 침묵하고 있다.

〈기독교적 이해〉 작가는 이 소설에서 궁극적으로 희망을 노래하고 있다. 드미트리의 회개, 스메르자코프의 양심의 가책, 이반의 후회, 그루센카의 결심, 조시마 장로의 거룩한 죽음 등등은 작가가 이 작품에서 인간에게는 그래도 희망이 있다는 것을 보여주려고 애쓴 흔적이다. 특히 드미트리와 그루센카가 시베리아로 떠나면서 결코 불행해하거나 누구를 미워하지 않는 태도는 매우 상징적이다. 왜 그럴까? 그들은 고행을 통한 정화를 택했기 때문이다. 두 사람은 죄인임을 깨달았고, 그것을 고통을 통해 정화시키려는 용기를 지닌 사람들이다.

인간은 어떤 존재인가? 인간 본성에는 육적, 감정적, 이성적, 신앙적, 이기적 욕망이 혼재되어 있다. 그런 것들이 환경에 따라 수면 위로 떠 오르면서 인간은 갈등을 겪고, 어떤 때는 선을, 어떤 때는 악을 행하는 존재이다. 그러나 생각만 바로 한다면 행동도 바로 되고 갈등도 창조적으로 해결된다. 기독교는 구원과 축복을 가르치기 전에 갈등하면서 고민하는 인간을 서로 불쌍히 여기면서 인간과 삶, 더 나아가 환경에 대해 바로 생각하는 법부터 가르쳐야 한다. 그렇지 못하면 구원이나 축복은 결국 이기적인 것이 되고 남에게 상처를 주는 숨겨진 악이 될 수 있다. 기독교는 구원과 축복으로 흥하는 종교이면서 동시에 잘못되면 어느 시점부터는 구원과 축복 때문에 망하는 종교가 될 수도 있다.

이 작품을 읽고 나면 많은 생각을 하게 된다. 필자의 경우는 쓸쓸함이 남는다. 인간에 대해서, 기독교에 대해서. 그러나 다시 생각해 보니 쓸쓸함이 없는 인생이 어디 있겠는가? 그 쓸쓸함을 사랑하는 것이 지혜일 것이다.

파우스트

〈작가와 작품 해설〉 흔히 문학을 공부하는 사람들은 '단테, 셰익스피어, 괴테'를 3대 천재라고 부른다. 그들의 문학 내용들이 광대하기 때문이다. 괴테(Johann Wolfgang von Goethe, 1749~1843)는 시인이면서 동, 식물에 관심도 많았고, 색채에 대한 탁월한 이론도 제시한 사람이다. 정치가로서 활동한 적도 있다. 그가 활동하던 시대는 18세기말부터 19세기 중반인데, 산업혁명, 프랑스 대혁명의 영향 속에 혼란을 겪고 있었다. 이성을 중요시하는 합리주의에 반대한 낭만주의, 그 낭만에 대한 반동으로 고전주의가 시대정신의 축을 이루고 있었다. 낭만주의는 이성보다는 감성을, 분석보다는 종합을, 집단보다는 개인을 중시하여 자유롭게 각자의 삶을 즐겁게 살려는 주의라고 할 수 있는데, 나름대로 타당성이 있기는 했으나 현실문제에 대한 대안을 제시할 수 없어 일부 예술가들은 고전주의로 돌아가려고 했다.

괴테는 낭만주의자였다. 《젊은 베르테르의 슬픔》이 그 대표작인데, 나중에는 형식과 이성을 강조하는 고전주의를 선호했다. 괴테야말로 이 시기에 유럽을 대변하는 최고의 지성이었다. 나폴레옹이 괴테를 처음 만나고 난 후, 방을 나가는 그를 등 뒤에서 보면서 부하들에게 "저기 인간이 있다."라고 말한 일화는 너무나도 유명하다. 칼을 대표한 나폴레옹이 펜을 대표하는 괴테에 대한 칭찬이고, 펜은 칼보다 강하다는 명구가 탄생한 순간이기도 했다.

《파우스트》는 16, 17세기경에 널리 알려진 마술사 파우스트를 소재로 삼아 쓰인 희곡이다. 모두 12,110행으로 만들어졌다. 괴테는 23세 때 쓰기 시작하여 59년 만에 이 대작을 완성했다. 그의 최후의 작품이요, 그의 문학적 상상력을 완결한 작품이다. 1부, 2 부로 구성되었는데, 2부는 그가 죽은 후에 출판되었다. 서막은 성경 욥기에 나타난 하나님과 사탄의 대화를 방불케 하는 장면으로 시작된다. 악마 메피스토펠레스는 신에게 인간은 쉽게 유혹에 넘어간다고 큰소리친다. 그러자 신은 착한 인간은 비록 어두운 충동에서도 무엇이 올바른 길인가를 안다고 대답한다. 인간은 비록 한때, 유혹에 넘어가지만 결국 바른 선택을 한다는 의미이다. 악마는 신이 하신 말을 검증해보자고 제안하고 이에 신이 허락을 하면서 파우스트의 이야기는 시작된다.

1막이 열리면서 50세 된 파우스트의 탄식이 시작된다. 그는 철학, 의학, 법학, 신학까지 다 섭렵했지만 여전히 초라한 존재로 남아 있고 삶의 의미는 알 수 없다고 탄식한다. 그리고 자살을 결심한다. 그 순간 부활절 종소리가 들리고 천사들의 합창소리를 듣게 되면서 그는 자살을 중단하고 다시 진정한 삶을 찾아 살아보기로 결심한다. 이 장면을 통해 결국 파우스트의 이야기는 선한 결실로 끝날 것임을 작가는 암시하고 있다.

이후에 악마인 메피스토펠레스가 그에게 나타나 파우스트의 종이 되어 이 세상의 온갖 쾌락을 누릴 수 있도록 해 줄 것이니 죽을 때, 파우스트의 영혼을 자기에게 달라고 제안한다. 파우스트는 지식으로 삶의 의미를 알지 못한 터라 쾌락으로 삶의 의미를 알고 싶어 하는 충동이 생기면서 악마의 제안을 수락한다.

악마는 술집으로 그를 데리고 간 후, 마녀의 부엌에서 젊어지는 미약을 얻어 파우스트에게 먹이자 그는 20대 청년으로 변한다. 파우스트는 길거리에서 그레트헨이란 신앙심이 깊은 처녀를 만나 그녀를 사랑하게 된다. 그레트헨은 신앙심이 깊은 여자였지만, 파우스트의 물량공세에 넘어가 그와 육체 관계를 맺게 된다. 악마는 파우스트에게 그들의 관계를 악하게 여기는 그레트헨의 오빠 발렌틴을 죽이라고 권하고, 그렌트헨은 어머니에게 수면제를 먹여 실수로 죽게 만든다. 이에 죄책감을 느낀 그레트헨은 미쳐 어린 아기를 유기하여 죽게 만들고 결국 체포되어 사형언도를 받는다. 그레트헨이 감옥에서 처형당하게 되었다는 소식을 들은 파우스트는 악마의 반대에도 불구하고 감옥으로 달려가 그레트헨에게 용서를 빌고 탈옥하자고 권한다. 그러나 그레트헨은 죗값을 치르겠다고 말하면서 파우스트를 용서한 후, 처형된다. 그레트헨이 죽을 때, 악마는 "그레트헨은 심판을 받았다."라고 외치지만 하늘에서 천사들은 "그레트헨은 구원받았다."라고 합창하면서 1막이 끝난다.

2부는 더 넓은 배경으로 시작된다. 악마는 파우스트에게 더 자극적인 쾌락을 누릴 수 있도록 그를 발프르기스로 데리고 간다. 악마는 여기서 인간이 상상할 수 있는 최고의 쾌락을 누리도록 한다. 발프르기스의 밤이라고 하는 이 연회는 여러 여자가 나체로 춤을 추며 난교를 즐기는 최악의 장소였다. 이곳은 아무 생각 없이 오직 즐기는 곳이었다. 그러나 파우스트는 쾌락 속에서도 그레트헨에 대한 사랑 때문에 마음의 안정을 얻지 못한다. 시간이 흐르면서 자연스럽게 치유된 파우스트를 악마는 명예와 권력의 힘을 느낄 수 있도록 지폐를 대량으로 찍어 사람들에게 뿌리게 함으로 사람들의 환심을 사도록 했지만, 이 역시 인플레로 인해 실패하고 오히려 사람들에게 원망을 산다.

그러자 악마는 파우스트가 학자였던 것을 기억해서 인간이 알 수 있는 최고의 지식을 체험할 수 있도록 하기 위해 파우스트의 옛 서재로 그를 데리고 간다. 거기에는 예전에 그의 조수였던 바그너가 만든 인조인간 호문클루스가 있었다. 파우스트는 호문클루스를 통해 마술비행 망토를 타고 그리스 테살리아에 가서 트로이 전쟁의 원인을 제공했던 그리스 최고의 미인 헬레나를 만나게 된다. 이제 파우스트의 배경은 신화 속으로 지평을 넓혔다. 인간 지식의 놀라운 결과였던 인조인간 호문클루스는 단순히 호로병에서 존재하는 기계가 아닌 육체를 지닌 인간이 되려고 노력하다가 사랑의 여신 갈라테아의 옥좌에 부딪쳐 병이 깨지면서 사라지고 만다.

3막의 배경은 스파르타의 궁전이다. 파우스트는 악마의 도움으로 결국 헬레나와 결혼하여 오이폴리온이라는 아들을 얻었다. 그러나 행복은 잠시, 오이폴리온은 신화에 나오는 이카루스 흉내를 내어 하늘을 날려고 하다가 추락하여 사망하고, 이 충격에 어머니 헬레나도 죽게 된다. 이때 악마는 파우스트에게 헬레나의 옷자락이라도 잡으라고 권하고, 파우스트는 아내의 옷자락을 잡는 것으로 허망한 결혼생활은 끝난다. 시름에 빠진 파우스트에게 악마는 다시 쾌락으로 모든 것을 잊어버리라고 권한다. 그러나 파우스트는 이를 거절한다. 이미 그는 쾌락의 한계를 처절하게 느끼고 있었다.

파우스트는 지식, 쾌락, 돈, 결혼 등을 통해서도 삶의 의미를 얻지 못하자 다른 방면으로 눈길을 돌린다. 황제를 도와 전쟁 영웅이 되어 영주가 된 것이다. 파우스트는 영지 안에 있는 백성들의 행복한 삶을 위해 해안 길을 개간하기 시작한다. 영주인 그는 직접 백성들과 함께 노동을 한다. 그는 땀을 흘리는 노동을 통해 지금까지 누리지 못한 삶의 희열과 가치를 체험하게 된다. 개간에 성공하자 파우스트는 백성들에게 자유로운 땅에서 자유롭게 살라고 외친다. 백성들은 환호한다. 그러자 악마 메피스토펠레스는 이를 시기하고 파우스트를 괴롭히려고 그 땅을 불 질러 버린다. 결국 파우스트는 충격을 받아 실명을 한다. 그의 나이 100세였다. 그러나 장님이 된 파우스트는 오히려 인간과 삶을 재조명하며 관조의 삶을 통해 평안을 얻는다. 그는 세상을 고통스럽게 만드는 것은 불만, 근심, 죄악, 고난임을 깨닫게 된다. 그는 자신도 모르게 "순간아 멈추어라 너는 아름답다"라고 외치고, 그 순간 파우스트는 죽는다. 이 고백은 악마와 계약을 맺을 때, 어느 순간, 파우스트가 이 고백을 하게 되면 파우스트는 죽게 되고 그의 영혼은 악마가 지옥으로 가져가기로 약속한 바로 그 고백이었다.

파우스트의 영혼을 계약대로 악마가 가져가려고 하자 하늘에서 천사들이 내려와 파우스트의 영혼을 하늘로 가져가려고 서로 싸우게 된다.

이때 이미 천국에 올라가 있는 그레트헨이 그 모습을 보면서 성모에게 파우스트를 구원해 달라고 기도하게 되는데, 결국 성모의 도움으로 파우스트의 영혼은 천국으로 올라간다. 그의 영혼이 하늘로 올라갈 때, 천사들이 노래하는데 그 마지막 가사는 "형언할 수 없는 것, 여기서 성취되었네. 영원히 여성적인 것이 인간을 구원한다."라는 구절이었다.

〈해석과 평가〉《파우스트》가 우리에게 주는 교훈은 실로 다양하고 그 의미가 깊다. 괴테는 인간이 추구하는 술, 지식, 쾌락, 돈, 결혼 등은 별거 아니고, 그나마 자유, 선행, 노동 등은 가치가 있는 것임을 외치고 있다. 무엇보다도 괴테는 사랑이야말로 인간을 구원하는 핵심이며 그 사랑의 본질은 용서와 죄에 대해 책임지는 것이라고 선언한다. 그레트헨은 사랑과 용서, 책임의 상징이다. 사실 괴테는 평생을 사랑으로 살아온 사람이다. 그레트헨은 그의 첫사랑이었고, 클레텐베르크, 목사의 딸이었던 브리온, 《젊은 베르테르의 슬픔》의 모델인 부프, 세네만, 슈타인 부인, 결혼한 불프우스, 소녀 헤르츨리프, 부인이 죽자 만난 빌레머, 74세 때 그의 사랑을 거부한 레베초 등등 실로 많다. 괴테를 윤리적으로 비판할 수 있다. 그러나 사랑이야말로 인생의 가치라고 생각한 그였기에 어쩔 수 없었을 것이다.

괴테는 예언자였다. 그는 이 작품에서 젊어지게 하는 약, 요즘 말로 하면 비아그라의 출현을 예고했고, 호문클루스를 통해 인공지능, 내비게이션, 컴퓨터를 예고하고 있으며, 비행 망토를 통해 아직 실현은 안 됐지만 영화에서는 이미 나오는 특수복을 입고 하늘을 나는 사람들이 있을 것임을 예언하고 있다. 역사상, 소설가로서 이런 예언을 한 사람은 괴테밖에 없다. 호문클루스가 인간이 되지 못하는 것은 사랑 때문이다. 인조인간은 제아무리 인공지능이 발달해도 사랑을 하지 못한다. 사랑을 못하는 인간은 인간이 아니다. 발프르기스의 밤을 통해서 괴테는 인간의 성적 타락도 예견하고 있으며, 헬레나의 죽음을 통해서 결혼은 서로 옷자락을 잡고 있는 것과 같은 허상임을 보여주면서 미래의 결혼 풍속도를 역시 어둡게 예견하고 있다. 아내 헬레나의 허망한 죽음을 통해 행복과 아름다움을 함께 가질 수 없다는 점도 암시하고 있으며, 천국으로 올라가는 것은 하늘의 은총이 있어야 한다는 종교적 교훈도 하고 있다. 파우스트의 영혼이 천국으로 올라간 것은 그레트헨의 기도보다는 성모 마리아의 은총 때문이었다.

파우스트가 장님이 되어서야 세상을 바로 보게 되었다는 그 의미는 무엇일까? 눈으로 보고 듣는 것은 실체이다. 모양을 보고, 색을 보고, 소리를 듣고... 그러나 장님이 되면 실체는 볼 수 없다. 이미 보았던 실체의 의미를 생각하게 될 것이다. 명상하게 되는 것이다. 아리스토텔레스는 그의 윤리학에서 명상하는 삶이야말로 최고의 행복이라고 했다. 도스토예프스키 역시 《카라마조프가의 형제들》이라는 소설에서 성자 조시마 장로가 비스듬히 누어, 지는 석양을 명상하면서 죽었다고 쓰고 있다. 실체를 보았지만 그 의미를 깨닫지 못하면 실체는 허상일 뿐이다. 순수한 여자, 그레트헨이 파우스트를 사랑하게 된 것은 악마의 술책이었는데, 악마는 이 여인을 보석으로 유혹했다. 아무리 신앙심이 깊은 여자도 보석에는 약하다(?) 그 해석은 타당할까?

파우스트는 그가 "순간아 멈추어라, 너는 정말 아름답다."라는 소리를 칠 때 죽게 되어 있다. 그렇다면 이 말의 의미는 무엇일까? 순간이 멈춘다. 그것이 아름답다고 외친다. 이것은 인간이 현실에 안주하는 삶을 뜻하는 것이 아닐까? 앞으로 나아가지 않는 삶, 무엇인가를 갈망하면서 애쓰는 것이 없는 삶, 그런 삶을 사는 사람은 죽었다는 뜻이 아닐까? 상상과 상징으로 가득 찬 이 작품은 두고두고 음미해 볼 만한 가치가 있는 작품이다.

〈기독교적 이해〉 마지막으로 기독교적 입장에서 생각해 보자. 구원의 길이 다르다. 괴테는 신의 은총으로 구원받는다는 것을 부인하지는 않으나 그보다는 사랑을 더 강조하고 있다. 그러나 기독교는 그리스도를 믿음으로 구원을 얻는다고 강조한다. 괴테는 자유, 선행, 노동 등을 갈망하는 인간을 강조하는데, 기독교는 영생을 강조하고 있다. 괴테는 악을 부분적으로 긍정하고 있다. 악은 인간을 구원하는 데 사용되는 자극제요, 살아서 움직이게 하는 생성의 힘을 지속시키는 요소라는 것이다. 괴테다운 발상이다. 결국 괴테는 문학적으로 세상과 인간을 바라보고 있고, 기독교인들은 그리스도를 통해 세상을 바라보고 있다. 다를 수밖에 없다. 그러나 서로 다른 것을 비교하며 모든 것을 보면 인간과 세상을 더 바르게 볼 수 있을 것이다.

목사들은 괴테 같은 예언자라야 한다. 전에는 하나님의 말씀을 가감 없이 전하는 예언자가 필요했으나 이제는 그런 예언과 동시에 인간은 어떤 존재이고 그래서 어떻게 무너지고 일어서는가를 예언하는 자가 되어야 한다.

49
셰익스피어

햄 릿

〈저자와 작품 해설〉 윌리엄 셰익스피어(1564-1616)는 영국의 위대한 극작가이자 배우, 극장운영자, 시인이다. 단테와 더불어 근대 유럽 문학의 양대 산맥을 형성한 예술가이다. 영국 사람들은 그를 인도와도 바꾸지 않는다고 호언할 정도로 국민의 사랑을 받는 예술가이다. 그는 20여 년 동안 37편의 희곡을 창작했다. 그중에 가장 유명한 것이 소위 4대 비극이다. 《햄릿》, 《리어왕》, 《멕베스》, 《오셀로》가 그것이다. 그는 이 작품을 통해 인간 성격의 비극을 주제로 삼았다. 리어왕은 이기적인 것을 취하기 위한 잘못된 판단의 가져오는 비극을, 오셀로는 질투심이 가져오는 비극을, 멕베스는 권력욕이 가져오는 비극을 다루었다.

《햄릿》은 4대 비극 중에 1601년, 가장 먼저 쓰인 희곡인데 사실상 4대 비극 중에 가장 대중에게 사랑을 받는 작품이다. 《햄릿》 중에 이런 글이 있다. "인간이란 참으로 걸작이 아니던가? 이성은 얼마나 고귀하고, 능력은 무한하며, 생김새와 움직임도 깔끔하고, 이해력은 얼마나 신 같은가? 지상의 아름다움이요, 만물의 영장이니라." 이 고백은 인간에 대한 최고의 예찬이다. 그러나 그런 인간에게 다양한 결점이 있고, 그 결점이 비극을 만들어낸다. 덴마크 나라에 국왕이 죽는 사건이 발생했다. 그러자 왕의 동생인 글로디우스가 왕이 된다. 햄릿의 어머니 거트루드는 시동생인 새 왕 글로디우스와 결혼해 버린다. 어머니의 결혼에 햄릿은 심한 배신감을 느끼면서 이렇게 탄식한다. "여신처럼 눈물에 젖어, 가엾은 아버님의 영구를 따라가던 그 신발이 미처 닳기도 전에 어머니가, 그 어머니가, 아아 지겹다, 이렇게 변할 줄이야, 돌아가신 지 겨우 두 달, 아니 두 달도 안 된다. 이제 생각하지 말자, 약한 자여, 그대 이름은 여자이니라." 결국 햄릿은 어머니의 결혼에 대한 심리적 타격을 받고 정서적 불안정 상태에 놓여 있게 되었는데 결정적인 사건이 터졌다. 친구 호레이쇼와 함께 유령을 만나 그 유령이 하는 말을 들은 것이다. 그 유령은 죽은 아버지의 영으로 자신은 소문대로 뱀에 물려 죽은 것이 아니라 친동생 글로디우스가 귀에 독을 넣어 독살되었다고 말하면서 아들 햄릿에게 복수를 명령한다. 햄릿은 유령의 말을 듣고 아버지 복수를 하기 위해 숙부인 글로디우스를 죽이려고 결심한다.

그런데 햄릿은 정말 유령의 말대로 아버지가 숙부에 의해 죽었는지를 확인하기 위해 두 가지를 위장한다. 하나는 미친 척하는 것이고, 다른 하나는 연극 패를 불러들여 숙부의 살인 사건을 연극으로 상연하여 숙부의 표정을 살피는 것이다. 결국 숙부와 그 부하들은 햄릿이 미쳤다고 믿게 되어 그에 대한 경계심을 풀게 되고, 햄릿은 연극을 통해 글로디우스가 아버지를 죽였다는 확신을 갖게 된다.

어느 날 햄릿은 어머니 방에 가서 어머니와 아버지의 죽음에 대한 논쟁

을 해보려고 들어갔는데, 커튼 뒤에 숨어 모자가 하는 이야기를 엿듣는
자가 있어 왕인 줄 알고 칼로 찔렀는데 그는 왕이 아니라 왕의 부하인 플
로니우스였다. 이 일로 인해 햄릿은 영국으로 추방되었고, 햄릿과 연애하
던 플로니우스의 딸 오필리아는 아버지를 죽인 원수를 사랑하게 되었다
는 자책감으로 고통을 당한다. 왕은 햄릿을 영국으로 추방하면서 영국
왕을 매수하여 햄릿을 죽이려고 했으나 이를 사전에 안 햄릿은 귀국해 버
린다.

한편 오필리아는 사랑하는 햄릿이 미쳐 날뛰면서 자기에게 수녀원으로
가라는 조롱과 비하의 말을 하자 그 말을 그대로 믿어 미쳐버린다. 프랑
스에 유학을 가 있던 플로니우스의 아들, 즉 오필리아의 오빠인 레어티스
는 아버지의 죽음과 누이동생의 실성을 듣고 귀국하여 햄릿을 죽이려고
한다. 레어티스는 귀국 후 아버지 장례식을 제대로 예우해서 치르지 못한
왕에게 불만을 품고 왕에게 반역하려 했으나 왕의 설득으로 왕의 편에 서
서 햄릿에게 복수하기로 다짐한다.

왕은 햄릿을 죽이기 위해 레어티스와 햄릿 간에 검술시합을 주선한다.
왕은 레어티스 칼에 독을 묻혀 햄릿이 조금만 다쳐도 죽게 만들고, 만약
햄릿이 이기면 그에게 줄 축배의 잔에 독을 넣어 햄릿을 죽이려는 계책을
세운다. 한편 오필리어는 실성한 후 결국 물에 빠져 익사하고 그 장례식
에서 햄릿과 레어티스가 만나게 되면서 두 사람은 레어티스의 요구로 결
투를 하게 된다. 시합 결과는 막상막하, 햄릿은 레어티스에게 큰 상처를
받지만 결국 레어티스는 죽고, 햄릿의 마실 독배는 햄릿의 어머니 거투루
드가 아들 햄릿을 구하기 위해 자신이 마시고 죽고 만다. 레어티스는 죽

기 전에 왕의 음모를 폭로하니 햄릿은 레어티스의 독 묻은 칼로 아버지의 원수인 글로디우스를 죽인다.

햄릿은 죽기 전에 친구인 호레이쇼에게 노르웨이 왕자 포틴프라스에게 덴마크의 왕이 되게 하라는 유언을 남기고 죽는다. 포틴프라스는 덴마크와 전쟁하기 위해 침공해오고 있었는데 햄릿은 그가 훌륭한 인물이라는 것을 알고 이런 유언을 한 것이다. 포틴프라스는 햄릿의 유언대로 덴마크의 왕이 되고 햄릿의 장례식을 성대하게 치러준다.

〈해석과 평가〉《햄릿》의 줄거리는 비교적 단순하다. 그러나 그 속에 함축된 의미는 실로 다양하다. 그래서 현대까지 다양한 시각으로《햄릿》을 해석하여 수많은 햄릿 연극이 상연되어 왔다. 그 이유를 간단하게 열거해 보자. 우선 이 연극이 복수극이냐 하는 문제이다. 외견상으로는 복수극임에 틀림없다. 햄릿도 복수를 다짐했고, 복수로 끝났기 때문이다. 그러나 이상하게도 햄릿은 복수를 위해 치밀한 계획을 세우지도 않았다. 햄릿의 복수는 우발적으로 이루어졌다. 햄릿은 복수를 결심했으나 연이어 터지는 복잡한 문제에 휩쓸려 스스로 무너졌다. 진정한 복수극이라면 숙부 글로디우스 왕만 죽어야 하는데, 햄릿도, 죄 없는 레어티스도 죽었다. 복수는 정의로워야 하는데 햄릿의 복수에는 그런 정의가 없다. 오히려 기성세대의 부조리한 생각과 행동에 부서지는 슬픈 청춘만 있을 뿐이다.

그다음 햄릿이라는 연극을 비극이라고 부르는데, 그 비극의 원인이 무엇이냐 하는 문제이다. 호레이쇼를 제외하고는 모두 죽는다. 호레이쇼도 자살하려고 하다가 햄릿의 유언을 전해야 하는 사명 때문에 살아남는다. 이 연극은 덴마크 왕국의 멸망으로 끝난다. 엄청난 비극이다. 그렇다면 이 참담한 비극의 원인이 무엇일까?

우선, 햄릿의 아버지 즉 선왕의 유언이다. 그는 동생에게 살해당했다. 그 한을 풀기 위해 유령이 되어 아들 햄릿에게 복수를 명령했다. 여기서 비극은 시작된다. 아버지가 아들에게 복수를 명령하는 것은 합리적이다. 그러나 아버지가 아들에게 복수를 명령했을 때는 아들에게 과연 그럴 능력이 있는가에 대해 심사숙고해야 한다. 햄릿에게는 그럴 능력이 없었다. 햄릿은 우유부단한 성격을 지닌 몽상가이다. 복수를 하려면 현실적인 냉엄함과 치밀한 계획, 그리고 행동력이 있어야 한다. 도와주는 사람들도 있어야 한다. 햄릿에게는 그런 것이 없다. 아버지가 죽으면 당연히 그가 왕이 되어야 한다. 그것이 법이고 상식이다. 그러나 그는 왕이 되지 못했다. 물론 숙부는 치밀하게 계획해서 형을 죽이고 사람들의 도움을 얻어 왕이 되었다. 햄릿에게는 숙부의 간교함을 알지도 못했고 대비할 시간도 없었다. 심지어 어머니도 햄릿을 돕지 않았다. 어머니가 시동생에게 바로 시집간 것을 보면 이를 알 수 있다. 무능한 아들에게 복수를 명한 아버지가 비극의 단초를 제공했다.

둘째는 앞에서 잠시 언급했지만 햄릿의 우유부단한 성격이 비극을 만들어냈다. 복수를 할 기회는 있었다. 원수인 숙부 글로디우스 왕이 참회기도를 드리는 모습을 발견하고 죽이려 했으나 기도 중에 죽으면 왕이 천국에 가지 않을까 염려해서 죽이지 못한다. 그는 한때 자결을 결심했으나 사후 세계에 대한 염려 때문에 자살도 하지 못한다. 생각만 했지 행동으로 옮기지 못하는 나약한 성격이 비극의 원인이 되었다. 성격이 운명이다. 이런 그의 성격 때문에 동시대의 소설가 세르반테스가 쓴 행동파 《돈키호테》와 대비되는 인물이 되었다.

그다음 어머니 거투르드의 변심이 비극의 원인이 되었다. 만약 그녀가 시동생과 바로 결혼하지 않았거나 아주 결혼하지 않았다면 이 비극은 일어나지 않았을 것이다. 어머니는 아들에게 치밀한 계획을 세운 다음 복수하라고 권고했을 것이고, 선왕을 따르는 신하들을 모아 아들을 돕도록 했을 것이며, 남편의 죽음을 자세히 조사하도록 명령을 내렸을 것이다. 그러나 그녀는 바로 시동생과 결혼해 버린다. 패륜이요, 변절이요, 배신이다. 가장 가까운 사람의 변절이 비극의 원인이 된다.

오필리아에게도 비극의 책임이 있다. 햄릿은 아버지 죽음의 진상을 알기 위해 미친 척한다. 주변 사람들의 경계심을 풀어 놓기 위해서였다. 그래서 그는 짐짓 사랑하는 여자 오필리아를 조롱도 하고 미워하기도 한다. 사랑하는 사람을 속이려는 행동은 고통이다. 햄릿은 그 고통을 견디면서 그녀에게 실성한 척한다. 그러나 오필리아는 그런 햄릿의 진실을 알지 못하고, 알려고 고민하지도 않는다. 그냥 충격을 받아 미쳐버린다. 사랑하는 사람의 진실을 모르는 것이 비극의 원인이 된다.

또 레어티스의 오판, 즉 햄릿에 대한 오해가 비극의 원인이 되었다. 레어티스는 아버지의 죽음과 오필리아의 실성이 햄릿 때문이라고 생각했다. 일부는 맞는 말이다. 그러나 엄밀하게 말하면 절반만 맞는 생각이다. 레어티스의 아버지 플로니우스가 햄릿의 칼에 맞아 죽은 것은 사실이지만 햄릿은 플로니우스가 숙부 글로디우스 왕인 줄 알고 죽였다. 그것도 자신과 어머니의 말을 엿듣고 있다고 생각해서 죽인 것이다. 누이동생 오필리아의 실성도 그 원인은 햄릿에게 있다. 그러나 이 역시 오필리아가 햄릿의 진심을 알지 못했기 때문에 충격을 받아 실성한 것이다. 레어티스도 좀 더 신중하게 사실을 확인했더라면 그가 왕을 도와 햄릿을 죽이려고 하지 않았을 것이다.

〈기독교적 이해〉 이처럼 비극은 한 가지 원인만으로 생기는 아픔이 아니다. 비극은 여러 가지 원인이 복합적으로 뭉쳐져야 생기는 것이다. 이 연극은 비극이다. 그러나 작가는 비극 속에서 희망을 암시하고 있다. 그리스 비극도 그렇지만 셰익스피어의 비극도 마찬가지로 비극 속에 희망을 담고 있다. 그 증거들을 찾아보자.

첫째, 햄릿과 레어티스의 죽음 직전 화해하는 장면이다. 레어티스는 햄릿에게 이 모든 것이 왕 글로디우스의 계략임을 밝히자 그 두 사람은 화해한다. 서로 죽이려고 싸운 사람끼리의 화해야말로 희망의 징표이다.

둘째, 어머니 거투르드의 자살이다. 그는 아들을 배신한 어머니지만 아들을 구하기 위해 독배를 마신다. 죽어가는 햄릿은 그런 어머니를 용서하기 위해 온 힘을 다해 기어가서 어머니 품에서 죽는다. 본연의 자세로 돌아가는 것, 그리고 용서하는 것, 그것이야말로 희망의 징표가 아니고 무엇이란 말인가?

셋째, 햄릿이 적국 노르웨이의 왕자 포틴프라스에게 나라를 맡기는 장면이다. 햄릿은 포틴프라스가 비록 적국의 왕자이고 덴마크를 침공하기 위해 쳐들어오는 사람이지만 그의 인품이 훌륭하다는 것을 알고 덴마크를 그에게 맡기는 것이 국민에게 도움이 될 것임을 알았다. 아버지의 비극적인 죽음에 대해 무심하고 오직 권력 유지를 위해 새 왕에게 충성하는 썩은 신하들보다는 적국의 왕자이긴 하지만 백성을 잘 보살펴 줄 포틴프라스에게 왕위를 물려주는 것이 좋겠다는 판단을 한 것이다. 햄릿의 판단 중에 가장 현명하고 그의 행동 가운데 가장 결단성이 있는 유일한 결정이었다. 현명한 판단이 희망의 징표이다.

무엇이 지혜인가? 비극적인 상황에서 희망을 볼 줄 아는 시야를 갖는 것이 지혜이다. 예수 그리스도의 비극적 죽음에서 우리는 희망을 보아야 한다. 천둥소리, 천지가 캄캄해지는 것, 여인들의 십자가 앞에서 우는 모습, 로마 병정들의 고백 등이야말로 그 비극에서 보는 희망의 징표이다. 지금 한국교회는 침몰하고 있다. 그러나 이런 비극 속에서도 우리는 희망을 보아야 한다. 지금 한국 사회도 침몰하고 있다. 경제는 물론 정치, 사회도 침몰하고 있다. 그러나 이런 상황 속에서도 우리는 희망을 보아야 한다. 먼저 본 사람들이 있으면 외쳐야 한다. 보라 저기 희망의 징표가 보인다고...

50
엘리엇

황무지

〈작가와 작품 해설〉 〈황무지〉라는 시는 T. S. 엘리엇(Thomas Stearns Eliot,
1888~1965)의 작품이다. 그는 미국 태생의 영국 시인이다. 노벨문학상을
수상했으며, 20세기 최고의 시인으로 칭송받고 있다. 그는 현대 모더니
즘 시의 선구자이기도 하다. 모더니즘이란 여러 가지 정의가 있지만 한마
디로 말해 어떤 형식에 구애받지 않고 자유롭게 자신의 상상과 사물에 대
한 해석을 시로 표현하는 주의이다.

황무지란 자연 상태의 허무나 불모의 땅이라기보다는 1차 세계대전 이
후, 불구가 된 서양 정신세계를 비유적으로 표현한 단어이다. 당시 인간
은 인간 이성의 힘을 믿었고, 합리주의를 신봉했기에 모든 문제를 이성과
합리에 근거해서 풀어보려고 했다. 그러나 1차 세계대전이라는 최악의
전쟁을 통해 이성과 합리의 한계를 절감하게 되면서 정신 상태는 공황이
되었고, 그 결과, 삶을 무의미한 것으로 여겨 공허와 외로움으로 인해 인
간은 지쳐 있었다. 이성이라는 우상이 파괴되면서 세상은 무질서로 급변
했다.

시인은 그런 당시의 삶의 현장을 황무지라는 거친 단어로 표현했다. 그러나 시인은 그런 절망을 노래하면서도 그 절망에 머물러 있지는 않았다. 절망 속에서도 희망의 깃발을 들고 황무지에 홀로 서 있었다. 그는 마치 성경 요한복음 4장에 등장하는 베데스다 못에 있는 38년 병자와 같은 시인이었다. 절망적인 상황 속에서도 희망을 품고 그 시대를 치유하려고 노력한 시인이다.

이 시는 1922년 출간되었고 434행으로 된 장편 시이다. 이 시에는 35명의 작가와 작품이 언급되어 있고, 신화와 전설 이야기가 가득 차 있어 해석하기가 매우 어렵다. 일종의 철학 시라고 할 수 있다. 예를 들면 성경의 에스겔, 이사야, 전도서는 물론, 아서 왕의 전설에 나오는 성배 이야기, 바그너의 악극에 등장하는 트리스탄과 이졸데 이야기, 셰익스피어 연극 〈템페스트〉 1막 2장에 등장하는 에어리얼의 노래 등등이 이 시에 등장한다. 그래서 이 시는 현실과 형이상학이 혼재된 시이다.

이 시에서 가장 인상적인 구절은 서문에 등장하는 쿠마의 무녀 이야기이다. 이는 그리스 신화에 나오는 이야기이다. 쿠마 지방의 한 무녀가 예언하는 능력이 탁월하여 아폴로 신에게 사랑을 받았는데, 이 무녀가 하루는 아폴로 신에게 와서 자기의 소원 한 가지를 이루어 달라고 청했다. 아폴로 신이 한 가지 소원은 들어주겠다고 하자 무녀는 죽지 않고 오래 살게 해달라고 청했다. 아폴로 신은 그리해 주마고 약속했고, 그 후 무녀는 오랜 세월 죽지 않고 살게 되었는데, 청춘을 동시에 원하지 않아 늙은 무녀가 되었고 결국 쪼그라든 존재가 되어 조롱 속에 구금되어 고통을 당했다. 아이들이 이 무녀에게 네 소원이 무엇이냐고 묻자, 무녀는 죽고 싶다고 하소연하였다. 이는 참으로 의미심장한 신화이다.

예언의 능력을 가진 무녀도 결국 청춘과 장수를 동시에 구하지 못한 어리석음이 있고, 동시에 그 누구도 청춘과 장수를 함께 가질 수 없다는 인간 한계를 가르치면서 청춘 없는 장수의 비극을 보여주는 신화이다. 이는 당시 서양 정신세계를 비유적으로 표현한 신화이다. 이성과 합리로 무장한 당시 현대인들도 전쟁이라는 비극을 예측하지 못했고, 전쟁 이후에는 늙은 무녀처럼 희망 없는 삶을 살게 되었다는 당시의 상황을 시인은 이 신화로 노래하고 있는 것이다.

다른 하나는 이 시의 첫 구절 "사월은 잔인한 달"이라는 표현이다. 이 표현은 오래전 4·19혁명 때, 많은 젊은이가 죽자 그 청춘들의 죽음을 보면서 그 잔혹함을 표현할 때, 자주 인용되었던 구절이다. 세월호 사건도 4월에 생겨서 우리나라 사람들은 특히 이 구절을 의미 있게 사용하기도 한다.

시인은 4월의 잔인함을 두 가지 형태로 표현하고 있다. 하나는 4월이 되면 봄기운 때문에 어린싹들이 흙으로 막힌 대지를 뚫고 지상으로 그 생명을 탄생시키려고 혹독한 노력을 한다. 그래서 시인은 이 현상을 잔인이라고 표현했다. 잔인한 노력 없이 아름다운 생명은 탄생되지 않는다는 선언이다. 다른 하나는 그러한 잔인한 아픔을 예견했기에 처음부터 흙으로 막혀 있는 대지를 향해 고개를 내미는 고통을 포기하고 땅속에 안주하려는 노력을 또한 잔인하다고 노래했다. 앞으로 나가는 것도, 그냥 남아있는 것도 시인의 눈에는 잔인함이다. 이러한 표현은 인도주의적 표현이다.

1차 대전 이후 황무지가 된 서구 사회에서 인간들이 그 절망을 이기려고 애쓰는 것도 잔인함이고, 그 절망 속에 그냥 묻어 사는 것도 잔인함이라고 시인은 생각했다. 사실상 인생 싸움에서 이긴 자도, 패한 자도 다 잔인한 상처 속에 산다. 전쟁에 승자는 없다. 삶이란 어느 경우도 그 본질이나 근본을 깊이 살펴보면 다 잔인함이다. 행복한 자도 불행한 자도 다 잔인함으로 그리된 것이다. 그런 의미에서 삶은 누구에게나 평등하다. 소유하려고 하는 것도 잔인함이고, 포기하려는 것도 잔인함이다. 그러니 인간은 누군가를 부러워할 필요도 없고 비난할 필요도 없다.

〈해석과 평가〉 이 시는 5부로 구성되어 있다. 1부는 '죽은 자의 매장'이라는 타이틀이 붙어 있다. 이 시에는 시인은 런던 다리를 지나 일터로 가는 도시민들의 모습을 묘사하면서 그들은 이미 죽은 자라고 표현하고 있다. 움직인다고 다 살아있는 것은 아니다. 살아있다는 것은 움직이는 것이 아니라 어떤 목표를 가지고 행동하는 것이다. 목표가 있고 그 목표를 향하여 나가려는 의지가 있어야 한다. 그런데 당시 사람들은 직장으로 가기는 하지만 목표도, 의욕도 없이 그냥 맹목적으로 직장으로 갔다. 사실 현대인들이 그렇지 않은가? 살아있지만 사실상 죽은 자들, 흔히 100세 시대라는 말이 있다. 인간은 건강하게 오래 살려는 욕망을 가지고 있는데, 그 삶 속에 삶의 목적과 그것을 이루려는 의지가 없이 단순히 건강하게 오래 산다는 것은 자칫하면 인간으로서의 삶이 아닌 짐승으로서의 삶이 될 수도 있다.

2부는 '체스놀이'라는 제목이 붙어 있다. 체스란 일종의 서양 화투이다.

체스놀이는 현대인의 일상의 무료함을 달래기 위해 하는 오락의 일종이다. 놀이가 그렇지 않은가? 시인은 2부에서 현대인이 하는 무의미한 일상을 표현하고 있다. 삶은 의미가 있어야 한다. 그러기 위해서 인간이 하는 모든 행동에는 의미가 있어야 한다. 그러나 전쟁 후 그토록 믿었던 이성과 합리의 깃발이 찢겨진 후 인간은 행동은 하지만 의미는 없어졌다. 이성과 합리가 무너진 후, 인간의 행동에는 어떤 의미도 없다. 그토록 믿었던 것들이 무너지자 당혹감이 그 삶을 지배하지만 그렇다고 삶을 포기하지도 못한다. 죽지 못해 산다는 표현이 적절할 것이다. 의미 없는 삶은 곧 허무다. 현대인이 그렇게 살아가고 있다고 시인은 절규하고 있다.

3부는 '불의 설교'라는 제목이 붙어 있다. 설교라는 용어를 사용한 것으로 보아 시인은 종교의 역할이 중요하다는 것을 암시하고 있다. 살아 있기는 하지만 죽은 인간, 행동하지만 그 행동에 의미가 없는 인간에게 시인은 불의 설교를 하고 있다. 무의미한 삶을 사는 인간에게는 동물적 욕망만 있을 뿐이다. 시인은 그런 인간의 사는 도시를 욕망의 도시라고 표현했다. 인간 욕망의 정점은 sex다. 이제 현대인은 sex를 통해 공허와 고독을 잊으려고 한다. 본래 sex의 목표는 자녀를 낳는 것이다. 그러나 이제 현대인은 sex를 본래의 목적대로 사용하는 것이 아니라 공허와 허무를 잊으려는 마약으로 남용하고 있다. 시인은 그런 현대인들에게 그것이 타락이라고 경고한다. 과연 sex가 공허를 달래주고 고독을 이기게 해주며 삶에 진정한 의미를 부여할 수 있을까? 시인은 이 점에 대해서 부정적이다. 그래서 시인은 보수주의자이다. 사실 시인은 영국 국교를 신봉하고 있다. 허무와 공허, 불안과 고독은 sex로는 결코 치유될 수 없다.

그런데 시인은 종교의 역할은 단순히 인간을 위로하고 격려하며 용기를 주는 것, 죽어서 가는 저 세상에 대한 소망을 갖도록 하는 것보다는 일차적으로 인간의 삶과 그 삶의 현장에서 벌어지는 현상들에 대한 비판이 우선 되어야 한다고 강조하고 있다. 이런 면에서 한국교회는 크게 반성해야 한다. 한국교회의 설교는 삶과 그 현장에 대한 비판보다는 상처받은 사람들을 위로하고 격려하며 기복주의로 희망을 갖도록 하는 설교가 압도적으로 많다. 그런 것들이 필요한 것은 사실이고, 그런 것들이 종교의 한 기능임에는 틀림없지만 너무 그쪽으로 기울어져 있다는 것은 반성해야 할 부분이다. 비판 없이 대안을 제시할 수 없다. 현실을 직시하는 자만이 현실을 이길 수 있다.

　4부는 '수사'라는 제목이 붙어 있다. 수사란 물이 죽었다는 뜻이다. 재생이 없는 물을 노래하고 있다. 물은 삶의 근본 요소이다. 인간은 물이고, 인간 문명은 물을 통해 형성되었다. 물은 재생의 원천이다. 황무지에 물이 들어가면 옥토가 된다. 생명이 살아나고 생명이 살아간다. 그런데 그런 물이 죽었다. 이제 재생은 없다. 완전한 절망이다. 의미 없이 일터로 가는 현대인들, 심심풀이로 해 보는 각종 놀이들, 외로움을 달래기 위해 하는 sex, 이런 것들이 인간을 절망시키고 있는데 이제 병든 자연, 즉 재생이 불가능한 물이 인간을 더욱 절망시키고 있다. 삶의 환경마저도, 인간을 절망적으로 몰아가는 것이 당시 전쟁 이후의 서구 사회의 모습이었다.

　마지막 5부는 '천둥이 한 말'이라는 제목이 붙어 있다. 지금까지 절망만을 탄식하던 시인의 마음이 여기에 와서 갑자기 변한다. 절망의 깃발

옆에 희망의 깃발이 올라간다. 천둥이란 벼락 치는 소리이다. 절망으로 살아가는 현대인에게 천둥소리가 들린다. 천둥은 비를 동반한다. 황무지 같은 당시 세계에 비를 동반한 천둥소리는 분명 희망의 소리이다. 시인은 여기서 누가복음 2장 13절과 부활절을 인용하고 있다. 전자는 그리스도의 탄생과 연결되어 있고, 후자는 그리스도가 죽음을 이긴 사건과 연결되어 있다. 여기서 시인은 현대인의 절망을 극복하게 하는 분은 조심스럽게 그리스도뿐임을 암시하고 있다. 그리스도를 통한 희망을 외치는 것이다. 시에 마지막 구절은 '샨티 샨티 샨티'란 구절인데, 이는 '평화 평화 평화'라는 의미이다. 현대인은 그리스도를 통해 결국 평화를 얻는다는 의미이다.

〈기독교적 이해〉 시인은 인간이야말로 그 욕심으로 인해 이성이나 합리를 외면하고 전쟁이라는 극단적인 비이성적이고 비합리적인 행동을 할 수 있는 존재이기에 앞으로 이런 전쟁이 다시 터질 수도 있다는 예감을 하면서 평화야말로 인류 최대의 가치라는 것을 역설하고 있다. 1차 대전 이후 세계는 진보와 보수, 자본주의와 공산주의의 대결로 점진적으로 나아가고 있었다. 결국 시인은 다시 전쟁이 터진다면 민족주의적 대립이 아니라 이념적 대립이 될 것임을 예언하면서 평화가 최고의 가치임을 강조하고 있는 것은 아닐까? 돈이나 노동이 절대 가치가 아니라 평화가 절대 가치라야 한다는 시인의 염원을 긍정하면서 우리는 그 평화의 길이 과연 무엇일까를 깊이 고민해 보아야 할 것이다.

평화는 상호주의가 이루어져야 가능하다. 어느 한쪽만 평화를 원한다고 평화가 이루어지지 않는다. 오히려 평화를 원하는 쪽이 몰락한다. 평화는 상호 신뢰를 바탕으로 이루어진다. 평화는 더 나은 가치를 구현하기 위한 방법이다. 가난하게 되는 것은 평화가 아니며, 공포로 살아가는 것도 평화가 아니다. 특정한 사람들만 누리는 평화는 가짜 평화이다. 지배하는 것이 평화가 아니듯 평등해지는 것도 평화가 아니다. 얽매여 있는 것이 평화가 아니듯 자유롭게 살아가는 것도 평화가 아니다. 평화는 서로 존중해 주는 것이고, 서로 인정해 주는 것이며, 서로 공존하는 것이다. 평화는 겁을 주는 것이 아니며 서로 다른 것을 지키면서도 서로 같은 것을 더 찾고 더 가치 있게 여기며 그것을 함께 지키려는 것이다.

그렇다면 그 평화를 어디서 찾을 수 있는가? 정치인가, 경제인가, 교육인가? 사람에 따라서는 그런 것들을 통해 평화를 얻을 수 있다고 말할 것이다. 그러나 시인은 평화는 종교, 특히 기독교를 통해 찾을 수 있다고 암시하고 있다. 우리 한국기독교도 평화를 찾는 노력을 그리스도를 통해 진지하게 시도해야 할 것이다.

기독교가 평화를 전하려면 우선 이념에서 벗어나야 한다. 기복주의에서 벗어나야 하고, 교인으로 하여금 행복의 노예가 되지 말도록 해야 하며, 사랑하는 법을 배워 실천하게 하고, 의무에 충실하는 자세를 갖도록 지도해야 한다. 하나님의 심판을 체험하게 하고, 삶은 허무하다는 것을 깨닫도록 해야 한다. 남의 것을 부러워하지 말게 하고, 내가 가진 것을 소중하게 여기도록 해야 한다. 이제 기독교는 이런 것들을 가르쳐야 한다. 그래야 살아남는다.

인간은 어떤 존재인가?

　나는 지난 7년간 50개의 인간 마을을 순례했다. 여러 사람을 만났고 그들의 사는 모습을 자세히 살펴보았다. 신은 죽었다는 사람의 무덤에도 가 보았다. 병원에도 가 보았고, 학교도 가 보았으며, 심지어 장례식도 참석해 보았다. 나는 아직도 인간이 어떤 존재인지 잘 모른다. 문학을 시작으로 신학 공부를 해서 목사로 일한 지 33년. 지난날을 정리하다 보니 이제야 인간이 어떤 존재인지 조금 알 것 같다. 인생이란 인간의 사는 삶을 의미한다. 인생을 바로 알려면 인간이 어떤 존재인지 그 본질을 알아야 하며, 그 본질을 형성하는 것이 무엇이며, 누가 그 본질을 만들었는지를 이해해야 한다. 그리고 그 인간에게 영향을 주는 다양한 삶의 환경을 알아야 한다. 이제 내가 50개의 인간 마을을 순례해 본 결과, 인간은 어떤 존재인가에 대한 내 나름대로의 견해를 밝혀 보려고 한다. 이 주장은 매우 주관적이다. 나는 내가 본 것을 말할 뿐이다. 내가 바로 보았는지 잘못 보았는지는 독자들이 판단할 문제이다. 단지 내가 본 인간 마을의 풍경이 그랬다는 것이고 그 내용이 혹 독자들이 살아가는 데 조금이라도 도움이 된다면 그것으로 만족할 뿐이다.

첫째, 인간은 실존적 존재였다. 인간이 살아가는 방식은 각양각색이었고 어느 것이 옳다고 주장할 수 없었다. 각기 자신이 처한 현실에서 자기 방식대로 살아가면서 자신의 운명을 만들어 가는 존재가 인간이었다. 내가 옳다고 생각하는 것을 다른 사람들은 틀렸다고 주장하는 경우가 허다했다. 그러니 내 방식을 남에게 강요하는 것은 어리석은 일이었다.

둘째, 인간은 이기적 존재였다. 인간은 자기중심으로 살아가는 존재이고, 그것이 생존방식이었다. 인간은 매우 영리한 이기주의자였다. 자신의 이익을 위해 물러서기도 하고, 타협하기도 하고, 새로운 주장을 하기도 하며, 적당히 남에게 유익을 넘겨주는 권모술수도 쓸 줄 아는 존재였다. 심지어 남을 모함하기도 하고 죽이기도 하는 무서운 존재였다.

셋째, 인간은 이성을 사랑하면서 사는 존재였다. 남녀 간의 사랑은 불가사의했다. 그 사랑은 모든 것을 초월할 수 있는 힘이었다. 사랑 때문에 살기도 하고 사랑 때문에 죽기도 했다. 사랑 때문에 악해지기도 했고 선해지기도 했다. 이성 간의 사랑은 감정에서 시작되기 때문에 자주 변하기도 했다. 사랑의 변절은 윤리적으로 판단하기보다는 인간의 본성으로 이해하는 것이 더 현명했다. 사람들은 사랑을 계산으로 시작하기도 했다. 계산이 끝나거나 잘못되었다고 생각하면 그 사랑은 끝났다. 이성 간의 사랑에 가장 큰 변수는 성적인 것이었다.

넷째, 인간은 갈등하는 존재였다. 선과 악, 이기적인 것과 이타적인 것, 본능과 윤리, 현실과 미래, 물질과 정신, 신앙과 불신앙, 돈과 가치 등등 다양한 갈등을 통해 인간은 그 무엇인가를 선택하며, 그 선택이 그들의 운명을 결정지었다. 갈등을 해결하는 기준 중에 가장 강한 영향력을 주는 것은 이기적인 계산이었다. 그 계산이 적중할 때도 있지만 그 계산이 잘못되는 경우도 많았다. 그래서 사는 것은 힘든 것이었다.

다섯째, 인간은 노동하는 존재였다. 인간은 육체적인 노동은 물론 정신적인 노동도 해야 했다. 노동은 살아있다는 증거이기도 했다. 노동은 단지 생존하기 위한 활동이 아니라 자신을 표현하는 외침이며 공동체에 속해 있다는 징표였다. 인간은 노동을 통해 자신이 존재감을 드러내고 자신의 삶을 창조하는 실존이었다. 어떤 형태로든지 일하지 못하는 것은 잔인한 소외였다. 그래서 인간은 일하기 위해 자신의 몸을 단련시키고 가꾸며 지식과 기술을 연마했다.

여섯째, 인간은 현재를 중시하는 존재였다. 사람에 따라 과거를 중시하거나 미래를 중요하게 여기는 사람들도 있었으나 대부분 인간은 현재 즉 지금을 더 중시했다. 현재 그가 어떤 생각과 행동을 하느냐에 따라 과거가 지워지기도 하고, 미래가 열리기도 했다. 간혹 과거에 매인 사람, 미래만 이야기하는 사람도 있었지만 그들은 다 실패한 삶을 살았다.

일곱째, 인간은 불행하기는 하나 행복하지도 않은 존재였다. 불행은 비교적 오래 지속 되었고 행복은 너무 짧았다. 불행과 행복의 의미는 불투명했다. 사람들은 편하면 행복이라고 했고 불편하면 불행이라고 생각했다. 편하게 살기 위해 가장 필요한 것은 돈이었다. 그러나 돈이 많아도 불행한 사람들이 많았다. 행복하기 위해서는 많은 것을 소유하고 깨달아야 하는데 인간에겐 그럴 능력이 없었다. 엄밀하게 말해 불행은 있으나 행복은 없었다.

여덟째, 인간은 가치지향적인 존재였다. 인간은 단순한 동물은 아니었다. 인간은 진실과 선함, 아름다움과 거룩함, 자유와 평등, 정의, 박애 등을 동경하는 존재였다. 어떤 사람은 그냥 마음으로만 그런 가치를 인정하지만 대부분 사람은 그 가치를 실현하려고 노력했다. 바로 이것이 역사를 이어가는 힘이었다. 인간은 비열하고 이기적이지만 이런 가치에 대한 동경을 잃지 않고 살아가기에 인간이라고 부를 수 있었고 미래에 대한 희망을 이야기할 수 있었다

아홉째, 인간은 종교적 존재였다 그래서 종교는 막강한 힘을 가졌다. 어떤 권력도 종교를 지배하지 못했다. 종교는 인간에게 희망을 주는 핵심적 요인이었다. 신을 체험하는 것은 어려웠다. 계시와 이성, 그리고 직관이 하나로 통합되어야 인간은 신을 체험할 수 있었다. 그래서 참된 종교인이 되기란 대단히 힘들었다. 종교가 없는 사람도 종교심은 있었다. 어떤 사람은 그 종교심을 애써 무시하려고 했고, 어떤 사람은 그런 종교심을 스스로 설명할 능력이 없었다.

열째, 인간은 시간 속에서 흘러가면서 사라지는 존재였다. 이 세상에 시간을 이기는 존재는 어디에도 없었다. 이 진리를 깨닫는 자는 고독하다고 탄식했고, 깨닫지 못한 자는 그냥 인생이 그런 거라고 농담처럼 말했다. 삶이 허무한 것은 모든 것이 시간 속에서 흘러가고 사라지기 때문이었다. 이 사실을 아는 것만으로도 그 사람은 욕심을 절제하고, 타인을 용서하며, 그 무엇을 부러워하지도 않고 자신의 삶에 충실할 수 있기에 지혜로운 사람이라고 말할 수 있었다.

인간은 인간 스스로의 성찰을 통해 그 본질과 실존을 온전히 깨달을 수 있는 존재는 아니었다. '네 자신을 알라'는 인문학적 질문이 등장한 이후 그토록 긴 세월이 흘렀지만 인간의 참 모습은 여전히 숨겨져 있다. 왜 그럴까? 본질은 그대로 있는데 상황이 자주 변하기 때문일까? 아니면 인간이 깨달은 인간본질이 완전치 못한 탓일까? 그런데 내 결론은 단순하다. 인간은 신이 만든 특별한 존재이다. 인간이 신을 온전히 알 수 없다면 신이 만든 인간도 온전히 알 수 없다. 인간은 우연하게 만들어진 그 어떤 것이 진화하여 인간이 되었다고 주장하는 사람들도 있다.

그렇다면 그들은 인간이 어떤 존재인가를 완전히 알고 있다는 것일까? 만약 인간이 어떤 존재인가를 온전히 알 수 있다면 인간 문제를 해결하는 방법도 온전히 알 수가 있을 것이고, 분명 세상은 낙원이 될 수 있을 것이다. 그러나 세상을 보라. 과연 세상은 낙원으로 가고 있는가? 나는 인간이야말로 신이 만든 수수께끼라고 생각한다. 그런데 수수께끼는 풀어나가는 과정이 중요하다. 오지도 않는 고도를 기다리면서 여전히 이런 저런 말과 행동을 하는 그 연극의 주인공들처럼 풀리지 않는 수수께끼를 풀어보려고 이런저런 선행과 악행을 하면서, 고통스러워하기도 하고, 외로워하기도 하며, 고민하면서 이런 저런 일로 울고 웃고, 그렇게 사는 것이 인생이라고 생각한다. 문명의 발달은 과학기술의 발전이라기보다는 인간에 대한 수수께끼를 얼마나 풀어가고 있느냐? 바로 그것이 척도가 되어야 한다. 그렇다면 진정한 인류문명의 진보는 인간이라는 신이 만든 수수께끼를 풀어가면서 동시에 그 인간을 위한 모든 제도와 과학기술문명의 발달이 병행, 조화, 일치를 이루어가는 것이 아닐까?